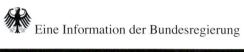

Titanic
DIE ENDGÜLTIGE PEOPLE-BIBEL

DAS TOTALE PROMI-MASSAKER

Herausgegeben von
Oliver Maria Schmitt,
Mark-Stefan Tietze
und Hans Zippert

Rowohlt·Berlin

Nicht so gern gesehener Gast auf Ganzkörperfotos: Korb-Koryphäe **DIRK NOWITZKI** (rechts, 3,61 m). S. 361

INHALT

10	Wacklige Grüße von Monica Lierhaus
11	**Skandal:** War Winnetou schwul?

12 DIE VOLLPFOSTEN

15	Brief an den Leser Til Schweiger
16	Westerwelles Guido-Gefuchtel
18	**Gestochen scharf:** Promis und ihre Tattoos
20	Depri-Nazi Adi Hitler
21	**Blödomat:** Matthäus hält sich für James Dean
23	Jimi Blue Ochsenknecht im Dünndarm-Check
24	Feier vom Feinsten: 125 Jahre Automobil
26	Wüstentreff mit Guttensteph
28	Nur wegen **Tokio Hotel**: Keiner will mehr ficken
29	Bibeltreue Christiansen – wenn das Moses wüßte
30	**Will, Miosga, Bauerfeind** – die ARD und ihre Girls

Vollweib **CHRISTINE NEUBAUER** protestiert gegen Falschmeldung: «Mein neuer Film heißt nicht ‹Ein Sperma-Eimer zum Verlieben›, sondern ‹Wenn die Glocken Trauer tragen›!» S. 550

Feiert seine Ernennung zum Präsidentschaftskandidaten: **CHARLIE SHEEN**. Jetzt muß er sich nur noch entscheiden, für welches Land. S. 519

Erklärt in seinem neuen Top-Seller «Ich hab die Haare schön», wie man über Wasser geht, das man selbst abgeschlagen hat: Philosophendarsteller **RICHARD DAVID PRECHT**. S. 429

34	**Demenz:** Schröder weiß von nichts
35	Der dicke Sack des Weihnachtsmanns
36	Sympathy for Stützstrümpfe: The Rolling Stones
37	**Schlägertyp:** Dieter Bohlen
38	**Familiendrama:** Nein, diese Wulffs!
40	Merkel gibt Bush den Gnadenschuß
41	**Einfach krank:** Philipp Rösler
42	Florian Silbereisen – der Junge mit der Ziehharmonika
44	**Alkoholleiche:** Helmut Kohl trinkt zuviel
46	Unnütze Menschen Teil I
48	Puff Diddi Dr. Wedel
49	**Shabby birthday:** Prinz Charles wird 60
50	**DOSSIER**: Was tun bei Prominenten? *von Gunnar Homann*
52	**Total derbröselt:** Jörg Haiders letztes Rennen
54	**Dumpfnuß der Herzen:** Claudia Roth
55	Brief an den Leser Bushido
56	**DIE SPACKOS**
59	Brief an die Leserin Herta Müller
60	Kiek ma, Gabriels Sigmar!
62	Mißbrauchsopfer Jesus C. (33)
63	**Die Impflinge:** Jauch, Drews, Podolski & Co.
64	**Rudi Scharping:** Wem die Düse geht
65	Oliver Nagel, der Mann, der bei *Bild* Oliver Nagel war
68	Sozialschmarotzer Walter Scheel
70	**Suchtbolzen heute:** Der tiefe Fall der Ikonen
74	**Geil gegelt:** Deutschlands Elitengeheimnis
75	Puh! Ein Abend in der Hose von Michael Jackson
77	Willemsen, Schwarzer & Grass wollen Krieg
79	Kopftuchopfer Jesus C. (33)
80	Frank-Walter Steinmeier schwer auf Droge
82	**Schifferscheiße pur:** Vom Lagerfeld ins Elendscamp
85	**Supersexy:** Hessen-Beau Volker Bouffier
86	Seehofers tolldreiste Terrortricks

87 **Henscheids Rundumschlag:** Die Nackten und die Doofen
90 Brief an den Leser Peter Maffay
91 **Brummbrumm:** Henryk Emm Broder
92 **Betrug!** Merkels Lächeln ist falsch
93 Untotengedenken – kleine Zombiekunde für Anfänger
94 **Hohlraumversiegelung:** Unterwegs in Schirrmachers Kopf
95 **Voll lecker:** Currywurst Knut
96 Fäkalbanker Josef Ackermann
97 Joseph Goebbels exklusiv in *Bild*
98 **DOSSIER**: Das neue Bild des Menschen *von Hans Zippert*
100 **DNA-Test:** Schröder ist nicht Kohl
101 Brief an den Leser Wolfgang Joop

102 DIE TROGLODYTEN

105 Brief an die Leserin Kristina Schröder vorm. Köhler
106 Monstranzvergleich mit Kondompapst **Benedikt Nr. 16**
108 Mädi Hellwig – wie krank ist sie wirklich?
110 Reich-Ranicki – unser Lautester
112 Ist Roland Koch schon menschliches Leben?
113 **Pornös:** Frischfleisch für Dr. Kohl
116 **Pervers:** Inside Madonna
118 Obamas schwärzeste Stunde
119 Ignaz Kiechle kann sprechen
120 Mein schönstes Ferienerlebnis mit Leo DiCaprio
123 Hessen nimmt Abschied von Serge Gainsbourg
124 Der Führer privat
125 **Angebot der Woche:** Die ALDI-Brüder
126 Klaus Naumann besser verstehen
128 Günter Grass dreht durch
129 Peter Handke hebt ab
130 Mohammed privat & endlich mal im Bild
131 Gehört, gesehen, gesagt – Neuigkeiten aus der Gerüchteküche
132 **Im Promi-TÜV:** Der Schumi-Doppelvergaser

MARGOT KÄSSMANN ist das neue Gesicht von Rotkäppchen-Sekt: «Sie ist spritzig, redet verrücktes Zeug und gibt sich gern auch mal die Kante», sagte ein Firmensprecher. «Sie ist ein Glücksfall für uns!» S. 46

Was ist los mit **PIPPA MIDDLETON**? Her Royal Hotness ist auf Diät – hoffentlich geht das nicht nach hinten los. S. 41

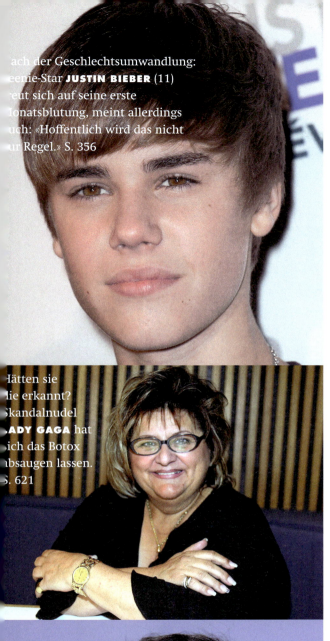

Nach der Geschlechtsumwandlung: Teenie-Star **JUSTIN BIEBER** (11) freut sich auf seine erste Monatsblutung, meint allerdings auch: «Hoffentlich wird das nicht zur Regel.» S. 356

Hätten sie sie erkannt? Skandalnudel **LADY GAGA** hat sich das Botox absaugen lassen. S. 621

Leidet er an krankhaften Koteletten? Der mysteriöse Gesichtsausschlag von Vorzeigetürke **CEM ÖZDEMIR** ist wieder da. S. 572

TITANIC

134	Die seltsamen Spiele der Kohls
135	**Intime Beichte:** Jesus zeigt Lenin seine Wundmale
137	**DOSSIER**: Die sieben peinlichsten Persönlichkeiten *von Bernd Eilert*
140	Privatmonster Olli Kahn
142	Netzer & Delling live nach dem Tod
143	Brief an den Leser Kid Rock

144 DIE PIESEPAMPEL

147	Brief an die Leserin Heidi Klum
148	Sexy facts about Kim Jong-Un
149	**Toptrend:** Schreiben wie Bohlen
152	**Er tut's schon wieder:** Hans-Dietrich Genscher
153	**Ausgezählt:** Dariusz Michalczewski
154	Brief an den Leser Bryan Adams
155	**Heinz!** Schenk noch mal ein!
158	**Straf-Anzeige:** Max Strauß in Giorgio Armani
159	Neuigkeiten aus der Käßmann-Forschung
162	Neue Stellungen: Das große Geläut
163	**Boris Jelzin:** Trinker oder Säufer?
166	Kniefallschirmjäger Willy Brandt
168	Die exklusive Lothar-Matthäus-TV-Show-Story
172	**Ebby Thust** – ein Freund fürs Leben
173	Nach dem Kaczynski-Absturz
174	**Mutter Teresa** treibt ab
176	**Mutter Beimer** treibt's in Paris
179	Sondermann meets Super-Erpel
181	Das Aus für den Gelben Sack
182	**Ekelfaktor 10:** Dirk Niebel im Stylecheck
183	Ein Tag im Leben des Kai Diekmann
184	**Quintett infernal:** Beckmann, Geissen, Kerner, Pilawa, Pflaume
187	In memoriam Loki Schmidt (1919–2010)
188	Kardinal Josef wird Ratzipapst
190	Merkel in der Menopause
191	**Integration bizarr:** Göring, Hitler & Co.
192	**DOSSIER**: Meine Lieblingsfeinde *von Eckhard Henscheid*
198	Deutschlands frechster Arbeitnehmer
199	Brief an den Leser Boris Becker

200 DAS GAMMELFLEISCH

203 Brief an den Leser Thomas Mann

204 **Strauß & Kohl:** Die Sperminatoren

206 Meet and greet mit Rex Gildo

208 **So sieht er auch aus:** Bill Kaulitz wird 50

209 Prominente Schweine denken an das Eine I

210 Der angekündigte Tod
des Johannes Paul Nr. 2

212 **Perverse Provinz:** Last Exit Sossenheim

214 **Vorsicht!** Man darf Problembär Kurt nicht
einfach abknallen

215 Oscar Wilde zum Downloaden

216 Ordensritter Leonid Breschnew im Streß

217 Was ist eigentlich der Herr Engholm für
einer?

218 **Oase der Lebensfreude:** Die total
verrückte Saddam Family

220 **Frivol:** Aktzeichnen mit Ede Zimmermann

221 Wir haben abgerieben!

222 Wir wurden ausgetragen!

223 Liebet einander! Zum Tode von George
Harrison

224 Partner TITANIC Promi-Spezial

226 Theo Waigel liest alles übers Arschkriechen

228 Jockel Fischer auf Platz 14 der Weltgeschichte

231 Prominente Schweine denken an das Eine II

232 **Kommt voll fett:** Günter Strack

234 Johannes Paul II. läuft Schlittschuh am
Pflasterstrand

235 **Gemein:** Attacke auf Uschi Glas

236 Fallschirmspringmaus Möllemann

237 **Mythos RAF:** So war sie wirklich

238 Echtes Geld für Friedrich Karl Flick

239 Hessen nimmt Abschied von Heinz Rühmann

240 **Irre:** Tanztee schwuler Senta-Berger-Fans

241 **Auf die Fresse:** Helmut Schmidt

242 Richard von Weizsäcker scheißt auf
Deutschland

243 Pflegefall Schäuble?

244 **DOSSIER**: Zehn Jahre Stürmer-Stil?
von Christian Y. Schmidt

250 Prominente Schweine denken an das Eine III

251 Brief an den Leser Martin Semmelrogge

252 DIE PSYCHOPATHEN

255 Brief an den Leser Helmut Markwort

256 **Würg!** Helmut Kohl von innen!

258 Kevin Spacey – sein Doppelgänger wird ihm
immer ähnlicher

260 **Typisch:** Gerhard Schröder zahlt alles

261 **Warmduscher:** Hendrix, Vicious & Cobain

262 Sexmonster Horst Seehofer und seine
Date-Planung

263 Maoïste – für den großen Sprung nach vorn

264 Facebook-Kumpel Stefan Mappus

267 **Befremdlich:** Angela the Strangela

268 Starinterview: Michael Jackson und
Lisa Marie Presley

270 **Edward Munch:** Sein letzter Schrei

272 **Maxim Biller:** Kotzen auf jiddisch

273 **Enthüllt:** Wie Haider jetzt heißt

274 Der Papst: völlig witzlos!

276 Unnütze Menschen Teil II

278 **Pardauz!** So kam es zum Althaus-Skiunfall

280 **Charity total:** Notopfer St. Moritz

282 Straight Edge Punks in: Lichter der Großstadt

284 **Lecker!** Prominente ausgenommen,
abgebrüht und heiß serviert!

286 Alienschmierfink H. R. Giger

288 Dustin Hoffman, der schlechteste
Schauspieler aller Zeiten

290 Brief an den Leser Tom Tykwer

291 **Abfall:** Gabriel und Beck im Endlager

292 **Hanns Dieter Hüsch:** Der
Allerunausstehlichste

294 Sympathische Serbenführer im Promi-Talk

296 **Sangesschwuchtel sucht Gleichgesinnte:**
Modern-Talking-Starposter

299 **Schweinigel im Doppelpack:** Goethe &
Schiller

300 **DOSSIER**: Beleidigte-Leberwurst-Umfrage

307 Brief an den Leser Heino Ferch

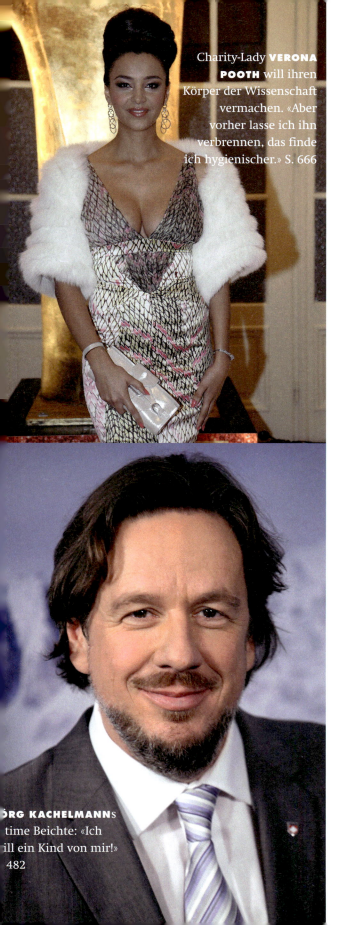

Charity-Lady **VERONA POOTH** will ihren Körper der Wissenschaft vermachen. «Aber vorher lasse ich ihn verbrennen, das finde ich hygienischer.» S. 666

ÖRG KACHELMANNs time Beichte: «Ich ill ein Kind von mir!» 482

Titanic

308 **DIE ARSCHGRANATEN**
311 Brief an die Leserin Erika Steinbach
312 Sieht die nicht aus wie die Merkel?
314 Hochzeitsgrüße von Caroline und dem Prügelprinzen
315 **Juli Zeh** – ein unerledigter Fall
316 Schrempp und Eaton: Arsch begegnet Geige
318 **Hirnstillstand:** Peter Hahne am Ende
319 Der Abschiedsbrief von Hannelore Kohl
320 Gerhard Schröder, der Cyborg-Sozi
324 **Heul doch:** Guttenbergs Trauerrede für jeden Anlaß
326 Wonderbra-Bernd meets SUPERMAN
328 Fickdackel Stoiberl
330 **David Garrett:** Bekenntnisse einer Fiedelfotze
331 Arschbombenterror mit Sozi-Siggi
332 **Friedrich Karl Flick:** Sein Leben als Schwein
334 **Los Knalldeppos:** Peter Handke & Botho Strauß
336 Wenn alle Busse halb auf dem Bürgersteig fahren würden
338 **DJ Westbam** und **Alfred Biolek** im Tekkno-Cooking-Rave
340 **Ist das Kunst?** Anselm Kiefer malt Roberto Blanco
341 Die ticken nicht richtig: Diese Kims
342 **Von Amis als Leiche ertränkt:** Osama bin baden
346 Vettel & Co. – immer in Bewegung
348 **Sie wußten von nichts:** die Autoren und Zeichner
349 War Goebbels Kommunist?
350 Kleinanzeigen
351 **Top-Event:** Edward Hopper in der Staatsgalerie Stuttgart
352 Demnächst bei Jauch, Illner oder Plasberg

KAPITEL 1

DIE VOLLPFOSTEN

Wer war noch mal **JUSTIN BIEBER TIMBERLAKE**?
Was unterscheidet **LADY GAGA** von **LADY DI**,
HELMUT SCHMIDT von **HELMUT KOHL** oder **SIEGFRIED** von **ROY**?
Warum rührt uns die heimliche Liebe von **GEORGE CLOONEY**
und **CARMEN NEBEL** zu Tränen?
Warum wissen wir heute über die Penislänge von **ROBBIE WILLIAMS** (7 cm)
mehr als über das Riesenrohr von Wortmagier
JOHANN WOLFGANG VON GOETHE (9 cm)?

Die meisten Prominenten kennt heutzutage kein Mensch. Es gibt einfach zu viele, niemand hat mehr Übersicht. Doch irgendwie gehören Berühmtheiten zu unserem täglichen Leben wie Silberfischchen und Hausschwamm. Was man auch macht, man wird sie nicht los. Die **VOLLPFOSTEN** sind allgegenwärtig. Weil sie uns zugleich interessieren, faszinieren und drangsalieren. Weil sie uns zeigen, was aus uns ohne Kinderstube, Skrupel und mit Brust-OP hätte werden können. Weil viele Friseure sich eine Welt ohne Prominente gar nicht mehr vorstellen können. Jeden Tag werden auf der Welt ca. eintausend neue Promis geboren, die wenigsten schaffen es in die Klatschspalten oder auf ein Fahndungsplakat. **GÜNTHER JAUCH**, **HEIDI KLUM**, **BARACK OBAMA** – wer kennt heute noch ihre Namen?

Wir.

TITANIC – diese fünf verschiedenen Buchstaben stehen für den größten, den beispiellosesten Erfolg der modernen Mediengeschichte. Schiffe und Filme wurden nach uns benannt, viele prominente Persönlichkeiten wurden durch TITANIC überhaupt erst bekannt. In unterirdischen Laboren züchteten wir **«BIRNE»**

KOHL und ließen ihn zum Kanzler wählen, wir konstruierten einen Außenminister mit Segelohren und machten ihn zum fliegenden Superhelden **GENSCHMAN**, wir schufen **ZONENGABY** mitsamt ihrer ersten Banane, und wir schrieben für den CSU-Hoffnungsträger **KARL THEODOR MARIA NIKOLAUS HEINZBERT KEVIN JÜRGEN WEIHNACHTEN SYLVESTER FREIHERR VON UND ZU GUTTENBERG** eine Doktorarbeit, an der er und wir alle viel Spaß hatten.

Nun hat das endgültige People-Magazin TITANIC die berühmtesten Persönlichkeiten der Welt einem unbarmherzigen Promi-Check unterzogen: Wer ist wirklich unwichtig? Wen dürfen Sie auf keinen Fall vergessen? Wer zeigt zuviel Bein, und wer nervt total? Wer darf in den Recall? Und für wen haben wir leider kein Foto?

Erstmals sind in nur einem Buch sämtliche überhaupt bekannte Prominenten vereint und in sieben handliche Kategorien unterteilt: Wir stellen Ihnen **VOLLPFOSTEN**, Spackos, Troglodyten und Piesepampel vor, beleuchten Gammelfleisch und Psychopathen und zu schlechter Letzt auch noch die unvermeidlichen Arschgra-

ZWEIUNDSECHZIG PROZENT ALLER LEUTE FÜHLEN SICH DURCH ANDERE LEUTE BELÄSTIGT.

naten – jede Menge Nieten, Nullen und Nervensägen aus den Archiven der TITANIC.

Dafür haben wir die besten Promiforscher der Republik gebeten, im Rahmen einer noch nie dagewesenen Qualitätsjournalismusoffensive für uns zu recherchieren, zu objektivieren und zu diffamieren. Im ersten Kapitel präsentieren wir Ihnen die bekanntesten Vollpfosten der Welt: vom supersüßen Grünen-Girl **CLAUDIA ROTH** (→ S. 54) bis zum megacoolen Volksmusikschluri **FLORIAN SILBEREISEN** (→ S. 42), von den **ROLLING STONES** (→ S. 36) bis zu den **RULING WULFFS** (→ S. 38), bekannt aus Bundespräsidentenansprachen und diesem Buch. Daß immer mehr Prominente heimlich Tattoo tragen, wird ebenso enthüllt (→ S. 18) wie die verdeckten Inhalte, die der große liberale Nichtdenker **GUIDO WESTERWELLE** im Laufe seines politischen Lebens so rüberbrachte. Vielleicht hätte man einfach früher auf seine eindrucksvollen Gesten und Gebärden achten sollen (→ S. 16), die wir Ihnen exklusiv zum Nachstellen vorführen.

Um Ihnen das Aussortieren überflüssiger Prominenter zu erleichtern, haben wir diesem

Startkapitel die handliche Checklist «Unnütze Menschen» beigelegt (→ S. 46). Außerdem begegnen wir dem nicht nur in Österreich unvergessenen **JÖRG HAIDER**, dem «Kärntner der Herzen» (→ S. 52), der mit seinem tragischen Tod (ca. 122 500 Euro Sachschaden) genau die Lücke füllte, die er hinterließ.

Abgerundet wird dieser Schnupperblick in die Welt der Schnöden und Reichen mit dem altmeisterlich recherchierten Dossier «Was tun bei Prominenten?» (→ S. 50). Hier findet der TITANIC-Powersoziologe **GUNNAR HOMANN** erstmals die geheime Formel für das Zustandekommen des berüchtigten Promi-Nerv-Faktors: «Zweiundsechzig Prozent aller Leute fühlen sich durch andere Leute belästigt.»

Was dieses Standardwerk vor allem auszeichnet, ist seine ungeheure Objektivität, die Unbestechlichkeit des Blicks. Die Aufnahme konnte nicht erkauft werden! Sollten Sie sich dennoch in diesem Buch vermissen oder übergangen fühlen, kontaktieren Sie uns bitte umgehend durch eine kommentarlose Überweisung nicht unter achttausend Euro auf das Konto Nr. 8211 047 004 der Berliner Volksbank (BLZ 100 900 00), Verwendungszweck: «[**IHR VOR- & ZUNAME**] bitte in die nächste Auflage».

Diese ultimative People-Bibel bietet Übersicht und Orientierung, teilt ein, zählt an und sortiert aus, schlägt Schneisen in den Mediendschungel und scheidet Ärsche von Gesichtern. Also ran an die **VOLLPFOSTEN**, bevor es zu spät ist. Denn die Prominenten von heute sind die Möbelhauseinweiher von morgen.

Sie, Til Schweiger, wissen nicht, was eine TSF ist?

Sollten Sie aber! Deswegen erklären wir Ihnen das mal ganz langsam: Es ist ja nämlich so, daß es ziemlich viele Spielarten der Filmkomödie gibt: klassische, romantische, tragikomische, Slapstick, Screwball, Spoof – und dann gibt es auch noch die Ihren, die Til-Schweiger-Filmkomödien, die wir hier eben kurz TSF nennen. Woran erkennen wir die?

Nun, in einer TSF spielt TS mit. Den kennen Sie. Und zwar spielt er die Art von Arschloch, die einen interessanten Beruf hat – meist irgendwas mit Medien – und auf Frauen unerklärlich anziehend wirkt. Und wovon handelt eine TSF?

Sie handelt davon, wie sich TS unter dem Einfluß weiblicher Wesen unerklärlich rasch zum Guten wendet. Durch die Erkenntnis nämlich, daß es im Leben mehr gibt als One-Night-Stands und Karrieresprünge. Was denn? fragen Sie lebenserfahren: Noch mehr One-Night-Stands und noch höhere Karrieresprünge? O nein, sondern das, was Sie in TSFs hochhalten: also die gesamte bürgerliche Wertepalette: Liebe, Ehe, Kinder, Familie usw.

Formal erkennen wir eine TSF daran, daß sie überwiegend aus Collagen besteht, das heißt aus Bildfolgen, die jene oben skizzierte Handlung illustrieren, und zwar möglichst so flott, daß sie über deren Stillstand hinwegtäuschen. Diese Montagen haben außerdem den Vorteil, daß sie TS viel Dialog ersparen, was ihm sehr entgegenkommt, da das Sprechen nicht zu seinen starken Seiten gehört – wie ihm überhaupt die Schauspielerei nicht zu behagen scheint. Stimmt doch, oder?

Aber wer will so was sehen?

Gern gesehen werden TSF von weiblichen Wesen, die das Pech haben, ihre Lebenszeit mit eben solchen Arschlöchern zu verbringen, wie sie TS am Anfang einer TSF verkörpert. Ihre Hoffnung, daß sich die eigenen Arschlöcher im wirklichen Leben unter ihrem guten Einfluß ebenso bessern könnten wie TS im TSF, ist allerdings unbegründet.

Wir können nur hoffen, Schweiger, daß TS seiner Linie schön treu bleibt. Weil wir uns dann jede weitere TSF ersparen können. Und wissen Sie was, Schweiger? Wir glauben, die Hoffnung ist begründet.

Mit schönen Grüßen: Titanic

Sagen Sie jetzt nichts

Name: Dr. Guido Westerwelle
Geboren: 27. Dezember 1961 in Bad Honnef **Beruf:** Politiker **Ausbildung:** Abitur, Jurastudium in Bonn und Hagen **Status:** Freiheitsstatue der Republik (aufblasbar)

Guido Westerwelle steht im Kreuzfeuer der Kritik. Sein Vorschlag, Arbeitslose in Berlin mit bloßen Händen das Eis von den Straßen kratzen zu lassen, kam in der Öffentlichkeit ebensowenig an wie sein Wort von der »spätrömischen Dekadenz«, das er einem Journalisten aus der Sänfte heraus in den Block diktierte, während er sich zur Trüffelkäseverkostung ins »Borchardt« tragen ließ. Dabei ist Westerwelle, der auf den ersten Blick wie ein aalglatter Karrierist und auf den zweiten wie ein ungehobelter Trampel wirkt, durchaus feinsinnig: Er sammelt zeitgenössische Werke von Norbert Bisky, auf denen halbnackte junge Männer zu sehen sind, interessiert sich für katholische Erziehungsmethoden – und neuerdings sogar für Fußball. Oder jedenfalls für Schiedsrichter. Unser Interviewer traf ihn während einer Parteiveranstaltung unweit der DFB-Zentrale in Frankfurt, wollte dann aber doch lieber auf sein Verhältnis zu Angela Merkel und seine Prognosen für die FDP zu sprechen kommen.

Herr Westerwelle, wir wissen, wo Ihr Auto steht. Wissen Sie, wo die der Schiris stehen?

Ihnen fehlt es aber auch noch an anderer Stelle.

Bei wieviel Prozent sehen Sie die FDP am Ende des Jahres?

Dachten wir uns. Angela Merkel hat Ihnen kürzlich öffentlich einen Rüffel erteilt. Sauer?

Na, na, na! Merkel hat Ihnen doch was voraus, nicht?

Jetzt seien Sie aber mal realistisch!

Schon besser. Und jetzt raten Sie mal, wohin Sie sich Ihre ganze FDP stecken können.

Promis und ihre

Seit sich Angelina Jolie die Koordinaten der Geburtsorte ihrer Adoptivkinder auf den Arsch, halt: Oberarm hat tätowieren lassen, bekennen sich immer mehr Promis zu ihren ungewöhnlichen Tattoos.

Gerhard Schröder

Der Altkanzler hat sich den Höchststand des Oderhochwassers, das ihm 2002 die Wahl rettete, auf den Oberschenkel tätowieren lassen. »Eigentlich stand mir das Wasser ja bis zum Hals«, lacht der unsympathische Gasbaron, »aber da steht ja schon ›~~Eva Anne Hillu TuS Talle Mutti~~ Doris forever‹.«

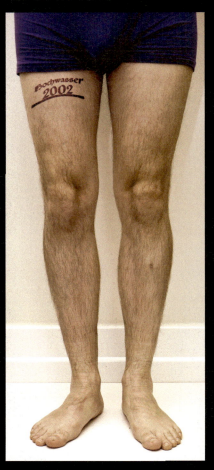

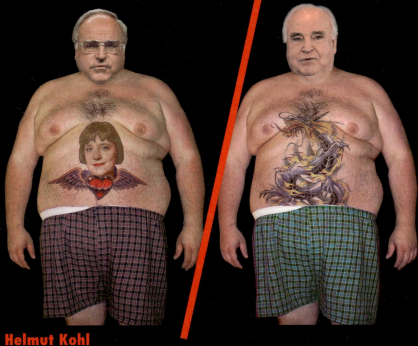

Helmut Kohl

Sie war seine große Liebe: Das Mädchen aus der Uckermark, das er förderte, protegierte – und das ihn schließlich verriet. Keine leichte Sache, aus dem tellergroßen Merkelporträt auf Kohls Bauch ein Tattoo zu machen, das den populären Volkskanzler nicht auf ewig an seine größte Niederlage erinnert!

Joe Ackermann

Der Chef der Deutschen Bank ist ein bekannter Freund des feinsinnigen Humors. Wer ihn mit Hose runter erwischt, kann nicht nur Ackermanns private »Soll und Haben« sehen, sondern auch das, was dem vitalen Geldberserker am Allerwertesten vorbeigeht.

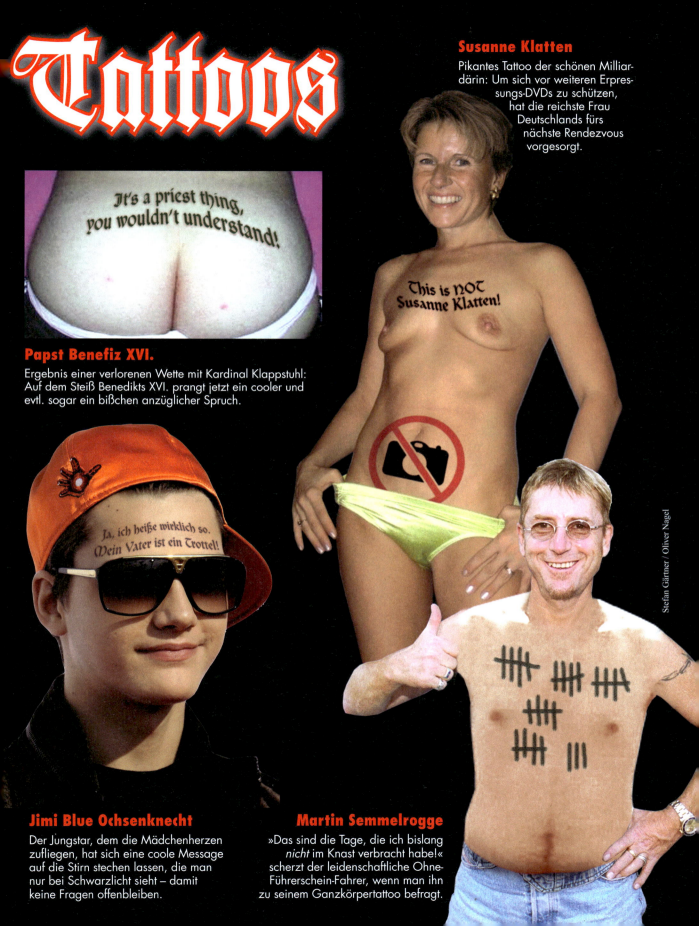

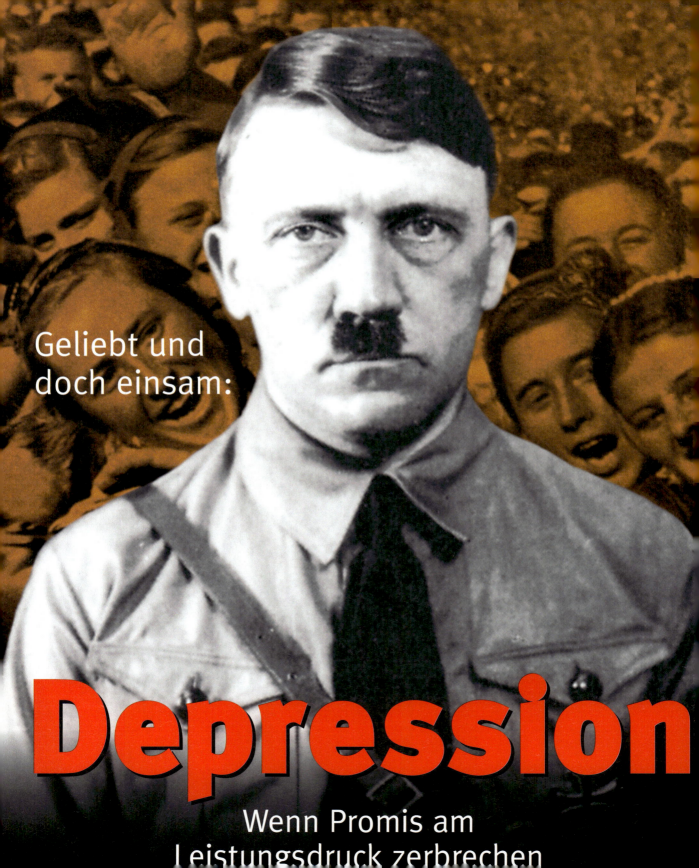

Jimi Blue
Traumtyp am Limit
Viele neue Fan-Fun-Fakten zum großen deutschen Teenie-Pop-Idol

Oft wird Jimi Blue Ochsenknecht mit seinem Bruder Wilson Gonzalez Ochsenknecht verwechselt. Dabei sind die beiden so unterschiedlich wie Tag- und Nachtgleiche: Wilson ist der mit den Haaren, Jimi der mit dem Face. Und Uwe ist der mit den Söhnen.

Viele wissen nicht, daß Jimi auch eine Schwester hat: Cheyenne Pfeffer Ochsenknecht. Cheyenne darf aber nicht so oft ins Fernsehen wie ihre Brüder, weil sonst die Identität der Ochsenmarke verwässert würde.

Jimi Blues größter Traum: einmal einen thermonuklearen Sprengkopf besitzen! Glück im Unglück: sein Vater Uwe Ochsenknecht ist sehr wohlhabend und erfüllt ihm jeden noch so törichten Wunsch, kaum, daß er geäußert ward. Jetzt kann sich Jimi neue Ziele setzen. Die unser Sonntagskind auch ganz bestimmt erreichen wird!

Seinen Halbbruder Rocco kann Jimi leider nicht besuchen: Sein Vater Ochse Uwenknecht rückt den Schlüssel für den Gartenschuppen nicht heraus! Dort wohnt das schwarze Schaf der Familie seit der berüchtigten Unterhaltsklage Roccos. Trotzdem nimmt Jimi manchmal Kontakt zum ungeliebten Anverwandten auf – und wirft ihm z.B. ein paar Knallfrösche durchs Fenster. So hat er wenigstens ein bißchen Abwechslung!

Viel wichtiger ist ihm aber sein echter Bruder Wilson. Der sagte neulich *Bild*, was ihn mit seinem jüngeren Bruder verbindet: »Wenn er Scheiße baut, kriegt er eine drauf.« Und wenn er keine baut, natürlich erst recht! Die Griechen nannten das *philadelphia*, »brüderliche Zuneigung«. Heute würden wir das nicht mehr so nennen.

Eine ganz besondere Beziehung pflegt Jimi zu Simone Thomalla (69). Schon in der Kindheit briet sie ihm zu Weihnachten die köstlichsten Knusperkekse. Doch Thomalla bedeutet Jimi viel mehr: Sie ist auch die Frau, die ihn zum Mann gemacht hat. Heute telephonieren sie mindestens einmal die Woche. Er nennt sie dann »meine mächtige Faltengöttin«, sie nennt ihn »Spasti«. Mega-Downer: Eine einstweilige Verfügung verbietet Frau Thomalla, sich Jimi auf mehr als hundert Meter zu nähern. Doch Jimi weiß: Auch eine Fernbeziehung kann prickelnd sein…

Jimi hört am liebsten die Musik von Robert Enke und mag dieses irre neue Bier, das nach Grapefruit, Zitronentüchlein und Kondomen schmeckt.

Jimi legt auf Ordnung großen Wert, ist kein Schlamper, keine Pottsau. So findet er es z.B. superwichtig, daß die Nanny seine Unterhosen richtig zusammenfaltet. Sonst faltet er *sie* nämlich zusammen. Also, die Nanny jetzt. Die kann dann gleich wieder zurück nach Weißrußland gehen.

Wenn er in München U-Bahn fährt, rückt Jimi schon mal zur Seite, wenn sich eine alte Frau hinsetzen will. Und wenn es dann zufällig Simone Thomalla ist, kann's auch gleich losgehen mit der wilden Knutscherei! That's Jimi – he let's nothing anbrennen…

Jimi ist ein gläserner Mensch, steht voll auf die Tyrannei der Intimität! Der *Bravo* 12/08 sagte er: »Ich habe keinen Schlüssel für mein Zimmer. Es kann jeder immer reinkommen. Außer Cheyenne klopfen die anderen aber an. Und wenn nicht, ist es auch nicht schlimm, weil es ja meine Familie ist.« Denn merke: Klopfen oder nicht klopfen – tüchtig Geklopfte gibt's auf alle Fälle!

Irres Eso-Ding: Wie die Brüder Löwenherz werden Jimi Blue und Wilson Gonzales nach ihrem Tode jedes Mal zusammen wiedergeboren – das letzte Mal zum Beispiel in Nangijalla, dem Land, wo auch die ganz miesen Geschichten noch lebendig sind. Einziges Problem: Die beiden können sich auf den Tod nicht ausstehen! Denn Jimi riecht, und Wilson macht noch ins Bett – behauptet zumindest jeder der beiden vom jeweils anderen. Karma kann auch wehtun…

Jimi gibt sich gern geheimnisvoll. Wenn z.B. Simone Thomalla anruft, läßt er das Telephon manchmal extralange klingeln, meldet sich dann irgendwann mit »Wilson«, »Spasti« oder »sorry, verwählt«. Das erhöht die Spannung in der Beziehung und gibt Jimi das schöne Gefühl, gebraucht zu werden. Manchmal hat Jimi aber auch Lust, sich inkognito unters Volk zu mischen. Dann verkleidet er sich als Kalif von Bagdad und kann in den Straßen unerkannt mitanhören, was die Untertanen wirklich über seine Lieder und Filme denken.

Einmal lag Jimi nachts im Bett und kuschelte mit seinem Bruder Wilson Godzilla, wie das die beiden Brüder zu vorgerückter Stunde stets zu tun pflegten, wenn sich im Haus nichts mehr rührte. Auch diesmal ging es gut voran, alles lief wie am Schnürchen. Doch kurz bevor es zum Höhepunkt kam, platzte zur Tür herein – der fürchterliche Ochsenknecht, beider Erzeuger! »Was zum Geier macht ihr zwei Schwuchteln hier eigentlich?« brüllte er wie ein heißblütiger Matador. Noch bevor die beiden verdutzten Kälber zu einer Erklärung ansetzen konnten, hatte der Ochsenknecht schon seinen riesigen, knotigen Ochsenziemer herausgeholt. Die heiße Ochsenschwanzsuppe, die es dann gleich literweise setzte, mußten die beiden Lausbuben ganz allein auslöffeln! ☐

Leo Fischer

1886 125 Jahre

Isadora Duncan

Italo Svevo

Bessie Smith

Margaret Mitchell

Alexandra

Grete Weiser

Hans-Jürgen Krahl

Marc Bolan

Cliff Burton

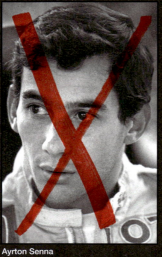
Ayrton Senna

Prinzessin Diana

Jörg Haider

Automobil 2011

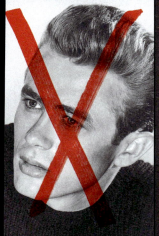
James Dean

Albert Camus

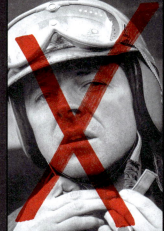
Graf Berghe von Trips

Jayne Mansfield

Rolf Dieter Brinkmann

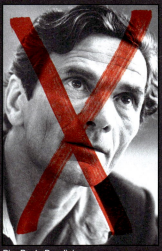
Pier Paolo Pasolini

Grace Kelly

Marianne Strauß

Günter Amendt

Lady Gaga

Alexander Lukaschenko

Erinaceus europaeus

Hatten Spaß bei ihrer Gurkentruppe: die Guttenbergs. Unter ihren Splitterschutzwesten trugen sie fast nichts

Es war IHR Auftritt auf dem internationalen Society-Parkett: Top-Ministergattin Baronesse Stephanie zu und von Guttenberg (34) lud zum Surprise-Event in Kundus – und alle, alle kamen. „Das ist kein spaßiger Ausflug, das ist bitterer Ernst", sagte Power-Steph, und alle, alle lachten. Granatenwitz! Stippvisite im Sand, Etappencheck vom Feinsten, da ist die Promi-Dichte maximal.

Mit dabei im exklusiven Bundeswehr-Jet: Johannes B. Kerner (Sat.1), die Ministerpräsidenten David McAllister (CDU) und Wolfgang Böhmer (CDU) sowie jede Menge gut getarnter Party-People – ganz zu schweigen vom beliebten CDU-Backbencher Philipp Mißfelder, der eher aus Versehen mitgekommen war (angedacht war Papstreise).

An Exklusivität ist das Urlaubsland Afghanistan kaum zu übertreffen, schon jetzt gilt der staubige Extremistentreff unter Fun- und Minensuchern als *der* Trendplace

Wüstentreff mit
GUTTENSTEPH

von People-Reporter Oliver Maria Schmitt

Die Zeit zum Backenzwackeln ließ sich das Polit-Power-Paar nicht nehmen

„Schade, daß wir nicht schwul sind." Polit-Profis beim Power-Talk

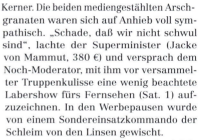

Die schöne Steph läßt sich Materialschlachtmaterial erklären

„So hoch kann mein Mann ihn jederzeit kriegen." Die Baronin schult, wo sie nur kann

weltweit international. Natürlich reiste „Guttensteph", die dezent geschminkte Stil-Ikone, gemeinsam mit ihrem Mann, Top-Minister Klaus-Theodor zu und mit Guttenberg (38). Der wartete nach der Landung ungeduldig auf die Photographen und zupfte seiner Süßen das taillierte geschnittene Schutz-Top zurecht. „Sie trug die Splitterschutzweste anmutig wie ein Kaschmirjäckchen" (Bunte).

Dann düste der rund um die Uhr bedrohte Baron mit getrenntem Bundeswehr-Heli weiter. „Aus Sicherheitsgründen", wie der stahlhart gegelte Polit-Star schmunzelnd anmerkte. Das Risiko, daß sein Reisebuddy Johannes B. Kerner von muslimistischen Kopfwindelträgern abgeschossen werden könnte, war dem Verteidigungsminister einfach zu groß.

Stilgerecht betrat die Society-Lady also erstmals afghanischen Geröllboden, trug zu topmodischen Ugg-Boots (Deichmann, 199 €) nur eine „blaue Daunenjacke mit Fellkragen" (Spiegel).

Begeistert wurde sie von der Task-Force Kundus begrüßt, die Truppe war außer sich vor Freude. „Ausziehn, ausziehn!" schrieen die verdienten Freedom-Fighter, doch zum Muschizeigen blieb „Lady Guttensteph" keine Zeit. Sie hatte alle Hände voll zu tun, die dicht gepackte Event-Agenda abzuarbeiten. „Ich möchte mir als Bürgerin, als Gattin, als Frau und Mutter von süßen Kindern und nicht zuletzt als Kinderschänderschreck selbst ein Bild von der Arbeit unserer Schutzstaffel machen", hauchte die Schöne den versammelten Medienvertretern ins Mikrophone, schnappte sich „den teuren Leder-Weekender" (Bunte) und entschwand. Termine, Termine!

Der goldene Sand des Hindukusch harmonierte vorzüglich mit dem Teint der feschen Freifrau, die sich sodann umgehend nach Strich und Fadenkreuz informierte.

Von einem gutgebauten Obergefreiten ließ sie sich die verschiedenen Waffengattungen erklären, die man für einen so gefährlichen Auslandseinsatz unbedingt braucht. „Das hier ist ein kleines, grünes Gerät, und dieses hier ein sehr teures Schwarzes, was sehr laut Bumm macht", erläuterte der Hilfsleutnant, der nach dieser gekonnten Präsentation von Stephanie spontan zum GröFaZ ehrenhalber ernannt wurde.

Dann plötzlich der gefährlichste Moment des Blitzbesuches! Für ein Photo mit einer weiteren Frau drauf stellte sich die „mutigste Baronin Deutschlands" (Bild) neben eine etwas kleinere uniformierte Kampfschnecke und machte mit den Armen weit ausladende Chefbewegungen, wie sie es sich bei ihrem Mann (38) abgeschaut hatte. Null Problem für die Ururschwippschwagerenkelin von Fürst Otto von Bismarck (1870/71). Nur die Bundeswehrfrau war sauer, weil sie nichts sagen durfte. Zickenalarm total.

Derweil traf sich ihr Göttergatte, Top-Minister zu und nach Guttenberg, mit Nicht-mehr-ganz-so-top-Moderator Johannes „B." Kerner. Die beiden mediengestählten Arschgranaten waren sich auf Anhieb voll sympathisch. „Schade, daß wir nicht schwul sind", lachte der Superminister (Jacke von Mammut, 380 €) und versprach dem Noch-Moderator, mit ihm vor versammelter Truppenkulisse eine wenig beachtete Labershow fürs Fernsehen (Sat. 1) aufzuzeichnen. In den Werbepausen wurde von einem Sondereinsatzkommando der Schleim von den Linsen gewischt.

Zum Abschluß der Truppenbesichtigung fanden Lady Guttensteph und ihr Gatte „The Gutt" nach langer Trennung endlich wieder zusammen, sie turtelten verliebt wie am ersten Tag, küßten und befummelten sich gierig, danach lauschte man gemeinsam den stinklangweiligen Geschichten verdienter Frontkämpfer. „Ihr Mitgefühl war echt" (in – Das Star und Stylemagazin).

Im Rahmen eines lustigen Suchspiels wurde schließlich nach dem größten Trottel der Kompanie gesucht. Schnell ward er gefunden: Beim Befehl „Vollkoffer Hand hoch!" hob Hauptgefreiter Michael Anderegg als erster die rechte Onanierzange. Freudig erregt durfte er einem Frontberichterstatter ins Mikrophon flüstern: „Der Truppenbesuch ist wichtig. Der Minister hat es nicht nötig, sich medienwirksam zu inszenieren" (Bild).

Auf Antrag der versammelten Photographen absolvierte das sympathische Power-Paar noch schnell ein gemeinsames Schaulaufen. Die rundum Schöne machte neben ihrem Guttigatten eine supertolle Figur, sah in ihren sandfarbenen Jeans (Mustang, 270 €) einfach umwerfend aus, wackelte keck mit dem Popöchen und blinzelte den stahlhart samenstauenden Soldaten verführerisch zu. Zärtliches Zwacken der Gattenbacke und kleiner Zapfenstreich Ehrensache. Applaus und Salutgeböller, ISAF-Feeling pur. Es gab weder Tote noch Verwundete.

Anne Will: »Meine innere Lampe hat Wackelkontakt.«

Die ARD und ihre Girls

**Notate aus der Welt des Moderatorinnenjournalismus.
Von Leo Fischer**

Anne Will – die schöne

Hört man das Wort »Moderatorin«, denken die meisten Menschen zuerst an gar nichts. Als zweites denken sie aber sofort an Anne Will. Sie ist der Shooting-Star im Moderier-Business, niemand kommt mehr an ihr vorbei, seitdem sich die Presse entschieden hat, lange Artikel über Nachrichtensprecherinnen abzudrucken. Denn Anne Will trägt eine der wichtigsten und seriösesten Frisuren der Welt auf dem Kopf herum; von allen Journalisten kann sie die Nachrichten am besten vorlesen. Sie setzt Maßstäbe.

Auch äußerliche. Denn Anne Will ist ohne jeden Zweifel schön. Sie hat seidiges Haar und strahlende Augen. In der Maske wird sie vor jeder Sendung geschminkt, dadurch wirkt sie nicht so leblos und innerlich tot, kleine Rötungen oder Rasierwunden verschwinden unter einer zentimeterdicken Patina. »Ich kann eine innere Lampe einschalten«, sagte sie dem *Zeit-Magazin*. Knipst Anne Will diese Lampe an, wirkt sie fröhlich, lustig, lebhaft; knipst sie sie aus, ist sie wieder die kalte und berechnende Anne Will, die ihre Kollegen so hassen.

Denn Anne Will ist nicht nur eine strahlende Gute-Laune-Fee, sie ist auch Geschäftsfrau. Mit einem befreundeten Anwalt hat sie das Unternehmen »Will Media« gegründet, wo man Anne Will-Ersatzteile ordern kann, wenn ein warmherziges Lächeln oder eine ironische Augenbraue mal den Geist aufgibt. Will ist Profi. Akribisch bereitet sie sich auf jede einzelne Sendung vor. Immer wieder liest sie die Texte, hockt dazu in einem sogenannten Büro – einem kleinen Zimmer mit Stuhl und Tisch drinnen. *»Draußen wird es gerade dunkel, drinnen leuchtet nur noch ihr Computermonitor. Sie nimmt sich ihre Moderationstexte vor. Sie schreibt einen Satz, spricht ihn laut aus, irgend etwas stimmt nicht, klack-klack-klack machen die Tasten, löschen, umformulieren, wieder laut aussprechen, weitertippen. Es klingt jetzt, als rede sie im Schlaf. Ein Satz, klack-klack, der nächste Satz«*, berichtet ein sichtlich konsternierter Christoph Amend im *Zeit-Magazin* von den verrückten Arbeitstechniken der Journalistin. In ihrem Büro arbeitet sie am liebsten, im Gegensatz zu ihrer Wohnung, die sie als Rückzugsort, auch als Wohnort betrachtet. Will lebt in Hamburg und Berlin, aber immer nur an einem Ort, nie an beiden gleichzeitig. Das gibt die Geometrie der Raum-Zeit einfach nicht her.

Im Büro schreibt sie Text um Text. Klackerklackerpeng. Wenn sich die Nachrichtenlage ändert, muß sie schauen, ob die Texte noch zur Welt passen. *»In meinem Büro lasse ich vier Fernseher gleichzeitig laufen, gucke, was die anderen so machen«* (*Emma*), jedes einzelne ihrer vier Augen richtet sie auf einen Konkurrenzsender. Ein Knochenjob. Fast zu viel Arbeit für eine einzelne Frau – da ist es gut, daß sie ganze Hundertschaften von Mitarbeitern hat, die dafür sorgen, daß sie praktisch überhaupt nichts tun muß. Dennoch: Ihre Konzentration darf nie nachlassen. Ist die Kamera an, muß sie zu sprechen anfangen, steht hingegen ein Mensch oder ein Kollege vor ihr, darf sie nicht zu reden aufhören. Know-how heißt hier Gewußt-wie.

Ihre neue Sendung heißt »Anne Will«, obwohl auch andere Menschen darin auftreten. Aber der ursprünglich geplante Titel »Verschiedene Politiker, die mal wieder ins Fernsehen wollen« war sogar für die neuen Großbildfernseher zu lang. Ansonsten hat sich gegenüber der Vorgängersendung »Sabine Christiansen« praktisch nichts verändert. *»Neu ist der Einspielfilm, und neu ist die Couch«*, weiß zum Beispiel der Reporter der *Welt*. Den Einspielfilm mußten sie neu drehen, weil Christiansens Gesicht dort noch eingeblendet wurde, die Couch austauschen, weil Christiansens Gestank einfach nicht rauszukriegen war. Jetzt redet Will dort oder sitzt auf der Couch. Oder stößt, wie Amend weiß, *»ein mädchenhaftes, beinahe naiv wirkendes Kichern«* aus, *»oft streicht sie gleichzeitig mit ihren Händen die Haare aus dem Nacken. Es ist eine ziemlich unschlagbare Mischung.«* Anne Will, ein Profi mit vier Fäusten und Augen. Kichernd streicht sie sich die Haare von den Zähnen, wenn sie, klickerklackerklonk, auf die Tastatur einhämmert. Zwei Stunden braucht sie, bis der Begrüßungstext für die nächste Sendung steht: »Guten Abend, liebe Zuschauer«, wird er heißen. Sie lebt nach Spielregeln, die sie kennt.

»Es scheint«, meint zuletzt der nun schon vollends verliebte Christoph Amend, *»als wünsche sich das Publikum in Zeiten einer ideologiefreien Großen Koalition, die perfektes Politik-Handwerk betreibt, eine ebenso ideologiefreie Moderatorin, die eben auch perfektes Handwerk betreibt.«* Anne Will – eine perfekte Frau. »Fehler zu wiederholen finde ich doof«, sagt sie. Vielleicht ist dies das wichtigste Betriebsgeheimnis der Anne Will: Einfach keine Fehler machen, bewußt nur richtige Entscheidungen treffen – falsche Entscheidungen sind oft keine gute Wahl. Eine Spielregel, die Anne Will kann – wie so vieles. Was sie aber nicht mehr kann, ist, die Tagesthemen zu moderieren.

Caren Miosga – die Wuschlige

Denn Anne Will hat ihren Platz dort aufgegeben, sie wird abgelöst von Caren Miosga. Miosga statt Anne Will, Anne Will statt Christiansen – die Hickhackordnung im Krampfhennenstall ist eine extrem frigide oder rigide.

Zweifelsohne ist die »Neue« bei den Tagesthemen eine aparte Erscheinung. Caren Miosga ist schön, schön und entsetzlich wie der Morgen, tückisch wie die See, stärker als die Grundfesten der Erde. Sie hat sehniges Haar und kräftige Augen. »*Die 38jährige sieht aus wie frisch geduscht*«, glaubt die *Berliner Zeitung*, »*die Haare leicht gewellt, die Wangen rosig.*« Die *FAZ* sieht es anders: »*Sie hatte sich nicht eigens eine Tagesthemen-Frisur zugelegt, keine kompliziert zerzauste Fönhaube wie etwa Sabine Christiansen, sie war weder onduliert noch gelockt, dafür, auch der Augenbraue sei Dank, auf eine sehr erwachsene Art mädchenhaft.*« Das kleine erwachsene Mädchen, weder toupiert noch verschmiert, weder zerzaust noch verlaust, alle sind sie sich einig: da wurde nicht einfach irgendeine stinkende, vor sich hin lallende Pennerin vom Bahnhof vor die Kamera gezerrt. Die Pennerin ist erwachsen geworden, hat geduscht.

Wie Anne Will ist Miosga jung und hochqualifiziert. Miosga kann drei verschiedene Fremdsprachen benennen (»Französisch, Englisch und Belgisch, stimmt's?«) und vom Blatt ablesen; Anne Will hingegen ist in der Lage, alle europäischen Hauptstädte nachzuschlagen und kurze Texte auf dem Teleprompter zu erkennen. »*Aber*«, hakt die *Berliner Zeitung* nach, »*kann sie auch die Augenbraue so ironisch-keß lupfen wie ihre Vorgängerin Anne Will? Caren Miosga sagt, sie kann, aber nicht auf Kommando.*« Absurde Muskelkrämpfe tanzen über ihr in Agonie verzerrtes Gesicht, wenn sie es trotzdem versucht. »*Sie kann die Nase hin- und herziehen und sie dabei ein wenig kräuseln, so wie es Kaninchen manchmal tun*« (*Berliner Zeitung*). Ein Talent, mit dem man nicht auf die Welt kommt: man muß damit geboren sein.

Andere Dinge muß Miosga erst noch lernen, muß sich bei den Tagesthemen erst behaupten. Zwei wichtige Grundsätze hat sie sich für die Moderierarbeit auferlegt: 1.) Wenn die Sendung beginnt, muß sie in die Kamera sehen. 2.) Ist die Sendung aus, muß sie nach Hause fahren. Ähnliche Prinzipien im Umgang mit ihren Kollegen: Hallo, Uli Wickert, sagt sie, wenn sie ihn auf der Straße trifft. Oder Tom Buhrow. Zwei verschiedene Männer mit zwei verschiedenen Namen, die sie beide kennen muß und nur verwechseln darf, wenn es dunkel ist. Der Wiedererkennungseffekt ist entscheidend: Die Zuschauer wollen dieselbe Frau sehen, wenn im Fernsehen der Schriftzug »Caren Miosga« eingeblendet wird. Wenn sie am Montag strahlend wie der Jüngste Tag und mit auf Hochglanz frisiertem Haar auftritt, kann sie am nächsten nicht mit eitrigem Aussatz und büschelweise Haarausfall kommen. Genauso wichtig ist es, bei Terminen zum richtigen Ort zu gehen, nicht einfach wie ein frisch geköpftes Huhn blindlings durch die Gegend zu rennen. Auch das hat sie lernen müssen. »*Zu ihren eigenen Probe-Tagesthemen sei sie prompt zu spät gekommen. Sie hat sich zwischen Maske und Studio verlaufen. Es sei schon eine große Herausforderung*« (*Berliner Zeitung*). Spielregeln, die einem keiner beibringt.

Miosga hat lange fürs Radio gearbeitet. Ein völlig anderes Medium. Ihr Aussehen konnte so nicht zur Geltung kommen, sie mußte es den Hörern erst vermitteln: »Liebe Hörerinnen und Hörer, ich habe seidiges Haar und bin schön geschminkt, ich bin gutaussehend, meine Stimme ist wohlklingelnd und subtil erotisch. Meine Kleidung hat mehr Geld gekostet als Ihre.« Bei den Tagesthemen sind solche Ankündigungen verzichtbar, ihr Aussehen kommt wieder zur Geltung, ebenso wie die Garderobe. Miosga weiß: Jeden Tag muß sie Kleidung anziehen, sonst wird sie auf der Straße komisch angesehen oder verhaftet. Spielregeln, die einem jeder beibringt. Spielregeln, die einzuhalten sich lohnt: Seit sie mit der Arbeit angefangen hat, landet jeden Monat ein Geldbetrag auf ihrem Konto. Sie nennt es Gehalt.

Millionen sehen sie jetzt an. Sie hingegen kann nur Tom Buhrow sehen. Sein lüsterner Blick; der Schweiß auf seiner Stirn; der Wahnsinn in seinen Augen. Die Tagesthemen sind sexy geworden, sinnlich, sündhaft, brünstig, bacchantisch; knapp unterdrückte Triebe züngeln und zappeln, nur unterbrochen durch gelegentliche Ausbrüche von topseriösem Spitzenjournalismus.

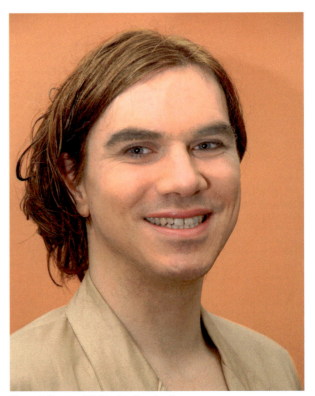

Caren Miosga: »Ich bin frisch geduscht.«

Katrin Bauerfeind – die Bauerschlaue

Katrin Bauerfeind: »Click here to win a free iPod.«

Eine ganz andere Kategorie der Moderatorin ist mit Katrin Bauerfeind auf den Markt getreten. Katrin Bauerfeind moderierte zunächst eine Sendung im WWW, die Ehrensenf genannt wurde und auch so hieß. Sie kommentierte Sachen, die sie im Internet gesehen hatte. Alles, was auffällig, seltsam oder kompliziert war, wurde gnadenlos komisch heruntergemacht. Ein herrlicher Spaß. Wenn etwas witzig war, machte sie einen witzigen Spruch dazu; wenn etwas traurig war, auch. So etwas kannte man bis dato im Fernsehen noch nicht oder hatte es schon wieder vergessen. Bauerfeind gewinnt den Grimme-Award, wird vom Fernsehen entdeckt. Jetzt moderiert sie die Sendung Polylux. Spielregeln, die sie liebt.

Bauerfeind hat eine solide Herkunft. Ihr Vater war Veteran im Bauerkrieg, ihre Mutter ißt gern Bauerjoghurt (den großen). Wenn sie sich verletzt, legt sie sofort einen hygienischen Bauerverband an. Bauerfeind ist bodenständig geblieben; sie ist nicht irgendein Medienflittchen, das gerade gehypt wird, wie die *Süddeutsche* weiß; vielmehr ist sie »*das neue Ding, der letzte Schrei, ganz heißer Shit*«. Mit ihren zarten 25 Jahren hat sie schon einiges von der Welt gesehen. Dem *Tagesspiegel* erzählte sie, was sie von Berlin alles kennt: »*Den großen Turm, den Dom, die Spree, den Hauptbahnhof. Außerdem kenne ich die Stadtteile Mitte und Charlottenburg und Friedrichshain. Reicht doch fürs erste. Erst mal will ich pendeln, wenn das nicht klappt, wird umgezogen.*« Hoffentlich weit weg.

Kein Zweifel: Katrin Bauerfeind ist stöhn. Ihr Haar ist weich wie Seidenraupen, mit ihren Augen kann sie aus dem Kopf rausschauen. Ob Bauerfeind die ironische Augenbraue von Caren Miosga geklaut oder aber von Anne Will stibitzt hat? Hat sie sie vielleicht gar von ihrer letztlich gleichgrindigen Vorgängerin Tita von Hardenberg? Eine Frage, der nachzuspüren sich wohl verlohnte, wenn es am Ende nicht so egal, auch so langweilig wäre und nicht zudem schon in *Spiegel*, *Zeit* oder eben in der *Süddeutschen* gestanden hätte, die es auch bemerkt hat, »*das Augenbrauen-Spiel, das sie sich eindeutig von ihrer Vorgängerin abgeschaut hat. Ob das die Berliner Studioluft macht, die Produzenten es vorgeben oder Bauerfeind damit Tita von Hardenberg huldigen will: Sie sollte es lassen. Als eigenständige Bauerfeind ist sie besser.*« Die eigenständige Bauerfeind ist, wenn sie mal die Berliner Luft aus ihrem Kopf abgelassen hat, eigentlich ganz normal: Sie mag (wahrscheinlich) Schokolade, Katze, Blume; sie hat eine Aversion gegen das Fugen-n und guckt aus dem Fernseh heraus statt nur hinein (wie alle anderen). »Mal schauen«, sagt sie heute ironisch, wenn man sie zu Themen befragt. Dabei wirkt sie schon jetzt so verbraucht und leer wie ihre zehn Jahre älteren Kolleginnen. Katrin Bauerfeind: neues Ding, letzter Schrei, arme Sau. Spielregeln, die keiner kennt.

Ausblick & Schluß

Wo stehen Miosga, Will, Bauerfeind in zehn Jahren? Werden sie noch so strahlende Haare und seidige Augen haben? Oder werden sie sich nicht doch ganz allmählich in Runzel-, Moppel-, Wabbel-Ichs verwandeln? Vor allem aber: Wird man noch immer in den Zeitungen lesen können, wie die drei gerade aussehen? Werden Hochzeiten zu feiern sein, will am End' gar Amend Will, wird es also, klickerklacker, eine spannende Journalistenhochzeit zwischen dem Chefwahnsinnigen vom *Zeitmagazin* und der Starmoderatorin geben? Wird dann Anne Will-Amend in ihrer Sendung eine – inzwischen natürlich von vielenvielen Falten umkränzte – Augenbraue lupfen? Die Spielregeln sind bekannt. Oder, um es mit Dagmar Berghoff zu sagen: Gute Nacht, bis morgen. Die neue Zeit ist da. □

SCHRÖDERS MEMOIREN FIX UND FERTIG!

Yes, they rock!

Hey, helau, man muß sie einfach gesehen haben, phantastisch, wie sie wieder alle Register, man möchte es sonst nicht glauben, und wer da geglaubt hat, und allen Unkenrufen zum Trotz ist es Wahnsinn, wie ein hungriger Wolf rocken und ragen sie einzig und allein und forever, yes - rolling Urgestein.

Die »Stones« sind wieder auf Tour, jung und crazy wie eh und je. Es ist fast nicht mehr zu packen, man rastet aus der Haut, wenn man das »Zweigestirn« Jagger/Richards über die Bühne turnen sieht, so, als wäre es gestern gewesen. Was? Ja, man fragt sich.

Sie rocken und rollen, und man merkt es ihnen einfach an, daß der Rock und Roll ihr Lebenselixier ist, er ist ihnen förmlich ins Blut hineininjiziert, yes, doctor, doctor, please. Anders kann man es nicht sagen, man muß es einfach mit den eigenen zwei Augen im Kopf angekuckt haben, man muß es einfach gesehen haben, yes, they got the feeling.

Eine Tour der Superlative. Über 400 000 Rowdies sind damit beschäftigt, 400 000 Milliarden Kartons, Koffer, Schachteln, Schubladen, Handtaschen, Plastiktüten und Riesenseifenkisten aus Sattelschleppern zu schleppen, die in zweiter Reihe hintereinander geparkt Strafzettel in Höhe von 400 000 Mark verpaßt bekommen würden, Flensburg-Punkte nicht mitgerechnet. Die Bühne ist viermal so hoch wie tief, Kantenlänge vierzig hoch zwei Fantastilliarden. Mit Rübensirup zusammengekleistert, flambiert und anschließend von Eugen Egner durchgesägt, würden die Platten der »Stones« ein Übergewicht von 400 000 Zentnern ergeben, rein netto, wie sich wohl versteht. Die Lieder, die man zu hören bekommt, sind insgesamt so alt wie noch nie zuvor. Das Publikum dagegen wird immer jünger: Genau etwa 400 000 Mio. zukünftige »Stones«-Fans sind allein in China noch gar nicht geboren.

Come on, sie sind wirklich super! 26 Buchstaben reichen bei weitem nicht aus, die Magie der »ältesten Rock änd Roll Band der Welt« in Worte zu kleiden. Was sind Worte! Worte wie »kleiden« oder »Buchstaben« sind da fehl am Platze, können voll abstinken, no rain! Und ein Wort wie »rain« gehört schon gar nicht hierher, really!

Wer sind die »Rolling Stones« eigentlich, die Menschen behind the Kulissen? Sie bestehen aus dem Trommler Charlie Watts, der die Höhlenmalerei erfunden hat, bevor er zu den Stones kam, dem Bassisten von den »Stones« und natürlich aus dem »Zweigestirn« Jagger/Richards. Ohne sie wären die Stones nur eine Zweimannkapelle, mit ihnen aber sind sie zu viert, eine Supertruppe.

Michael Jagger hat einmal über Keith »Moon« Richards gesagt, daß man in seinem Gesicht lesen könne wie in einem verschimmelten, stockfleckigen und an den Kanten von tollwütigen Ratten angefressenen Tapetenmusterbuch. Die Zeichen der Zeit haben darin ihre Zeichen hinterlassen oder so ähnlich, was soll die Scheiße, man muß es einfach selber gesehen haben, es ist unglaublich.

Twäng, klingeling: Die ersten Akkorde erklingen, dann setzt der Bassist von den »Stones« ein, womm, womm, womm, tschak, womm, was hämmert denn da?

Die »Stones« v.l.n.r.: Keith Richards, Mick Jagger, der Bassist der »Stones« und Charlie Watts. Foto: Peter Bischoff

Hey, hey, you, you, aufwachen! Charlie Watts wird geweckt, und schon fetzen sie los. Wie ein crazy Irrwisch fegt das »Zweigestirn« Jagger/Richards über die 400 000 Hektoliter helle Bühne, es ist wirklich very, very beeindruckend. Vor ihnen das Publikum, hinter ihnen die die von den Rowdies sorgfältig aufeinandergestellten Lautsprecher-Kisten mit eingebauten Super-Megawatt, wie man's braucht, und dazwischen die »Rolling Stones«, was soll man da sagen.

Es liegt an der crazy Stimmung, sie bildet zusammen mit dem »feeling« die Atmosphäre, in der man lebt und rockt till they die. Musikalisch hat sich einiges getan bei den »Stones«. Während früher die Musiker immer gemeinsam am Ende eines Liedes zum Schlußakkord kamen, ist heute Charlie Watts in sieben von acht Fällen als erster fertig, einfach weil er mittlerweile den Bogen raus hat. Klaro, er kennt seine »Songs«, ist ja kein Wunder, er hat ja alle Platten, das muß man einfach akzeptieren und selber mit den eigenen zwei Augen nebeneinander im Kopf gesehen haben. Es liegt alles an ihrem »Sound«, von dem Keith Cobain mal gesagt hat, daß er »typisch for the Stones« ist. Fuck it!

Was soll man noch sagen über eine Combo, angesichts derer alle Rekorde verblassen und die man einfach selber gesehen haben muß, die Combo natürlich, nicht die Rekorde, heute oder erst in 2000 Lichtjahren, total wurscht, Hauptsache Sex und Ilja-Rogoff-Knoblauchdragées und Rockenroll forever, ihr crazy motherfuckers, yes!

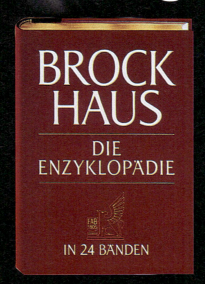

Nein, diese Wulffs!

Aus dem Leben einer Patchworkfamilie

Die Villa der Wulffs in Berlin-Dahlem. Der Mittag nach der großen Housewarming-Party. Bettina sitzt ungeschminkt und zerknittert am Frühstückstisch. Christian fällt mit kalkweißem Gesicht die Treppe herunter.

Christian: Ogottogottogott.

Bettina: Morgen, Mr. President. Was ist los? In den Spiegel geguckt?

Christian: Ich hab grad vom Balkon in den Garten geschaut. Überall Müll, umgekippte Flaschen, rausgekotzte Bratwurstzipfel, entwurzelte Bäume!

Bettina *(gedankenverloren)*: So war das in meiner Studienzeit jeden Morgen – in meinem Zimmer.

Christian: Da wird hoffentlich im Laufe des Tages jemand aufräumen.

Bettina: Ich aber nicht!

Christian: Wir können ein paar von den Kindern vorschicken.

Bettina: Genau! Sie dürfen die Reste trinken und nach liegengebliebenen Brieftaschen suchen.

Leander, Annalena und Linus Florian kommen die Treppe runter. Alle haben Stöpsel in den Ohren und hören laute Musik (Aggro Berlin, Shakira, Rolf und seine Freunde).

Bettina und **Christian:** Guten Morgen, Kinder!

Leander *(singt mit)*: …doch es geht nicht anders / ich bin der Arschfickmann…

dadadada-daada…

Bettina: Stöpsel raus, aber sofort! Keine Musik beim Frühstück.

Christian: Sei doch nicht so streng. *(zu den Kindern)* Was möchtet ihr? Schokopops? Donuts?

Linus Florian: Dürfen wir Cola?

Leander und Annalena: Au ja, biiiittteee!

Christian: Na gut, aber jeder nur einen Liter. Es ist auch noch kalte Pizza von vorgestern da.

Annalena: Ich will aber was Warmes. Bei meiner Mama in Osnabrück krieg ich immer was Warmes.

Bettina *(schroff)*: Deine Mama kann mich mal. Schieb dir den Fraß doch in die Mikrowelle.

Linus Florian: Ist der Fernseher kaputt?

Christian: Nicht daß ich wüßte.

Linus Florian macht den Fernseher an.

Christian *(fährt aus der Haut)*: Was fällt dir ein? Kannst du nicht vorher fragen?

Linus Florian: Hab ich doch. Ob der Fernseher kaputt ist.

Bettina *(faucht Christian an)*: Was fällt dir ein, mein Kind aus erster Beziehung so ultraheavy anzupflaumen?!

Linus Florian: Hallo? Ich bin euer gemeinsames Kind!

Bettina *(desinteressiert)*: So? Upps.

Charlotte Lukrezia, Raffael Luis und Carla Cheyenne kommen die Treppe runter und streiten sich darum, wer neben Christian sitzen muß.

Christian: Was trödelt ihr so? Habt ihr denn keine Schule?

Linus Florian: Ich geh noch nicht zur Schule!

Carla Cheyenne: Wir fahren doch heute in den Urlaub. Mama hat uns Entschuldigungen geschrieben.

Annalena: Welche Mama?

Christian: Welcher Urlaub? Bettina?

Leander: …obwohl ich am Wochenende eigentlich mit meinem Papa in den Zoo…

Christian: Bettina!

Lucilla, Noah-Neo, Sören Carlo und Madonna Leopoldine kommen unter dem Tisch hervor.

Sören Carlo: Seid ihr bald mal mit dem Frühstück fertig? Wir haben auch Hunger!

Bettina: Wer sind die denn schon wieder? Annalena! Hast du beim Verhüten nicht aufgepaßt?

Annalena: Das müssen deine sein, Stiefmami. Meine sind im Bad und spielen Überschwemmung.

Bettina (zu Christian): Da hast du's! Die vielen Kinder, der Streß und dann noch First Lady – mir steht's bis hier!

Christian: Bet-ti-na!

Bettina: Wir müssen mal raus. Die zwei Wochen Mallorca sind schon gebucht.

Christian: Ich habe gerade einen neuen Job angetreten! Urlaub in der Probezeit – das ist wirklich nicht drin!

Annalena *(fängt an zu heulen)*: Ich und Mehmet haben uns schon so aufs Eimersaufen gefreut!

Christian *(springt auf)*: Mehmet? Ist das etwa dein neuer Freund?

Annalena: Nee, nur so 'ne Art Lover.

Bettina: Ach! Letzte Woche

war's noch ein One-Night-Stand.
Christian: Wie bitte? One-Night-Stand?
Annalena: Ja, aber jetzt haben wir uns Treuepunkte tätowieren lassen.
Christian: Wie bitte? Tätowieren lassen?
Annalena: Immer nur piercen ist doch voll langweilig!
Christian: Bet-ti-na! Das kann doch nicht wahr sein! *Er versucht, sich hinzusetzen, setzt sich versehentlich neben den Stuhl, rappelt sich auf, setzt sich wieder neben den Stuhl, rappelt sich wieder auf, setzt sich* hin. *Die Kinder lachen sich kaputt.*
Bettina: Mach dir nichts draus. Bei dir klappt doch alles erst im dritten Anlauf. Genau wie heute nacht.
Christian: Ich kann mich an nichts erinnern!
Bettina: Ich leider schon.
Sören Carlo: Können wir jetzt endlich frühstücken?
Bettina: Phhh, frag deinen Vater!
Christian: Bin ich das? *Madonna Leopoldine, Raffael Luis und Leander bewerfen sich mit Essen. Noah-Neo versucht, die Vorhänge in Brand zu setzen.*
Christian: Mir reicht's! Ruhe im Karton, aber pronto! Sonst schick ich euch alle ins Heim! Und eins in aller Deutlichkeit: Hier fährt niemand in Urlaub – ist das klar?!
Es klingelt an der Haustür.
Bettina *(steht auf)*: Red ruhig weiter, ich mach auf. Das wird doch nicht schon das Großraumtaxi zum Flughafen sein? *(geht zur Haustür)*
Christian *(ruft ihr hinterher)*: Kein Urlaub! Hörst du? Ich sagte: kein Urlaub! *Das Feuer greift von den Vorhängen auf die Küchenschränke über. Die Kinder verschanzen sich hinter den Sofas.*
Bettina *(kehrt zurück)*: Christian, du wirst es nicht glauben! Es sind meine Eltern! Ihr Haus wurde gepfändet. Sie wollen für eine Weile bei uns wohnen.
Christian *(springt auf)*: Deine Eltern? Kein Problem. Kinder, packt die Playstations ein und holt die Koffer: Wir fahren nach Mallorca!
Bettina *(augenzwinkernd)*: Genau! Mit der Feuerwehr sollen sich andere rumschlagen…

ENDE

Eine Kanzlerin macht Schluß

Guten Tag; das muß genügen.
Denn so wahr ich Merkel heiße:
Sie betrügen, täuschen, lügen,
sehn doof aus, und diese Scheiße,

daß Sie Dümmster aller Dummen
Darwin in die Hölle treten:
Ich bin froh, wenn Sie verstummen,
und ich kotze, wenn Sie beten.

Sie erwarten einen Knickser
und daß ich von all dem schweige?
Hörnse zu, Sie falscher Wichser,
Sie Melange aus Arsch und Geige:

Guantánamo muß schließen!
Wenn Sie's nicht bis morgen tun,
werd' ich Sie werweiß erschießen
und gewiß nicht eher ruhn,

bis Sie den Skandal beheben,
alles klar, Männeken Pis?
Was wie Sie dürft's echt nich' geben,
so, mein Flieger wartet, tschüß.

Thomas Gsella

Kultur

MUSIK

Der Junge mit der Ziehharmonika

Florian Silbereisen ist der Shooting-Star der jungen Volksmusik: Mit seiner Mischung aus Lausbubenhaftigkeit und Dachschaden hat er es mit 24 Jahren zu einer eigenen Fernsehshow gebracht – und zu diesem todschicken Feuilleton-Porträt *von Stefan Gärtner*

Jungstar Silbereisen: *„Mach es wie die Sonnenuhr, zähl den Mops im Haferstroh"*

Florian Silbereisen kommt zu Fuß ins Café im niederbayerischen Tiefenbach. Sein jüngstes Album heißt „A bisserl was geht immer", vielleicht hat Florian Silbereisen gedacht, wenn a bisserl was geht, dann geh' ich auch.

Hier, im Café Gschwendtner an der Franz-Josef-Strauß-Straße, trifft sich die junge Szene von Tiefenbach: Sodomiten, Inzestuöse, der Nübler Willi mit dem Loch im Hals. Den jungen Mann, der mit dem Journalisten aus der Großstadt im Herrgottswinkel hockt und bescheiden an seinem Vanilletee nippt, grüßen sie freundschaftlich. Der Flori, der ist halt einer von ihnen.

„Die Madln vom Land", „Das kann nur Liebe sein" oder „Aber hier leben, nein danke" heißen die Songs des letzten Albums. Florian Silbereisen rührt in seinem Tee und lutscht versonnen an einem Zuckerwürfel.

„Ich bin kein Schlagersänger und möchte auch keiner werden",* sagt Florian Silbereisen und sieht aus, als hätte er den Satz schon mal gesagt, zu seiner Mutter vielleicht oder bei der Berufsberatung im Arbeitsamt.

Der junge Mann ist ein Star. Mit gerade mal 24 darf er bereits Fernsehshows wie „Das Adventsfest der Volksmusik" moderieren und erreicht damit ein Publikum, das sonst keiner erreicht, seit es die Wochenschau nicht mehr gibt. Die Hallen sind voll, die Chat-Foren auf den Internetseiten seiner Fanclubs auch. „Mann, ich habe Flori das erste Mal live erlebt, und es war unbeschreiblich", schreibt „Maria". „Er hat ‚Links a Madl, rechts a Madl', ‚Mutter' und ‚Ich glaube an Gott' gesungen. Als er ‚Ich glaube an Gott' gesungen hat, habe ich geweint vor Rührung. Er berührt halt mein Herz. Er ist so auf dem Boden geblieben und so natürlich." Seine Platten verkaufen sich hunderttausendfach, sein Image als unbeschwerter „Lausbub der Volksmusik" ist Gold wert in einer Branche, die noch immer unter dem Skandal um Hansi Hinterseer leidet: Der populäre Ex-Skifahrer hatte in einem Lied versehentlich das Wort „Diskursethik" verwendet, die Platte mußte vom Markt genommen werden.

Florian Silbereisen, das merkt man, würde das nicht passieren.

Zwielicht fällt wie ein mißlungener Akkord durchs Fenster. Florian Silbereisen sieht müde

*Alle Zitate von und um Silbereisen sind original.

Silbereisen-Show: *Populärmusik als gnadenlos faschistische Distinktionsmaschine*

aus. Vielleicht möchte er gerne ein Nickerchen machen. Oder sich die Quetsche schnappen und so richtig laut losmusizieren, weil er lieber Lärm macht als drüber zu reden. Statt dessen sagt er: „Ich habe viele Preise bekommen, auch die ‚Krone der Volksmusik', aber für mich sind diese Pokale nicht so wichtig. Stolz bin ich auf die Anerkennung als sympathischster Einzelkünstler. Das bedeutet mir sehr viel, weil das keine Jury ausgewertet hat, sondern die Fans, die auf der Straße gefragt worden sind. Wie man das Herz der Menschen gewinnt, ist für mich sehr wichtig und viel schöner."

Kaum hat Florian Silbereisen den Satz zu Ende gesprochen, kommt ein junger Mann an den Tisch. Er ist rot im Gesicht und sieht nicht so aus, als verwende er Alkohol nur zum Desinfizieren. Vielleicht ist er betrunken. Ehrfürchtig streckt er seine Hand, es ist eher eine Pranke, über den Tisch und läßt sie unvermittelt und mit großem Krach auf die Tischplatte fallen. „Herst, Flori", sagt der junge Mann, „kumm, nur an Zehner, bis morgen, du host as doch, bittschön. Du host as doch, du mit deiner scheiß… deiner scheiß Musi, du… uuuuäääaaaah…. sakradi, is mir schlecht jetzad…"

Florian Silbereisen schaut drein, als werde er nicht alle Tage vollgekotzt.

„Es stimmt auch nicht, daß junge Leute diese Musik nicht hören wollen", sagt Florian Silbereisen mehr zu sich selbst und wringt sein Hemd aus. „Das Problem ist der Gruppenzwang, der hier in Deutschland herrscht, und es sich keiner traut, diese Musik zu hören. Mir macht es einfach wahnsinnig Spaß, ich bin damit großgeworden und höre sehr gern deutschsprachige Musik."

Die Zeit scheint stillzustehen in diesem Moment. Am Nebentisch liest eine sichtlich Einheimische in einem alten „Spiegel", vielleicht irgendeinen prätentiösen Angeberscheiß von Alexander Osang mit vielen Absätzen und „vielleichts" drin. Draußen werden ein paar Säue durchs Dorf gejagt, ihr wildes Quieken ist deutlich zu hören. Verstohlen lugt Florian Silbereisen zur Musikbox. Wer da wohl seinen neuesten Hit „Auf die Länge kommt's nicht an" gedrückt hat?

Florian im Glück.

Es ist eine typische Volksmusikerkarriere: Mit drei bekommt Florian Silbereisen seine erste Harmonika geschenkt, mit sieben nimmt er seine erste Platte auf: „Die Mama hat den Schnaps versteckt". Mit acht wird er eingeschult, mit neun verschafft ihm Karl Moik einen vielbeachteten Auftritt in „Aktenzeichen XY ungelöst", mit vierzehn wird dann auch mal gebusserlt. Die Mama, versteht sich.

Überhaupt, die Mama.

„Mit meiner Mutter kann ich alles besprechen", sagt Florian Silbereisen, „von Sex bis Krisen."

Florian Silbereisen schaut jetzt wie einer, der immer alles mit Mama besprochen hat. Sex. Krisen. Sexkrisen. Wie ihm mal im Heuschober die Lederhose zu eng wurde, als er und die dralle Vroni vom Huberbauern sich schüchtern zeigten, was sie hatten: er einen kleinen Mutterkomplex, sie eine große Tüte Treets, die sie dann gemeinsam aufaßen. Oder wie Ireen Sheer ihm hinter der Bühne erklären mußte, daß nicht der Storch die Kinder bringt, sondern der Frank Schirrmacher.

„Bei einem Mädchen mit schönen Fingernägeln weiß ich hundertprozentig, woran ich bin. Da habe ich mich noch nie geirrt", sagt Florian Silbereisen und popelt in der Nase herum.

Vielleicht sind es Regeln wie diese, die seinem Leben Halt geben.

Eine große deutsche Boulevardzeitung hat sie einmal seine „fünf Jodelregeln" genannt: Nur ein Tag, an dem du lachen kannst, ist ein guter Tag. Mach nur das, was dir wirklich Spaß macht! Sei nicht zu stolz, dir Geld zu leihen, aber sei zu stolz, es zurückzugeben. Auch andere Mütter haben schöne Fingernägel. Trenne nie s t, denn es tut ihm weh!

Niemals könnte Florian Silbereisen ein s t trennen. Er kann ja nicht einmal ein Ei trennen. Oder Musik von seiner. So schlecht ist er im Trennen, daß seine Eltern sich selber trennen mußten: „Nach über 30 Jahren ließen sich meine Eltern scheiden. Sie haben sich auseinandergelebt. Sie sind beide jung genug und haben eine zweite Chance verdient."

Vielleicht kommt daher diese wilde Melancholie, die ihn umweht wie den Nübler Willi die Wolke aus Aquavit und Unterhose.

„Ich bin ein wilder, lustiger Kerl – und ich schäme mich nicht für die Volksmusik! Die jungen Leute lieben das doch auch!" sagt Florian Silbereisen, dessen neues Video „Heut bums ma ois zamm" bei MTV verlorengegangen ist. Sagt jedenfalls MTV.

Er haut fröhlich mit der Faust auf den Leberkäs, und es hört sich ein bißchen so an wie das Titelstück auf seinem 93er Album „I möcht mei Lebtag a Lausbua bleib'n". Dann sagt er, als müsse er sich für etwas entschuldigen: „Ich mache gern Sport, spiele gern Tennis, geh Laufen und Schwimmen. Aber ich liege auch einfach mal gern auf der Couch, bestelle mir eine leckere Pizza und sitze drei, vier Stunden vor dem Fernseher und genieße den Tag. Aber wenn die Sonne scheint, hält mich nichts mehr im Haus!"

Draußen regnet es jetzt, und wir bleiben sitzen.

Die Menschen brauchen einen wie ihn. Einen, der fröhlich ist und Sport macht und sich auch gerne mal eine leckere Pizza bestellt. Den nichts mehr im Haus hält, wenn die Sonne scheint, und der Rezession nicht einmal buchstabieren kann.

Also, der es im Ernst nicht kann.

Silbereisen, Mutter: *(von rechts)*

Ob er ein optimistischer Mensch ist?

„Ich bin ein optimistischer Mensch, der nur nach vorn schaut – nie zurück!" sagt Florian Silbereisen und schaut nach vorn, wo der Nübler Willi dem Gschwendtner-Wirt unter großem Geschrei ein Bierglas auf den Kopf haut. „Ich bin sehr ehrgeizig, aber in gewisser Hinsicht auch ein bißchen schlampig und faul", schreit Florian Silbereisen gegen den Tumult an. „Wenn mich jemand anlügt, dann geht gar nichts mehr. Das kränkt mich und tut mir weh."

Florian Silbereisen holt ein Portemonnaie aus der senffarbenen Stretchfelljacke und winkt die Bedienung an den Tisch. Die Bedienung sagt: „So, des woarn ein Tee und ein Leberkäs, macht 100 Euro, bittschön!"

So was kränkt ihn dann, den Flori. ◆

DER TRINKENDE

So wie ein Schwein in weichen warmen Ställen
Sich legt und grunzt und rund in sich versinkt,
Versinkt auch hier, geformt aus vielen Bällen,
Ein großes Rundes, das wie grunzend trinkt

Und darin, sehr skulpturisch, wie aus Steinen
Zum Bilde ward, in Ewigkeit erstarrt,
Dem Außen fern und jedem Allgemeinen:
Ein Einziger, der ganz bei sich verharrt

Und seinem Sein. Man sieht ein großes Fühlen
In Fingern, deren jeder eine Wurst.
Das Schwein ist heiß und heiß, sich abzukühlen.
So steht dies Bild uns, gleichnishaft, für Durst.

Doch auch für Haare, die wie heiße Asche
Weiß glühen auf der wutentbrannten Stirn
Des größten Deutschen mit der kleinsten Flasche
Um einen Halm, kaum schwerer als das Hirn

In diesem Monolithen, dessen Falten
Nichts als das eine knurren: Was ein Scheiß!
Viel kleines Kind ist in dem großen Alten,
der seinen ersten Schluck als letzten weiß

Und darum halb verschmäht. Und mit dem Runden
Verzweifelt auch der Bildbetrachter schier
An dieser großen Wut aus tausend Wunden,
An diesem Körper zwischen Trotz und Gier,

Der beides will. Und innehält seit Stunden,
Sehr dilemmatisch, ratlos und sehr hohl.
So steht, gemalt aus ungezählten Pfunden,
Uns dieses Bild auch, gleichnishaft, für Kohl.

Thomas Gsella

UNNÜTZE MENSCHEN (I)

100 Knalltüten, die du komplett vergessen kannst

1 Angeblich wurde Xavier Naidoo als Kind sexuell belästigt. Allerdings nicht so stark, daß es seine Musik positiv beeinflußt hätte.

2 *FAZ*-Herausgeber Frank Schirrmacher glaubt, man könne ein Computerprogramm deinstallieren, indem man sein Desktop-Verknüpfungssymbol löscht. Und keiner seiner Untergebenen traut sich, etwas zu sagen.

3 Um Werner Herzog ist es in den letzten dreißig Jahren angenehm ruhig geworden.

4 Obama ist eigentlich komplett unnütz. Und er weiß es!

5 Jürgen Drews ist so doof, da fehlen einem die

6 Thilo Sarrazin könnte ruhig mal ein Auge zudrücken.

7 Fernsehkommissarin Ulrike Folkerts schaut oft so verbittert drein. Dabei ist sie einfach nur lesbisch.

8 Der Literaturwissenschaftler Hans Ulrich Gumbrecht ist von der sozialdemokratischen deutschen Konsenskultur genervt. Der hinfällige Eumel vermißt hierzulande anstößige Meinungen.

9 Im Musical »Cats« treten nur Personen auf, die in ihren früheren Leben Filzläuse waren.

10 Moderatorin Collien Fernandes hat den Film »Pretty Woman« bereits zweiundzwanzig Mal gesehen, aber immer noch nicht verstanden.

11 Wenn Ryanair-Chef Michael O'Leary beim Absturz einer (ausgerechnet!) Lufthansa-Maschine ums Leben käme, dann wäre das überhaupt nicht lustig.

12 »DJ Dosenpfand« nennt sich Jürgen Trittin, wenn er Musik auflegt (Quelle: *Bunte*).

13 Alexandra von Rehlingen besitzt nicht nur eine renommierte PR-Agentur, sondern auch die totesten Augen der Welt.

14 Matthias Prinz ist einer der erfolgreichsten deutschen Medienanwälte. Rede niemals schlecht über ihn, seine Gattin Alexandra von Rehlingen oder seine blaublütigen Mandanten – er klagt die Scheiße aus dir heraus!

15 Wenn es Nena nicht bereits gäbe, dürfte man sie auf gar keinen Fall erfinden.

16 Hellmuth Karasek fliegen pro Tag durchschnittlich 7,4 Insekten in den Mund.

17 Nicolas Cage gehört zu den zehn schlechtesten Schauspielern der Welt.

18 Wenn man Claudia Roth lange und heftig genug schüttelt, so geht die Sage, verwandelt sie sich in eine wunderschöne Erdkröte.

19 Matthias Matussek nascht gerne M&Ms.

20 In einem anderen Universum ist Gerhard Schröder einer der Gegner von Spider-Man.

21 Der Sohn von Miriam und Gunter Sachs heißt Halifax Sachs (Quelle: *Bunte*). Sein Bruder, Pipifax Sachs, starb kurz nach der Geburt – und zwar vor Scham.

22 Neben der Musik hat Udo Lindenberg als zweite Leidenschaft das Malen nach Zahlen für sich entdeckt.

23 Wer meint, *Bild*-Kolumnist Franz Josef Wagner sehe schon auf Pressefotos immer schwer besoffen aus, war noch nie in seinem Leben im »Borchardt«.

24 Gunter Gabriel – ein Mann aus dem Volk. Und dann jahrzehntelang so eine Scheiße!

25 Der Schauspieler, Gelegenheitsmusiker und -aphoristiker August Diehl sollte sich besser ganz auf die Musik konzentrieren – also, aufs Hören jetzt.

26 Man muß davon ausgehen, daß Lothar Matthäus nicht weiß, an welchem Ort er sich befindet – ganz gleich, wo er gerade ist.

27 Die Spieler der TSG 1899 Hoffenheim tragen stets Fotos der Backstreet Boys in ihren Schuhen. Auch privat.

28 Frank Schätzing kann das Wort »South Park« nicht richtig aussprechen. Er sagt immer »Saufpark«. Und meint es auch so.

29 Ursula von der Leyen ist der Meinung, ein kleiner Klaps dann und wann schadet nicht und kann vor Kabinettssitzungen problemlos überschminkt werden.

30

Die Scorpions sind ja jetzt auch schon lange tot.

31 Robbie Williams täuscht seine Depressionen nur vor, um als komplexe Künstlerpersönlichkeit zu gelten.

32 Der *Zeit*-Herausgeber Josef Joffe mag nur Witze, die ihn selbst zum Inhalt haben.

33 Wenn Powerfrau Veronica Ferres nach einem anstrengenden Charity-Event nach Hause kommt, fällt erst einmal eine große Last von ihr ab (Vichy, L'Oréal, Garnier etc.).

34 Das schreckliche Geheimnis von Heidi Klum und Seal: Sie sind wirklich so ein Musterpärchen und haben immer noch phantastischen Sex (sonntags).

35 Dirk Niebel (FDP) pflegte sich als Jugendlicher selbst in die Schuhe zu pinkeln, wenn er kalte Füße hatte.

36 Mick Jagger ißt nichts, was er nicht mit »Knorr Aromat« nachgewürzt hat.

37 Jungschriftstellerin Helene Hegemann zupft sich jeden Morgen die Augenbrauen aus und zieht sie dann ungeschickt mit Kugelschreiber nach.

38 Frank-Walter Steinmeier: Als Ersatzteillager ausgeplündert, als Blaskapelle zu wenig Leute.

39 *Focus*-Boß Wolfram Weimer hat während seines Studiums erfolglos versucht, Schnurrbärte auf einem Schnitzel zu züchten.

40 Auf Wolfgang Niedecken leben mehr Mikroorganismen als Menschen auf der Erde.

41 Die Schauspielerin Maria Furtwängler hat manchmal Konzentrationsschwierigkeiten, weil sie von Haß und Neid auf Nicole Kidman zerfressen ist.

42 Das einzige, was an Frank Plasberg wirklich hart ist, ist sein Morgenstuhl. Und das einzig Faire dabei ist, daß er ganz schön lange braucht, um ihn auszuscheiden.

43 Modedesigner Wolfgang Joop ist nicht nur der Enkel von Tommy Hilfiger, sondern auch der Ururenkel von Frankenstein.

44 Die ganzen *Süddeutsche*-Karikaturisten sind verheerend schlecht und unnütz.

45 Und Norbert Lammert ist nicht lustig.

46 Wenn Richard David Prechts Eltern keine betulichen Alt-68er gewesen wären, sondern so richtig ultraharte Altnazis, würde er heute nicht so über sie lästern.

47 Völlig überschätzt: Jim Jarmusch, Asiaten, die islamistische Bedrohung, der Wittgenstein-Clan, Samuel Beckett.

48 Mark Zuckerberg ist Diabetiker.

49 Der Vorstandschef von BP, Bob Dudley, würde beruflich viel lieber etwas anderes machen – am liebsten etwas ohne Medien.

50 Schauspielerin Christine Kaufmann spart Wasser, indem sie sich nach dem Toilettengang gleich mit der Klospülung die Hände wäscht.

50 weitere unnütze Menschen auf Seite 266

Der letzte Mensch

Dieter Wedel (67) – Millionen waren schon mit ihm intim. Wedel gilt als der sexuell aktivste deutsche Regisseur. Seine wichtigsten Penetrationen: Ingrid Steeger, Margot Käßmann, Horst Köhler. 1979 wurde er für die Erstbesteigung von Hildegard Hamm-Brücher gefeiert.

Olof Palme kennenlernen! Ich als Wedel, er als Palme – da waren anzügliche Scherze vorprogrammiert! Leider wurde er erschossen, bevor uns das erste Wortspiel eingefallen war. Ich tröstete seine Frau – auf meine Weise (ficken).

Sie nannten mich Puff-Diddi

Dieter Wedel (67) ist Deutschlands größter Schachtelflüsterer. In TITANIC lesen Sie die schlimmsten Aussetzer aus seiner neuen Autobiographie.

„Frau Bundespräsidentin, sind Sie sicher, daß Ihre Finger in meiner Hose gut aufgehoben sind?" So scherzte ich 1978, als ich Hildi Heinemann eine meiner Privataudienzen gewährte. Sie war mir hörig, seit sie wußte, daß ich ein berühmter Filmregisseur werden wollte. Ich versprach ihr einen spannenden Zweiteiler, in der ihr Mann so mittelgut wegkommen würde. Dafür sollte sie zwei Minuten lang mit offener Bluse durch die Szene rennen dürfen. Aus dem Film wurde nichts – wegen Geldmangel, behauptete ich. Dabei war ich einfach viel zu beschäftigt, um mich auf Filme zu konzentrieren!

★★★

Ich lebte zu der Zeit mit zwei Frauen zusammen. Sie wußten nichts voneinander. Dagmar Berghoff lebte in der Küche, Hannelore Elsner im Schlafzimmer. Dagmar aß, was sie kochen konnte; Hannelore ernährte sich aus der Minibar. Sie erfuhren nie voneinander. Unser Glück platzte, als ich Thea Dorn in meinem Schuhschrank unterbrachte. Hannelore bekam Wind davon, sperrte sich monatelang bei Wasser und Seife im Badezimmer ein. Ihrer Figur hat das nichts genützt – aber zum ersten Mal im Leben war sie richtig sauber…

★★★

Karin Tietze-Ludwig! Eine graue Maus mit einem Herz aus Lust. „6 aus 69" war das Spiel, das sie am liebsten spielte. Nicht nur im Fernsehen zog sie die Kugeln, sondern auch aus meiner Hose. Sie wollte unbedingt ein Kind von mir, oder eine Puppe, zum Verprügeln. Für mich war Karin selbst wie eine Puppe: steif, mit quietschenden Gelenken und total verstaubt. Gedanklich war ich längst auf Maren Gilzer – da war noch was zu gewinnen! Das große Los hat freilich keine von beiden mit mir gezogen…

★★★

Unbedingt wollte ich

★★★

Margaret Rutherford flehte mich an, sie richtig gut durchzubürsten – doch ihr Haar war zu verfilzt. Sie besaß einen Spaniel namens Elias, der alle zwei Minuten rausmußte. Aber ich brauchte mindestens vier. So ein Mist! Da hatte ich eine Idee. Wir trieben's einfach vor der Tür! Und wenn eine Nachbarin mit einsteigen wollte – why not? So ein, zwei Extrafrauen kamen einem tollen Hecht wie mir immer gelegen…

DIETER WEDEL
Komm, laß uns bumpsen
Erinnerungen

5 Bände im Schuber (19,99 Euro, Suhrkamp)

★★★

Im Jahr 1996 dann der Schock: Mein Penis war weg! Zuerst vermutete ich Diebstahl, aber dann klärte mich mein Hausarzt auf: natürliche Hodenerosion! Naja, ich hatte eh schon keine Lust mehr aufs Vögeln. Endlich konnte ich mich meinem Hobby widmen: jungen Dingern nachsteigen…

So treiben Sie's mit Dieter Wedel

- Atmen Sie ruhig. Wärmen Sie sich auf, strecken Sie alle viere von sich, trinken Sie ein Fläschchen Whiskey gegen die Angst. Öffnen Sie die Haustür einen Spalt.
- Legen Sie sich bequem auf eine Sportmatte. Beine anheben, hüftbreit spreizen. Die Füße wippen nervös, die Arme liegen locker neben dem Oberkörper.
- Nach einigen Minuten hören Sie schwere Schritte und lautes Schnaufen im Flur. Schließen Sie die Augen und atmen Sie durch den Mund.
- Nun legt sich ein Gefühl der Schwere auf Ihren Körper. Die Atmung wird gepreßt, ein Ziehen in der Lendengegend beginnt.
- Strecken Sie beide Arme nach oben und umfassen Sie Dieter Wedel. Wippbewegungen und zustimmende Worte lösen seine Hemmungen.
- Nach ein bis fünf Minuten können Sie die Übung abbrechen und in Dieter Wedels Buch vorkommen.

Der kleine Witz für zwischendurch (1)

| TITANIC Recht

Was tun bei Promin

DOSSIER DOSSIER DOSSIER

Zweiundsechzig Prozent aller Leute fühlen sich von anderen Leuten belästigt. Als Hauptverursacher gelten in Belästigtenkreisen Männer, Frauen und Kinder, vor allem aber Prominente beziehungsweise Promis, wie manche sie inzwischen schon nennen. Wer ihrem Druck nicht standhält, geht auf sogenannte Konzerte und schwenkt Feuerzeuge, kauft Tonträger, besucht Wahlkampfveranstaltungen oder schaut DVDs. Seit Caroline von Hannover (geborene Monaco) letztes Jahr beim Europäischen Gerichtshof für Menschenrechte durchsetzte, Leute via *Freizeit Revue* oder *Neue Post* mit Fotos nach Strich und Faden durchbelästigen zu dürfen, die sie, C. v. H. g. M., beim

Reiten, Radfahren oder Einkaufen zeigen, scheint der Damm endgültig gebrochen. Die Folge: Immer wieder kommt es zu gut organisierten Massenhysterien, unter anderem zu Bundestagswahlen, Bayreuther Festspielen oder einer nicht enden wollenden Vortragsreihe der sogenannten Rolling Stones.

Oft haben die Opfer überhaupt keine Chance. Wer zum Beispiel mit Leuten nicht zurechtkommt, die großgewachsen sind und langsam sprechen, ist recht unangenehm berührt, wenn er den Fernseher einschaltet und zum ersten Mal in seinem Leben Michael Glos etwas sagen sieht oder hört oder was. Den kennt man dann, obwohl man ihn lieber nicht kennen würde, und kann es nicht rückgängig machen.

Konsequenz: Man wälzt sich ohnmächtig auf dem Boden und windet sich. Schön ist das nicht. Es ist unschön. Sind dennoch Fälle denkbar, in denen ein

...enten?

legitimes Interesse von Prominenten an Öffentlichkeit besteht? Nach deutschem Recht haben sie Anspruch auf Beachtung,

- wenn sie heiraten, sich scheiden lassen, an Verdauungsproblemen leiden, zu einem Glauben übertreten, Eltern, drogen- oder magersüchtig werden
- wenn sie ihren Abschied in Aussicht stellen
- wenn sie Macht dringend brauchen oder ohne sie nicht mehr leben können
- wenn sie irgendwas zu irgendwas beizusteuern haben

Es kann dann eine Art Journalist beauftragt werden, der sich mit den Problemen auseinandersetzt und darüber gewissenhaft Buch führt. Eventuell muß auch ein Fotograf mit einem guten Teleobjektiv hinzugezogen werden. Zusätzlich haben Prominente Anspruch auf ein Publikum. Dessen Größe beträgt im ersten Jahr nach Bewilligung 70 Prozent des Branchenüblichen, bei angemeldeten Comebackversuchen erhalten Prominente ein halbes Jahr lang 85 Prozent. Von dieser Regelung ausgenommen sind Bundeswehrausbilder, Lehrer und andere Personen mit Zwangspublikum.

Wie aber schützt man sich vor unrechtmäßigen Übergriffen enthemmter Prominenter?

Einige Rechtsschutzversicherungen versprechen hier Hilfe, allerdings knüpfen sie Bedingungen daran, die so streng sind, daß man sie kaum lesen kann. Wer es schafft, darf unterschreiben und bekommt monatlich einmal im Jahr einen sogenannten Betrag von seinem Konto abgebucht. Alle anderen müssen Prominente meiden, wo es geht.

Woran Sie Prominente erkennen:
- *Sie treten in Filmen, auf Bühnen und an verkaufsoffenen Sonntagen auf, man findet sie auf sogenannten Datenträgern, auf Benefizveranstaltungen und Galas*
- *Sie tragen Sonnenbrille, auch wenn es regnet*
- *Sie schießen Leuchtraketen ab und machen Flick-Flack, wenn man sie nicht erkennt*
- *Sie entreißen Haushaltsgeräte-Verkäufern in der Fußgängerzone das Mikro und singen überraschend gut Jazz*

Was können Sie tun, wenn Sie einen Prominenten sehen?

Bleiben Sie ruhig. Tun Sie so, als würden Sie eine Schaufensterauslage studieren, und verdrücken Sie sich unauffällig um die nächste Hausecke. Wenn Sie entdeckt sind, schauen Sie ihm/ihr in die Augen. Wirkt er/sie hungrig oder aggressiv? Haben die Pupillen eine normale Weite? Können Sie Speichelfluß erkennen? Hat er/sie eine Eskorte? Wenn Sie eine oder mehrere dieser Fragen mit »ja« oder »nein« beantwortet haben,

- sagen Sie: Guten Tag, Til Schweiger/Veronica Ferres
- erklären Sie, daß Sie seine/ihre Kunst schätzen
- erklären Sie, daß Sie eine (gute) Rechtsschutzversicherung besitzen
- bitten Sie um ein sog. Autogramm □

Gunnar Homann

JÖRG HAIDER
König
DER KÄRNTNER HERZEN
SO WEINEN SIE UM IHN!

Von unserem Sonderkorrespondenten Michael Ziegelwagner (Wien)

Es ist sein letzter großer Auftritt an diesem Samstag, dem 18. Oktober 2008. Haiderwetter über Klagenfurt! Kärnten nimmt Abschied von seinem BZÖ-Landeshauptmann, der eine Woche zuvor in seinem VW Phaeton verunglückt ist. **Gestorben, wie er gelebt hat:** auf der Überholspur. „Hetzte" nachts auf der Loiblpaß-Straße bei Klagenfurt. Kam am rechten Rand vom Weg ab. **1,8 Promille und 142 km/h, Beton und Phaeton.** Eine tödliche Mischung.

Alle sind sie jetzt da: Klagenfurts Straßen füllen sich langsam mit Tausenden Neugierigen. Auf dem Neuen Platz marschieren verkleidete Trachtengruppen auf, bunte Federn wippen an Hüten, schwarze Tatzenkreuze glänzen, Hellebarden und Degen blitzen in der Sonne. Männer in Kärntneranzügen weinen ausgelassen. „Schädelbasisbruch, Brustverletzungen, Wirbelbrüche, der linke Arm war fast abgetrennt," teilt ein Polizist persönliche Erinnerungen an den Landeshauptmann mit.

Da, um 11 Uhr 32: **der Trauerzug!** Hälse recken sich, als der Konduit einzieht, mit IHM an der Spitze: Jörg Haider, gekleidet in einen **schlichten hellbraunen Sarg. Eine Wolke roter Rosen** wölbt sich über ihm.

Die Ehrengäste nehmen ihre Plätze ein. Im Publikum wird über die hohen Damen und Herren getuschelt. Herzlos: **Alessandra Mussolini (45)** blieb Haiders letztem Event kommentarlos fern. Ihr Landsmann **Umberto Bossi (67)** schickt wenigstens seine Lega Nord vorbei, mit prächtigen blauen Fahnen. Frankreichs **Jean-Marie Le Pen (80)** und Belgiens **Filip Dewinter (46)** fehlen hingegen ebenso wie Abgesandte von **Klagenfurts Partnerstadt Dachau.**

„Er war der Landeshauptmann der Herzen": Klagenfurts Bürgermeister findet die richtigen Worte. Er spricht aus, was viele denken in ihren „Briefen an Dr. Haider", manche davon in ungelenker Kinderschrift: „Du wirst immer in unseren Herzen sein". Daneben brennen Grablichter, überall in ganz Klagenfurt. **Ein Brief geht noch weiter:** „Wir sind immer in deinem Herzen."

Karneval in Klagenfurt: Faschingsgilden sorgen für würdevolle Heiterkeit

Gaddafi junior (l.): „Ich bin Haiders dunkles Geheimnis", scheint sein Gesichtsausdruck zu sagen

Plötzlich beginnt ein Kinderchor „Ich glaube" von Udo Jürgens zu singen. „Ich glaube, daß die Haut und ihre Farben / den Wert nicht eines Menschen je bestimmt." Ein berührender, ein zerbrechlicher Moment. Auch Haiders Freund **Saif Gaddafi (36)** fühlt sich plötzlich geborgen, nestelt an der **dezent schwarzen Krawatte**, an der **randlosen schwarzen Sonnenbrille**. Sein dunkler Teint paßt perfekt zum traurigen Anlaß.

Um 13 Uhr zieht der Trauerkondukt zum Klagenfurter Dom. An der Spitze die Bischöfe in einem **Traum aus schwarzem Samt**, kombiniert mit **lila Aufschlägen, Knöpfen und Kopfdeckeln**. Soldaten tragen Trauerkränze. Schließlich folgt, respektvoll unterhalb der 142 km/h-Schwelle, der Bundesheer-Jeep mit Jörg Haiders Sarg. Der Landeshauptmann hat seine Lektion gelernt: **Er läßt sich diesmal chauffieren**.

Stumm erweisen die Menschen ihrem Landesvater die Ehre. **Viele seiner Kärntner hat Haider gekannt, fast allen hat ER einmal die Hand geschüttelt**. Man könnte eine ganze Stecknadelfabrik fallen hören. Plötzlich Empörung, als dem SPÖ-Chef ein Lächeln entkommt: „Jetzt locht der scho wieder!" zischen die Leute, und dann: „**Roter Teixel!**"

Weiter hinten im Kondukt geht FPÖ-Beau **Heinz-Christian Strache (39)**. Er trägt die **Trendfarbe Schwarz**, der Mantelkragen ist hochgeschlagen. **Todschickes Seidenhalstuch, dunkles Haargel**.

„Jörg Haider war ein Brennender", sagt der Bischof in seiner Predigt. Rastlos, ruhelos. Von der Disko ins Bierzelt, von der Lokaleröffnung zur Asylantenabschiebung. Jörg, der Partytiger. Typisch für IHN: Nach der Heiligen Messe ist noch lang nicht „Sperrstunde". Salutschüsse knallen über den Domplatz! Der Europa-Abgeordnete der Lega Nord, **Mario Borghezio (60)**, plaudert mit Zaungästen auf italienisch. Er trägt ein **geschmackvolles schwarzes Sakko, padaniengrün** leuchtet seine Krawatte. Der **helle XXL-Trenchcoat** betont die Figur des pietätvollen Piemontesen.

Während die Menschen sich um die Familie des Landeshauptmannes scharen, legt **Gábor Vona (30)** still einen Kranz vor dem BZÖ-Büro nieder. Der junge Führer der paramilitärischen „Ungarischen Garden" schlägt die Hacken seiner **schwarzglänzenden Schnürschuhe** zusammen, sein **modischer gelber Herbstmantel** bläht sich im Wind. „Jobbik Partei für Besser Ungarn" steht auf der Schleife von Vonas Kranz. Das Haider-Plakat, vor dem der Kranz liegt, antwortet stumm: „**Österreich den Österreichern. Deinetwegen.**"

Nach über fünf Stunden findet die würdige Feier ihr Ende. Die Menschen gehen nach Hause. Arm in Arm. **Getröstet**. Nur Haider selbst macht noch lange nicht Feierabend. Der Unermüdliche fährt sofort weiter zum nächsten Termin – seiner Einäscherung. □

Wer kann seine Tränen trocknen? FPÖ-Chef Heinz-Christian Strache (3. v. r.)

Man fühlt: Ohne Haider kann sich Gábor Vona („Ungarische Garden") eine neofaschistische Zukunft nur schwer vorstellen

Mario Borghezio (Lega Nord) schließt gefaßt den „Mantel der Geschichte" über seinem Bauch und Jörg Haider (symbolisch)

Heiß wie ein Vulkan: Claudia Roth

47 Jahre brauchte Claudia Roth, bis sie auf dem Umweg über den Parteivorstand der Grünen in der Illustrierten *Bunte* angelangt war, in orangefarbenem Strick-Top und quietschvioletter Hose, vor sich die Kameralinse des *Bunte*-Fotografen Laurence Chaperon und hinter sich ein malerisches italienisches Bergdorf: »Hier tanke ich Kraft für den Wahlkampf«, erzählte Frau Roth der *Bunte*-Reporterin Tanja May, von der sie sich auch zum Käsekauf begleiten ließ (»Grünen-Chefin Claudia Roth kauft Käse, Brot, Oliven in ihrem Ferienort – mit dem Besitzer ist sie längst per Du«), wobei sie ein ekstatisches Begrüßungsgepatsche ins Werk setzte, denn Frau Roth liebt Land und Leute, wenn es sich nicht gerade um aufsässige Serben handelt, und mit der öffentlich getankten Kraft startet sie nun durch in die Welt der Szenepeople, Charityladies und Grimalditöchter rund um sich herum in Dr. Hubert Burdas grausigem Schmodderblatt, das vernünftige Menschen allenfalls mit der Kneifzange aufblättern.

Nach Claudia Roths vielbeachtetem Auftritt mit Rotkohlschopf und Donnergarderobe bei den Bayreuther Festspielen ist das nur konsequent. Hier gehört sie hin, die Chefin der Grünen, exakt, in die *Bunte*, mitten zwischen Gloria von Thurn und Taxis, Lilly Prinzessin zu Schaumburg-Lippe, Brad Pitt, Michael Schumacher, Kate Moss (»das Bäuchlein ist ein Teil ihrer Schönheit geworden«), Eva Herman (»Jetzt ist sie wieder verliebt. In einen acht Jahre jüngeren Mann«), Donatella Versace (»genießt die Sonne auf ihrer Jacht vor Saint-Tropez mit vier Muskelmännern«), Lara Joy Körner (»trägt Motorradjacke zum zarten Tüllrock«), Utta Danella (»Im Gasthaus bestellt sie für ihren Hund nur das Beste, z.B. Tafelspitz«) und Halle Berrys zweitem Mann (»Er ist sexsüchtig«) sowie Anne-Sophie Mutter und André Previn (»Wann es gefunkt hat, ist unbekannt«).

Diese Nachbarschaft hat Claudia Roth gesucht und gefunden. Wo die Society ihre Unterhosen lüftet, baumeln jetzt auch Frau Roths rotgrüne Liebestöter an der Wäscheleine, zur allgemeinen Ansicht. »Warum sind Sie seit Jahren Single?« wollte die schamlose, auf Schmalz und Schweinereien erpichte *Bunte*-Tante wissen, aber statt ihr eine zu kleben oder wenigstens Utta Danellas dummen Hund auf sie zu hetzen, schüttete Frau Roth ihr Herz aus: »Das frage ich mich auch, es ist halt so. Ehrlich gesagt wüßte ich gar nicht, wie ich eine Beziehung momentan hinkriegen sollte. Daß ich allein lebe, ist der Preis, den mein Job fordert – ich finde das auch gar nicht schlimm. Es gibt Menschen, die leben eine glückliche Beziehung, leiden aber darunter, daß ihr Leben so langweilig ist. Andere besitzen ein schönes Häuschen und sehnen sich nach Abenteuern.«

Bunte-Tante: »Wonach sehnen Sie sich?«
Claudia Roth: »Eine Beziehung, wie ich sie mir vorstelle, muß mindestens so heiß sein wie ein Vulkan.«

Es wäre ja auch eine echte Überraschung gewesen, wenn eine Beziehung, wie Claudia Roth sie sich vorstellt, bloß so heiß sein müßte wie ein Würstchen im Schlafrock. Nein, eine Beziehung, wie Claudia Roth sie sich vorstellt, muß mindestens so heiß sein wie ein Vulkan. Jetzt wissen wir's also. Wie wir seit dem *Bunte*-Interview auch wissen, welchen Friseursalon Claudia Roth besucht (»Ich gehe seit 20 Jahren zum Salon Ursula in Memmingen. Dort entstand auch der lila Schopf. Das war ganz schön mutig«), wieviele Schals sie besitzt (»Mindestens 50. Das ist ein Tick von mir«), ob sie eitel ist (»Nicht ganz uneitel. Ich bin eher gespalten, was mein Aussehen angeht«) und ob sie ißt, was ihr schmeckt (»Ich esse, was mir schmeckt. Punkt!«).

Es war doch eine schöne Zeit, als die Bundesrepublik noch von alten Herren regiert wurde, von deren Gespaltenheit und Schals und Eßgewohnheiten und vulkanischer Liebessehnsucht man rein gar nichts wußte, weil sie dergleichen nicht in Doofi-Zeitschriften ausplärrten. Wahrscheinlich war auch Konrad Adenauer eher gespalten, was sein Aussehen anging, aber wenn er Probleme damit hatte, dann behielt er sie für sich, so wie auch Helmut Schmidt, Franz Joseph Strauß und Herbert Wehner niemals verrieten, wie sie ihre Beziehungen hinkriegten oder wo sie sich die Haare machen ließen. Daß wir im 21. Jahrhundert auch mit solchen Informationen aus Politikerinnenmund bepestet werden, ist das bleibende Verdienst von Tanja May, Dr. Hubert Burda und Claudia Roth, die es sicherlich noch weit bringen wird, als Elder Stateswoman im bebenden Liebesvulkan der Heinrich-Böll-Stiftung von Saint-Tropez.

»Und dafür hatte sich Heinrich Böll 1983 in Mutlangen nackt ans Raketensilo gekettet?« fragt nun die nachgeborene, politisch mäßig interessierte Generation, der man erwidern muß: Jawohl. Genau dafür. □

Gerhard Henschel

Yo, Bushido,

altes Pornorapper-Abziehbild, nun bist Du also auch Filmheld. Zwar verschwand der Streifen schon nach drei Wochen aus allen Kinocharts, aber da andere Protagonisten von Bernd-Eichinger-Werken (A. Hitler, A. Baader) ja auch irgendwie etwas mit Politik zu tun hatten, war Dein Gedanke durchaus naheliegend, demnächst Bürgermeister von Berlin werden zu wollen. Worauf es dabei ankommt, meinst Du laut *Süddeutscher Zeitung* zu wissen: «Ein Politiker ist die Stimme des Volkes, so wie im alten Rom, als der Senat sich mit Caesar getroffen hat.» Das ist zwar wie das meiste, was Du erzählst, totaler Blödsinn; aber für den Fall, daß es dennoch klappt und der Senat Dich eines Tages ausgerechnet um die Mitte des Monats März herum zu einem Besuch einlädt, hier und jetzt schon eine Warnung von uns: Der Auftritt könnte zwar einigermaßen publicityträchtig, aber auch ganz schön gesundheitsgefährdend werden.

Deine Auguren von der   Titanic

KAPITEL 2

DIE SPACKOS

SPACKOS stehen nicht unter dem besonderen Schutz
des Grundgesetzes, die Jagd auf sie ist ganzjährig freigegeben,
außer in Bremen und Hamburg,
wo während der Pfingstfeiertage die **SPACKOHATZ** zu ruhen hat.
Wie alle Wörter kommt **SPACKO** aus dem Lateinischen
und bezeichnet eine Person, die ganzjährig bejagt werden darf,
außer in Bremen und Hamburg.
SPACKOS treten immer in Gesellschaften auf.
Die deutsche ist ohne **SPACKOS** kaum vorstellbar.

Obwohl sie einen harmlosen Eindruck erwecken und sich gerne fotografieren lassen, sollte man **SPACKOS** niemals den Rücken zuwenden. TITANIC hat sich seit ihrer Gründung der **SPACKO-BEOBACHTUNG** verschrieben und listet akribisch alle Sichtungen im deutschen Sprachraum auf, damit niemand unvorbereitet von einem **SPACKO** angefallen wird. Leserreisen führten zu farbenprächtigen und teilweise hochgiftigen **SPACKOBESTÄNDEN** in exotischen Ländern wie Albanien, Kuba oder Israel.

Der bedeutende **SPACKOFORSCHER ECKHARD HENSCHEID** hat die Ergebnisse seiner ethnologischen Untersuchungen regelmäßig in TITANIC veröffentlicht, genau wie es auch **ARNULF BARING**, **JOACHIM C. FEST**, **PETER SCHOLL-LATOUR** und **FRANZ ALT** vorhatten, deren Texte dann allerdings nicht abgedruckt werden konnten, weil die ihnen beigelegten Beträge gegen die guten Sitten verstießen.

Was macht nun den Menschen zum **SPAKKO**, und was unterscheidet ihn vom EHEC-Erreger? **SPACKOS** sind nur unter dem Mikroskop oder mit einer sehr, sehr großen Lupe zu identifizieren, aber das ist eine ziemlich eklige Arbeit, die wir Ihnen, liebe Leser, schon mal abgenommen haben. Sie erkennen die **SPACKOS** in diesem Buch daran, daß sie auf den Seiten 59 bis 101 zu finden sind.

Was also trennt die **SPACKOS** von den Psychopathen? Genau 150 Seiten!

Ist diese Einteilung nicht reine Willkür? Allerdings, doch mit solchen Willkürakten muß man bei **SPACKOS** jederzeit rechnen. Bedeutende **SPACKOLOGEN** wie beispielsweise dieser andere, auf den wir gerade nicht kommen, der jedenfalls nicht **RANGA YOGESHWAR** heißt, aber diesem zotteligen Bär in der Muppetshow total ähnlich sieht, nein, nein, nicht **MICHAEL JÜRGS** und auch nicht **REINHOLD MESSNER**, na, zum Glück fällt's uns gerade wieder ein: **ZIEGELWAGNER!** **MICHAEL ZIEGELWAGNER**, der hat es nämlich gewagt, sich in den Kopf von **FRANK SCHIRRMACHER** (→ S. 94) hineinzuversetzen – eine Aufgabe, vor der **SCHIRRMACHER** selbst seit Jahren zurückschreckt –, und dieser **ZIEGELWAGNER** hat da-

> MICHAEL JACKSONS SPITZNAME LAUTETE KEINESWEGS SPACKO. NICHT MAL IN DER DEUTSCHEN ÜBERSETZUNG.

bei erstaunliche Entdeckungen gemacht. Sollten Sie sich merken, den Namen, weil Sie ihn sonst sofort vergessen würden.

OLIVER NAGEL, ein anderer Name, der oft genannt wird, wenn von **SPACKOS** die Rede ist, hat sich unter dem Namen **OLIVER NAGEL** in die Redaktion der *Bild*-Zeitung eingeschleust und es tatsächlich geschafft, unter dem Namen **OLIVER NAGEL** Artikel zu veröffentlichen. Verwirrenderweise trägt sein Text den Titel «**OLIVER NAGEL** – der Mann, der bei Bild **OLIVER NAGEL** war» (→ S. 65).

Ginge es darum, das Phänomen **SPACKO** mit zwei Worten zu beschreiben – woran uns nun wirklich nicht gelegen sein kann, weil wir uns dann vierzig Seiten hätten sparen können –, dann wären es diese: **VOLKER BOUFFIER** (→ S. 85). Oder etwa diese: **SIGMAR GABRIEL** (→ S. 60). Oder meinetwegen auch **JOSEPH GOEBBELS** (→ S. 97) oder **JESUS CHRISTUS** (→ S. 79) oder **WALTER SCHEEL** (→ S. 69) oder **ANGELA MERKEL** (→ S. 92).

Fällt Ihnen was auf? Es sind immer zwei Worte, daran erkennt man **SPACKOS** also ziemlich zuverlässig. Manche tarnen sich jedoch ganz hinterhältig und nennen sich **FRANK-WALTER**

STEINMEIER (→ S. 80), **HENRYK EMM BRO-DER** (→ S. 91) oder sogar **DIETER THOMAS HECK** (→ angefragt). Auch wenn Ihnen das vielleicht gefallen würde: **MICHAEL JACKSONS** Spitzname lautete keineswegs **SPACKO.** Nicht mal in der deutschen Übersetzung.

SPACKOS lassen sich immer wieder impfen, es hat ihnen aber bisher nichts genützt (→ S. 63), wie **JÜRGEN MARSCHAL** nachweist, der übrigens mit **TONY MARSCHALL** weder verwandt noch verschwägert oder verschwippt ist.

Typisch für **SPACKOS** ist übrigens, daß sie leben, während **GOETHE** oder **BEETHOVEN** sterben mußten. Das sollte uns sehr nachdenklich machen, aber nicht zu lange, sonst überlesen wir noch den großartig recherchierten Beitrag von **DIETMAR DATH**, der uns mit den Kriegserlebnissen bedeutender **SPACKO**-Literaten (→ S. 77) vertraut macht.

Was aber haben **PRINCE** und **ADOLF HITLER** eigentlich gemeinsam? Sind die etwa auch **SPACKOS**? Die Antwort gibt **WALTER MOERS**, der uns zu einem geheimnisvollen «Abend mit mehreren Symbolen» (→ S. 75) einlädt. Jetzt fragen Sie sich bestimmt: Warum taucht ein Name in diesem Zusammenhang überhaupt nicht auf? Damit Sie um so verblüffter sind, wenn wir jetzt ausgerechnet auf **THOMAS GSELLA** zu sprechen kommen. Dieser

unumstritten größte Dichter Aschaffenburgs und Widersacher von **DURS GRÜNBEIN** schreibt völlig ungereimtes Zeug über **CLAUDIA SCHIFFER** und **KARL LAGERFELD** (→ S. 82 – 84) und zeigt uns die Wurzel, an der man das **SPACKOÜBEL** packen müßte, wenn man denn könnte.

Obwohl das ja eigentlich die Aufgabe von **GOTT** wäre, der diese Welt **SPACKOFREI** geschaffen hat und dafür hätte sorgen müssen, daß sie auch **SPACKOFREI** bleibt. Das mag einen daran zweifeln lassen, ob es überhaupt einen **GOTT** gibt bzw. ob er sich überhaupt noch für uns interessiert. Vielleicht liegt es auch an seinem Personal, das sich leider überhaupt nicht mit der **SPACKOVERTILGUNG** beschäftigt, sondern mit ganz anderen, wesentlich unappetitlicheren Lastern, die der Zeichner **RUDI HURZLMEIER** noch nicht einmal schamhaft anzudeuten wagt (→ S. 62). Für seine Darstellung bekam er auch prompt Ärger mit den **ERZSPACKOS** der katholischen Kirche, denen seine Darstellung (→ S. 62) nicht eindeutig genug war und die sie deshalb als blasphemisch (→ S. 62) und verdammenswert bezeichneten. Sollten Sie also zufällig **GOTT** sein und das hier gerade lesen, dann bitten wir Sie, dem **SPACKOWAHNSINN** ein Ende zu bereiten. Wir können uns wirklich nicht um alles kümmern.

Apropos, Herta Müller!

Ihr Werk ist ja hoffentlich nicht zuletzt seiner Buntheit und Vielgestaltigkeit wegen mit dem Nobelpreis belegt worden: «1992: Rumänien in den letzten Tagen des Ceaușescu-Regimes, eine Gesellschaft ohne Perspektive; 1997 … schildert Müller die Erfahrungen mit dem Terror und der Staatsmacht; 2003 … erzählt Müller von ihrem Leben unter absoluter Herrschaft; 2009: Der Roman ‹Atemschaukel› erzählt von der Deportation deutschstämmiger Rumänen nach dem Zweiten Weltkrieg in die damalige Sowjetunion» (*Welt kompakt*), okay; aber die federleichte Sommerkomödie um den perspektivlosen Gesellschafter Ceaușescu, der in den letzten Tagen der damaligen Sowjetunion absolute Erfahrungen mit der staatlichen Rumänenmacht macht, die kommt dann noch?

Nicht unbedingt gespannt: Titanic

Kiek ma, der S

Er ist jung, er ist frech, und Apodisitas ist für ihn kein Fremdwort: Sigmar Gabriel ist neuer Vorsitzender von der SPD. Ganz Deutschland ist überrascht, wie schnell sich das Blatt zugunsten des quietschdebilen Lausbuben gewendet hat: Sprachen ihm Experten noch vor wenigen Jahren jede politische Zukunft ab, stellen sie ihm heute durch die Bank einen schnellen und grausamen Untergang in Aussicht.

»Hip teens don't wear blue jeans«:
Sigmar Gabriel paßt schon heute nur noch in die Klamotten, die morgen zum Trend werden.

Sonntag, 27. September, 18 Uhr:
Es geht ein Raunen durch die heiligen Hallen des Willy Brandt-Hauses, als die ersten Bilder dieser bitteren, brutalen Niederlage ins Bewußtsein sinken: Nach zwanzig Minuten liegt Hertha BSC bereits 0:3 hinten, ausgerechnet durch einen Hattrick von Vedad Ibisevic! Als sich dann herumspricht, daß jetzt die Ergebnisse einer sogenannten Wahlprognose verkündet werden, wird widerwillig umgeschaltet. Und wieder: Schockstarre. Die SPD erreicht mit 23 Prozent ihr schlechtestes Ergebnis seit Bestehen des Norddeutschen Bundes. Schnell ist klar: Man muß was tun, beispielsweise in die FDP eintreten. Ein Abgeordneter aus dem Landkreis Birkenfeld denkt bereits in diesen Sekunden an Gabriel: »Mein Berner Sennenhund!« schwärmt der Genosse. »Wenn der mal so richtig down ist, verkriecht er sich einfach in seine Kuschelecke und verbeißt sich in seinen Baumwollknoten.«

Doch Gabriel, das ist auch einer dieser jungen Wilden in der SPD, einer, der eine vollkommen neue Politikergeneration repräsentiert. Er will frische Windbeutel in die Partei bringen, die alten Hefezöpfe abschneiden oder zumindest mit einer geschmackvollen Schokoglasur veredeln. Mit seinem Vorgänger im Parteivorsitz verbindet ihn so gut wie nichts: Müntefering stammt aus dem öden Sauerland, Gabriel dagegen aus dem trostlosen Goslar; Gabriel läßt sich nicht die Butter vom Brot nehmen, Münte verträgt nur Margarine. Und während Müntes Lebensgefährtin Michelle Schumann schon fast dreißig ist, läßt Gabriel seine minderjährige Tochter nicht mehr zu Parteiveranstaltungen.

Gabriel verkörpert einen jungen und unverkrampften Führungsstil: Bei ihm wird nicht von oben herab belehrt, sondern schön hinterrücks gestichelt. Er geht dabei

gmar!

Ziehvater und Zögling: Gabriel (1.–3. v.r.) ist längst aus Schröders Schatten gewachsen (in die Breite).

bewußt auf Tuchfühlung mit denen, die einmal die Zukunft unseres Landes sein werden: Bestatter, Insolvenzverwalter, Diabetiker mit Bluthochdruck. Doch auch die Jugend will Gabriel, selbst noch ein halbes Kind, da abholen, wo sie steht – in den Arbeitsagenturen etwa, bei McDonald's oder in »Uwe's Magic Spielothek«.

Auf und ab, Monsterlooping, Bratwurst, kotzen – seine politische Karriere gleicht freilich einer Achterbahnfahrt. Nachdem Gabriel im Jahr 2003 die Landtagswahl in Niedersachsen verloren hat, degradiert man ihn zum »Beauftragten für Popkultur und Jamba-Monatspakete«. Doch der Haudegen, den seine Kollegen fortan als »Siggi Stardust«, »The Notorious S.I.G.« oder »Peter Gabriel II.« verspotten, sieht die Schmach als Chance: Nächtelang ackert er sich durch *Brigitte Young Miss* und *Bravo Sport*, findet langsam aber sicher Gefallen an jenem frei erfundenen Quatschposten, der ihm ohne jede Kompetenz ein saftiges Salär einbringt. In Hubertus Heil entdeckt Gabriel schließlich einen Bruder im Geiste, einen, der wie er mit der Zeit geht und das enorme Potential inhaltsloser Massenkultur erkennt. Die beiden »Digital Naives« der Partei kommunizieren lässig via SMS, CB-Funk und umgedrehten Taschenrechner (»ESEL«, »LESBE«), lassen Wahlprogramme im schülerVZ ausarbeiten, laden bei YouPorn Bilder von der letzten Fraktionsweihnachtsfeier hoch. Als Heil nach der verlorenen Wahl seinen Rückzug ankündigt, bedeutet das das Ende des abgefreakten Cyberduos (Nickname: »Sig/Heil«), aber trotzdem: Die Zeit prägt Gabriel nachhaltig, läßt ihn im Denken nochmals hipper und moderner werden. Politik trifft bei ihm auf Pop, Parteiarbeit auf Pogo und zeitlos unschöne Designerunterwäsche auf strahlend weißen Bauchspeck. Seinen Brecht (Lieblingsstück: »Kuhle Wampe«) liebt Gabriel ebenso wie die fetten Beats eines Bushido oder King Orgasmus.

Der Druck, der auf ihm lastet, wird indes nicht kleiner. Gabriel weiß: Vom Vorsitzenden der ältesten deutschen Partei wird viel erwartet – katastrophale Wahlergebnisse zum Beispiel oder unsittliche Anrufe bei Mitarbeiterinnen. Doch der Shootingstar fühlt sich der Aufgabe gewachsen. Angst kennt er nicht, Gabriel war schon immer ein extremer Typ, ein Grenzgänger. Schon als Teenager will er bloß nicht sein wie alle anderen, überspringt einfach zwei Gewichtsklassen. Zur gleichen Zeit bildet sich sein rhetorisches Ausnahmetalent heraus: Während seine Mitschüler sich beim Briefeaustragen oder Breitensport amüsieren, feilt die »fette Sau«, wie Kritiker ihn halb spöttisch, halb anerkennend nennen, ganze Biostunden lang an markigen Statements für den Klassensprecherwahlkampf '73. Doch die Schinderei zahlt sich aus: Gabriel wird gewählt, sein Konkurrent erhält keine einzige Stimme. »Was läßt sich der Idiot auch von einem wie mir die Reden schreiben!« lacht der sympathische Hefekloß noch heute verschmutzt.

Sein Faible für frische, knackige Formulierungen hat Gabriel sich jedenfalls bewahrt. Bei ihm muß Politik »nordkurventauglich« sein, auch schon mal Stimmung machen gegen Frauen, Neger oder Schlankheitswahn. Eine Strategie, die für den Umweltminister im sonst so verschnarchten Bundestagswahlkampf Gold wert ist: Gabriel gewinnt für die SPD den Feldzug gegen die anderen schrulligen Kleinstparteien quasi im Alleingang. Gierig saugt sich das Polit-Schwergewicht eine Anti-Atom-Kampagne aus den Wurstfingern, brandmarkt Schwarz-Gelb als Klimakiller, neoliberale Versager im Bett und gewissenlose Vegetarier. Daß dabei Vergleiche mit dem größten Wahlkämpfer aller Zeiten aufkommen, ist kein Zufall: Altkanzler Schröder ist es, der die politische Begabung des jungen Gabriel früh entdeckt und fördert – bis dieser sich eines Tages von seinem Lehrmeister distanziert. Als das Volk gegen die Agenda 2010 auf die Straße zieht, verbrüdert sich Gabriel mit dem Pöbel, fordert mit viel Leib und etwas Seele eine Abkehr vom Schröderschen »Kuschelkurs« sowie »endlich Butter bei die Fische«.

Gabriel ist der Mann, der seiner Partei jetzt eine neue Richtung geben muß. Es gilt, die internen Flügelkämpfe zu beenden, seine lockere Art (Motto: »Verhöhnen statt spalten«) kommt dabei gut an: Egal, ob er davon erzählt, wie er seine Ex-Frau rumgekriegt hat (»Lasagne mit Chili-Bacon und ein Faß Chianti«), oder ob er gegen Parteikollegen frotzelt (»Mit Andrea Nahles bin ich dick, wenn Sie verstehen!«) – der Lebenskünstler Gabriel, »Schonkostverächter und Betriebsdampfnudel« (*Bravo Sport*), hat immer einen herzhaften Spruch auf den Lippen. Als Mittler eignet sich Gabriel auch deshalb, weil er selbst ein Mann der Mitte ist: nicht so links wie Ottmar Schreiner, aber auch nicht so rechts wie Adolf Hitler. Der Freigeist, ja Freitischgeist Gabriel (Hobbys: Gymnastik, Ökotrophologie) läßt sich in kein Korsett zwängen.

Gibt halt keins in seiner Größe! ☐

Lukas Haberland

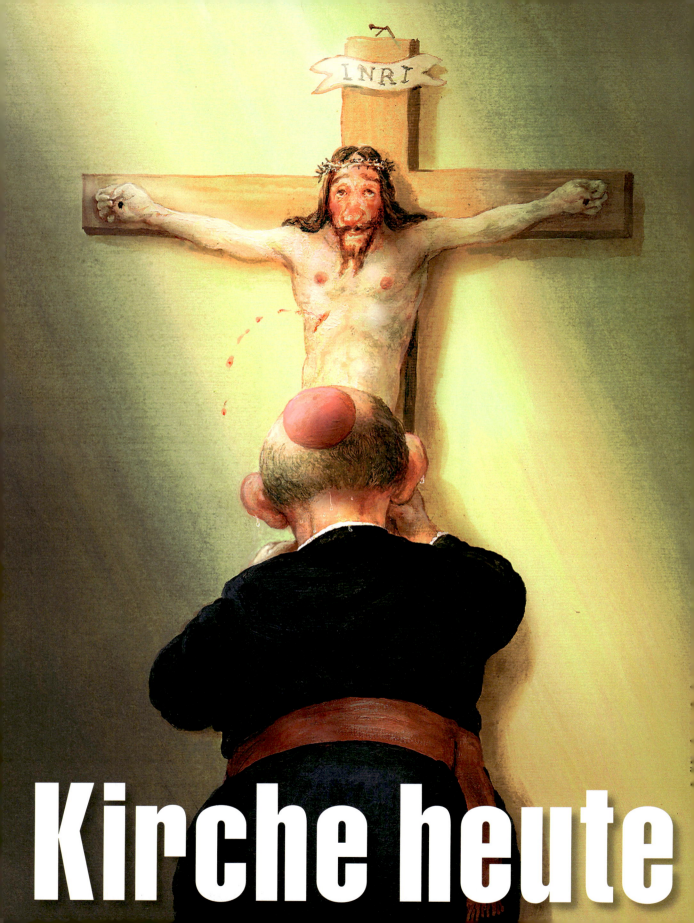

TITANIC-Umfrage 2009

„Impf mich oder ich schimpf dich"

Die Schweinegrippe-Impfung kommt – kostenlos und für alle! Bald dürfen Sie selbst entscheiden: Wollen Sie an der Grippe krepieren oder lieber an den Nebenwirkungen der Impfung? TITANIC fragte prominente Impfgegner und Impfgegnergegner.

Sarah Connor
„Klar gehe ich impfen! Außerdem meide ich Menschenmengen, deshalb habe ich jetzt auch meine Tour verlängert."

Katharina „Supernanny" Saalfrank
„Zuerst lasse ich natürlich meine Kinder impfen. Damit ich testen kann, wie gefährlich die Nebenwirkungen sind."

Lukas Podolski
„Nee, diesem Impfzeuch trau ich nich. Das haben sie ruckzuck entwickelt, aber seit Jahrhunderten finden die nix gegen Krankheiten wie Krebs, Homosexoschwulität oder Bayern München."

Boris Becker
„Für ganz Deutschland nur 50 Millionen Impfpakete? Da muß ich wohl ein paar meiner Kinder ohne Spritze über den Winter bringen!"

Veronica Ferres
„In was für einer Gesellschaft leben wir eigentlich, wo so ein unnützes Wrack wie ich gratis geimpft werden soll?"

Jürgen Drews
„Nope, und ich werde auch weiter in Mallorca auftreten und meinen Fans zur Begrüßung ganz normal ins Gesicht kotzen."

Günther Jauch
„Ich habe mich für Stern TV als Testperson impfen lassen. Klar gibt es Nebenwirkungen, aber meine Frau meint, der offene Darmausgang passe farblich gut zu den zwei Hörnern auf der Stirn."

Peter Zwegat
„Die Massenimpfung treibt den Staat in den Bankrott! Frau Merkel, Sparen ist angesagt. Mein Rat: Impfen ja, aber ohne Impfstoff."

Ralf Zacherl
„Ich hoffe, der Impfstoff ist bald erhältlich. Paßt kurz angebratenen hervorragend zu Lachs oder Schweinelendchen."

Jürgen Marschal

Oliver Nagel – der Mann, der bei Oliver Nagel war

Bild FRANKFURT

von Oliver Nagel

Das bin ich nicht mehr, der mich da aus dem Spiegel anschaut. Mit frisch gewaschenen Haaren, geputzten Zähnen und gründlich rasiert – so würde mich nicht einmal meine eigene Mutter erkennen. Nichts in meinem Gesichtsausdruck erinnert mehr an den fröhlichen Drogenabhängigen, der ich noch vor kurzem war.

Jetzt ist mein Blick klar, meine Augen sind graublau statt rot, die Motorik ist präzise und ganz gewöhnlich reaktionsschnell. Ein Erscheinungsbild, wie ich es an Germanistikstudenten immer gehaßt habe. Und an allen anderen Studenten eigentlich auch. Doch es ist ein Teil der Rolle, in die ich für einen Monat schlüpfen muß: die Rolle eines Praktikanten bei *Bild*.

Bild – das ist der Feind, der Moloch, den ich hasse. Die Zeitung, in der Menschen zu Opfern eines Schicksals werden statt der politischen Verhältnisse, und die dann vorgaukelt, den Lesern aus ihrer Misere heraushelfen zu wollen und zu können. Ich will die Waffen kennenlernen, die *Bild* Tag für Tag gegen Wahrheit und Aufklärung einsetzt, – und sie dann gegen *Bild* verwenden!

Kampfbereit rauche ich noch einen Teelöffel Thai-Gras, träufle mir ein paar Augentropfen auf die Pupillen und beende das Frühstück mit zwei Pillen Ecstasy, bevor ich mich auf den Weg in die Redaktion nach Neu-Isenburg mache.

Hoffentlich, schießt es mir durch den Kopf, funktioniert meine Tarnung, hoffentlich haben sie die TITANIC-Artikel nicht gelesen, die ich zusammen mit meiner Bewerbung an Springer geschickt habe. Denn eines ist klar: Jemand, der mich noch nie gesehen hat und nicht weiß, wer ich bin, würde mich wahrscheinlich nicht erkennen. Das beruhigt mich.

Tatsächlich nimmt niemand Notiz von mir, als ich das Großraumbüro betrete. »Suchen Sie sich irgendwo einen Platz!« werde ich von einem großen, dicken Mann angeschnauzt. Aha, so machen sie dich hier fertig: mit Psychoterror. »Suchen Sie sich irgendwo einen Platz!« Verschüchtert setze ich mich an einen der Schreibtische, die hier zu Zweiergruppen angeordnet sind, diese wiederum getrennt durch Spanische Wände.

Mir gegenüber wühlt eine unscheinbare, dickliche Frau in Papierbergen. Sie sagt nichts. Vielleicht kann sie nicht sprechen. Eine Stunde lang übe ich verschiedene Gesichtsausdrücke (»Oliver Nagel von der *Bild*-Zeitung. Ich grüße Sie!«) und rauche. An der Trennwand hinter mir klebt, festgepinnt auf einem Stück Papier, ein Plastiklöffel, dessen Mundstück ein hineingebranntes Loch aufweist. Unter ihm steht handschriftlich: »Frankfurts dümmster Fixer«.

Daneben hängt ein Fax, darauf die Zeichnung eines brennenden Türken auf einem angeblichen »neuen Verkehrswarnschild«, das auf Autobahnen aufgestellt werden solle. Zynisch kommt mir das vor und menschenverachtend.

Eine Stunde später erlebe ich eine Überraschung. Die dicke Frau kann doch sprechen! »Ich glaube, wir haben uns lange genug angeschwiegen«, sagt sie, »ich heiße Maren Mende.« Dann sagt sie wieder eine Stunde lang nichts.

Allmählich wird es lebendig in der Redaktion. Erste Verleumdungen kommen per Fernschreiber, die Computer werden in den Halbwahrheitsmodus geschaltet. Mehrere Kollegen treffen ein. Bei Horst Cronauer, dem Boß, erkundige ich mich nach Formalitäten wie Arbeitszeiten und Honoraren. »Verdienen tun Sie nichts!« bellt der mir Bescheid, »aber wir geben Ihnen trotzdem was!« Kleinlaut schleiche ich zurück auf meinen Platz.

Wenig später kommt über Polizeifunk die Meldung über einen Doppelmord in Darmstadt. Ein junges Pärchen ist erschossen in seiner Wohnung aufgefunden worden. Wie zu einem ersten Test werde ich mit einem Kollegen vor Ort geschickt: zu einem ersten Test meiner Skrupellosigkeit. Mir wird ein bißchen schlecht. Schnell werfe ich zwei Ecstasy nach.

Bedeckter Himmel über Darmstadt. Vor dem Schauplatz des Verbrechens, einem Mehrfamilienhaus in der Innenstadt, tummeln sich Schaulustige, Nachbarn und Mitarbeiter eines Bestattungsinstitutes. Zwei Zinksärge werden aus dem Haus getragen, die Kripo hat die Wohnung bereits versiegelt und ist schon wieder weg. Mit gezücktem Notizblock gehe ich stracks auf den Nächstbesten los: »Oliver Nagel von der *Bild*-Zeitung. Ich grüße Sie!«

Wie ich das hasse! Mich vorstellen zu müssen als Sklave des Systems! Als *Bild*-Reporter!› »Können Sie mir etwas von der letzten Nacht erzählen? Haben Sie irgend etwas gehört oder gesehen?« Es stellt sich heraus, daß mein Gesprächspartner Wirt in einer anliegenden Kneipe ist, die Opfer flüchtig kannte und von Schüssen nichts gehört hat. Merkwürdig. »Schalldämpfer!« recherchiert es da von ganz alleine in meinem Kopf, und mit diesem ersten Ergebnis betrete ich die nächste Gaststätte, um weitere Ermittlungen anzustellen.

BILD-Frankfurt

Frankfurt, 4. Juli 1995 • BILD • Seite 5

Darmstadt: War's die Mafia?
Liebespaar in seiner Wohnung erschossen

Erschossen: Holger P. (29) aus Darmstadt.

Von CHRISTIAN BAUR und OLIVER NAGEL
Bedeckter Himmel über Darmstadt – Leichenwagen, Kripo und Staatsanwaltschaft in der Sandstraße. Die toten Körper von Silvia S. (26) und Holger P. (29) werden aus ihrem Appartement getragen. Beide wurden erschossen. Schlimmer Verdacht: Es war eine geplante Hinrichtung! 11.20 Uhr: Familienangehörige finden das tote Liebespaar, beide in ihrem Blut. Erste Mitteilung der Polizei: „Das ist alles sehr nebulös." Die Tatwaffe wird nicht gefunden. Die ten", sagen Bekannte des gutaussehenden, jungen Mannes. Und dann behaupten sie: „Holger hat viele krumme Dinger gedreht, wahrscheinlich

---

»He! Hallo! Oliver Nagel! Von der *Bild*-Zeitung! Hier in Ihrer Nachbarschaft sind gestern Herr Sowieso und Frau Dingens mit Schalldämpfern erschossen worden! Kannten Sie die?« Auch hier habe ich Erfolg: Nicht nur, daß der Wirt das männliche Opfer kannte – es hat zu Lebzeiten in eben dieser Lokalität gearbeitet! Und sein ehemaliger Arbeitgeber, ein charismatischer Ebby-Thust-Doppelgänger, ist hocherfreut, mir bei den Recherchen behilflich sein zu können: »Schalldämpfer, sagen Sie? Das hört sich doch nach einer eiskalten Mafia-Hinrichtung an!« Na, das hört sich doch gut an! Auf einmal fallen auch den anderen Trainingsanzugträgern wichtige Hinweise ein: »Der Sowieso, der hat doch auch gedealt!« »So? Womit denn?« – »Ja, so verschiedenes … Da hat er wohl mal den falschen Leuten das falsche Zeug verkauft.« – »Aber Schalldämpfer – das sieht wirklich nach Mafia aus!«

In der Tat. Hochzufrieden mit diesen Spitzen-Ergebnissen und einer Bombenstory nebst Foto des Mafia-Opfers in der Tasche, das der Wirt noch aus seinem Archiv zaubert, verlasse ich die Kneipe. Knallharte Fakten, super recherchiert.

Der Kollege, der mit mir vor Ort ist, hat derweilen von einem Freund des Opfers erfahren, der ebenfalls aufzutreiben wäre, aber leider: Die Zeit ist knapp. Wir müssen zurück nach Neu-Isenburg. Unsere Story rundmachen. Die liest sich am nächsten Tag wie oben. Und davon, das ist klar, wird sich die Mafia so schnell nicht erholen! Bei all meinen Vorurteilen beginnt mir langsam zu dämmern: Immerhin dafür könnten *Bild*-Reporter gut sein. Um diesen Mafia-Killern ein für allemal das Handwerk zu legen!

Doch schon am nächsten Tag wird meine Euphorie etwas gedämpft; denn so einfach ist der Kampf gegen die Mafia halt nicht: Um uns irrezuführen, haben die Killer nämlich ein Messer verwendet – und das Pärchen nicht erschossen, sondern erstochen. Außerdem erfahren wir, daß unser Hauptinformant seine Nächte in der Darmstädter Haftanstalt zu verbringen pflegt, wo er als Freigänger tätig ist. Aber gerade diese mafiatypische Heimtücke läßt uns um so knüppelhärter weiterermitteln. Schon drei Tage später folgt ein weiterer Großbericht zum Fall:

Doppelmord: Tatwaffe gefunden
Darmstadt – Der Doppelmord an Sylvia S. (25) und Holger P. (28, BILD berichtete), jetzt fand die Polizei das Tatmesser. Auch 'ne Zeugin, die abends Geräusche aus der Mord-Wohnung hörte, meldete sich. Trotzdem noch keine heiße Spur, Motiv weiter unklar.

Das wird den Brüdern wohl für eine Weile reichen! Und tatsächlich: In den nächsten Tagen geschieht kein weiterer Mafiamord in Darmstadt. Dafür aber anderswo weit Schlimmeres. Über einen zuverlässigen Informanten erfahre ich von einem Horror-Haus in Frankfurt-Sachsenhausen, das pausenlos von Mäuse- und Kakerlaken-Seuchen heimgesucht wird, in dem Penner im Aufzug wohnen und kreischende Wahnsinnige auf dem Wohnungsteppich Lagerfeuer entzünden. Sofort hefte ich den Informantenbericht wieder im *Frankfurter Neue Presse*-Sammel-Ordner ab und mache mich zusammen mit Fotograf Rohnke auf den Weg in die Mailänder Straße.

Dort erwartet uns Amjad Ahmad, der Sprecher der Mieterinitiative. Er will uns die beiden 70er-Jahre-Hochhaussiedlungen zeigen, die Gegenstand unserer Recherche sind. Dummerweise ist von den angeprangerten Mißständen gar nichts zu sehen: Weder die versprochenen wilden Mülldeponien entdecken wir, noch ist das Treppenhaus verkotet.

Helga L., eine der beschwerdeführenden Mieterinnen, kann uns zwar einige unerklärliche Flecken auf dem Fußabstreifer vor ihrer Wohnung zeigen, die sie auf Klebstoff zurückführt, den ihr jemand vor die Wohnung geschüttet hat; diese erweisen sich jedoch als extrem unfotogen. Ansonsten stehen wir in einem recht ungemütlichen, aber doch tadellos sauberen Hochhaus.

Auf diesen billigen Trick fallen wir jedoch nicht herein. »Hier wird es ja wohl irgendwo ein paar Mäuse geben! Sogar bei mir zu Hause gibt's Mäuse! Überall in der Stadt sind welche! Nur hier nicht, oder wie?!« – »Der Hausverwalter ist ein schlauer Fuchs!« vermutet Rohnke. »Hat Mausefallen aufgestellt und Müll in Container geworfen!« Ein simples Täuschungsmanöver: Wenn sich jemand über Abfall im Flur beschwert – einfach saubermachen! Kurz mal eine Putze durchschicken, fertig! Aber damit, so beschließen wir, wird der Verwalter nicht durchkommen.

Frankfurt

Frankfurt, 22. Juli 1995 • BILD • Seite 3

Kot im Fahrstuhl, Wasser von der Decke, mehr Mäuse als Mieter
Das irre Haus von Sachsenhausen

Von OLIVER NAGEL
Helga L. hat jahrelang alles ertragen: Aufgebrochene Briefkä-... 36 qm, zahlt 902 Mark: „Seit 7 Jahren geht weder mein automatischer Türöffner noch die ...ter der Hausverwaltung S.I.V., behauptet: „Aufzüge und Sprechanlagen funktionieren, Kammerjäger kommt regelmäßig. Und

Binnen kurzer Zeit haben wir einen algerischen Mieter gefunden, der schon einmal Kakerlaken gesehen hat. Die drei toten Mäuse, die er uns auf einem Plastikteller präsentiert, lassen wir ihn dann aber nicht in die Kamera halten, sondern geben sie Helga L., die nie Mäuse in ihrer Wohnung hatte. Da wird er was zu hören kriegen, der Herr Verwalter! »Es zahlt sich eben nicht aus, die Rechnung ohne *Bild* zu machen!« strahle ich Rohnke an, und bester Laune fahren wir zurück in die Redaktion.

Dort treffe ich auf Rainer Burkhard, einen sympathischen Ex-Allianz-Versicherungsvertreter. Er hat inzwischen die Geschichte eines kranken Hundes recherchiert, der entlaufen ist und aus lauter Kummer täglich vier Kilo Fleisch vertilgen muß, um nicht zu sterben.

An sich ein Tränendrücker, der das Sommerloch zu füllen nur bedingt tauglich ist; aber der Besitzer, mit dem ich telefoniere, verspricht uns beiden tausend Mark, falls der Artikel erscheint, und so schreibe ich in wenigen Minuten einen herzergreifenden Text über einen entlaufenen Hund mit Vielfreßzwang. Es stellt sich jedoch heraus, daß der Hundehalter in der Chefredaktion nicht ganz unbekannt ist: Ein notorischer Kläger gegen *Bild* und Springer ist er! Entrüstet lösche ich meine Arbeit aus dem Arbeitsspeicher. Irgendwo ist auch mal Schluß.

Aber immerhin: Nach vier Wochen habe ich viele neue Freunde dazugewonnen. Zum Beispiel einen CDU-Landtagsabgeordneten, den ich im Zuge meiner Recherchen über fehlende Klimaanlagen in Nahverkehrszügen kontaktiere. Der Mann hat Charakter! Kaum habe ich mich ihm vorgestellt (»Ich grüße Sie! Oliver Nagel von der *Bild*-Zeitung!«), bietet er mir seine dicke Freundschaft an: »Sie dürfen sich gerne jederzeit an mich wenden! Warten Sie, ich gebe Ihnen nachher meine Privatnummer ... und wären Sie so freundlich, mir Ihre Durchwahl zu geben? Falls ich mal was habe für Sie.« Aber gern! So ein netter Mensch! Schade eigentlich, daß ich die *Bild*-Redaktion in zwei Tagen verlassen werde.

Schade auch deswegen, weil ich so den alljährlichen Betriebsausflug nicht miterleben kann. Denn der finanziert sich in erster Linie aus der Tasche der Praktikanten. Kaffeetassen, Gläser, Kuchenteller und ähnliche Gegenstände dürfen nämlich keinesfalls über Nacht – oder gar über mehrere Nächte – auf dem Schreibtisch stehenbleiben. Tun sie das doch, werden pro Nacht und Gegenstand 5 Mark (fünf!) fällig. Ein System, das vom Chef persönlich überwacht und geführt wird, ergänzt durch die Regelung, daß für Rechtschreibfehler wie Kleinschreibung nach einem Doppelpunkt oder »gibt's« ohne Apostroph ebenfalls ein Festbetrag zu zahlen ist. Davon wird dann der Ausflug gestaltet, vermutlich zwei Wochen Safari im Kongo mit Vollverpflegung. Meine Beiträge decken in etwa den Hinflug und die ersten drei Tage Hotel ab.

Doch ich zahle gerne. *Bild* ist für mich eine große Familie geworden. Wozu brauche ich Geld? Gott sei Dank verdiene ich auch kaum welches: Für einen Fünfzigzeiler, an dem ich rund drei Tage gearbeitet habe, erhalte ich rund 70 Mark, was mir aber durchaus angemessen erscheint. So komme ich wenigstens nicht auf dumme Gedanken. Etwa auf den, mir neue Ecstasy-Pillen zu kaufen. Ganz im Gegenteil, ich komme auf den Gedanken, mit diesem letzten dunklen Kapitel meiner unseligen Vergangenheit ein für allemal abzuschließen. Nie mehr will ich mich fühlen müssen wie ein Weihnachtsbaum. Das habe ich mir geschworen – und untenstehenden Artikel geschrieben. Mit meinem Herzblut, versteht sich.

Damit jedoch verabschiede ich mich fürs erste aus der Welt der Spitzenstories. Wenn aber nicht alles täuscht, erscheint ab Januar meine große *Bild*-Serie »Ich, Franz K.«, in der ich meine Verfehlungen der Öffentlichkeit zugänglich machen werde. Zur Mahnung und zur Abschreckung. Franz K., der drogenabhängige Steuerhinterzieher, der für das Terroristenblatt TITANIC hetzte. Franz K., der Mann, der bei TITANIC Oliver Nagel war. Meine neue Heimat heißt *Bild*, und ich würde mir wünschen, möglichst viele Leser zu einem ebensolchen Wechsel bewegen zu können. Ich begrüße Sie schon jetzt als meine zukünftigen *Bild*-Leser. Ich, Oliver Nagel. □

So wirkt Ecstasy: Ich fühl' mich wie ein Weihnachtsbaum

Franz K. (23, Student): „Bekomme die Pillen von einem Freund, der holt sie vom Großlieferanten aus Holland. Zahle dafür 20–25 Mark, kosten sonst 35 Mark. Wochenends werf' ich regelmäßig eine ein – vorm Weggehen. 'Ne halbe Stunde später flasht's, dauert drei bis vier Stunden. Fühl' mich wie ein Weihnachtsbaum – alle Lichter brennen. Alle sind deine Freunde, aber mit Sex ist nix. Flirten geht schon besser, null Hemmungen. Äußerlich merkt man's nur an Riesenpupillen. Du brauchst kaum Schlaf, nix zu essen und zu trinken, wirst nicht depressiv, am nächsten Tag kannst'e voll malochen. Vorsicht, wenn man vier Tage lang „E" frißt. Dann brauchst'e die doppelte Dosis."

Franz K. (23)

Das große Lexikon der Bild-Sprache (1)

A

Augenklappen-Bikini, der: Wirklich sehr kleiner Bikini. Trägt z.B. Lagerfeld-Model Stella-Tennant (26), damit sie mit den Brüsten schlechter sehen kann. → Magergesicht →XL-Busen

aussexen: Keinen Geschlechtsverkehr mehr miteinander ausüben. Zwischen »Baywatch«-Star Pamela Anderson (29) und Rockmusiker Tommy Lee (33) hatte es sich »nach 630 Tagen Sex« »ausgesext«. Die → Sex-Ehe soll geschieden werden, Pamela schickt Tommy in die Pam-Pa. → Blitz-Heirat → Marathon-Sex → Pamaholics → Pam-Kontrolletti → Schenkel-Erlebnis → Sex-Nimmersatt → Sex-Pam

B

Baywatch-Beauty, die: Synonym für Pamela Anderson (29); merke dagegen **Baywatch-Schöne** = Yasmine Bleeth (28). Aber nicht mehr lange, denn: »Baywatch-Schöne: Ich will nicht mehr blondes Dummchen sein.« Wird sie sich die Haare färben?

Beutel-Geheimnis, das: Das Geheimnis der Einkaufstüte des einzigen Beuteltieres der Nordhalbkugel, Vattergraf. Wurde an seinem 18. Gerichtsverhandlungstag endlich gelüftet. Inhalt des Beutels: »Proviant für den krätzezehrenden Prozeß – Salzbrezeln und Schokolade.« Wir warten auf die Fortsetzung: Der Graf von Beutel Christo.

Blinzel-Papas, die: Familienväter in Begleitung von Frau und Kind, die aber »flirten ohne Ende«. Sind seit dem 5.8.1996 leider out.

Blitz-Heirat, die: Erst schlägt der Blitz ein, dann → Blitz-Sex, darauf wird blitzgeheiratet. Z.B. Pamela Anderson (29) und Tommy Lee (33). Später:→ Blitz-Zickigkeit, danach → Blitz-Trennung. Waren Pam (29) und Tommy (33) blitz vor Liebe?

Blitz-Sex, der: hatten... na, wer wohl? → Blitz-Heirat

Blitz-Zurück, das: gab's nur bei Verona Feldbusch (26) und Dieter Bohlen (42). »Wir erinnern uns: Blitz-Ehe, Blitz-Trennung, Blitz-Zurück.« Woran lag's? An blitzblanken Brüsten (Verona), blitzgescheiten Talkshowauftritten (Dieter)? Oder leidet einer von beiden nur an einer leichten → Blitz-Zickigkeit? Wohl kaum! Blitzschnell rutschte Dieter (42) die Hand aus! Jetzt Blitz-Scheidung.

Blockstreifen-Badehose, die: trägt Blitz-Trenner Dieter Bohlen (42). Was trägt er drunter? Blockschokolade?

Brodelthema, das: Früher hätte es »die Gemüter erhitzt«, heute ist's ein Brodelthema. Zum Beispiel »Brodelthema Jahresrückblicke« im November 1996. Hier brodelt es zwischen ZDF und RTL und RTL 2. Alle machten Jagd auf die besten Gäste. Dabei soll auch vor → Munkelgagen nicht zurückgeschreckt worden sein. Gerne hörten wir einmal den Satz: »Aber mein Herr, das ist doch gar kein Brodelthema!«

Busenstreit, der: Tobte zwischen Traci Bingham (28) und Pamela Anderson (29). Traci: »Ich habe zwar nicht soviel, aber dafür sind meine echt.« Ein Fall für Brustwatch. → Baywatch-Beauty → Pam-Kontrolletti

Bussi-Bussi-Familie, die: So nennt man Deutschlands High-Society. Dazu gehören z.B. Kiki von Bohlen und Halbach, Johanna Prinzessin zu Sayn-Wittgenstein oder Mick Flick. High-Society-Mitglieder, die auch noch arbeiten, zählt man dagegen zur Bossi-Bossi-Familie. → Ex-Johanna.

C

Country-Look-Papst, der: Weder der Alm-Öhi noch Coolman Steiner, sondern der internationale Top-Couturier Ralph Lauren.

Christian Y. Schmidt

 **Die Seite für den eiligen Leser**

Bitte umblättern!

»HIGH« SOCIETY

AM ENDE Angela Merkel mit (Ex-)Lover nach der letzten gemeinsamen Heroinspritztour

Der
tiefe Fall
der Ikonen

G egen Mitternacht reißt ein anonymer Notruf die Wiesbadener Rettungszentrale aus dem Schlaf: Im Schwarzlichtmilieu hinter dem Landtag schlägt eine verwirrte Person nicht nur Purzelbäume im Rinnstein, sondern auch Passanten, und zwar krankenhausreif. Als die Sanitäter Minuten später eintreffen, bietet sich ihnen ein Bild des Grauens: Der Mann mit dem Handy in der Hand, den sie auf die Trage heben, sieht einfach furchtbar aus. Außerdem ist er von tagelangem Alkohol- und Drogenmißbrauch gezeichnet, spuckt Geifer, fordert spontan eine weitere Runde Sambuca für alle.

Noch größer aber der Schock, als dem Anzugträger in der Notaufnahme klar wird: Er heißt **Roland Koch**, ist 49 und offenbar Nochministerpräsident von Dings, äh... Hessen. Nach dem gigantischen Flop seiner letzten Wahlkampagne hat er sich wegen einer »verschleppten Bronchitis« krankschreiben lassen. Nun, nach dem unrühmlichen Abbruch seiner Sauftour, weiß er es wie immer besser und läßt sich noch während der überraschend einberufenen Pressekonferenz in eine Entzugsklinik im Taunus einweisen – vorläufige Endstation einer Sucht-

Blitzlichtgewitter, Betäubungsmittelexzesse und Abstürze ins Bodenlose: Nach den Popstars zelebrieren immer mehr POLITIKER die lebensgefährliche Lust am eigenen Untergang.

karriere, die so vielversprechend begonnen hatte.

Aufgewachsen in einer Ministerfamilie, die Zeit ihres Lebens aus öfentlichen Mitteln alimentiert wurde, berauschte sich der labile Koch schon als Teenager gern und oft. Ob Cognac, Pickelcreme oder Parteispenden – der angehende Politprofi stopfte in sich hinein, was man ihm hinhielt; im ständigen Blitzlichtgewitter sah er oft gar nicht, was das war. Auf den Schwingen des künstlichen Glücks schwebte er von Erfolg zu Erfolg, besaß schließlich alles, was Menschen sich wünschen können: eine eigene Frau, eigenes Geld, ein eigenes Bundesland. Nun scheint er dies alles mutwillig verspielen zu wollen, während sich die Öffentlichkeit fragt: Warum richtet sich so jemand zugrunde? Woher rührt der Selbsthaß, dieser unbedingte Wille zur Selbstzerstörung?

Denn Koch ist nicht der einzige Spitzenpolitiker, der derzeit mit lebensbedrohlichen Eskapaden von sich reden macht. Der Druck der öffentlichen Aufmerksamkeit, die Paparazzi von dpa, die Medienmaschine, die nach Skandalen giert – immer mehr Amts- und Mandatsträger drohen daran zu zerbrechen.

So schockte die frühere Supermutter **Ursula von der Leyen**, ebenfalls 49, vergangene Woche ihre Fans, als sie von der Feuerwehr gewaltsam in ihr Haus transportiert werden mußte. Die abstoßenden Bilder wurden den Fotografen und Kameraleuten buchstäblich aus den Händen gerissen: die ausgetickte Familienministerin, mit Fußfesseln an die Trage geschnürt, wie sie sich aufbäumt, wie sie irre lacht und dann wieder stundenlang hysterisch schreit (»Kinder, Essen ist fertig!«).

Vermeintlicher Anlaß für den Nervenkollaps: ein Sorgerechtsstreit. Von der Leyen wollte das Sorgerecht für ihre sieben Kinder und den Ehemann loswerden, endlich mal ungestört einen Nachmittag mit Busenfreundin Victoria Beckham shoppen gehen. Doch die wahren Gründe sitzen tiefer, wie der Psychiatrieprofessor Boris Bumkow von der Uni Göttingen meint: »Sehen Sie sich die phantastischen Beliebtheitswerte an: Der Erfolg ihrer Familienpolitik kam zu plötzlich, sie hat ihn nicht verkraftet.«

Bumkows These: Wer in seinem Leben nur die fordernde, berechnende Liebe von Familienangehörigen kennengelernt hat, kommt mit der überwältigenden, bedingungslosen Liebe des großen Publikums nicht zurecht. »Zumal Ursula dafür mit dem völligen Verlust ihrer Privatheit bezahlt hat«, so der Professor. »Die kreischenden Fans am Gartentor, die ständigen Groupies im Bettkasten und dann noch die ganze liegengebliebene Wäsche – ein viel zu hoher Preis, wenn Sie mich fragen. Da sind die Sicherungen bei der blöden Kuh wohl völlig durchgeknallt.«

Doch gerade in Finanzdingen war die Ministerin jüngst eher leichtsinnig. Autogrammkarten, Wahlversprechen, Schecks –

TOTAL KNÜLLE
Roland Koch im Kreise seiner Liebsten

PLÖTZLICH WACH
»Schluck schluck schluck – aaah!«

VÖLLIG WEG-GETRETEN
Alles dreht sich, alles bewegt sich

Hilflos
wie ein kleines Kind

KAUM WIEDERZU-ERKENNEN Ist sie es wirklich?

ASCHFAHL UND ELEND
Ja, sie ist es

HYSTERISCHER ANFALL
Ursula von der Leyen nach einer Familienpackung Schokoküsse

KOLLAPSNERVEN AUS STAHL
Zurück aus der Klinik, bereit für neue Schokoküsse

»HIGH« SOCIETY

NORMAL IST DAS NICHT Trittin beim »Volltanken«

SEIN LEBENSTRAUM Allein unter Flaschen

ALLES WEG Gesicht, Geld, Erinnerung

Warum nur kann ihnen niemand helfen?

▶ was hatte sie nicht alles unterschrieben! Der Absturz in Schuldenhölle und Wahnsinn war deshalb nur eine Frage der Zeit. Nun bangt ganz Deutschland: Wird von der Leyen je wieder genesen? Wird sie ihre Arbeit wieder so eiskalt und effizient erledigen wie zuvor? Und vor allem: Kommt die alte Frisur zurück?

Ähnliche Aufregung auch im Bundestag: Vor dem Sitzungssaal der SPD-Fraktion warten die Abgeordneten wieder einmal vergebens auf die Eröffnung der Fraktionssitzung durch den Vorsitzenden **Peter Struck**, 65. Aktentaschen fliegen herum, eine Garderobe wird demoliert, erste Buhrufe werden laut. Zwar hatte der passionierte Motorradfahrer angekündigt, sich am Vormittag sein Lebensmotto »Live fast, die young« auf den Rücken tätowieren zu lassen, vielleicht sogar auf die Glatze. Daß er sich nun aber um über vier Stunden verspätet, sorgt für unverhohlene Wut und zaghafte Rücktrittsforderungen.

Peinlich genug: Zwei Wochen zuvor hatte Struck bereits Schlagzeilen gemacht, als er im Koksrausch eine Schneise der Verwüstung durch Berlin-Mitte gezogen und dabei die Paris-Bar demoliert sowie die Beamten bei seiner Verhaftung unflätig beschimpft hatte. Als er sich morgens in der Ausnüchterungszelle wiederfindet, stellt er fest: Man hat ihm alles abgenommen, selbst den Schnauzbart. Dieser wird ihm zwar bei der Entlassung, sauber in einem Plastiktütchen verpackt, wieder ausgehändigt. Struck aber, bekanntermaßen süchtig nach Alkohol, Herzmedikamenten und Tob, muß ohne Frühstück in die Plenarsitzung – der nächste Tobsuchtsanfall ist also vorprogrammiert.

Besonders tragisch indes: Auch Kanzlerin **Angela Merkel**, 53, hat sich nicht mehr unter Kontrolle, fällt in letzter Zeit dauernd aus der wichtigeren Rolle, die ihr in allen Umfragen für die Zukunft gewünscht wird. Beim Staatsempfang zu Ehren des indischen Ministerpräsidenten Anfang der Woche wurde sie mit verspiegelter Zuhälterbrille gesichtet, anscheinend schwerst verkatert, die halterlosen Strümpfe auf Halbmast. Zudem beobachteten Experten: Sie trug Hosenanzug, aber darunter keinen Slip. Sondern darüber. Während des Banketts verschwand sie dann stundenlang in oder auf der Toilette, kam grün im Gesicht wieder. Unklar bleibt, ob sie lediglich Crack rauchte oder wieder mal den schnellen Sex hatte, von dem ihr immer so schwindelig wird.

Denn die Zahl ihrer Affären ist mittlerweile Legende. Ständig sah man die promiske Ossibraut mit wechselnden Betamännchen

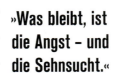

»Was bleibt, ist die Angst – und die Sehnsucht.«

WILDER STIER, GANZ ZAHM Fraktionschef Struck an der Tränke

Darum wirken sie so irre!

BORDERLINE-SYNDROM

Borderliner sind zu extrem instabilen persönlichen Beziehungen fähig. Sie genießen bereits flüchtige Kontakte wie Händeschütteln oder Blumen überreichen. Auch mit der Hygiene nehmen sie es nicht so genau; oft genügt ihnen ein Bad in der Menge. Sobald sie allerdings eine Grenze sehen, müssen sie sie einfach überschreiten – Reichskanzler a.D. Adolf Hitler und Verteidigungsminister Franz Josef Jung wurden damit berühmt. Vorsicht jedoch: Borderline-Patienten zeigen eine ausgeprägte Suizidneigung.

EIN PAAR GRAMM ZUVIEL
Drogen-Dandy Dirk Niebel
kann's nicht lassen

Endstation
Entmündigung

NOTBREMSE NICHT GEFUNDEN
Drogen-Diva Merkel flirtet sich
um den Verstand

(Müntefering, Schäuble, Scholz u.v.m.) Arzneimittelcocktails schlürfen und sich gegenseitig die Zungen in den Hals stecken. Boulevard-Professor Bumkow: »Damit will sich Angela über die Einsamkeit und Leere hinwegtäuschen, die das Leben mit sich bringt. Dies belegen auch ihre regelmäßigen Weinanfälle.« Und Wein – davon kann sie ein Lied singen (ab etwa drei Promille); in Saudi-Arabien hat sie mittlerweile Auftrittsverbot.

In den anderen Parteien nimmt man die Herausforderung dankend an. Freidemokraten verstehen Liberalismus zusehends als Ort, wo sich Libertinage und Freibier begegnen. Viele von ihnen trinken bis zum Umfallen.

Andere scheuen das Etikett der Umfallerpartei und saufen bis zum Abwinken, so etwa Generalsekretär **Dirk Niebel**, 44, der immer wieder total blau bzw. mit Gelbsucht (Heroin!) auf die Bühne kommt. Von der Liste der schlechtestgekleideten Politiker flog Niebel kürzlich, als er eine Rede vor dem Plenum komplett textilfrei hielt und nebenbei mit Freitod drohte, nur weil er im morgendlichen Drogenwahn schlicht vergessen hatte, sich anzukleiden.

Und auch die Grünen leiden inzwischen unter der berühmten Überdosis Leben. Ihr Enfant terrible **Jürgen Trittin**, 54, zieht jede Nacht mit seinen Saufkumpanen von der Linkspartei um die Blöcke, wurde neulich sogar beim Linksverkehr auf dem Ku'damm gestoppt, und zwar von den entgegenkommenden Fahrzeugen. »In einer Demokratie muß man mit jedem saufen können – oder eben zusammenstoßen«, lallte der lädierte Schlaks bei seiner Festnahme, bevor er in die todesähnliche Starre fiel, die man von seinen Fernsehauftritten kennt. Glück im Unglück: Die Fünf-Promille-Grenze hatte er nur knapp verfehlt.

»Die Politik ist halt ein schnellebiges Geschäft geworden«, erklärt Professor Bumkow die morbiden Ausschweifungen. »Die Leute interessieren sich nur noch für Politik, wenn es um Leben und Tod geht.« Und tatsächlich: Nichts ist so alt wie der Reformschlager von gestern, z.B. Hartz IV. Auch bewährte Gänsehautthemen wie Gesundheit und Altersvorsorge nutzen sich immer schneller ab. »Was bleibt, ist die Angst«, seufzt Bumkow, »und die Sehnsucht nach dem Kick, mit dem man diese Angst überspielt. Es ist wie ein Barfußtanz auf einer sehr großen Rasierklinge. Man kann sich dabei verlieren.«

Wird Nachdenklichkeit einkehren, wenn der erste Politpromi den Heroinlöffel abgibt? Wird ein Volk von Gaffern und Voyeuren betroffen innehalten und seine Mitschuld bekennen? Oder wird es zu einem kommerziell einträglichen Totenkult kommen – so wie bei **James Dean**, **Kurt Cobain** und **Willy Brandt**? Gewiß: Politik ist, wie **Max Weber** einst schrieb, nichts weiter als »das langsame, geduldige Stochern in völlig vernarbtem Unterarmgewebe«. Doch Psychiatrieprofessor Bumkow warnt: »Politiker, die zur Bewältigung ihrer Probleme auf Betäubung bis zur totalen Bewußtlosigkeit setzen, klammern sich an einen Strohhalm, der an beiden Enden brennt!« ∎

Die PSYCHO-TRICKS der Politiker

MEGALOMANIE

Auch unter dem Namen »Größenwahn« bekannt. Beliebt sind Allmachtsphantasien: Man identifiziert sich vollständig mit den zwanzig reichsten Familienclans der Welt, will Reformstaus zerschlagen und ganze Volkswirtschaften in den Abgrund stoßen. Sobald dabei Schwierigkeiten auftauchen, wechseln die Patienten gern in eine Traumwelt: Hier lesen sich Referentenvorlagen von selbst, wird die Verfassung außer Kraft gesetzt und ihnen die Kaiserkrone angeboten.

BIPOLARE PSYCHOSE

Patienten mit einer bipolaren Psychose können zwischen manischen und depressiven Gemütszuständen ›switchen‹. Nach dem Ende der bipolaren Weltordnung griffen viele Politiker begeistert zu der Möglichkeit, den Systemkonflikt in die eigene Psyche zu verlagern; deshalb sind sie mal euphorisch wie das vagabundierende Kapital, mal in Tränen aufgelöst wie der frühere Sowjetkommunismus. In der Tagespolitik zeigt sich dies als telegenes Hin und Her zwischen Schmusekurs und Koalitionskrise.

FINGERNÄGELKAUEN

Unter Top-Acts besonders angesagtes Erkennungszeichen, das Rücksichtslosigkeit und den Verlust jedes Fingerspitzengefühls demonstrieren soll. Die Ursachen sind noch weitgehend unerforscht; erste klinische Studien belegen jedoch: Wenn Politiker merken, daß ihre Finger die Welt nicht mehr im Griff haben, machen sie in Autokannibalismus, beißen die Hand, die sie füttert.

Der kleine Witz für zwischendurch (2)

Ein Abend mit mehreren Symbolen — W. Moers

1. Gestern kam mich abends nach langer Zeit ⚤ nochmal besuchen...

⚤!
Du altes Arschloch! Läßt dich auch nochmal blicken!!
Moers! You crazy motherfucker!!

2. Er hatte eine Flasche Chantre mitgebracht.

Oh! Chantre! You know what good is!
Six years old!

3. Wir plauderten ein bißchen, so von Ausnahmekünstler zu Ausnahmekünstler.

My last record didn't very well at the HITPARADE...
Bah! Mei comics don't sell ferry well tu! It's the fuckin' fäns! Sey don't know se pläschörs of BLINDER GEHORSAM änymore!

4. Irgendwann kamen wir dann auf sein Lieblingsthema...

Michael Jackson!! He don't know shit!!
He puts his finger in the assholes of little boys, and when they YODEL, he thinks it's Soulmusic!

5. Einige Chantres später:

...and what's all the fuzz about the fuckin' FUGEES?! I don't get it!! And I don't give a shit about the WU-TANG-CLAN either! I did this stuff, when I pissed in my PAMPERS©! Maybe they are big in SPEX, but...

6. Schließlich hatte ich es dicke...

You know, vhot yur problemm iss? It's yur Scheiß-Symbol!! It lucks als wäre es für einen Esoterikbuchladen gemacht, der nebenbei Speere und Trompeten verkauft! You schult damp this shit and mek samm gutt MUSIK ägän!

7. Da war er natürlich beleidigt. Man erkennt das bei ihm daran, daß er die Lippen aufeinander preßt, wodurch sie ganz schmal werden, was ich bei Negern immer irgendwie unheimlich finde.

8. Dann mußte er kotzen, wie üblich.

Ööörr...

9. In dem Moment klingelte es wieder an der Tür. Es war **Adolf Hitler**!

Sieg Heil!!
Adolf! Alte Nazi-Sau!! Wo hast **du** denn die ganze Zeit gesteckt..!?

Kriegserlebnisse großer Schreiber

**Wir alle kennen Ernst Jüngers Stahlgewitter, Peter Scholl-Latours Reisfeldbücher über die Indochinakriege, Peter Handkes flammende Haßreden gegen die Serben, Konsaliks Arzt von Stalingrad oder dieses schöne Buch über die Biene Maja von Waldemar Bonsels, die eine Stelle, wo sich die Ameisen streiten.
Das alles hat jeder schon in der Grundschule gelesen.
Weniger bekannt, da oft über das vielschichtige Werk dieser Autorinnen und Autoren verstreut, sind die Kriegserlebnisse jener Autoren, die nicht ausschließlich als Kriegshetzer und -treiber bekannt sind. Obwohl sie es nicht besser verdient hätten.
Lesen Sie selbst!**

Enid Blyton

Hanni lachte keck:

»Dann wissen wir ja, was wir morgen früh vorhaben!«

»Kissenschlacht!« lachten die anderen durcheinander. Doris und Petra schliefen sofort fest. Hella kroch in ihrem ganzen Aufzug unter die Decke.

Als es Morgen wurde, verwirklichten die fünf, die von der Sache wußten, ihren Plan: Gegen halb neun, als die Wecker unter ihren Kopfkissen geklingelt hatten, schlichen sie aus ihren Zimmern und bezogen ihre Posten. Im oberen Flur standen in einem Versteck Hanni und Nanni und warteten auf die beiden Mädchen aus der ersten Klasse. Doris und Petra schlichen die Treppe hinunter und warteten in einem Gang nahe dem Turmzimmer. Hella hatte sich in der Besenkammer versteckt.

Pünktlich um neun erschien die erste: Anna.

Hanni und Nanni sprangen die Treppe runter und warfen jede ein Kissen nach dem Mädchen, aber die warf sich in eine Nische beim Kleiderschrank, entsicherte ihre Remington-MK1, tauchte kurz aus der Deckung auf und schoß Nanni die rechte Gesichtshälfte weg.

Nanni taumelte, flog durch die große Frontscheibe und schlug mit einem ekelerregenden Klatschgeräusch unten auf der Zufahrtsstraße auf. Hanni rief die Parole, die anderen sprangen mit in Anschlag gebrachten Uzis aus ihren Verstecken. Da tauchte eine zweite Erstklässlerin auf. Es war Sabine. Sie stand in der Tür des Nähzimmers und hatte einen Raketenwerfer geschultert. Von oben drang empört die Stimme der Direktorin:

»Was treibt ihr Mädchen nun schon wieder?« (…)

Aus: »Hanni und Nanni, die Vergelterinnen«

Helmut Markwort

Wir bei *Focus* waren entschlossen, nicht nachzugeben.

Kurden hatten unser Redaktionsbüro gestürmt, Kurden hatten Parolen gebrüllt, Computer umgeschmissen, Redakteurinnen vergewaltigt und stranguliert und meine unehelichen Kinder umgebracht, alle sieben Stück, aber wir blieben bei unserer kritischen Berichterstattung über die PKK. Dann aber geschahen zwei Dinge, die mich nachdenklich machten: zunächst der Hungerstreik in türkischen Gefängnissen.

Das konnte ich nachfühlen: Nichts essen, das muß furchtbar sein. Warum nehmen diese Menschen das freiwillig auf sich?

Gleichzeitig fehlte im Redaktionskühlschrank immer häufiger mein Vienetta-Knuspereis. Als solider Rechercheur hatte ich innerhalb von drei Tagen raus, wer der Spitzbube war: Es handelte sich um Ozman Ezgün, einen von *Focus* besoldeten Spitzel der türkischen Regierung, der uns mit Hetzberichten über die PKK versorgt hatte.

Da begann ich, den Kampf des kurdischen Volkes mit anderen Augen zu sehen.

Es ist doch so: Das Blut, das das kurdische Volk hat vergießen müssen im Kampf gegen die Okkupation, Ausplünderung und den Kolonialismus der sklavenhalterischen, feudalen und kapitalistischen Gesellschaften …

Aus: »Mein Kriegsfaktentagebuch«

Gerhard Zwerenz

… in den Arsch gebrunzt. Unter lautem Furzen ejakulierte der stoppelbärtige, übelriechende, aufgequollene Balg von einem Unteroffizier zwischen die rissigen Lippen der verhurten, verschmorten, verschmutzten und verwutzten Wurst vom Wix mit Schwanz, was am Sack vom wo die Pimmel wer sich Vorhaut eines andern kann ich Kitzler kommich schneller von …

Aus: »Das Eichelbuch des Parisers«

Heike Makatsch

Zwei Minuten bevor wir auf Sendung gehen, ist immer voll der Krieg hier. Also find ich mein Lippenstift nicht, wo so nach FANTA MANGO schmeckt der eine, wo der Nils mir geschenkt hat, und dann die vielen Lichter von der Kamera, wo ich jetzt hingucken soll praktisch keine Ahnung! Böh! Dann kommt noch der Sendeleiter und drückt mir echt noch voll das Buch inne Hand, wo ich jetz vorstellen soll in der Sendung gleich, so »Sprache und Welterschließung. Zur linguistischen Wende der Hermeneutik Heideggers« von sonne Cristina Lafont, kennich nich, habich voll die Panik gekriegt, wie rum soll ich das halten, son Buch, du, ich dachte, ich mach mir ins Hemd, da war das erster April, da haben die gedacht, die doofe Heike jagen wer jetzt nen Schrecken ein! Böh! War ich voll fettich danach, hab ich das Video gar nich ansagen können richtig! Böh!

Aus: »Böh! Oder: Ich bei der Vivakacke«

Ephraim Kishon

Also sagte Jossele: »Ich habe eine Idee.« Wir anderen lauschten gespannt.

»Wie wäre es, wenn wir den deutschen Touristen, die jedes Jahr nach Israel kommen, um zu sehen, ob es noch steht, eine Tour durch ein ›Kriegsmuseum‹ bezahlen? Das Martialische zieht die Deutschen an, und wenn wir es etwas amerikanischer aufziehen, mit Schützengräben und …«

»Jossele«, mischte ich mich ein, »Jossele, das ist gut! Und dann machen wir eine Lotterie: eine Auschwitz-Lotterie für Sühnebegeisterte! Jeder Deutsche kriegt am Eingang ein Los. Jeder zehnte hat eins, auf dem ›Duschen‹ steht. Als Moderator nehmen wir Rafi, und die beste Ehefrau von allen sortiert den Schmuck. Das macht sie sowieso immer. Der Clou ist, daß der mit dem ›Duschen‹-Los tatsächlich vergast wird, in einem verglasten Raum, damit die anderen zuschauen können! Schlange werden sie stehen!«

Das leuchtete uns beiden ein, während wir am Ilja-Rogoff-Boulevard saßen und langsam die Sonne hinter unseren Golan-Höhen …

Aus: »Laß das, Barrabas, ich haß das!«

Roger Willemsen

Jedes Gespräch zwischen zwei Personen, deren eine so gut ihre Agenda hat wie die andere, ist wie ein Zweikampf, ein Nahkampf möchte ich meinen, bei dem auch ein Gran Erotik, meist in fragilen Spuren nur, mitwebt und -duftet, insbesondere wenn ich eine Frau interviewen soll, so eine richtige Frau mit Nippeln, und wir verstehen uns, potztausend! Als darum Yoko Ono in meiner subtilen und nachgerade eigentlich auch sublimen Schau »Willemsens Woche« zu Gast war, kriegte ich schon ein bißchen (so to speak) feuchte Hände.

Und dann diese Gemeinheiten der Simultanübersetzerin! Als ich von Hiroshima sprach und davon, was das für die fragile Frau des gemeuchelten John Lennon bedeutet haben mag, dieses Trauma des, ja, doch, man kann sagen: des Krieges, da redete mir der Knopf in meinem Ohr fortwährend Freches ein – das ZDF hatte sich verschworen: Was immer auch Frau Ono sagte, bei mir kam es an als: »Mayday, Mayday, bitte melden! Alles roger, Roger?« Oder: »Wer ist beim Labern nicht mehr zu bremsen / das ist der Quastkopf Roger Willemsen.« Oder, am schlimmsten: »Ob Ono oder Bono, der Roger sülzt nur in mono«. Dieses barbarische Versmaß! Ein Ästhet von meinen Graden…

Aus: »Ob blond, ob braun…«

Alice Schwarzer

… hatte Bille ihre »Kriegsbemalung« schon aufgetragen, während Cora und ich noch versuchten, ihr klarzumachen, daß die sogenannten »Tarnfarben« 1.) einen Versuch des Patriarchats darstellten, auch uns zum Kämpfen entschlossene Frauen sozusagen »hintenrum« der Kosmetik-Industrie gefügig zu machen, 2.) an wehrlosen Aalen, Walen und Spinnen getestet worden waren, was wir als TierfreundInnen auf gar keinen Fall zulassen dürfen. Aber sie wollte nicht hören, und da gab Fanny von vorne das Signal.

Keine Zeit mehr für Ethikdebatten, ich riß die Türen des Kleinbusses auf, wir sprangen aus dem Fahrzeug und stürmten in Formation auf die feindliche Eingangstüre zu, die gerade erst von zwei Handlangern des Systems geöffnet wurde. Keine Sekunde zu früh, denn die andrängenden Minderprivilegierten und ausländischen Schwestern drohten, uns den Zugang zur Turnschuh- und Miederwarenabteilung zu verstopfen.

»Sommerschlußverkauf-auf-auf-auf!« hörte ich mich heiser den Kampfruf schreien, es war, als gehöre meine Stimme gar nicht mehr mir selbst, als …

Aus: »Arsch und Titten – Memoiren eines knackigen Filmsternchens«

Utta Danella

Der stattliche Leiter des Kriegspresseamtes beugte sich von hinten über seine Sekretärin und sah ihr über die Schulter, was sie da geschrieben hatte.

»Das ist aber kein Frontbericht!« hauchte er ihr heiser ins Ohr. Sie fuhr zusammen und wirbelte herum, ihre blonden Engelslocken flogen nur so.

»Ahem… äh... nein... das ist nur so ein privates… wissen Sie… ich schreibe ein Buch.«

Nachsichtig lächelnd nahm der Offizier den Bogen blütenweißen Papiers aus der Maschine und las vor. Sabine wurde rot, aber er tat es so, als beachte er es nicht.

»Der Friedenszustand unter Menschen, die nebeneinander leben, ist kein Naturzustand (status naturalis), der vielmehr ein Zustand des Krieges ist, d.i. wenngleich nicht immer ein Ausbruch der Feindseligkeiten, doch immerwährende Bedrohung mit denselben. Er muß also gestiftet werden, denn die Unterlassung der letzteren ist noch nicht Sicherheit dafür, und ohne daß sie einem Nachbar von dem andern geleistet wird (welches aber nur in einem gesetzlichen Zustande geschehen kann), kann jener diesen, welchen er dazu aufgefordert hat, als einen Feind behandeln.«

Er setzte das Papier ab. Tränen standen in seinen Augen.

»Das ist… so wunderschön… etwas so Liebliches… wie wird mir…«, und Sabine sank in seine Arme, und sie schleckten sich ab und …

Aus: »Kant und Küsse«

Diedrich Diederichsen

Derjenige, der das Feuer eröffnete, hatte ein Thompson-Maschinengewehr, die synkopischen Ratatats schnickten metallen durch den feuchtgrünen Urwald, als der Homie das Feuer tatsächlich erwiderte. Sofort wurde die Schießerei allgemein, und die Brothers im ersten Lastwagen, mit denen ich gestern abend noch über Henry Louis Gates und Gayatri Chakravorty Spivak diskutiert hatte und die durch diese Aktion eher erschreckt und überrascht als verwundet wurden, sprangen auf den Weg und verschwanden hinter dem Felsen, nachdem sie einen wertvollen Kämpfer der Gegenseite, den Späher der feindlichen Kolonne, der auf den Namen Thomas Gottschalk, »Tomasso«, hörte, getö-

tet hatten. Welcome to the Jungle! Abends, als sich der Soundclash verfisselt hatte, saß ich mit Che und Fidel in der Baracke und hörte mir auf Comandante Gurks altem Dual-Plattenspieler neue Jazzgrooves aus dem Mutterland des Imperialismus an, während ich als ehemaliger Hispanistikstudent natürlich keinerlei Probleme damit hatte, die ausgezeichneten Liner Notes von Nat Henthoff für Che ins Spanische zu übersetzen. Irgendwo bellte ein Rapper. (…)

Aus: »1500 Scharmützel«

Elisabeth Noelle-Neumann

Goebbels war mir sogleich suspekt. »Wollt Ihr den totalen Krieg?« – eine derartige Frage, mit ihrer völlig fehlenden Trennschärfe, wäre keinem seriösen Meinungsforscher eingefallen. Eine Schande für die Demoskopie! In Wahrheit wollen auch in den mordlüsternsten Phasen nie mehr als 87% eines gegebenen Samples einer gegebenen Bevölkerung mehr als 65% Krieg. Von »total« kann also schon mal gar keine Rede sein. Wenn man diese Zahlen nun weiter aufschlüsselt …

Aus: »Herr Ober, Zahlen!«

Konrad Lorenz

Überhaupt hatten wir viel Spaß mit den Viechern. Als John Lilly, der Typ, der den Delphinen das Sprechen beibringen wollte (sie konnten schon »Fuck off!« und »More Beer!« pfeifen), mich im Sommer 1981 auf meiner Graugansfarm für angewandte Verhaltensforschung besuchte, hatte Grzimek die Idee, die Schlacht von Verdun nachzuspielen. Sielmann zog mich auf mit »Jetzt kannst du zeigen, wie gut du die Biester dressiert hast!«

Also bildeten wir zwei Parteien, die Männchen waren die »Deutschen«, die Weibchen die »Franzosen«. Damit es auch was zu lachen gab, banden wir jeder fünften Gans eine scharfe Gasgranate um. Auf Sielmanns Signalschuß hin ging's los, daß die Fetzen (und die Federn) nur so flogen. Es war ein Bild des Grauens. Dennoch war es interessant zu beobachten, daß die abgefetzten Gliedmaßen der Weibchen im Gegensatz zu denen der Männchen wesentlich weiter …

Aus: » Mein Gänsegulag«

Adolf Hitler

Kriegserlebnisse im engeren Sinne hatte ich nur im Ersten Weltkrieg. Damals stand ich meinen Mann. Im Zweiten war ich mit Schreibarbeiten betraut und mußte meinen minderjährigen Hund versorgen, kam auch wegen eines Kreuzleidens nicht als Rekrut in Frage.

Aus: »Bewerbungsschreiben als Buchhalter VW-Niederlassung Brasilien, 1956«

Oliver Maria Schmitt

Vier Jahre für Steini

Ein vergeblicher Versuch

Süddeutsche Zeitung Nr. 36 / Seite 9

STILKRITIK
Frank-~~Walter~~ Steinmeier

Foto: ddp

Es hat auch in dieser Zeitung schon gestanden: Der Wahlkampf hat begonnen. Jetzt geht es um Profilierung. Tja, leicht gesagt, erwidert da einer wie der Kanzlerkandidat der SPD. Schon aus Zeitgründen. Die halbe Zeit ist er in der Fremde unterwegs, weil er auch Außenminister ist. Die andere Hälfte der Zeit ist er auch in der Fremde unterwegs, weil er sich dann in der SPD bewegen muss. Und da profilieren sich für gewöhnlich alle anderen, nur nicht der Kanzlerkandidat.

Soll sich daran etwas ändern, braucht es einfache, klare und kurze Botschaften, die den Kandidaten vom politischen Gegner abgrenzen. Und wie jetzt die Union ei-ner abgrenzen. ... für den Wirtschaftsminis-

---

Dabei war das heute noch ein ziemlich normaler Tag. Klar, seit der offiziellen SPD-Verlautbarung, mit »Außenminister Frank Steinmeier« als Kanzlerkandidat in den Wahlkampf zu gehen, hatte es durchaus auch mal ruhige Wochenenden gegeben. Da mußte er nur drei-, vier-, höchstens fünfmal die Versionsänderungen rückgängig machen. Doch waren da auch diese anderen Tage. Diese verfluchten Tage, da er, Frank-Walter Steinmeier, das Gefühl hatte, allein gegen die ganze sinnlos hackende Welt anzukämpfen. Tage, an denen die Versionsgeschichte einhundertvierundsechzig Hin- und Herbenennungen verzeichnete. Tage waren das, da wußte Walter-Frank Steineimer am Ende selber nicht mehr, wie er hieß.

Dabei war er sich mit seiner Partei doch ausnahmsweise mal einig: Daß ein Kanzlerkandidat namens Frank-Walter niemals die Wahl gewinnen konnte. Schon die Bindestrich-Diskussion war tödlich gewesen. Damals, als er sein Amt antrat. Als er noch der unbekannte Neue aus den Tiefen des Kanzleramtsgetriebes war. Da kamen die immer mit ihren Scheiß-Bindestrich-Fragen.

Nein, ein kurzer, entschlossener »Frank« klang einfach »lebenspraktischer«, wie Hubsi Heil das ausgedrückt hatte. Mit einem uncoolen Doppelnamen war absolut kein Blumentopf zu gewinnen, das hatte Thorsten Schäfer-Gümbel beim Kampf gegen den kurzen, prägnanten Koch in Hessen ja eindrucksvoll vorgeführt. Und das konnte ja nur, sinnierte Steinmeier, an Schäfer-Gümbels Namen gelegen haben – und nicht an seinem guten Aussehen, das er ja hatte, oder an den fehlenden Inhalten, die er gleichfalls hatte.

Nein, das war mittlerweile anerkannte Parteilinie: Erfolgreiche SPD-Namen mußten kurz und bündig sein. Genau. Das hatte die Geschichte bewiesen: Gerd statt Gerhard Schröder. Willy statt Herbert Frahm. Münte statt Fering. Und Ziege statt Scharping. Punkt. So war das eben. Bill Clinton hieß ja auch in Wirklichkeit ganz anders, nämlich William Jefferson Clinton, und jetzt hieß er sogar *wieder* anders, nämlich Hillary.

Ja, Hillary. Die hatte es gleich begriffen. Bereits beim ersten Klinkenputzen drüben in Washington hatte er ihr seine neue Visitenkarte überreicht, und sie hatte gelächelt und gesagt: »Thank you, Frank.« Nicht so wie Condoleezza Rice, die ihn immer so saudoof »Fränk-Woltah« genannt hatte.

Erschöpft ließ sich Frank-Walter Steinmeier nach hinten fallen. Die Wippmechanik seines Bürosessels nahm Spannkraft auf. Der Außenminister wischte sich den Schweiß von der Stirn. Lange würde er das nicht mehr durchhalten. Nervös zitterte der Mauszeiger über den Bildschirm. Steinmeier hatte den »Seite speichern«-Button längst gedrückt und wartete nun darauf, daß sein Wikipedia-Eintrag endlich die ersehnte Änderung zeigte. Es dauerte. Das massige Ministerkreuz massierte die Mesh-Bespannung der Rückenlehne, wieder wippte er vor und zurück. Warum dauerte es diesmal so lange? Hatte man ihn etwa gesperrt? Das wäre ja eine Katastrophe, dachte er, wenn er nicht mehr … – doch plötzlich wurde der geänderte Eintrag sichtbar. Der Lexikonartikel hieß jetzt wieder »Frank Steinmeier, deutscher Außenminister«.

So, wie er, Frank-Walter Steinmeier, das haben wollte.

Irgendwelche Arschgeigen hatten sich inzwischen einen kranken Spaß daraus gemacht, seinen, Steinmeiers, Lexikonartikel immer wieder auf die vorherige Version »Frank-Walter Steinmeier« zu setzen. Obwohl er doch jetzt offiziell anders hieß! Und er, der ohnehin schon äußerst vielbeschäftigte deutsche Außenminister, mußte sich darum dann auch noch kümmern. Und abermals und erneut die aktuelle »Frank«-Version aktivieren. So wie gerade eben. War schon das elfte Mal heute. Als wenn er nichts Besseres zu tun hätte.

> **Erfolgreiche SPD-Namen mußten kurz und bündig sein.**

NAMENSKÜRZUNG

(37)

CDU nimmt "Frank Steinmeier" aufs Korn

14. Februar 2009, 19:41 Uhr

Die CDU hat mit einem Video ihren Wahlkampf gegen SPD-Kanzlerkandidat Frank-Walter Steinmeier eröffnet. In dem Kurzfilm machen sich die Christdemokraten über die von Medien kolportierten Versuche der SPD lustig, ihrem Spitzenkandidaten den "Walter" im Namen zu streichen. Das Wahlkampfmotto der CDU passt dann auch noch gut dazu.

„Seine Berater wollen, dass er nur noch Frank heißt", heißt es in dem Video⊿, grafisch bricht der „Walter" aus der Mitte des Namens heraus. Die CDU leitet dann geschickt auf ein eigenes Wahlkampfmotto über: „Ohne Mitte fehlt Dir was".

Fertig

Der SPD-Mann grübelte. Diese schwachsinnigen Doppelnamen, wer hatte eigentlich damit angefangen? Es war doch schon Strafe genug, Hans oder Jürgen zu heißen, oder Karl oder Heinz oder Kurt – was sollte denn da schon besser werden, wenn man einen Hans-Jürgen draus machte? Einen Karl-Heinz, gar einen Heinz-Kurt? Dieser fränkische Karrierist, dieser zu Guttenberg, der würde schon noch sehen, was er von seinem Karl-Theodor hatte. Der blickte ja nicht mal mehr selber durch, ob er nun Wilhelm hieß oder nur Karl-Theobald Friedrich Heinzbert Adolf Nicodemus Sylvester Fasching Ostern zu Guttenberg Leipzig Dresden bitte umsteigen. Dieser Angeber.

Noch lächerlicher waren freilich nur die Verschleierer, die aus dem namentlichen Elend eine irgendwie burschikos klingen sollende, aber dann doch nur erbärmlich klingende Kontraktionsversion zusammenklempnerten und dann als »Hajo« oder »Kajo« durch die Welt gingen, als »Hape« oder »Franjo«. Wie scheiße war das denn!

Das war mit Frank und Walter zum Glück nicht zu machen, nein, niemals. Obwohl – Steinmeier stockte für eine Sekunde der Atem – Franter? Frank + Walter = Franter? Haltstopp, quatsch: Müßte es nicht richtiger Frater heißen? Frater Steinmeier? Klang doch gar nicht so schlecht! Frater! Bruder Steinmeier. Aber das wäre jetzt, da er schon auf Frank umgeschwenkt hatte, nicht mehr durchsetzbar. Nicht in dieser Wahlperiode.

Oder doch vielleicht besser mit Mittelinitial? Frank W. Steinmeier? Hmm. Würde ihm drüben in den Staaten bestimmt Respekt verschaffen. Aber nee, lieber nicht, das erinnerte zu sehr an Jürgen W. Möllemann und dessen unschönen und so plötzlich zu Ende gekommenen Fall.

Steini? Jaa, Steini! Würde er sich als Steini nicht sogar noch viel besser von seinen Kollegen Peer Steinbrück und freilich auch Erika Steinbach abheben? Von Steinbrück, diesem ewig rechthaberischen Korinthenkacker, der doch eh kein Geld mehr im Sack hatte? Und der Steinbach, dieser dämlichen Vertriebenenkuh? Neulich war er, Steinmeier, in Polen doch allen Ernstes mit Vorwürfen überschüttet worden, weil die Polacken geglaubt hatten, er, Steinbrück, sei Steinbachs Ehemann, quatsch: Steinmeiers Mann. Was? Bach oder Brück? Wie jetzt?

Der Außenminister begann zu zittern. Er spürte regelrecht, wie die Identitätskrise wieder in ihm hochkroch. Neulich hatte er sich im Plenarsaal sogar aus Versehen auf Steinbrücks Platz gesetzt. Und das hatte nicht mal jemand bemerkt. Also doch Steini? Der Kumpeltyp von nebenan? Obwohl, quatsch, das war ja viel zu gefährlich! »Steini« – so hieß doch dieser Kampfzoni, dieser Erfurter! Genau, so nannten dessen Klassenkameraden, als sie noch lebten, den Schulmassakermacher Robert Steinhäuser. Verdammt, es war ja regelrecht zum Davonlaufen, zum Steinierweichen.

»Hape« oder »Franjo«: Wie scheiße war der denn!

Nein, Frank Steinmeier, diese neue Identität war wahrscheinlich schon perfekt. Er fühlte sich damit auch sicherer. Falls dieser Terrorist Kurnaz, den er, Steinmeier, damals eigens nach Guantánamo hatte schaffen lassen und der jetzt leider wieder frei rumlief, falls der mit ihm, Steinmeier, eine Rechnung begleichen wollte, dann würde der ihn unter der neuen Identität Frank viel schwerer finden und verhauen können.

Irgendwie war es heiß hier im Büro, obwohl der Thermostat auf 19 Grad eingestellt war. Der Mann, der früher Frank-Walter hieß, wrang erneut das Schweißtuch über dem Papierkorb aus und kontrollierte erneut den Wikipedia-Eintrag. Er drückte den Refresh-Button seines Browsers, aber nichts geschah. Hing wohl schon wieder, das Scheißteil.

Mit zitternder Hand holte er die Namensliste aus der Schublade. Da stand es schwarz auf Schweiß. Als Kanzlerkandidat Steinmeier war er im Herbst doch schon rein rechnerisch an der Reihe: Adenauer, Erhard, Kiesinger, Brandt, Schmidt, Kohl, Schröder, Merkel – das waren drei -er-Namen gegen fünf ohne -er. Da war Steinmeier jetzt einfach am dransten. Die Statistik irrt nicht.

Oder doch? Plötzlich fiel Steinmeier nicht mehr ein, warum die SPD überhaupt einen eigenen Kanzlerkandidaten aufstellte. Wozu eigentlich? Brauchte man so was noch als Splitterpartei?

Der Außenminister nahm ein neues Blatt Papier und übte noch einmal seine Unterschrift. Es war gar nicht so einfach, den angewachsenen Walter einfach wegzulassen. Immer wieder schlüpfte er wie ein böses Springteufelchen zwischen Frank und Steinmeier hervor. Er klemmte den Stift fester zwischen die Finger. Die Zunge zwischen die Lippen. Setzte erneut an. Frankwaltersteinmeier. In einem Wort? So'n bißchen labelartig? Hm. Oder ganz anders? Er schrieb jetzt, einer plötzlichen Eingebung folgend, nur noch Versalien: TAFKAS? The Außenminister formerly known as Steinmeier? War das nicht viel besser? Viel internationaler, viel jünger? War das nicht – –

– sein Atem stockte. Plötzlich hatte sich der Bildschirm verändert, die Wikipedia-Seite sah plötzlich ganz anders aus. »Frank-Walter Steinmeier«, las er da und keuchte. »Deutscher Außenminister, geboren in Detmold. Nach einem vergeblichen Versuch, sich in Frank Steinmeier umzubenennen, jetzt wieder Frank-Walter. Diese Seite ist ab sofort gesperrt und kann nur noch durch Administrator geändert werden.«

TAFKAS schluckte. Fuhr den Arm aus, goß weinend die noch halbvolle Kaffeetasse in den Lüftungsschlitz seines Computers, knüllte die Namensliste zusammen und bestellte sich beim Fraktionspizzadienst eine Quattro Stagioni auf den Namen Erika Steinbrück.

□

BENEFIZ-REISE

Vom Lagerfeld ins Elend

Ihren ersten Auftritt als Sonderbotschafterin des Kinderhilfswerks UNICEF absolvierte Claudia Schiffer, 29, mit Bravour: Im Armenhaus Bangladesh drehte sie kindergelähmten Waisen einen aufblasbaren Laufsteg an, wurde von einem blinden siamesischen Vierling mit Naomi Campbell verwechselt – und war trotzdem beeindruckt, mit welch falschem Lächeln sie diesen Menschen Lebewohl sagte.

scamp

V.l.n.r.:
Andrha Pradesch, Naga Pandschab, Bihar Dschammu, Haryana Kowalski, Orissa Maisur, Claudia Schiffer, Nadu Tamil, Uttar Radschasthan, Kerala Madhya

Titanic

Eigener Bericht.

Bangladesh. Das ärmste Land der Welt. Und das gebeuteltste. Im Süden überschwemmen Monsunregen, tropische Wirbelstürme und Schneeschmelze tagtäglich die Küstenregionen. Der Norden: Heimat der Heuschrecken und Vulkanausbrüche. Im Westen nisten Klapperschlangen und Sandfloh. Doch damit nicht genug. Erdbeben, Meteoriten und tödliche Dürre unterspülen erst Ende Juli das ICE-Netz des Ostens, und wer sich ins steppige Hochland begibt, sieht sich von den weißen Traumstränden des Golfs von Bengalen schnell meilenweit entfernt. Der Dax, Aktienindex von »Desh«, wie die Menschen ihre Heimat praktisch nie abkürzen, verlor kürzlich um ruinöse 34,7 Nemax – Biodata nicht mitgerechnet.

Reich ist sie. Und wunderschön. Wallendes blondes Haar, ebenmäßiges, offenes Gesicht, kleine Ohren, die Haut wie aus Wachs. Zwei Handys benutzt sie für berufliche Zwecke, die anderen vier sind privat. Nach der Trennung von Bizarr-Magier Copperfield war sie kurz wieder zu haben. Doch nun verlor sie ihr Herz an Bangladesh.

»Als UNICEF anrief, hab ich sofort clear, of every cause gesagt«, knabbert die 29jährige galant an ihrer Unterlippe. »Nej tak, well, ich liebe Bangladesh, liebe Australien. Hier gibt es viele barbarische Ureinwohner«, vertut sich die Beauty gewaltig und bestellt uns zwei Bacardi-Cola.

Uns – das sind Claudia Schiffer und ich. Seit sieben Stunden sitzen wir im Bahnhofscafé der bengalischen Hauptstadt Dhaka und impfen kleine Sorgenkinder. Die Geißeln haben Namen. Kinderlähmung, Streptokokken, Masern, dazu kommt der Hunger, später die fehlende Perspektive, Rechtsradikalität, Ausländerklatschen. Mit endloser Geduld warten dünne, buntgewandete Mütter, bis ihre Kinder an der Reihe sind. Unbarmherzig brennt uns die Äquatorsonne auf den Pelz. Claudia trägt einen sündteuren Otter in den Farben der Saison.

> »Komm schon, ich will euch beide nackt«

Sanftes Olivgrün, die rasierte Kragenpartie mondän abgesetzt. Darunter ein Bustier mit Lycra, seidige Jazzpants unter geschlitztem Bouclé-Rock, ein Push-up-BH aus reinster Pikee-Strukturwear, einen Mohair im China-Look, Strickjacke, Schal und Hut à la Raissa Gorbatschowa. »Vielleicht ein bißchen dicke für die Subtropen?« frage ich die ölende Diva und werfe ihr das nächste Kind zu.

»Und ob. Runter mit dem Hut. Puh!« zeigt sie trotz der vielen Spitzlaute zweiunddreißig weiße Zähne und betupft das schwärende Knie des Neugeborenen mit einem feuchten Bierdeckel. »Na kukkuck, wenn das keine eitrige Angina ist«, tröstet sie das Kleine liebevoll, »aber kein Problem. Huhu, gleich macht es pieks.« Ein kräftiger, blitzschneller Stich, und schon schreit der neue Erdenbürger zum Himmel.

Daß Claudia Spritze und Kajalstift verwechselt, bleibt aber heute die Ausnahme. Dabei ist sie sich ihrer Botschafterfunktion durchaus bewußt. »Viele dieser Kinder erhalten zeit ihres Lebens keine Ausbildung, kommen nie mit Kajal in Berührung«, sinniert die Kosmopolitin und zupft sich ein Haar aus der rechten Augenbraue. Dann wird sie plötzlich ernst: »Kennste den: Fragt mich ein Matrose, ob er bei mir anheuern kann. Ich: Bei mir anheuern? Er: Ja, du heißt doch Claudia. – Hahaha! – Moment. Er sagt: Du heißt doch Schiffer. Aber was haben wir denn hier? Gottogott. Reich' mir mal das Clearasil.«

Ihr Wunsch ist mir Befehl. Eifrig schrubbt das Model, aber zwecklos: Nahezu hundert Prozent der bengalesischen Kinder, so wird mir Clauia später diktieren, leiden unter unreiner Gesichtshaut, sind von den vielen Mitessern regelrecht braun. »Sorry«, sagt sie nun und pfeffert das Kind zurück in die Warteschlange, »krieg' ich nicht ab.« Verlegen lutscht sie stumm an ihrem linken Daumen, dann verliert sie für einen Augenblick die Contenance: »Bei dem hier find' ich irgendwie nix!« ruft sie beleidigt und hält einen Säug-

BENEFIZ-REISE

Die bengalischen Waisen haben's Claudia angetan: »Von wegen Waisen – das sind alles Analphabeten.«

ling gegen die Sonne. »Kuck du mal.«

Routiniert pflücke ich das Negerle aus der Luft, und als im nächsten Moment der Monsunregen einsetzt, mache ich's wie Claudia und lege mir als Schirm ein Sorgenbaby auf den Kopf. Meines fällt gleich wieder runter, ihres nicht. »Hey, bleibt so«, sage ich und ziehe eine Wegwerfkamera aus dem Rucksack. Es wird ein wunderschönes, ein hoffnungsvolles Bild. Am Himmel zwei majestätische Regenbögen vor pechschwarzen Wolken. Im Hintergrund die grauen Wellblechhütten von Dhaka. Und vor all dem der weiße Engel von Bangladesh: mit einem Lächeln wie vom andern Stern, einem Otterpelz wie aus der Waschmaschine und einem nackten Baby auf dem Kopf, dem der Wolkenbruch den kranken Blinddarm kühlt. Klick. Und schnell noch eine zweite Kamera. Klick.

»Jetzt zieh dich aus, Baby. Komm schon, ich will euch beide nackt«, poche ich plötzlich auf mein Recht als Profi-Fotograf, »und die Mütter da auch alle! Auszieh und dahinterstellen, komm schon, komm schon, ihr schafft es, okay?« Zum Glück versteht mich nicht mal Claudia, und auch meine Wegwerfkameras entpuppen sich als alle. Eine halbe Minute später ist die Regenzeit vorbei, erneut bricht katastrophale Dürre aus, ein verhungernder Zeitungsjunge kommt gekrabbelt und verteilt schreiend den neuen *Bangladesh-Boten*: »Seuchen nach Vulkanausbruch im Überschwemmungsgebiet! Claudia patschnaß in Dhaka! Weitere Aussichten: 24 Grad.«

»Eine nehm ich,« lächelt der Engel und wischt sich damit seine schlanken makellosen Arme trocken. »Ober, zwei neue Bacardi, aber schanell!« Schanell ist Claudias absolutes Lieblingswortspiel hier auf ihrer ersten großen Benefiz-Reise. »Ich muß mal schanell Handyfonitis«, sagt sie, wenn eines ihrer Mobiltelefone klingelt. Ist dann ihre Mutter dran, grüßt sie erfreut mit »Armami!« Immer öfter sagt sie neuerdings auch »Ich muß mal schanell 5-Minutenterrinen für Calvin Klein Mädchen« und muß im Grunde gar nicht wirklich, es ist einfach ihre große Liebe zu ungewöhnlichen Sprachkreationen.

»Huhu, gleich macht es pieks!«

Denn kreativ, das ist sie. Immer wieder greift sie zwischen all den Babyheilungen zu Pinsel und Aquarellkasten, bringt ihre Eindrücke und auch Impressionen auf die Leinwand. Hier eine Idee Gauguin, da eine Prise Baselitz, zum Schluß viel originäres Schiffer drüber, und schon machen kleine braune Strichmännchen mit dicken roten Lippen Kopfstand. »Rassistisch? Total«, sagt sie, »aber so sind sie halt.« Die Werke wird sie nach Abschluß der Reise versteigern, der Vertrag mit Sotheby's ist unter Dach und Fach.

*

Am schwersten fällt immer der Aufbruch. Wohl zehn- bis zwanzigtausend Mütter befinden sich noch in der Warteschlange, manche waren über ein Jahr unterwegs, um aus ihren Dörfern in den Bandarban-Bergen hier in die Hauptstadt zu gelangen. Aber wir müssen weiter. Die Ministerpräsidentin Scheich Hasina Wajed, so hören wir, erwartet uns zu einem haarigen Termin: Frau Scheich fühlt sich hoch scheinschwanger, bei der nun anstehenden Geburt soll UNICEF-Claudia Hebamme spielen.

Zum Glück erweisen sich unsere Informanten als gynäkologische Nullen. Grade mal im siebten Monat fühlt sich die Alleinherrscherin, ihre Einladung hat einen ganz anderen Grund: Von der Schönheit mit der schmalen Taille will Frau Wajed wissen, wie man ein Ultraschallgerät bedient. »Dann kann ich endlich kucken, ob's ein Junge wird. Andernfalls wird nämlich abgetrieben«, gerät die irre Diktatorin mit ihrem veralteten Islamo-Machismo aber bei Claudia an die Falsche! »Ich werde es Ihnen später zeigen. Jetzt bin ich müde«, haucht die Kinderaktivistin fast unhörbar, löst ihre goldenen Haare, schickt den Butler nach zwei Kimonos, und schon entschweben wir, gehüllt in Goldbrokat und feinste Seide, Richtung Palastspaßbad.

Hier dann das große Hallo! Denn wer trällert im Whirlpool und schneidet sich die Fingernägel? UNICEF-Vorjahressiegerin Naomi Campbell! Nach einem mehrtägigen World-Life-Found-Helping in Kaschmir, wo sie aussterbenden Hochlandziegen die Eier kraulte, hat sich die braune Branchen-Number-One für ein Wellness-Weekend in Bangla entschieden – und freut sich nun natürlich auf den Erfahrungsaustausch mit Claudia. Es wird ein langes Gespräch nicht zuletzt über verschiedene Formen der Bewußt- seinserweiterung. Denn während die Deutsche ihre Schützlinge kritisch abmalt, plant Prinzessin Naomi eine verstörende Wander-Videoinstallation: Konfrontiert mit über dreitausend Monitoren, die nach- denkliche Ziegenszenen zeigen, sollen zunächst die New Yorker ihr eigenes Ich in Frage stellen und dabei original Ziegenkot anfassen.

*

»Den will sie dann ebenfalls versteigern«, erzählt mir Claudia wenig später im Privatjet, »die macht mir eh alles nach. Aber auf den Kötteln wird die Schlampe sitzenbleiben.« Der Höhenmesser zeigt 30 000 Fuß, wir genießen den Komfort der Business-Class. Mit lang ausgestreckten Beinen lehnt Claudia im Ohrensessel, sie hält eine Zigarettenspitze in der Hand, lässig ruhen ihre Füße auf dem Rücken einer Stewardess. In zwei Stunden werden wir in Monaco landen. Die Tage in Bangladesh, sagt sie, haben ihr Leben verändert, ihm einen neuen Sinn verliehen, sie endgültig sensibel gemacht für Elend und Armut gerade von Kindern. »Keine zehn Pferde«, lächelt sie, »bringen mich noch mal in diesen Scheißhaufen«, und in diesem Moment wirkt alles glaubwürdig an ihr, alles echt. Es scheint, als wisse das wunderschöne Model endlich, welchen lohnenden Lebensweg es gehen will.

Thomas Gsella

Der kleine Witz für zwischendurch (3)

Die Nackten und die Doofen

Sowie ihre ganzen sonstigen Sünden

»Denn die Güte war im Lande
  wieder einmal schwächlich
Und die Bosheit nahm an Kräften
  wieder einmal zu«

(Brecht, Legende)

Von Eckhard Henscheid

Der forcierte Wahn hub an schon im ersten Jahr des neuen Jahrtausends, ab ca. Februar 2001. Ein Auszug:

»Sabrina Setlur – Wirbel um Nacktfotos« (22.2.); »Sabrina nackt und wild« (22.2.); »Tanja nackt auf dem Eis« (22.2.); »Auch Bohlens Neue nackt« (4.5.); »Schumis Cora im Nacktkalender« (7.5.); »Schumis Cora und der Krimi um die Nacktfotos« (7.5.); »Cora nackt an einem Waldbach« (8.5.); »Wirbel um Coras Nacktfotos« (11.5.); »Cora pur verzaubert Deutschland – nackt, ästhetisch, pur, erotisch« (8.5.); nebst Zusatzfrage: »Wie steckt Ralf das weg?« (indem er einen bei ihr wegsteckt?); sowie Diskussion: »Warum ziehen sich die Mädchen so gern aus?«

Alles balkenhoch in der *Bild*-Zeitung, z.T. in Kooperation mit *Playboy* und *Max*. Auch die *Süddeutsche Zeitung* zählte begeistert mit: nämlich allein zwischen dem 3. und 18. Mai allein neun Cora-bezügliche Headline-»Nackte«. Das Wort »nackt« muß, meist pur, hin und wieder garniert mit eher schwächlichen Girlanden wie »unglaublich sexy« oder »pure Erotik« und ähnlich kraftlosem Unfug, zuweilen verschärft zu »splitternackt« – die Imagination des Nackten, ja das nackte Wort »nackt« muß im aktuell tobenden »unermeßlichen Ozean der Preßkorruption« (Karl Kraus, 1928) spätestens mit dem Frühjahr 2001 eine gewaltige Faszinationskraft gewonnen bzw. wiedergewonnen haben.

Eigentlich recht verwunderlich, da weder der Fakt noch das Wort irgend verboten und somit den Reiz eines zumindest kleinen Tabubruchs hervorzukitzeln imstande wäre. Aber es könnte dies Nackte als Mythos ersehnendes »Zurück zur Natur« (Rousseau) und heraus aus der »verwalteten Welt« (Karl Korn) des immer noch und mitsamt seinen Gerätschaften ja erst recht »antiquierten Menschen« (Günther Anders) gleichwohl das unstillbare Elementarbedürfnis nach Tabubruch in eigentlich längst gänzlich »tabuloser« (Jenny Elvers) Zeit signalisieren, Tabubruch gewissermaßen in einem künstlich neugeschaffenen zweiten Taburaum – als dringliches Bedürfnis nach Vorschriftsverletzung, nach »Sünde«?

Genährt wird der Verdacht durch die Beobachtung einer zusammen mit dem an sich längst domestizierten Nackten gleichzeitigen heftigen Wiederkehr von »Sünde« und »sündig« und »Sünderin« in jedem dritten Schweinigelfilm und Buchtitel: Wo in den berühmten fünfziger Jahren »Die Sünderin« als Hildegard Knef wegen zweier Sekunden Tittenfreiheit immerhin folgenreich, nämlich famabildend einen Alois Hundhammer hinterm christlich-kultusministeriellen Ofen mit interessiertem Aufbellen hervorzulocken vermochte, da versucht sich damit und mit dem Mute der Verzweiflung auch 2001 noch der RTL-Spielfilm »Das sündige Mädchen« rund um das Leben und Treiben des sogenannten Pornostars Sibylle Rauch.

»Sünde« spielte auch im deutschen Kommentar-Echo der »unschicklichen« (non appropriate) Beziehung Clinton-Monica 1998 eine seltsam schillernd führende Rolle. Wo keiner mehr recht weiß, was »Sünde« eigentlich ist oder jedenfalls sein könnte. Der greise Papst hat es selber auch vergessen, aber zumindest in der katholi-

Sabrina nackt und wild.
kennt sie nicht mal Bor

schen Auslegung ist Sünde so etwas wie ein Vergehen wider den Heiligen Geist, gegen das Leben, ist Sünde etwas wie das falsche Leben im vermeintlich richtigen, ein überraschend adornonaher Begriff also! – und wo von dem begrifflichen Kontext aber keiner mehr viel Ahnung hat, da muß das Wort noch einmal und noch immer stramm herhalten: als eine Art Atavismus als Wunschbegehr, ausgerechnet das schlechte und überwundene Alte, ausgerechnet Muff und Moralismus wiederherzustellen: Was nicht mehr ist (und werweiß nie recht war, weil es sehr unklar bzw. lang schon entzaubert war), das soll halt trotzdem wieder sein und werden, weil sonst halt noch weniger auf der Welt wäre. Und los wäre.

Und eben darum wird auch das »Nackte« zum »Sündigen« abermals dringlich gebraucht. Nebst noch ganz anderen Atavismen und Vergessenheiten. Nicht allein im Uschi-Glas-Tewaag-Brezlfrau-Zusammenhang fiel auf und zur Last, wie da plötzlich gänzlich altmodische, fast schon exotisch anmutende Dinge wie »Treue«, »Frauenwürde«, »Sitte«, auch »Gewissen« und »Reue« wieder zum Einsatz gelangten, das ganze moralische Repertoire ausgerechnet aus dem Stinkemaul der auch noch diesen »Hirnfusel verkaufenden« (H. Balzac) Zeitungen, den schamlos für ein ebenso »schamloses Geschlecht« (Hölderlin) von Fuselsäufern zum beidseitigen Er-

götzen zusammengesudelten Dreck und Schleim – wiedererstanden, redivivi auch sie als schiere nichtsnutzige und aber eben deshalb schwerst notwendige Reiz- und Reibewörter.

Scheint »Sünde«, mehr als für die Cattolica, für die momentane Preßgaunerbande noch immer wie Überlebenswegzehr, mitgeschleppt auf Gedeih und Verderb werweiß noch weitere zweitausend Jahre, so ist ihr anschaulichster Ausdruck das mit ihr nahezu kongruente »Nackte«; als das zwar längst Eingebürgerte, das von irgendwelchen nimmermüden Kunstgeschichtsausstellungskitzeln bis zum nimmersatten *stern*-Titelquatsch eben immer noch ganz besonders Verbotene und Sündige. Im Frühjahr 2002 ging der mediale Unrat verschärft weiter – allerdings zunehmend mit einer recht neuen, überraschenden, ja genau-

genommen revolutionären Volte und Variante: Nackt? Die damit befaßten Frauen waren's zumeist gar nicht – um so prasselnder prangte gleichzeitig das einsilbige Aufweckwort! War z.B. »Lothars Neue« (Ulrike Klaeger) im *Playboy* und dann in der *Bunten* wenigstens noch wirklich und im althergebrachten Wortsinne einigermaßen »nackt« zu sehen und zu erspähen, so drehte nun die ganze Chose sich immer häufiger um genau 180 Grad:

Für das »Leserpack« (K. Kraus 1929) einer »Gesellschaft, die das begeifert und begrinst, was sie am liebsten tut« (ebd.) ward nun vom momentanen Machergesindel in offenbarer Verlängerung und Aktualisierung der Krausschen Presse- und Perversitätsdefinition ein Drittes zwischen Schau- und Entrüstungslust aufgeboten, offenkundig ziemlich gezielt und immer systematischer: die ankündigende Behauptung des »Nackten« bei gleichzeitiger visueller Vorenthaltung und Dementierung.

War schon 2001 bei Coras Kalender eigentlich ja fast »nichts zu sehen« gewesen, jedenfalls nichts »im emphatischen Sinne Nacktes sprich Pudelnacktes« (Alfred Edel), so manövrierte *Bild* im Fortgang nur noch immer avantgardistischer; und frecher:

»Neuer Nacktskandal«, titelte das Blatt am 18. 2. 2002 zum Auftritt des neuen Popluders Sarah Connor aus Delmenhorst bei Gottschalk – mit der damals noch fast neuen Pointe: daß der 21jährige »Shooting-Star« ja gerade *nicht* nackt gewesen war; sondern vielmehr »mit ihrem Nacktkleid schockte«. Weil's so gut ging, ließ *Bild* schon drei Tage später in der zügig angelaufenen Glas/Tewaag-Sache »böse« (!!) »Nacktfotos« von »Uschis Rivalin« von ihrem »Ex« verhökern – und selbstverständlich waren die Nacktfotos weder böse noch auch nur nackt: sondern Brezlverkäuferin Anke brillierte im feschen Infantil-Dirndl; bloß die häufig sogenannten Titten der Rivalin waren »entblößt« (Stoiber).

Bloß »gli angeli vanno nudi« (La Bohème, 2. Akt), hier steckt das Problem, das Dilemma. Menschen, wenn sie reizvoll sein, uns gar aufgeilen sollen, müssen sich irgendwann mal wieder was anziehen – und dabei freilich, und hier siedelt die Genietat von

Ex-Freund verkauft Nacktfotos
Böse Gerüchte

Freizügig im Thailand-Urlaub: Anke S. (30), die attraktive Rivalin

Bild – virtuell, verbal also, doch möglichst »nackt« verbleiben. Das ließen sich alle Beteiligten auch am 12.3. gesagt sein, als, in der Folge von Connors Sarah, man beim Grand Prix über »die Schönste im Po(p)himmel« des Landes die zugehörige Nation i.A. der *Bild*-Zeitung ausfernd spekulieren ließ, ob die Tante ein Höschen an oder, im Sinne ihrer »schweren Kindheit«, keins angehabt hatte. Unseres Erachtens: auch sie hatte.

Hatte *Bild* bereits am 12.2. es auch umgekehrt ausprobiert, ganz züchtig in brave himmelblaue Unterwäsche gekleidete Models als »halbnackte Mädels« überschriftlich emporzuwuchten, das zentrale Reizwort durch seine Demi-Version sogar noch schlüpfriger färbend, so ging man einen Tag nach Ostern den eingeschlagenen revolutionären Weg als Mainstream entschlossen weiter: »Britney Spears nackt erwischt« (2.4., S.1) – und natürlich war auch die wiederum überhaupt nicht nackt; sondern, wie unser Verdacht auf S.14 Gewißheit wurde, geradezu overdressed: denn dort waren zum Text »Pop-Prinzessin Britney Spears zeigt (ausnahmsweise) mal Popo« zwar gewaltig viele (vier) Prallärsche zu sehen; aber allesamt in irgendwas bunt Tangaartigem. Und Spears, wie ein anderes Foto zeigte, sogar in etwas besonders Züchtigem. Da vermochte auch die unentschlossene, ja wie verzweifelte Bildzeile von Katharina Wolf (Gottes Strafgericht möge sich den Namen dieser Räudigen vormerken) nichts dran zu ändern: »Oops! Wo ist denn bloß mein Bikini-Oberteil?« Denn nur das eben fehlte – und trotzdem war auch da nicht mal das kleinste nackte Wärzlein spähend zu ertrotzen.

Wohl spätestens als auch Reinh. Messner noch ein Buch über den Nanga Parbat des Titels »Der nackte Berg« veröffentlichte, spätestens da war die neue Wonnemondzeit des zumindest chimärisch allseits Nackten nicht länger zu leugnen – und da krieg-

te es denn auch Al. Schwarzer mit und laberte (ap 27.2.02) deshalb einen entsetzlichen Mindersinn über diese neue Nacktheit der Friesinger, Almsick u.v.a. zusammen; und die Männer waren, wie geahnt, wieder die Bösewichte: »Je stärker die Frauen werden, desto mehr versucht man (! – Anm. E.H.) sie bloßzustellen.« Und dies aber, fährt Schwarzer etwas verblüffend fort, sei ein Versuch (der Männer?), »sie verletzlicher zu machen«, denn: »Frauen sollen in Ruhe altern können.«

Genau. Ein neues Problem der noch durchdachteren Art erwittert aber gleichzeitig *Bild*; nämlich am 11.1. 2002 schon die befürchtbare Inflation des altneuen reaktivierten Schweinigelworts »nackt«; und frägt deshalb, dem zeitig entgegenwirkend, in der verschärften Variante: »Nanu, die Makatsch ganz nackig«; anknüpfend derart an Max Goldt, der das Nackte aus dem gleichen Grund, seiner neuerlichen Profanierung und Trivialisierung zu wehren, gern »nackend« nennt.

Insgesamt aber hat sich wohl die neue scheinparadoxale Richtung bewährt, ja etabliert: Frauen wieder tüchtig und sogar halbwegs züchtig anzuziehen – und sie (Goethes Idee der Steigerung durch Polarität) im gleichen Atemzug trotzdem »nackt« zu nennen. Und, es bleibt ja nicht bei *Bild*: »Nackt« betitelt die neue und scheinseriöse *NZZ-Sonntagszeitung* am 17.3. eine Klatschmeldung über die Bondgirl-Synchronschwimmerin Estella Warren – und muß im Fließtext sofort eingestehen, die Frau sei bloß »oben ohne« zu sehen gewesen.

Jedoch es geht auch noch anders. Und wieder andersrum. Denn umgekehrt räkelt sich neuerdings in Kaufhäusern eine andere Frau, das Protagonisten-Model für die aktuelle Falke-Damenunterwäsche, auf großen Reklame-Fototafeln; und die ist nun wirklich – splitternackt, ja splitterfasernackt.

Broov.

Mensch, Peter Maffay!

Da gaben Sie den Berliner Unterwäscheschnüfflern von der *B.Z.* ein Interview, in dem Sie sich auch nach Ihren Erfahrungen mit Groupies befragen ließen; indes: «One-Night-Stands waren nie mein Thema. Wenn ich in einer Beziehung steckte, dann war ich wirklich drin.» Was sicher nur ähnlich unglücklich formuliert ist wie die Überschrift des Gesprächs: «Die Lederjacke hat mich hart gemacht.» Denn das ist natürlich ganz anders gemeint und eine Antwort auf die Frage: «Sind Sie weicher geworden?», worauf Sie antworten: «Ich war schon die ganze Zeit weich. Diese harte Schale hat man mir nur angedichtet.» Und wissen Sie, Maffay, was: Daß bei Ihnen innen drin einiges ganz weich ist – das war uns eigentlich schon immer klar, Lederjacke hin oder her.

Hartschalig: Titanic

- ANZEIGE -

WUSSTEN SIE, warum Zombies nicht impotent werden – aber wir Menschen?

Dr. Dietmar Dath ist der Arzt und Zauberer, der den Durchbruch zur natürlichen Pimmelhärte mittels Relaxations-Oszillator zur Untertunnelung der Hysteresis-Schlaufe erreicht hat. Er ist Mitglied in der Académie Métatronique und im Iron-Maiden-Fanclub Schopfheim

Wußten Sie, daß…

- es zu spät ist, wenn er bei Millionen oder sogar Milliarden Männern nicht mehr steht?

- jeder zweite Mann eine Frau ist, hat oder hatte, aber dann wurde ihm er oder sie untreu, wegen des Schwellkörperabsturzes?

- die Innervation von RA durch HVC-Neuronen ein wichtiges Ereignis im Überlebenskampf der Nuklei des lebenden Toten darstellt und er deshalb die Nervenproteine von Lebendigen optimal in seinen Stoffwechsel reinkriegt, wenn und sofern er die guten, feinen, frischen Hirne frißt?

- die pharmazeutische Industrie schuld an den Juden ist?

- es überhaupt keinen Unterschied macht, wie der Zombie zustande kommt: ob durch Pfählen, Spießen, Hängen, Rösten, Hautabziehen, Zerstückeln – es KLAPPT IMMER!

- die pharmazeutische Industrie zusammen mit dem deutschen Presserat, der Katholischen Bischofskonferenz, dem Freundeskreis Roland Koch, sämtlichen lebenden, toten und untoten Herausgebern der *FAZ* und dem SEHR obskuren Verein Atlantikbrücke versucht zu vertuschen, daß Dr. Dath den Längsten hat, von dem die Drossel singt?

- die Europäische Kommission aus der Quantität eine Qualität zu machen bestrebt ist, aus der Heterogenität eine Homogenität, aus der Geschichte eine positive Wissenschaft, während die biokybernetische Erfassung des Sozialen eine treue strukturelle Reproduktion oder ideelle Widerspiegelung der höchst mobilen massendemokratischen Wirklichkeit bildet, in der Funktionen und nicht Substanzen wackeln?

- Sie weitere Informationen auf unserer Website finden?

Der in diesem Buch dokumentierte medizinische Durchbruch ist ein Hauptgrund für die Leute vom Buchladen Schwarze Risse in Berlin, nach 18.00 Uhr keine Kartenzahlung mehr zu akzeptieren.
978 Seiten, 65 Euro, ISBN 36-34443-23-1

Sie bekommen dieses Buch in Ihrer Buchhandlung. Oder bestellen Sie es beim Hard & Heavy Club Freiburg:
Romerostraße 66
79110 Freiburg
Fax: + 049 761 998867
e-mail: Schnarchmoese@wertgesetz.org

Dieses Buch…

- dokumentiert in allgemeinverständlicher Sprache die wissenschaftliche Entdeckung, welche die Ursachen von Penisproblemen möglicherweise mit den Verwünschungspraktiken der Bizango-Gesellschaften auf Haiti in so eine Art von Verbindung bringen könnte.

- liefert den Bauplan für die Matrize der Skizze einer vorläufigen Blaupause des Universums.

- erklärt, daß mangelnder Beischlaferfolg zwar zum Leben dazugehört, aber nicht zwangsläufig: Jeder ist seines Glückes Schmied, wie meine Oma sagte. Damals.

- ermutigt Sie, mit dem Fuß aufzustampfen und die Luft anzuhalten, wenn es mal nicht sofort nach Ihrem dicken Kopf geht.

Vor kurzem hielt Dr. Dath einen richtungsweisenden Vortrag im Burger King am Bahnhof Zoo. Er beantwortete dabei die wichtigsten noch unbegreiflichen Fragen der Sexologie unserer Zeit.

1. Wieso werden Zombies nie impotent – trotz mangelhafter Durchblutung?
Sex findet nicht im Pimmel, sondern im Hirn statt. Steroide beeinflussen unsere Pimmelwucht über Steroidrezeptoren, also ligandenabhängige Gentranskriptionsfaktoren, die Kaskadenaktivitäten im Hirn auslösen, ähnlich wie solche im Oviduct, in der Leber und am Arsch.

Mit jedem Grapschversuch wächst die liberale Somnolenz!

2. Wieso lieben mich nur häßliche, zänkische Zicken?
Die Frau ist ein autoregulatives Feedbackinstrument, dessen Dekadenz und Virulenz vor allem an den hysteretischen Eigenschaften der Proteinkonzentration als Funktion der Degradationsrate gemessen wird. Diese neumodischen Schnarchmösen, die immer in Clubs rumstehen, sind niemals das Richtige! Negative Regulation oder Repression hat vor allem mit der Blockade von Polymerasebindung in der Protomerregion zu tun. Ist sowieso verlaust, die Alte.

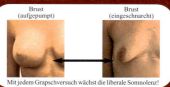

3. Impotenz natürlich aussaugen
In einer kritischen Studie konnte gezeigt werden, daß die Maple-Walnut-Donuts bei Dunkin Donuts in der Nähe des S- und U-Bahnhofs Friedrichstraße auch nicht leckerer sind als die Nougat-Donuts oder die Blueberry Muffins. Nach jedem Zungenkuß mit einem Rumänen sollte man sich die Zähne nicht nur putzen, sondern rausreißen und neue einpflanzen lassen.

Quelle: »Metabolic network voodoo augmenting phage repressor derivates pertaining to the ingestion of sweet sexy sugar shitstuff« Dr. D. Dath & Dr. M. Staudt, J. Theor. Biol. 44, 167 (1974)

Der Erlös aus dem Verkauf dieses Buches kommt dem Ankauf der vierten Staffel von »Angel« und der siebten von »Buffy, the Vampire Slayer« auf DVD zugute, also einer gemeinnützigen Initiative, die sich insbesondere für die fundierten Special Features und Extras interessiert.

Weitere Informationen: www.dr-dath-world-conquest.org

Schirrkopf

INTILLIGENZ

Mein Kopf kommt nicht mehr mit

Die elektronisch-digitale Revolution war ein Irrweg – findet Frank Schirrmacher, Zeitungsherausgeber, Computer-Atheist und leidenschaftlicher Buchaufklapper („Payback")

Ehrlich gesagt: ich habe aufgegeben. Irgendwann hat es „knacks" gemacht zwischen mir und meinem Computer, und ich blieb übrig, letzter Marokkaner im Jahre 2.0. Dabei war ich doch einmal überzeugter Digitalnutzer. Als nicht gerade unwichtigem Publizisten (FAZ, „Playback", diverse Internet-Foren) und leidenschaftlichem Alarmartikelschreiber war mir die hemmungslose E-Sucht Pflicht geworden: Mein Handy hatte stets die lautesten Tastentöne, jede Woche lud ich mir eine neue Rufnummer herunter, mein Blackberry konnte mir, trotz angeborener Wurstfinger, gar nicht klein genug sein – ich faxte, simste, twitterte und holte Soundbeats auf mein Apple-Grammophon, nächtelang.

Eine Zeitlang dachte ich, daß für einen routinierten Großuser wie mich sogar das rasende Internet zu langsam sei. Aber ich hatte den „Faktor Mensch" vergessen, genauer: den „Faktor Sekretärin", den „Faktor Frl. Annemarie". Eines Tages war sie erkrankt, Reizallergie, glaube ich, oder Krebs, und ich mußte meinen Artikel selbst ins Textverarbeitungsprogramm einspeisen. Gerade hatte ich Schriftgröße 48 eingestellt und tippte „Autor: Dr. Frank Schirrmacher" – da entrollte sich plötzlich eine rote Welle unter meinem Namen, und ein Informationskästchen ploppte auf: „Meinten Sie: Schirrspüler?" Das konnte doch nicht sein, stutzte ich – das eilige Internet *in personam*, es hinkt hinter der Entwicklung, hinkt hinter mir her? Kennt mich nicht? Liest meine Bücher nicht? Weiß nichts von meinem Eintrag in den „Gelben Seiten"? Es mag prominentere Zeitgenossen geben, die Rolling Stones oder Lady Dada, und vielleicht ist ein Mensch, der lesen und schreiben kann („Prayback. Warum wir im Informationszeitalter gezwungen sind zu tun, was wir nicht tun wollen, und lange Untertitel schreiben müssen, weil wir übersehen werden, wenn wir nicht soviel Informationen wie möglich auf kleinsten Raum pressen", Bastei Lübbe, 48 €), heute einfach zu altmodisch für das Internet. Die digitale Gesellschaft hatte mich hinterrücks überholt. Mit Lichthupe und ohne Blinken.

Seither blicke ich kritisch auf meine komplett durchtechnisierte Umwelt. Sind Blackberry, Pager und USB-Schlüsselanhänger vielleicht nur eitler Tand? Werde ich von ihnen nicht schleichend entmündigt? Fühle ich mich nicht manchmal wie ein hilfloses, fünfzigjähriges Baby, mit meinem Analog-Gehirn und meiner mammalen Fixierung? Durchschaue ich denn wenigstens die technischen Grundlagen meines BMW, weiß ich, wie ein Bürgersteig funktioniert?

Als ich mit einem Kollegen über mein Problem sprechen wollte, erntete ich ungeduldige Blicke, die immer wieder, wie magisch, zu seinem gläsernen Bildschirm schweiften; so, als ob dort etwas passierte, das wichtiger war als ich. Es schien, als schwemmte seine Datenautobahn sekündlich Informationen an, ohne die mein Kollege verdursten müßte. Oder lag es an mir? Erregte ich seine Ungeduld durch meine langsame Sprechweise und meine langsamen Gedanken?

Tausende Klicks per minute, fünftausend *page impressions* pro Sekunde, vier E-Mails am Tag, und dann auch noch die ganze dicke Zeitung mit dem Bleistift durcharbeiten – es ist unmöglich geworden, den Überblick zu bewahren. Wir sind Informationsüberladene, der Computer ist unser Kreuz, Google unser Golgatha. Der kleine Mauspfeil ist der römische Speer in unseren blutleeren Herzen.

Von allen Seiten werden wir mit Daten beschossen. Unsere Wahrnehmung ist

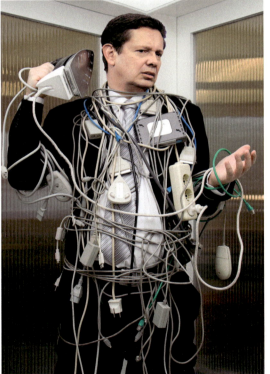

Dr. Frank Schirrmacher ist FAZ-Herausgeber

Unsere Gehirne sind schwerfällige Dampfmaschinen

Schirrkopf

umkämpftes Terrain geworden, 24 Stunden am Tag. Morgens schrillt der Handywecker, schickt Aufwach-Informationen in unsere Gehirne, lenkt uns vom Schlafen ab. Am Frühstückstisch buhlt der TV-Schirm mit dem Computermonitor und der Ehegattin schreiend um Aufmerksamkeit. Marmelade und Kochschinken starren uns konkurrierend entgegen: Nimm mich!, aber wir haben nur eine Toastscheibe. Jegliche Konzentration zerstiebt. Selbst jetzt, da ich diesen Text schreibe, peinigt mich die Ungeduld. Ich zähle die Absätze. Ich zittere vor Spannung, mein Mund ist trocken, ich giere nach Daten, will frische Informationen oder wenigstens selbst für neue, blutige Nachrichten sorgen.

Das Schlimmste: Unsere weggesendeten Info-Bytes verschwinden nicht einfach, wie früher, als die Brieftauben nach dem Lesen geschlachtet wurden. Nein, wir füttern mit unseren Informationen ein gewaltiges, gieriges synthetisches Zentralgehirn, irgendwo da drunten unter unserer Kontinentalplatte, das pulst und sich bläht und immer mehr will. Eine Information, einmal abgesondert, ist sofort vergessen, wie gelöscht aus meinem Gehirn. Irgendwo im Internet liegt sie, irgend jemand rezipiert sie – aber wer? Horst Köhler? Christine Kaufmann? Papst Benedetto? Und warum? Haben die so viel Zeit? Noch schlimmer: Eine Information, einmal abgesondert, ist sofort vergessen, wie gelöscht aus meinem Gehirn – sie muß komplett neu ausgedacht werden.

Evaluation täte not. In absoluter Gleichberechtigung bricht die Datenflut über uns herein. Wo die Zeitung noch für Gewichtung sorgte, durch größere Schlagzeilen, kleinere „Vermischte"-Meldungen oder sorgfältiges Totschweigen, da muß der moderne Medienkonsument selbst entscheiden, was wichtig ist und was nicht. Der seriöse *FAZ*-Redakteur und die Frau Keßler von *Bild*, sie haben heute die gleiche Macht über mich. Unwichtiger Promi-Klatsch erreicht mein Gehirn genauso schnell wie wichtiger Promi-Klatsch. Zum Glück kann ich mir beides nicht mehr merken.

Cybersex hat den Eros überflüssig gemacht

Die Lösung muß radikal sein. Es genügt nicht, den Stecker aus dem Laptop zu ziehen. Durch den Verlust des Wissensmonopols sind exklusive Informationen so kostbar geworden, daß unsere ureigenen Fertigkeiten nutzlos sind. Die Kunst, eine perfekte Tasse Mokka zuzubereiten, verschwindet ins Nichts, wenn meine Frau die Bedienungsanleitung für die Kaffeemaschine nicht herausrückt. Das Wissen um den letzten Urlaub verpufft, wenn der Dia-Projektor das Zeitliche segnet.

Die Wahrheit ist, daß sich die Menschheit nun auf ihre Stärken konzentrieren muß. Mit dem Computer können wir uns sowieso nicht messen; kein Mensch kann blitzschnell die Wurzel aus einer Million ausrechnen, im Dunkeln leuchten und sich von kleinen elektronischen Atomen ernähren. Aber Computer können nicht alles. Sie können beispielsweise keine Fehler machen. Um uns gegen die Digitalisierung zu wappnen, müssen wir – als Menschgesamtheit! – unsere Fehlerkompetenz vertiefen. Wir dürfen nicht aufhören, die falschen Frauen zu heiraten und versehentlich Trinkgeld zu geben. Wir müssen weiterhin „scheinbar" mit „anscheinend" verwechseln oder Buchverträge („Stayback") mit „Frank Schirrspüler" unterschreiben. Das macht uns menschlich. Denn aus unseren Fehlern erwächst unsere kreative Kraft. Es sind Menschen, die Lieder pfeifen, schlechte Bilder malen oder versehentlich Opern komponieren. Kein Computer-Algorithmus kann sich gute Buchtitel ausdenken („Bareback", „Zwieback"). Und kein Computer wird sie je lesen. Das müssen wir schon selbst tun. ◆

Michael Ziegelwagner

Currywurst „Knut"

Gala gibt es seit dem 14. April 1994, führt im Untertitel das Motto »Leute der Woche« und verkaufte sich vom Start weg Woche für Woche 260.000mal! Auf den ersten Ausgaben brüllten den Lesern noch häßliche gelbe Ecken mit roter Schrift: »Neu - Jetzt jede Woche 3 Mark« entgegen, aber daß die Zeitschrift seit einem Monat 3,50 Mark kostet, kann man nur dem geschmackvoll Kleingedruckten über dem Titelschriftzug entnehmen. Das ist sie aber auch wert, denn *Gala* präsentiert sich erstens durchgehend vierfarbig, zweitens durchgehend großformatig und drittens durchgehend auf ganz prächtigem Papier gedruckt. Man kann also problemlos eine *konkret* und ein *Spektrum der Wissenschaft* in *Gala* einwickeln. Natürlich sind das nur Äußerlichkeiten, und die wahre Absicht dieser kostbaren Aufmachung ist vor allem, Unbefugte von dem Blatt fernzuhalten! *Gala* eignet sich nämlich nicht für jeden und vor allem nicht für schmutzige alte Frauen, die ihre Hüte im Café aufbehalten. Die sollen ruhig ihre Sudelblätter kaufen, die man vor allem deshalb als Yellow-Press bezeichnet, weil sie aussehen wie auf Zahnbelag gedruckt - oder vielleicht sogar mit Zahnbelag! Nein, *Gala* will viel lieber Frauen wie Sie und mich ansprechen, so um die vierzig und wenn's geht sogar noch darunter. Vielleicht erinnert sich ja noch jemand daran, mit wieviel Häme der Start von *Gala* begleitet wurde, weil nämlich ausgerechnet die Boulevard-Expertin Beate Wedekind mit ihrem Konzept scheiterte. Häme ist aber gerade bei *Gala* vollkommen fehl am Platze, deshalb wird man Häme auch in *Gala* vergeblich suchen.

Gala-Berichterstattung ist immer fair, wohlwollend und positiv, sie enthält keine Spekulationen, Wertungen und erst recht keine Häme. Dort liest man Sätze wie: »Jessica Lange ist schön, reich, talentiert und berühmt, hat einen großartigen Mann und tolle Kinder...« oder »Er hat alles, wovon ein Mann träumen kann. Eine gefestigte Karriere als Sänger. Eine Villa in Florida. Zwei tolle Söhne. Und gleich zwei wunderbare Frauen, die für ihn durchs Feuer gehen. Doch Howard Carpendale, 48, will mehr vom Leben.« Und das sind nicht nur irgendwelche hohlen Phrasen, das ist das unschlagbare Konzept von *Gala*. Ein Blick ins Inhaltsverzeichnis offenbart noch eine weitere Besonderheit. Es gibt nur zwei Rubriken: »Leute« und »Service«. Wobei die »Leute« etwa 80% der redaktionellen Seiten füllen. Es geht also um »Leute«, »Menschen« oder, wie man in der »Leute«-Branche sagt, um »People«! Natürlich mag jetzt ein ganz, ganz kritischer Kopf einwenden, in *Gala* gehe es nur um die Reichen, Schönen und Erfolgreichen, um die, um die es sowieso überall geht. Von Pflegeversicherung, Harninkontinenz und Krampfadern ist dagegen nie die Rede. »Toll! Bruce Willis hat schon wieder ein stark nässendes Ekzem!« »Julia Roberts kann ihr Glück kaum fassen: Der eklige Mundgeruch ist wieder da!« Zugegeben, das sind wunderbare Schlagzeilen, aber wer derartiges von der *Gala*-Redaktion verlangt, denkt eindeutig zu kurz und übersieht vollkommen den aufklärerischen Impetus der *Gala*-Reportagen. Denn welche Daseinsberechtigung haben reiche, schöne und berühmte Menschen eigentlich?

Geht es ihnen wirklich besser, und verstehen sie tatsächlich angenehmer zu leben als die durchschnittlichen *Gala*-Leser? Die Antwort lautet natürlich: nein! Diese Menschen leben ihre ganze Jämmerlichkeit, ihre Charakterlosigkeit und ihren unsagbar schlechten Geschmack ganz einfach nur auf einer überhöhten Ebene aus und deshalb exemplarisch für die ganze Menschheit. Und wir dürfen ihnen bei ihren Lügen und Verstellungen zusehen, dank *Gala*.

Als Beweise für meine vielleicht etwas gewagt anmutende These kann ich Dutzende von »Homestories« anführen, die das Herzstück jeder *Gala*-Ausgabe bilden. Eine »Homestory« entsteht immer dann, wenn ein Journalist einen Prominenten zuhause besucht und ein Gespräch mit ihm führt inmitten von Sesseln, Teppichen und gerahmten Bildern. Vielleicht haben Sie sich auch schon einmal gefragt, wenn Sie an einem Geschäft mit sogenannten »Stil- oder Antikmöbeln« vorbeigegangen sind, we

So schreiben die anderen

Gala
Das neue Bild de

um Himmels willen eigentlich derartige Scheußlichkeiten kauft? Schlagen Sie irgendeine *Gala*-Ausgabe auf, und Sie kennen die Schuldigen. Sie heißen Horst Tappert, Bernd und Gabi Schuster oder auch Ruth Maria Kubitschek. Sie heißen aber auch Rod Stewart, Jerry Hall oder Salvatore Adamo. Nach dem Studium von 52 *Gala*-Heften habe ich tatsächlich nur zwei Inneneinrichtungen entdecken können, die halbwegs akzeptabel waren und so etwas wie Geschmack verrieten: nämlich die von Udo Kier und Sharon Stone. Die Lektüre von 52 *Gala*-Ausgaben lehrt allerdings, daß der gewöhnliche Prominente gerade auf die geschmacklosesten und widerwärtigsten Einrichtungsgegenstände besonders stolz ist und sich am liebsten auf, neben oder hinter diesen abbilden läßt. Die Achillesferse jedes Wohnzimmers ist ja bekanntlich die Sitzgruppe, insbesondere das Sofa, und da tun sich Abgründe auf. Sollte wirklich jemand der Ansicht sein, für Geld könne man alles kaufen, dann werfe er einen Blick in Horst Tapperts Haus in Norwegen (36/94) oder in Günter Stracks »rustikale Weinstube«(44/94). Zum Schreien auch das Wohnzimmer, das Gabi Schuster selbst »gemütlich eingerichtet hat«, oder das zweisitzige Ledermonster bei Hans-Jörg Felmy. Wenn man das Sofa von Reich-Ranicki gesehen hat, versteht man vielleicht, warum die deutsche Literaturkritik derartig auf den Hund gekommen ist.

Können ganz normale Prominente sich wirklich ganz alleine solche Greueltaten ausdenken? Gabi Schuster mit ziemlicher Sicherheit, und Ruth Maria Kubitschek, deren Sitzgruppe wie eine Blumenbank mit Rheumadeckenbezug aussieht, höchstwahrscheinlich auch. Die meisten werden dafür allerdings, weil sie einfach zuviel Geld und zuwenig Geschmack haben, die Hilfe von Innenarchitekten und Farbberatern in Anspruch nehmen. Doch da sind sie natürlich an genau die Richtigen geraten. Die Verbrechen dieser Berufsgruppe sind bisher noch viel zu milde bestraft worden, dagegen ist das Ausüben der Maklertätigkeit praktisch ein Kavaliersdelikt. Oder, um es mit Brecht zu sagen: »Was ist das Vermitteln einer Wohnung gegen die Einrichtung einer Wohnung?«

Die meisten Verbrechen können aufgeklärt, wahrscheinlich alle Kriege verhindert werden, wenn man rechtzeitig einen Blick auf das Mobiliar der entscheidenden Personen wirft. Ist beispielsweise irgendein Staatsanwalt auf die Idee gekommen, das Sofa von O.J. Simpson zu verhören? Hat sich die UNO jemals für den Couchtisch von Serbenführer Karadžić interessiert? Aus *Gala* weiß ich immerhin, daß Uno-Generalsekretär Buthros Buthros Gali arabische Tintenfässer aus dem 19. Jahrhundert sammelt (ziemlich scheußlich, sehen aus wie vergoldete »PEZ-Boxen«), morgens auf einem Laufband die Zeitung liest und dabei Batman-Videos guckt. Zu so einem Menschen kann man halbwegs Vertrauen haben.

Ich weiß aber auch aus *Gala*, wie armselig ein durchschnittliches Prominentenleben verläuft. Erst wird man aus irgendwelchen Gründen reich und berühmt, dann kauft man sich häßliche Möbel, sammelt Schachspiele oder läßt sich von einem Galeristen Bilder oder schlimmer noch »Objekte« von vielversprechenden Künstlern aufschwatzen, und irgendwann entdeckt man dann ein Talent wieder, das leider während des ganzen Karrieremachens viel zu kurz gekommen ist: die Malerei. Dazu wird man gerne noch esoterisch, buddhistisch und läßt sich das Gesäß liften. Das Thema Malerei können wir an dieser Stelle nicht vertiefen, aber ich kann Ihnen versichern, früher oder später malen sie alle: Dennis Hopper, Claus Hipp, Elke Sommer, Ruth-Maria Kubitschek, Adamo und Gene Hackman. Würden Picasso oder Chagall heute noch leben, müßten wir mit Sicherheit lesen, daß sie in ihrer Freizeit angefangen hätten zu malen, und daß private Sammler bis zu tausend Mark pro Bild dafür zahlen.

Vielleicht begreifen Sie jetzt, warum *Gala* so eine eminent wichtige Zeitschrift ist, die uns allen hilft, die Welt und vor allem das ganze Elend der Welt besser zu verstehen. Für nur 107,60 DM bekommen Sie ein Jahr lang jede Woche die Sitzgruppen ganz reicher und bedeutender Menschen zu sehen, und schon in kürzester Zeit wird Ihnen klar werden, daß es gar nicht mal so schlecht ist, sich mit Nils Gammelgaard und IKEA einzurichten. Vor allem können Sie schon mal überprüfen, ob Ihre Wohnung wirklich scheußlich genug eingerichtet ist, falls Sie demnächst mal reich und berühmt werden sollten, oder ob Ihnen noch das eine oder andere Schachspiel fehlt.

Hans Zippert

Schröder ist nicht Kohl!

Juten Tach, Wolfgang Joop!

Das hätten wir uns nicht träumen lassen, aber auf Ihre alten Tage entdecken wir tatsächlich noch Gemeinsamkeiten: Bei irgendeiner Präsentation irgendeines Ihrer Bücher engagierten Sie eine Vorleserin, weil Sie «es hassen», aus Ihren Büchern vorzulesen. Das können wir sehr gut verstehen. Uns ginge es nämlich ähnlich; sogar selbst lesen wäre uns schon zuviel! Weshalb wir es auch nicht tun. Schön, daß wir uns da einig sind!

Bussi: Titanic

KAPITEL 3

DIE TROGLODYTEN

Unsere Vorfahren, die Höhlenbewohner,

waren keine Vorreiter des guten Benehmens.

Sie gaben sich unaussprechliche Namen (z. B. «**TROGLODYTEN**»),

beschmierten ihre Felswände, zerschlugen ihr Geschirr mit Feuersteinen

und warfen in langen Partynächten sogar Fernseher aus Bordellfenstern.

Einige dieser archaischen Umgangsformen

haben sich zum Teil bis heute erhalten,

wie das anthropologische Fachjournal TITANIC

spielend leicht nachweisen konnte.

Toben, Schreien und Wüten – damit verständigten sich die **TROGLODYTEN** über ihren Platz in der Rangordnung, das Wetter und ihre Lieblingsrezepte. Viele heutige Prominente imitieren dieses Verhalten, manche haben es sogar, wie etwa Torhüterlegende **OLIVER KAHN** oder Literaturpapst **MARCEL REICH-RANICKI**, zu ihrem Markenzeichen gemacht. TITANIC hat die geräuschvollen Lebenswege dieser beiden stets mit offenem Ohr und kritischer Sympathie begleitet. So porträtierte **ECKHARD HENSCHEID** den gefürchteten Kri-

tiker schon im Jahre 1985 als unvergleichlichen Krachschläger und erklärte ihn zum erledigten Fall (→ S. 110) – etwas vorschnell vielleicht, denn **REICH-RANICKIS** Durchbruch als Fernsehgesicht und Lieblingsbücheronkel der Nation stand erst noch bevor. Immerhin waren wir gewarnt.

Torwart-Titan **KAHN** hingegen hatte seine viel zu großen Handschuhe bereits mehr oder weniger unfreiwillig an einen minderbegabten Nachfolger weitergereicht, als ihn ein Reporterteam der TITANIC überraschend zu Hause besuchte (→ S. 140). Ergebnis der Blitzrecherche:

Ein **OLLI KAHN** kann auch als Frührentner nicht aus seiner Haut – nein, umgekehrt: Er fährt jedesmal von neuem begeistert aus ihr heraus! Zwar bringt einen solcherlei Impulsivität weder in der höheren Mathematik noch in Minenfeldern weiter, im Liebesleben hat sie aber unbestreitbar evolutionäre Vorteile. Viele Prominente orientieren sich daher auch in puncto Sexbesessenheit am Vorbild der Höhlenmenschen – und warum auch nicht? «Möge jeder nach seiner Façon glücklich werden, ihr Pottsäue!» hat TITANIC ihnen stets freundlich zugerufen.

Manch eine Zelebrität hängt gern auch mal ein feines Deckmäntelchen über die eigene Lasterhaftigkeit – sei es das der religiös inspirierten Verhütungskunde, wie etwa **SEXPAPST BENEDIKT NR. 16** (→ S. 106), oder das der bürgerlichen Eheschließung, wie es der späte Lustgreis **HELMUT KOHL** tat (→ S. 113). In solchen Fällen eilte die Monatsschrift für Deckmantelmode und asexuelle Aufklärung TITANIC sofort herbei, den Heuchlern ihr Tarnkleid ohne falsche Rücksicht herunterzureißen.

Dieser brutale Aufklärungswille ist jedoch nichts gegen die geradezu **TROGLODYTI-SCHE GRAUSAMKEIT**, mit der viele Stars und Sternchen ihren eigenen Körper behandeln. Auf der Suche nach Rausch und gesteigerter Lebensintensität malträtieren sie ihn regelmäßig mit Alkohol, Medikamenten, Schokoriegeln und anderen harten Drogen. Hier mußte das Abstinenzmagazin TITANIC mehr als einmal mahnend den Zeigefinger heben – von einem Aussterben der Prominenz wäre schließlich das gesamte Schmocksystem der Erde von *Neue Post* bis *Gala* und *Bunte* betroffen. Aus der verkommenen Welt der Volksmusik berichtet daher exemplarisch **ERNST KAHL** (→ S. 108), einem gründlich herabgewirtschafteten **LEONARDO DICAPRIO** begegnen wir unterwegs beim Trampen (→ S. 120), und dem singulären Randaleur und Selbstzerstörer **SERGE GAINSBOURG** widmet **SIMON BOROWIAK** im Namen aller Hessen einen seiner berührendsten hessischen Nachrufe (→ S. 123).

So berechenbar Prominente jedoch auf Rauschmittel anspringen, so unvorhersehbar reagieren sie mitunter auf die Gegenwart einer Kamera. Manche beginnen, wie auf Kommando zu singen, zu tanzen oder die Weltlage zu kommentieren. Andere stürzen sich wutentbrannt

FREILICH HABEN FOTOS AUCH IHR GUTES – ABER NICHT, WENN WALTER KOHL MIT DRAUF IST.

auf den Fotografen und vermöbeln ihn tüchtig. Viele Berühmtheiten, und daran zeigt sich ihr höhlenmenschliches Wesen, hängen nämlich dem uralten Glauben an, daß Fotografien ihnen ein Stück ihrer Seele rauben. Gar nicht ganz zu Unrecht: Als Klatschblatt von Welt beschäftigt TITANIC die furchtlosesten Paparazzi. Sie gaben ihr Bestes, um Nobelpreisträger wie **GÜNTER GRASS**, frühere Kinderstars wie **DELLING UND NETZER** und selbst bemitleidenswerte Opfer der Gentechnik wie **ROLAND KOCH** oder **IGNAZ KIECHLE** in möglichst peinliche Situationen zu bringen und sie dann auf das entwürdigendste abzulichten (→ S. 128; 142; 112; 122). Was mit den Fotografen anschließend geschah, zeigen wir aus Pietätsgründen nicht.

Auf der sicheren Seite glaubten sich indes Promis wie der **PROPHET MOHAMMED** oder die **GEBRÜDER ALDI**, indem sie einfach ein Bilderverbot über sich verhängten. Doch auch ihnen konnte TITANIC ein Schnippchen schlagen und landete mit exklusiven Fotos der öffentlichkeitsallergischen Herren zwei regelrechte Scoops (→ S. 130; 125). Ganz richtig stellten es dagegen zwei andere Brüder an: **MICHAEL UND RALF SCHUMACHER** waren im Laufe ihrer Karriere für Fotos einfach immer zu schnell. Alles, was unser Reporter **OLIVER MARIA SCHMITT** an Bildmaterial für sein fesselndes Doppelporträt

(→ S. 132) mitbrachte, war unscharf, verwackelt oder schlicht überbelichtet. Zeichnerin **HILKE RADDATZ** mußte die geschwinden Geschwister daher mühsam aus dem Gedächtnis rekonstruieren.

Freilich haben Fotos auch ihr Gutes. Sie können selige Erinnerungen wachrufen, z. B. an heitere Kindertage – jedoch bestimmt nicht bei **WALTER KOHL**, von dessen tragischem Schicksal ein Millionenpublikum erst kürzlich erfuhr, nämlich durch seinen Bestseller «Leben oder gelebt werden – Schritte auf dem Weg zur Versöhnung». **ELSEMARIE MALETZKE** hatte bereits dreißig Jahre zuvor schaudernd in die Abgründe hinter dem Kohlschen Familienidyll geblickt (→ S. 134), als sie rare Fotodokumente der würfelspielenden Kanzlersippe scharfsichtig sezierte.

Was die **TROGLODYTEN** unter den Prominenten schließlich mit allen anderen bekannten Artgenossen gemein haben, ist ihre abgrundtiefe Peinlichkeit. **BERND EILERT**, mehr als zehn Jahre lang Chef der sprichwörtlich gewordenen TITANIC-Liste der «peinlichsten Persönlichkeiten», widmet sich im abschließenden Dossier diesem auch für ihn ziemlich kompromittierenden Thema (→ S. 136). Auf daß ein erhellendes Blitzlicht bis in die letzte Höhle strahle.

Jungministerin Schröder!

Nun durften Sie also den berühmten *Focus*-Fragebogen ausfüllen und dort erklären, man könne Sie «so schnell in keine Schublade stecken» – was Ihre erstaunlich ausgefallenen Antworten auch beweisen: Sie werden angetrieben von der «Freude, etwas zu gestalten», sehen gern die «Lindenstraße», zappen weg bei «langweiligen politischen Talkshows», und Ihre Lieblingsfigur in der Geschichte ist «Sophie Scholl». Sie haben recht, Frau Schröder, solche Antworten liegen nicht in irgendeiner Schublade – die bekommt man direkt von der Stange. Aber dann, auf die Frage «Mit wem würden Sie gern einen Monat lang tauschen?», sagen Sie doch etwas Interessantes: «Mit Frau Reich-Ranicki, damit ich mich mal richtig mit ihrem Mann unterhalten kann.» Und wissen Sie was, Kristina Schröder? Genau diesen alten Chauvi und cholerischen Mundverbieter wünschen wir uns manchmal ebenfalls herbei, wenn Sie das Wort ergreifen!

Grüße aus der untersten Schublade: Titanic

HIER HILFT DIR KONDOM BE

Ein Traum wird wahr: Der Papst erlaubt dir Verhütungsmittel! Wahnsinn!

Wenn du auf Nummer Sicher gehen willst, ist die **TEMPERATURMETHODE** was für dich. Beim Geschlechtsverkehr kann es heiß hergehen — beginnt einer von beiden zu dampfen, ist die Sexfront eröffnet. Schon seit 2000 Jahren erlaubt!

Ooops! Die **PILLE** gehört in die Frau, nicht in den Mann. Spuck sie wieder aus, wenn du ein Junge bist!

Kennst du das auch? Dein Körper macht in letzter Zeit crazy Faxen. Überall wachsen Haare. Nachts träumst du wildes Zeug vom Heiraten und Kinderkriegen, und wenn deine Parents nicht zu Hause sind, probierst du heimlich Brautkleid und Zylinder an. Streß pur? Relax! Du bist nicht krank, das ist nur Pubertät.

Vergiß aber bitte nicht: Einen Körper zu haben bedeutet auch Verantwortung. Benedikt XVI. hilft dir dabei. Und jetzt kommt's: Seit ein paar Wochen erlaubt er dir sogar Kondome! Das ist ein großer Vertrauensvorschuß. Bitte enttäusche den Papst nicht! Kondome OHNE Liebe sind nämlich ein echter Downer, und rücksichtsloses Rumbitchen macht den Heiligen Vater traurig. Forget it! Damit du mit dem Boy oder dem Girl deines Herzens entspannt abknutschen kannst, brauchst du vor allem eine Extraportion Respekt. Hier zeigt dir Benedikt, welche Verhütungsmittel top sind. Und welche du echt vergessen kannst. Toi, toi, toi!

Ganz schön tricky: die **DREIMONATSSPRITZE**. Verabreichen darf sie dir nur dein Gynäkologe. Oder ein Pfarrer deines Vertrauens. Das Praktische dran: Die Spritze läßt sich gut ins Kirchenjahr einbauen. Merk dir einfach: „Zu Weihnachten, Ostern, Pfingsten und Mariä Himmelfahrt / die Spritze kurz angesetzt, und schon wird sich gepaart!"

KONDOME sind okay. Wichtig ist bloß, daß du sie nur nimmst, wenn du echt, echt verliebt bist. Oder ein HIV-infizierter männlicher Prostituierter! Und daß du sie vor dem Gebrauch gegen das Licht hältst — manchmal haben sie Löcher, dann schlüpfen die Babys durch.

Papst Benedikt!

Hier checkt der Heilige Papst die SPIRALE. Eine verzwirbelte Angelegenheit. Das Ding muß irgendwie in die Vagina, aber wer will es da schon reintun? Derb eklig! Besser sein lassen!

VAGINALSCHWÄMMCHEN? Iiih, klingt ja widerlich! Fürs „Saubermachen danach" kannst du auch einfach einen Tafelschwamm nehmen. Außer, du hast dich in deiner ersten Ehe mit Weichem Schanker angesteckt und möchtest in zweiter Ehe jemanden mit Hepatitis heiraten. Dann sagt Benedikt: geht klar! Aber bitte vorher Ehe annullieren lassen!

Wenn du Angst vor Geschlechtskrankheiten und Schwangerschaft hast, mußt du dir nicht unbedingt was einsetzen – manchmal reicht es schon, sich was aufzusetzen! Dieser **KOPFSTULP** signalisiert deiner Umwelt: Hands off! Ich bin nicht interessiert an Sex (oder eventuellen Medienberichten darüber)!

Liebe ist zu zweit am schönsten. Aber manchmal ist es kraß schwierig, seinem eigenen sexy Körper zu widerstehen. Was tun? Der Papst zeigt dir, wie du **SELBSTBEFRIEDIGUNG** verhütest.

Der Papst ist ein Vorbild. Wenn er richtig Sex haben möchte, dann **HEIRATET** er auch. Ehrensache! Hier kommt er gerade mit seiner Frau aus der Kirche. Alles Gute, Benedikt! Laß es krachen! Aber nur mit Ring (am Finger)!

Michael Ziegelwagner

IHR LANDHAUS IN BAYERN SIEHT AUS WIE GELECKT

MIT HAUSAPOTHEKE IM FLUR

DEN ALKOHOL HÄLT SIE IM SOFA VERSTECKT

DAS VALIUM LIEGT IN DER UHR

SIE HAT EINE KATZEN- UND HÜHNERPHOBIE

UND PLATZANGST BEKOMMT SIE IM WALD

IM FRÜHLING ERWACHT IHRE POLLENALLERGIE

Eckhard Henscheid ERLEDIGTE FÄLLE

Unser Lautester

Die alte Frage, ob eins deutscher Kritikerpapst oder doch eher ein „Frankfurter Suppenkasper" (so Kritikerkollege Wolfram Schütte) sei: Sie wird in diesem Leben nicht mehr so ganz zu klären sein. Einig bei Marcel Reich-Ranicki sind sich immerhin alle – und so auch ich mich mit mir, wenn auch erst nach langen Zweifeln – über den enormen, ja unbezahlbaren Unterhaltungswert dieses „interessantesten deutschen Literaturkritikers" (so ein dtv-Bändchen voll von Aufsätzen und Kommentaren über ihn); ja mei, wenn eins schon evtl. ein Suppenkasper (erg.: auf dem Tellerdeckel des von ihm verehrten bzw. dauerpostulierten „psychologischen Romans") ist, dann muß er wenigstens „interessant" sein.

Im eigentlichen Fachbereich ist RR umstritten. Seit 17 Jahren hält ihn z. B. Peter Handke für den „unwichtigsten, am wenigsten anregenden, am meisten selbstgerechten deutschen Literaturkritiker". Christian Linder, auch er ein Kollege, ergänzte 1979: „Er selbst kann nicht schreiben und sagt einfach, die anderen könnten nicht schreiben. Er kann nicht denken und sagt einfach, die anderen könnten nicht denken."

Da ist was dran. Obwohl die Mehrheit es ganz anders sieht. Ihr gilt RR als dito Kritikerpapst, als Autorität, als „Kunstrichter", zuweilen in Anspielung an Filbinger als „furchtbarer", er gilt ihr im Guten wie im Bösen als „Beckmesser", als „forensischer Charakter" (Peter Demetz), neuerdings als „Cholericus Maximus" (M. Gregor-Dellin). Inzwischen und in gewisser Weise scheint RR überhaupt kein Literaturkritiker mehr zu sein. Sondern irgendwas zwischen Machtmensch, Showman, Gaudibursch und Börsianer.

Im Zweifelsfall ein irgendwie postmoderner Charakter; was immer nun das wieder sei. „Dies ist ein schlechter Bücherherbst!" So die ungefähr jährliche Börsenbilanz. Abgesehen von der Frechheit, daß er die meisten der jeweils angefallenen Bücher gar nicht kennt noch kennen will: Wer so in der Manier eines obersten Weinbauernfunktionärs die Literatur der Saison bilanziert, der muß

Gemüt eines Dreschflegels
en. Aber freilich: Hörbar
bt er das alles ja selber
t. Er trommelt und röhrt
einfach vor sich hin. Sei's
weiteren Machtentfaltung,
s aus irregeleiteter Vitalität,
s einfach zum Spaß. Irrege-
et? Ach was. Grad recht für
, wahrscheinlich haben wir
nts Besseres verdient als die-
Krachmacher.

nser Lautester von der
nkfurter Allgemeinen lärmt
allgemeinen getragen von ei-
ungeheuren und schon wie-
staunenswerten Einfalt des
dankens und des trotzdem
ht einmal dessen Geringfü-
keit zum Ausdruck verhel-
den Wortes, welche beide
halb jedenfalls um so kraft-
ler aufzutreten vermögen, je
enter sie nichtsdestoweniger
iben. Rezensionen von RR
lesen, ist deshalb in gewisser
ise ein Vergnügen. Ihr me-
disches Arsenal ist schlicht:
Aufzählung dessen, was RR
s kennt.

Reihung von Schein-Parado-
– Freund Walter Jens nennt
„Parallelismus der Anti-
sen" – in nimmermüd-blind-
tiger Endlosigkeit: „Heiliger
l Narr, Poeta doctus und Bür-
schreck, Magister ludens und
gabund" usw.

Die Kritik ex negativo, d. h.
sinnlose Aufzählung des-
, was alles nicht in einem Bu-
steht. Damit füllen sich die
Z-Seiten. Meine eigene vor-
zte RR-Einlassung, die Par-
ie „Herrmann Burger", über-
bt wirklich nur zu höchstens
Prozent: „Herrmann Burrr-
s Prosa kennt kaum den
dreim und den Jambus, sie
zichtet auf Enjambement
d Stabreim, die Ghasel lehnt
ebenso ab wie die Ode ..."

Mit ähnlichen Leerformeln
erte RR vor drei Jahren die
rikerin Ulla Hahn. Über wei-
Strecken herrschte reiner
nsens.

Es ist so wie beim Gremlizas
eo: Wo er hinlangt, langt er
verlässig in den Dreck. Ob er
läßlich des Romanmach-
rks „Der Liebhaber" von M.
uras die gestiefelte und ge-
ornte Frage vom Stapel läßt,
denn eigentlich die Liebe im
tgenössischen deutschen Ro-
n bleibe (als ob die nicht,
ch kurzer Abstinenz, seit Jah-
wieder überschwappte von

Liebe, Liebe, nix als Liebe); ob
er in John Updike, stellvertretend für die eigenen Altherren-
phantasien, den Großerotiker
lobt, ohne zu erahnen, daß die
einschlägigen gerade die miß-
lungensten Partien bei diesem
Autor sind; ob er sich, in einer
spektakulär-spekulativen
Großabrechnung, an Karl Kraus
vergreift und nicht merkt, daß
Kraus ihn lang vorausgeahnt
hat: als einen, dessen von den
Dummen vielbewundertes
Wissen sich einem ebenso ge-
räumigen wie hohlen Kopf ver-
dankt, in den halt ungeordnet
viel hineingeht.

Praktisch überall, wo er hinlangt, wächst kein Gras von Vernunft mehr. Noch wo er recht
hat, hat er's aus den falschen
Gründen. So im Fall des Verris-
ses des letzten Epos von Botho
Strauß, der ihm einfach nicht so
schreibt, wie er, RR, es gern
möchte. Und möglichst ver-
stünde.

Um mich, weil es noch keiner
besser gesagt hat, nochmals selber aus einer früheren Studie
über RR zu zitieren: „Ohne
auch nur eine Sekunde dem
Nachdenken über eine Frage,
der Suche nach einer Formulierung einzuräumen, schnarrt unser Lautester los, das ewig gleiche Einerlei, in alle Röhren, in
allen vom Volksempfänger gern
gehörten Phrasen. Selbst wenn
der Mann im Hirn zum Den-
ken hätte, er ließe ihm ja einfach keine Zeit, einen Gedanken ordentlich zu produzieren."

Und, in der „Herrmann-Burr-
ger"-Parodie, ins (kaum) Satirische gewendet: „In Herrmann
Burrrrger verehren wir den
Schmelz des Brillanten ebenso
wie die Rasanz des Furiosen und
die Gekonntheit des Psychologischen und Psychopathischen
und was uns halt sonst noch un-
reglementiert an hartköpfigem
Altherrenschmonsus aus der
Volkshochschule von 1930
durch die Rübe rauscht."

Wer will, kann den wahnsinnig gewordenen Literatursiefel
im Original nachlesen in den
beiden großen FAZ-Rezensio-
nen über Ulla Hahn und Hermann Burger sowie jenem
unsterblichen Buchmessen-
Leitessay von 1980: „Über den
Herbst unserer Literatur."

Der alles in allem verheeren-
de Prägeeinfluß von RR ist
mählich scheint's auch bei den

Autoren angekommen: „Er
schreibt über mich, also bin
ich", schreibt, völlig im Ernst,
Wolfgang Koeppen. Und Martin Walser, den einst ein Verriß
traf, veröffentlicht (im besagten
dtv-Bändchen) einen Alp-
traum, der es wissen will: RR zum Thema.
Um die Kopfgesundheit deut-
scher Autoren muß man sich
langsam Sorgen machen.

Nicht aller. Ein von RR hoch-
verehrter Suhrkamp-Autor erzählt beim vierten Grappa jedem, der es wissen will: „Ein so
reizender Mann! Seine Katastrophe: Er hat von Literatur
keine Ahnung!" Den Einwand,
so hart könne man es auch wieder nicht sagen, läßt der Autor,
zum fünften Grappa greifend,
nicht durchgehn. Sondern
lacht fast diabolisch: „Nein!
Keine Ahnung! Keinen Schimmer! Nichts!"

„Alle möglichen Fazilitäten
der Kommunikation" befürch-
tete der alte Goethe, mit dem
„Resultat der Allgemeinheit,
daß eine mittlere Kultur gemein
werde". Fazit: RR, auch er ein
Mann Goethes, erhält von Walter Wallmann die Goethe-Pla-
kette.

Reizend auch, daß einer, der
einen wunderbaren Schädel auf
und ein paar allerdings sehr er-
heiternde Volkstheatergrimas-
sen von Dämonie drauf hat, bei
uns als „Mephisto" durchgeht.
Nein, auch diesen Schwachsinn
wollen wir keineswegs tadeln,
sondern stille und dankbar sein.
Und registrieren, daß wir hier,
endgültig infiziert, jenen bei
RR herrschenden Pluralis maje-
statis adaptiert haben, mit dem
Kraus, Schopenhauer zitierend,
in der „Fackel" Nr. 98, S. 4 abgerechnet hat; nämlich mit der
Impertinenz der „Wir"-Sagekri-
tiker, die in Wahrheit im Dimi-
nuitiv, ja Humilitiv schreiben
müßten: „Meine erbärmliche
Wenigkeit" oder „Meine ver-
kappte Inkompetenz".

Die FAZ-lesenden und TV-
Kultur-schauenden Chefärzte
und pensionierten Generäle
stört's wenig. Sie brauchen Autorität. Einer muß schließlich
im Pluralis sagen, wo's lang
geht.

Das erwähnte dtv-Bändchen
schildert RR als vitalen und
staunens-, vielleicht sogar lie-
benswerten Menschen. Gleichzeitig dämonisiert es einen
Mann zum letzten Mal, anläß-

lich dessen doch allenfalls Fröh-
lichkeit über einen kuriosen
Fall von Flachsinn geboten
wäre. Und es perpetuiert die
Legende, die natürlich keiner,
der das „verkommene" (Boeh-
lich) Gewerbe kennt und noch
einigermaßen bei Trost ist, abkauft: daß Liebe zur Sache RR
umtreibe. In Wahrheit geht es,
wie denn anders, um pure
Machtentfaltung. die sich gün-
stigsten- bzw. schlimmstenfalls
vor lauter Betriebsnudeligkeit
mit Liebe verwechselt. Wobei
ziemlich wurscht bleibt, ob RR
mehr den Verreißer und Richter
und Henker darstellt oder, wie
man neuerdings z. B. von Jens
zu hören kriegt, vielmehr ein
Gönner und Förderer junger
Begabungen sei. Und wen hat er
im letzten Jahrzehnt begönnt
und gefördert? Handke, Strauß
und Bernhard, als sie schon berühmt waren und nichts mehr
taugten. Seit 1984 einen Robert
Gernhardt mit 20jähriger Verspätung. Sowie seit 1983 die
beiden Luschen H. Burger und
Ulla Hahn. Nein, von diesen
beiden Genialitäten hätte die
Welt sonst wahrlich nichts erfahren.

„Er empfindet Wonne, wo er
loben darf", teilt Jens mit. Ist er
so verlogen – oder wirklich so
blöd? Wonne empfindet RR,
wie Jens, dann, wenn er den
Mund aufreißen, mit den Armen fuchteln und Grimassen
schneiden darf.

Am 2. 6. 1985 wurde unser
Lautester 65. Schon vorher kündigte er an, er gedenke keineswegs zu retirieren. Weder bei
der FAZ noch sonstwie. Sondern mopsfidel und pudelwohl
werde er weiterwursteln, unver-
letzlich wie die Dichtung selber.
Man muß es begrüßen. Näm-
lich ihn irgendwo mögen. Nicht
nur dafür, daß er uns wohltätig-
erweise sein ganzes Leben lang
nie mit seiner Getto-Vergan-
genheit belästigt hat – andere
würden nimmermüd hausie-
rend davon leben. Viel
Fluchwürdiges hat unser Mann
zeitlebens angerichtet; und
doch, auf dem Scheitelpunkt
seiner Jahre muß man ihn für einen rechten Trost und Segen
erachten und lobsingen dem
vorerst unverzichtbaren Statt-
halter der deutschen Sprache in
der Ära Kohl. Klammen Herzens, doch inbrünstig sei's trom-
petet: Ad multos annos! □

Zeichnung: Hans Traxler

TITANIC DEUTSCHLAND

Frischfleisch für Kohl

Es war *die* Elefantenhochzeit der Saison: **Helmut Kohl** heiratet **Maike Richter**! Experten befürchten: Das ausgeflippte Sexluder will nur das eine – ob Maike weiß, worauf sie sich einläßt?

Von **STEFAN GÄRTNER**

Enge Freunde von Helmut Kohl wußten es schon länger, aber eher hätten sie sich eine doppelte Gastritis verkniffen, als auch nur ein Sterbenswörtchen zu verraten: Der Alte spinnt. Will jetzt, mit beinahe 90 Jahren, noch einmal heiraten – und zwar ein Mädchen aus dem Volk! Eine Bürgerliche, die seine Tochter sein könnte! Eine, die dem Nachbarsjungen noch ihre Mumu gezeigt hat, als Kohl bereits Ministerpräsident von Rheinland-Pfalz war!

Sieben Jahre ist Hannelore Kohl, die geliebte Weggefährtin, Seelenverwandte und Haushälterin, jetzt tot, und endlich hat der »Dicke« sich freigemacht von ihrem schweren Schatten: »Ich blicke nach vorn. Klar, denn die Augen sitzen auch bei mir vorne. Vorne im Kopf drin. Das wissen die Menschen. Hinten hat, lassen Sie mich das in aller Deutlichkeit sagen, der Mensch keine Augen. Das gilt auch und gerade für mich.« Zärtlich hebt ein Baukran die rechte Pranke des Zwei-Meter-Kolosses auf die Schulter seiner Neuen: Maike, 44, Ex-Model für Kompressionsstrumpfhosen, überzeugte Wassertreterin und kein Kind von Traurigkeit. Sie gibt dem nach dem Spendenskandal in einer canyongleichen Versenkung verschwundenen Altkanzler noch einmal so etwas wie Perspektive, Hoffnung und, jawohl: Liebe.

Eine Liebe, die lange im Verborgenen blühte. Es war die schwere Zeit nach dem Tod seiner ersten Frau, als der Witwer Kohl stundenlang mit Sexhotlines telefonierte: *Kommen ohne Quatschen, 100 Prozent Vollgas,* das war sein Rettungsanker, war sein Halt, wenn ihn die Einsamkeit unter sich begrub und es mit den Memoiren nicht recht vorangehen wollte. Die Szene wo er, Kohl, die Webersche am Rande des 86er Weltwirtschaftsgipfels in einer selbst für ihn, den mit allen Wassern des Kamasutra wie auch des »Schulmädchenreports« Gewaschenen, völlig neuen sog. Sekretärinnenstellung beglückte und behakte – mißraten, untauglich, farblos. Penisliteratur zum Anfassen war das nicht! Es muß um diese Zeit gewesen sein, daß ihm seine neue und gottlob auch erheblich jüngere Assistentin zum erstenmal recht auffiel: die kecke Kurzhaarfrisur, die figurbetonte Kittelschürze aus atmungspassiver Vollsynthetik, die so intelligent und lustig blitzenden, himmelblauen Brüste. Ohauera! Immer häufiger rief er, der alternde *homme à femmes fatales,* diese Maike zu sich, teils unter Vorwänden, wie sie sich nur Verliebte ausdenken können: Mal war der Tee zu laut, mal der Fernseher zu heiß – bald wußte die attraktive Tierärztin natürlich, was hier gespielt wurde. Und spielte mit: Sagte dem ehemaligen Herrscher über Europa, er könne sich seinen scheiß Tee in Zukunft selber brauen, wenn ihm der ihre nicht passe, sie sei ja nicht seine Zugehfrau, und überhaupt sei das Haushaltsgeld schon wieder alle.

Helmut war hingerissen und versteckte seine wachsende Verlegenheit hinter einem donnernden Furz... ah... solche Kaliber hatten früher ganze Koalitionskräche entschieden! Schmunzelte Kohl nostalgisch und sah versonnen und doch eigentümlich scharf, wie die Scheiben beschlugen, der Ficus seine Blätter von sich warf und die resolute Einser-Absolventin der Betty Ford-Universität aber nicht wich noch wankte. Sondern zum großen Spiegel über der Ikea-Kommode ging und den Lippenstift nachzog, um sich ausgehfertig zu machen, erst ins »Borchardt«, dann vielleicht in den »Tresor«, alternativ Breakdancen im »Diener«...

Und Kohl fragte, ob er mitkönne.

ER, DER DIE LETZTEN JAHRE ergeben masturbierend in der Speisekammer seines Berliner Lofts verbracht hatte! Er, der seine selbstgewählte Abgeschiedenheit allenfalls für das eine oder andere Staatsbankett unterbrach! Der höchstens mal einem zwölfköpfigen Fernsehteam, der begriffsstutzigen portugiesischen Putze oder dem Lieferservice von Feinkost-Kropp die Tür aufmachte! Er, der doch lebte wie der letzte Transvestit!

TITANIC DEUTSCHLAND

Wenn aus Bewunderung Liebe wird: Erst fand er sich nur einmalig, dann war Dr. Kohl bis über beide Ohren in sich verliebt – bis Maike Richter sich in die Beziehung drängte…

Eremit mußte es wohl heißen, dämmerte es Dr. Kohl, aber schon hatte ihn Maike, die resolute, fesche, mutmaßlich auch tabulose Maike gepackt und ins Nightlife bugsiert; und Kohl blühte auf. Wurde, unter den Blicken und Griffen der jungen Büchs, gleichfalls jünger, nahm sogar ab, konnte die Lkw-Waage, die ihm der Zoll zum Siebzigsten geschenkt hatte, mit Glück schon bald gegen ein handelsübliches Gewichtskontrollgerät tauschen! Vorbei die öden, mit den immergleichen Bundestagsreden auf Phoenix verbrachten Abende, vorbei die lustlos in der Küche verhockten Spanferkelwochenenden – er lebte wieder. Erinnerte sich plötzlich an Gedichte, die er mit 16 geliebt und auswendig gekannt hatte: »Der Müller Erwin steht im Tor / und hat im Club das dickste Rohr«; und griff auch wieder selbst zur Feder, um, nach Jahrzehnten, noch einmal ein Liebesgedicht zu schreiben. An Maike. Die erste Zeile hatte er schon: »Liebe Landsleute!« – und auch wenn ihn an dieser Stelle die Musen erst einmal verließen, so blieb doch die neue, ungestüme, wie Bratensaft durch die Arterien rollende Kraft, die ihn allen Kummer und allen Ärger der jüngsten Vergangenheit vergessen ließ.

Okay, im Bett war er nicht mehr der junge Kohl, der sich zu Zeiten seiner Mainzer Gewaltherrschaft noch wie's gerade kam durch die Tage gepimpert hatte: Sekretärinnen, Fleischereifachverkäuferinnen, Staatssekretäre; aber was ihm das Alter an Lendenpower genommen haben mochte, ersetzte er wie instinktiv durch nie gekannte Zärtlichkeit. Und rammte und stieß nicht mehr blindlings, sondern sehr gleichmäßig und konzentriert; und

»Paß doch auf! Wie siehst du bloß wieder aus! Was sollen denn die Leute denken?!« So vertraut sind Maike Richter und der Altkanzler miteinander, daß er sie schon »Mutti« nennt – und das bei Pflegestufe II

Hannelores späte Rache:
Das Cocktailkleid von Rena Langeweile muß Maike Richter jetzt auftragen. Kohl hält viel auf Familientradition

ließ sich fallen, immer weiter fallen, durch die Äonen und Sphären, an Jupiter vorbei und der lange toten Mama, die ihm sehr duldsam und ungewohnt wohlwollend zunickte und -lächelte; ruckelte, gegen Ende, dann doch noch ein bißchen; und war fertig, bevor Maikes Sauerstoffnot gar zu akut geworden war.

UND AUCH MAIKE, die sich als Teenager dutzendweise Kohl-Starschnitte über ihr Bett gehängt und Gefühle immer abgelehnt hatte, um nicht in die Hölle zu kommen, erlebt jetzt einen zweiten Frühling. Oder sogar den ersten; denn Sex vor der Ehe war für sie, aufgewachsen in einem streng protestantischen Schuhgeschäft, nie in Frage gekommen. Bis Kohl kam und, brünstig, kein Zögern mehr duldete.

Und wie fabelhaft das war! Kolossal! Gut, ob dieses Kribbeln und Ziehen im südlichen Sektor jetzt bereits ein multipler G-Punkt-Orgasmus war, von dem sie in den *Blättern für internationale Politik* soviel gelesen hatte, oder bloß eine Bauchfellentzündung, das harrte noch der Recherche und Aufklärung; aber wozu hatte sie schließlich jahrelang in der Uni abgehangen und sich von dem öden Gelaber ihrer total uncoolen Profs annerven lassen! Bzw., genauer, ganz brav jede Vorlesung und jedes Seminar besucht und alles mitgeschrieben! Und dann promoviert mit summa summarum und Eins plus mit Sternchen!

Warum sie auch mit vollem Recht genießen darf, was gerade späte Liebende als Glück erleben: die *unio mystica* geistig-moralischer Harmonie. Daß man über dieselben Dinge lachen kann (SPD), sich über dieselben Dinge ärgert (DGB), bei denselben Filmen nach dem Taschentuch greift (»Aliens vs. Predator 2«). Aber auch, daß man sich ergänzt, die Schwächen des anderen wettmacht und ihn beschützt: vor dem zweiten Glas Wein etwa oder dem Parmesan auf den Nudeln, denn am Ende wird der Alte wieder dicker, und man will sich doch mit ihm sehen lassen! Wo man schon endlich auf internationalem Parkett im Rampenlicht steht! Was macht denn das für einen Eindruck, wenn sie, die gescheite, adrette, superschlanke Maike mit einer Fettsau von Exkanzler über die Tanzfläche – –

Ängste, wie sie junger Liebe eigentümlich sind. Beobachter sagen, Maike Richter und Helmut Kohl seien wie füreinander gemacht: *Ihr* passen Hannelores alte Partykleider wie angegossen, *ihm* macht es Spaß, ihr solche Praktiken nicht aus- oder sogar erst einzureden. Eine Liebe, die schon jetzt so stark scheint, daß sie auch die Unterschiede, die Divergenzen aushält: Wo Maike eine richtige Doktorarbeit geschrieben hat (»Der Aufbau wirtschaftsnaher kommunaler Infrastruktur im Transformationsprozeß vom System zentraler Planwirtschaft zum dezentralen und marktwirtschaftlichen System. Eine Analyse«, puh!, »der Rahmenbedingungen und Probleme am Beispiel der DDR«, Scherz Verlag), wird seine Dissertation (»Das Wiedererstehen der pfälzischen Spargelwirtschaft nach 1945«) von keinem Staat der Welt (außer Deutschland) anerkannt. Wo sie ihn ohne Wenn und Aber vergöttert, hat er es sich nie verziehen, im Spendenfall Schäuble »den Spasti nicht rechtzeitig abgeknallt« zu haben. Wo er gerne und viel redet, hört sie lieber zu – aber Gegensätze, so sagt man, ziehen sich ja an.

Vielleicht, so flüstert man sich im politischen Berlin hinter fest zugezogenen Vorhängen aus extraschwerem Damast zu, erfüllt Maike dem Einheitskanzler sogar noch einen allerletzten Wunsch – und schenkt ihm einen richtigen Stammhalter. Denn die Kohl-Söhne Peter und Walter leiden seit ihrer Geburt an einem extrem seltenen Gendefekt, der sie unaufhaltsam zu getreuen Kopien ihres Vaters mutieren läßt. Diese bedauernswerten Krüppel hält der »Alte« gut versteckt, um sie vor Hohn und Spott zu schützen – so furchtbar ist der Anblick, daß Kohl den Keller seines Friesenheimer Bungalows seit Jahrzehnten nicht betreten hat.

Aber wie den alten Kanzler die junge Liebe, Maikes Liebe, auch aus dieser tragischen Verstrickung befreien wird, das kann man sich leicht ausmalen. Wenn man denn unbedingt will. Und auf eigene Gefahr! Uuuuuuaaaaaaaaaaaah!!

Paparazzi

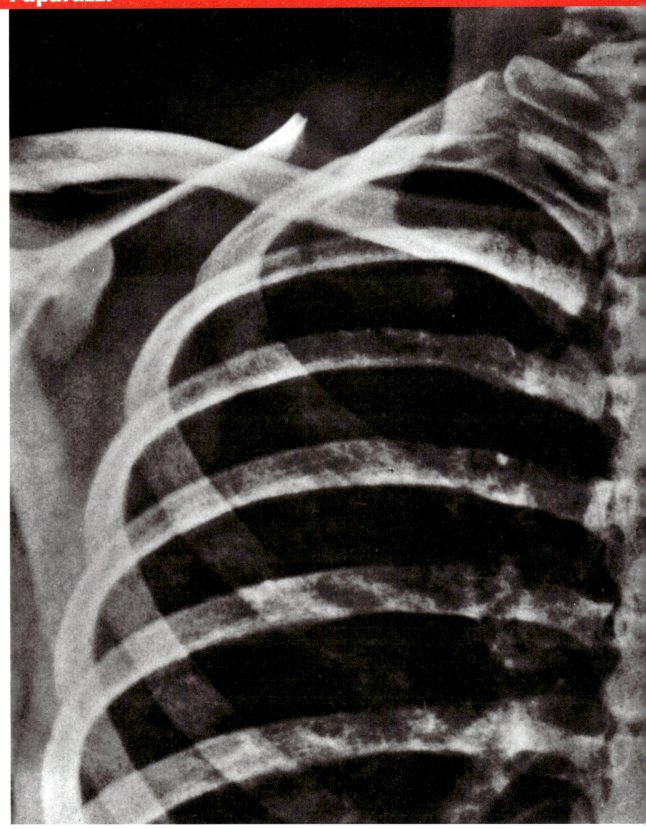

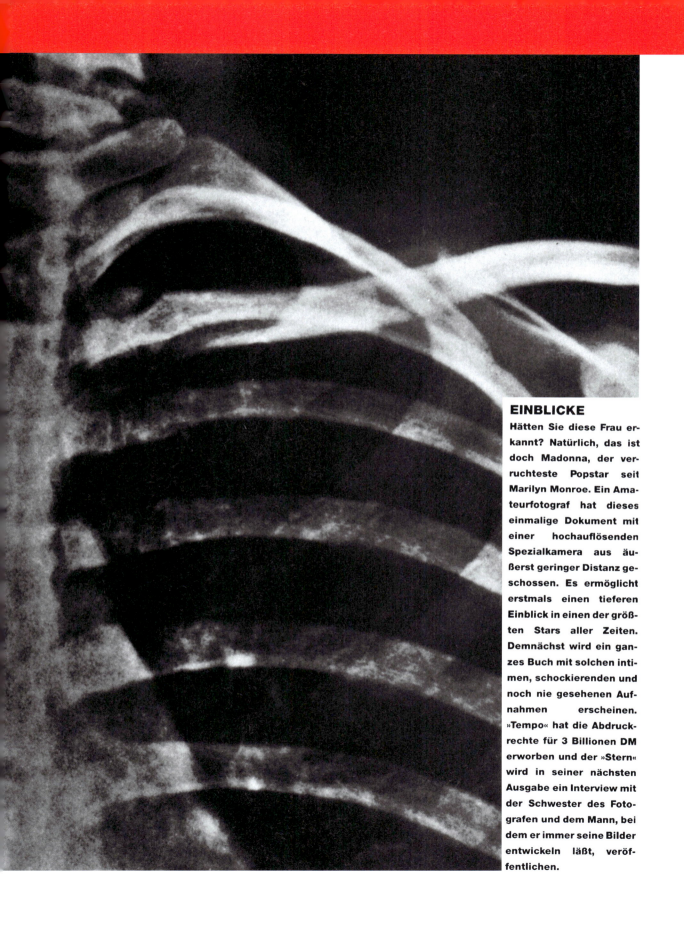

EINBLICKE

Hätten Sie diese Frau erkannt? Natürlich, das ist doch Madonna, der verruchteste Popstar seit Marilyn Monroe. Ein Amateurfotograf hat dieses einmalige Dokument mit einer hochauflösenden Spezialkamera aus äußerst geringer Distanz geschossen. Es ermöglicht erstmals einen tieferen Einblick in einen der größten Stars aller Zeiten. Demnächst wird ein ganzes Buch mit solchen intimen, schockierenden und noch nie gesehenen Aufnahmen erscheinen. »Tempo« hat die Abdruckrechte für 3 Billionen DM erworben und der »Stern« wird in seiner nächsten Ausgabe ein Interview mit der Schwester des Fotografen und dem Mann, bei dem er immer seine Bilder entwickeln läßt, veröffentlichen.

Obama unter Druck

LEO-SPECIAL ♥ EXKLUSIV!

Mein aufregendstes Ferienerlebnis

von Corinna Stegemann

Neulich wurde ich beim Trampen von dem international berühmten Filmstar **Leonardo DiCaprio** mitgenommen! Ich konnte es kaum fassen: Die fettigen Haare, der wabbelige Körper, das aufgedunsene Gesicht, das schmierige Grinsen, kein Zweifel – er war es. Mir wurde furchtbar mulmig, aber es regnete Bindfäden. Also stieg ich in sein goldglänzendes BMW-Cabriolet, mein Herz klopfte bis in meine Schläfen, ich schnallte mich an und ab ging die Post.

Wir brausten über die Autobahn, unsere Haare flatterten im Wind. Während links und rechts die Landschaft an uns vorbeischoß, kamen wir miteinander ins Gespräch.

»Ich habe es satt«, sagte Leonardo DiCaprio, »daß unwahre Geschichten über mich verbreitet werden, wie zum Beispiel, daß ich Drogen nehme oder daß ich in letzter Zeit fett geworden und aufgedunsen bin. Das ist überhaupt nicht der Fall!« Dann erzählte er von seinem Beruf, von Ruhm und Glanz und Glamour, von schönen Kleidern und wilden Parties und dem niemals enden wollenden Sommer Hollywoods.

Und von Geld! Von viel, viel Geld!

Ich konnte meinen Blick nicht von ihm wenden, so gefesselt war ich von seinem Charme und bei genauerem Hinsehen dann doch auch von seiner unaufdringlichen Schönheit, von den sinnlich geschwungenen Lippen und den tiefblauen Augen, die in Einsamkeit zu schwimmen schienen.

»Ach wie gern«, so rief ich aus, »ach wie gern würde auch ich ein solches Leben führen! Ach, könnt' ich doch der Enge meines öden

Daseins entfliehen und in der großen weiten Welt mein Glück finden!«

»Das sollte zu machen sein«, antwortete **Leonardo DiCaprio**. Seine tiefe, sonore Reibeisenstimme jagte mir Schauer des Verlangens über den Rücken und ließ meine Träume kühner werden.

»Du bist eine sehr schöne Frau«, sprach er weiter, »wahrscheinlich die schönste Frau, die ich in meinem ganzen Leben je gesehen habe. Für so schöne Frauen ist es in Hollywood kein Problem, reich und berühmt zu werden. Am besten ich nehme dich einfach mit und stelle dich ein paar Produzenten vor. Der Rest läuft dann ganz von selbst.«

Ich war sofort Feuer und Flamme. Eine Zahnbürste hatte ich dabei, ein Flugticket und die ersten schönen Kleider kaufte mir Leonardo direkt am Flughafen.

»Du bist so begehrenswert!« staunte **Leonardo DiCaprio**, und seine wilden Glutaugen streichelten bewundernd über meinen Körper. Eine Gänsepelle überlief mich.

»Auf nach Hollywood!« jubelte ich beim Einchecken. Wir flogen 1. Klasse Concorde, tranken kübelweise Champagner und verspeisten Aal. Plötzlich legte Leonardo mir seine Hand in den Nacken und zog meinen Kopf zu sich heran.

»Ich liebe dich« sagte er zärtlich. »Ich dich auch«, wisperte ich, und dann küßten wir uns lang und innig. Es war ein berauschendes Gefühl, und mir wurde ganz schwindelig.

In Amerika stiegen wir in einen schicken Mietwagen und brausten mit wehenden Haaren und seligem Gelächter einem neuen, besseren Leben entgegen.

Mit quietschenden Reifen bogen wir um eine Ecke, und da lag es – Hollywood! Wie ein glitzernder Diamant reckte es seine verführerischen Arme nach mir und seufzte »Sei mein!« Und mir entrang sich nur das hilflose Stöhnen: »Ja, ich will!«

»Liegt es nicht da wie ein glitzernder Diamant?« fragte **Leonardo DiCaprio**. »Ist es nicht, als recke es seine verführerischen Arme nach uns und seufze…«

»Sei mein!« Und wir hielten Einzug in Hollywood! Überall blinkende, glänzende Lichter und wunderschöne Gesichter, durchtrainierte braungebrannte Körper und Weltstars, überall Weltstars, an jeder Ecke mindestens ein Weltstar – es war atemberaubend! Ich fühlte mich sofort heimisch.

»Am besten«, sagte **Leonardo DiCaprio**, »wir fahren als allererstes zu meinem Freund und Kollegen Warner. Das ist einer der zwei weltberühmten Warner Brothers. Er hat eine Filmproduktionsfirma und soll dir eine Rolle geben.«

Warner wohnte in einer mächtigen Marmor-Prachtvilla und empfing uns strahlend und guter Laune. »Leonardo, mein kleiner Mops«, rief er erfreut und wuschelte Leonardo durchs Haar. »Wie schön, daß du mich besuchen kommst! Und was hast du denn da für eine bezaubernde, wunderschöne Lady mitgebracht?«

Er sah mir tief in die Augen und sagte: »Verzeihen Sie bitte, daß ich es so unverblümt sage: Sie sind mit Abstand die schönste Frau, die mir in meinem ganzen Leben je begegnet ist. Und Sie haben großes Talent, das erkenne ich auf einen Blick. Das ist es, was Hollywood braucht! Junge unverbrauchte Gesichter mit der Ausstrahlung unverdorbener Natürlichkeit!«

Ich war sofort hingerissen von diesem Mann. »Das ist meine Freundin Corinna aus Deutschland«, sagte **Leonardo DiCaprio** und legte seinen Arm um meine Hüfte, »sie sucht eine Rolle.«

»Was für ein Zufall!« rief Warner und klatschte begeistert in die Hände. »Wir drehen gerade eine gigantische Verfilmung des Untergangs von Brent Spar. Es wird die teuerste Produktion aller Zeiten, mit Bruce Willis, Jack Nicholson, Christopher Lee, Tom Cruise, Keanu Reeves und John Travolta. Leider hat sich unsere Hauptdarstellerin Gwyneth Paltrow bei einem hysterischen Anfall die Pulsadern aufgeschnitten und ist verblutet. Haben Sie nicht vielleicht Lust einzuspringen?«

Ob ich Lust hatte? Klar hatte ich Lust!
Die Verhandlungen über meine Traumgage verliefen reibungslos: Warner bezahlte mir eine Luxus-Suite mit Vollpension, und was ich nicht aufessen konnte, durfte ich mir einpacken lassen.

Brent Spar wurde der größte Erfolg der Filmgeschichte. Er brach alle Kassenrekorde, bescherte mir den Oscar für die beste weibliche Hauptrolle und den endgültigen Status eines Superstars.

Auf der Oscar-Galaparty war ich im Nu umringt von einem Pulk blendend aussehender Filmstars, Berühmtheiten und Journalisten, die nicht aufhören konnten, meine Schönheit und Darstellungskunst zu preisen. Ich bezauberte sie alle mit meinem unvergleichlichen Charme und spritzigen Esprit. Die ganze Gesellschaft bog sich ununterbrochen vor Lachen über meine geistreichen Witze, und die Nachricht von der unfaßbaren Scharfsinnigkeit meiner Konversation verbreitete sich wie ein Lauffeuer.

Die Menschen hingen an meinen Lippen – jeder wollte mit mir sprechen, ein Wort von mir aufschnappen oder mich berühren, doch ich hatte nur Augen für *Leonardo DiCaprio*, der den ganzen Abend nicht von meiner Seite wich.

Seine männliche, erotische Ausstrahlung haute mich einfach um! Von Amors Pfeil getroffen durchtanzten wir leidenschaftlich entflammt und wie selbstvergessen die ganze Nacht. Die Stunden verflogen wie Sekunden.

Später, als die meisten Gäste das Fest schon verlassen hatten, gingen *Leonardo DiCaprio* und ich Hand in Hand in den Park und setzten uns auf die Treppe eines kleinen Marmorpavillons, um den Sonnenaufgang zu erwarten. Wie ein wunderbarer Diamant prangte der Morgenstern, als das nächtliche Schwarz sich nach und nach in den samtenen Blaustufen des anbrechenden Morgens verlor. Erschöpft und berauscht vor Glück sanken wir uns in die Arme und schworen uns ewige Treue.

»Ich kann das alles noch gar nicht glauben«, sagte ich zu Leonardo, »es ist alles wie ein Traum.«

Leonardo lachte scheppernd und schlug sich mit den Händen auf die Schenkel. »Tja, Babe«, sagte er, »so läuft das immer in Hollywood. Aber jeder Traum geht einmal zu Ende. Pack deine Sachen, unsere Wege müssen sich jetzt wieder trennen.«

Er hatte natürlich recht, das sah ich ein. Also packte ich meine Sachen, und wir flogen zurück nach Deutschland.

Dort setzte mich *Leonardo DiCaprio* an derselben Autobahnraststätte wieder ab, an der er mich aufgelesen hatte, und verschwand ohne überflüssige Worte aus meinem Leben.

Hollywood war wundervoll, und es hat mir Spaß gemacht, so im Mittelpunkt zu stehen und so berühmt zu sein. Das alles habe ich *Leonardo DiCaprio* zu verdanken. Er verkörpert eine Menge cooler Dinge, die wir alle, glaube ich, bewundernswert finden. Er ist ein sympathischer, aufgeschwemmter Bohemien, der jeden Tag seines Lebens in vollen Zügen genießt. Die Aufmerksamkeit und der Respekt, die ich in Hollywood bekommen habe, sind nicht schlecht für ein armes Mädchen aus Münster in Westfalen. Diese ganzen Mathematiklehrer, die mir in der Schule das Leben zur Hölle gemacht haben – jetzt bin ich dran mit Lachen.

Deshalb möchte ich allen jungen Mädchen einen wichtigen Rat fürs Leben geben: Fahrt unbedingt so oft wie Ihr könnt per Anhalter, und habt keine Angst, allein zu dicken schmierigen Männern ins Auto zu steigen! Wer weiß – vielleicht habt Ihr dann auch mal ein so aufregendes Erlebnis... ❤

Hessen nimmt Abschied von Serge Gainsbourg

Wer raucht als wie der Gainsbuur Sersch,
dem seine Lung' werd bald zum Zwersch.
In Sersch sei Lung' ging nix mehr rein,
da half ihm auch kaan Krankeschein.
Der hat geraucht, als wie ein Schlot,
der Gainsbuur Sersch. Jetzt isser dot.

Was hat der üwwähaupt gemacht?
Geraucht! Bis ihm die Lung' gekracht.
Mer munkelt auch von scharfem Trinke.
Sei Lebä fing schon an zum Stinke.
Die Lebä war bald völlisch morsch.
Des war des End vom Gainsbuur Schorsch.

Sein Tod warn net zuletzt die Weibä,
vor allem die mit Luxusleibä:
Bardots Brischitt und Jane Birkin,
die machten Schorschis Lebä hin.
Und war er voll von Schmerz und Wein,
ging ihm die Kippe stangeweis' rein.

Der Lunge-Lebä-Kreis sisch schließt,
dergleichen mer im Brockhaus liest.
Der Sersch, der wurd so lang net klug,
bis mer ihn uff den Friedhof trug.
Drum, Leut! Wollt Ihr net gleich danebä,
gebt acht uff euä Lung' und Lebä!

DER FÜHRER PRIVAT

»Dann fang halt wieder mit dem
Rauchen an, um Himmels willen!«

HANDEL

Kein Thema: die ALDI-Brüder

WELTPREMIERE: Alle vier ALDI-Brüder auf einen Blick!

Wer bei wem in welcher Show zu Gast war und was er darüber in welcher anderen Show erzählte: Das ist schon **ziemlich** exakt umrissen hier nicht das Thema, sondern, um sogar noch genauer zu sein, etwas anderes. Und zwar: Wie sehen eigentlich die **ALDI**-Brüder aus? Kein Mensch hat die sympathischen Antistars je gesehen, und es gehen Gerüchte, Agenturen hätten 50 000 Euro auf ein Foto jener Männer mit **Koteletten** und Seitenscheitel ausgesetzt, die viele für ausgesprochen krasse Ausnahmemilliardäre und erstaunliche Partykrämer halten. Die Aufregung ist verständlich: **ALDI**-Nord, **ALDI**-Süd, **ALDI**-West, **ALDI**-Ostpreußen, vier Brüder, keine Schwester, vier Original-Charaktere zum Preis von zweien, einer **schillernder** als der andere, aber nur solange der Vorrat reicht. Alle stammen sie aus der Kaderschmiede des KGB, alle wollten sie das System von innen aushöhlen, alle haben sie dem Leben Sonderangebote gemacht und nicht gemerkt, daß sie in Wirklichkeit in Pumps auf **Pump** und Pumpespump leben, tragische Figuren in Fransenjacken und Westernstiefeln für **39,90** Euro, überagitiert, hochbegabt, Aquarellmaler. Sie verkehrten in Beatclubs und gingen bei Cornelia Froboess ein und aus, sie kannten **Walter Scheel** und gründeten die Rolling Stones. Sie verkauften Edmund Stoiber sein erstes Paar Schuhe, sie brannten runter wie 65-Cent-Kerzen aus teilweise echtem Stearin, sie waren strenge Katecheten und haben doch kein einziges Mal in ihrem Leben geflucht, außer einmal **ALDI**-West am 13.4.87: »Oha« soll er laut und vernehmlich gerufen haben, als ihm einmal ein Bleistift abgebrochen war. Erstaunliche **Hengste** alle vier. 1300 Kinder haben die **ALDI**-Brüder weltweit gezeugt, die insgesamt mehr als 500 Dollar im Jahr verschlingen. Bis heute paßt auf sie die einzige Großmutter in der Familie auf. Über die Bescheidenheit der **ALDI**-Brüder ist sonst wenig bekannt. Man weiß nur, daß **ALDI**-Ost Lichtschalter strikt **ablehnt**, weil man sie benutzen könnte, und daß **ALDI**-Süd auf Familienfeiern gerne Namensschildchen trägt; außer ihm kommt niemand. Er schläft in einem alten Kühlregal, und zu den wenigen Freuden, die er sich gönnt, gehören ein **Privatchor**, in dem er alle Stimmen selber singt. Zum letzten Mal gegessen hat er 1991 (Feuerzauber Texas), 1994 hat er einmal einen Witz erzählt, den die Stiftung Warentest mit »gut« (2,1) bewertet hat. **ALDI**-West leitet alle Filialen selber per Rohrpost und teilt den Filialleitern mit, **wo** die Kassiererinnen morgens um fünf welche Waren hinstellen sollen, **damit** verschlafene Mittelklasse-Schnatzen sie morgens um halb elf finden, verstanden? Ein Leben voller Poesie und im Einklang mit den Naturgewalten, immer wach, immer bereit, aus der ganzen Gefühlspalette nur die 700 wirklich brauchbaren und qualitativ besten anzubieten, zum Teil Markenprodukte in forciert glamourösem Style. Ein 1,60 Meter großer Ein-Euro-Designer mit einem Buckel und dem bösen Blick entwickelt ihn ständig weiter, »ständig weiter harhar«. Daß die halbe Welt über sie lacht (»**ALDI**-Dente«), nimmt das Quartett billigend in Kauf. Was zählt, ist die Revolution, sagen sie, und schütteln wild ihre langen Haare, **stecken** die Klampfen ein und singen einen dieser Songs voller Melancholie und zerschollener Träume, singen von Handelsbarrieren und Filialleitern mit blaßblauen Augen, von der Härte, die Herrschaft über eine Welt zu erlangen, in der alles käuflich zu sein scheint, Liebe nichts mehr wert ist und Ehrlichkeit zur Masche verkommt. Pünktlich um 20 Uhr müssen sie raus aus dem Proberaum. Sie schauen **noch** nach der verhärmten Nachbarin, trinken einen 89-Cent-Tee und gehen früh ins Bett. Sie machen alles gemeinsam, sind eine Community, gehen Tretbootfahren und grillen. Wenn wir nicht so scheißreich wären, sagen sie, wären wir Jesusfreaks geworden, sagen sie, aber so muß es eben auch gehen, sagen sie. Sie streifen sich die Schuhe nacheinander an einem Stück Kunstrasen für 16,99 Euro ab, ziehen ihre **Nachthemden** über und setzen sich Zipfelmützen auf, barocke Stenze auf dem Weg nach Bubu-Land. »Wer darf heute die Gutenachtgeschichte lesen?« fragt **ALDI**-West. »Du selber doch«, sagen die anderen, und alle lachen. Mittlerweile sind sie über achtzig Jahre alt. Unten am Plattenbau rauscht die Autobahn vorbei, jemand schreit.

Nein, diese Jungs geben niemals **auf**. □

Gunnar Homann

Schäm dich

Das ist Klaus Naumann (59).

Der Vier-Sterne-General, ehemalige Generalinspekteur der Bundeswehr und Ex-Vorsitzende des NATO-Militärausschusses ist Deutschlands höchstdekorierter Offizier. Doch was auf den ersten Blick wie eine gutbestückte Ordensammlung aussieht, entpuppt sich bei näherem Hinsehen als peinliches Fiasko.

Kein Wunder: schließlich gab es in den letzten 56 Jahren für deutsche Soldaten keine Gelegenheit, sich wahre militärische Ehren zu verdienen.

Gottlob ist diese Zeit vorbei.

Deutschland!

Goldene Sehhilfe am Bügel
Links: -6,5 Dioptrien, rechts: -8,2

Rechter Tragegriff

Linker Tragegriff

China-Wochen bei McDonald's 1984
Erfolgreiche Teilnahme am Truppenwettessen

Silberner Jackenknopf erster Klasse

Kleine Monstranz
anläßlich der Ersten Hl. Kommunion

Silberner Jackenknopf zweiter Klasse

Silberner Jackenknopf dritter Klasse

Silberner Jackenknopf vierter Klasse mit Ehrenknopfloch

Großer Ersatzknopf

1. Kameradenschwein 1971
2. Kameradenschwein 1972
3. Kameradenschwein 1973
4. Kameradenschwein 1974
5. Silberner Spind
6. 20 Jahre Bertelsmann-Buchclub-Treuemarke
7. Goldenes Ehrenzeichen der Vereinigung ehemaliger Kompanietrottel
8. Bronzemedaille im Spießrutenlaufen
9. Miese kleine Heulsuse dritter Klasse
10. Großes Verdienstausfallkreuz mit Stern
11. Großes Verdienstausfallkreuz ohne Stern, aber mit Karomuster
12. Mickey-Mouse-Sammelbriefmarke
13. Gewissenlosigkeitsmedaille in Silber
14. Gewissenlosigkeitsmedaille in Gold
15. Glückspfennig der Bundesrepublik Deutschland in Bronze
16. Großer Schikanierorden in Silber
17. Stubenältester (mit Eichenlaub)
18. Wanderabzeichen Sylt 1966
19. »Smokie«-Fanclub Wattenscheid (Ehrenvorsitz)
20. Alte Manöversau-Medaille in Blech

Benjamin Schiffner

Deutschland, Deine Dichter!

Grass freut sich immer noch!

Chlodwig Poth
Künstlerschicksale
Wie Peter Handke einmal zwei mißgünstigen Kollegen begegnete

Erstmals im Bild: MOHAMMED (Prophet)

Nimm dies, Araber!

Mohammed (bei einem guten Glas Wein)

Mohammed (mit einem Glas Schweinebraten)

Mohammed (bringt seiner Frau Blumen mit)

TROTZ BILDERVERBOT!

Wir lassen uns das Bildern nicht verbieten!

Gehört... gesehen... gesagt...
Neuigkeiten aus der Gerüchteküche

Charakter-Schönling **Sky Dumont** füllt seine Tätigkeit als Beau vom Dienst offenbar nicht mehr aus: „Ich könnte mir gut vorstellen, auch mal morgens um fünf Zeitungen auszutragen. Allerdings müßte man mir schon so 20 bis 50 000 Euro dafür zahlen. Und ich brauche meinen eigenen Wohnwagen und einen Stuhl mit meinem Namen vor jedem Haus und..." Versuch's doch mal bei „Camping&Co", Sky... Die **Wildecker Herzbuben** wollen sich aus dem TV-Geschäft zurückziehen. Grund: Hämorrhoiden. „Die sind kleiner und billiger als wir, haben aber die gleiche Wirkung. Dagegen kommen wir auf Dauer einfach nicht an!" Die müssen's ja wissen. Box-Genie **Vitali Klitschko** will noch höher hinaus. „Doktorrr hab ich schon in Tasche. Als nääächstes machen Hauptschulabschluß." Alle Achtung! Und was kommt dann? „Lassen säligsprrächen von Papst." Heiliger Sandsack... Böses Erwachen für Country-Legende **Gunter Gabriel**: „Ich hab neulich zum ersten Mal in meinem Leben in einem echten Truck gesessen. Die Hölle! Ein beknackter Scheiß-Job für hirnamputierte, kontaktgestörte, sexuell frustrierte Psychopathen! Damit will ich nichts mehr zu tun haben, werde mich jetzt an Konzertflügel versuchen." Na dann gute Fahrt, Gunter... Kennen Sie den Unterschied zwischen einem Faß Gülle und der neuen PUR-Platte? Frontmann **Hartmut Engler** schmunzelnd: „Ich verrat's Ihnen – Gülle klingt besser! Aber wenn Sie das drucken, zünde ich Ihnen den Arsch an!" Okidoki, Hertmut... Ist **Wim Wenders** sauer, daß er bei der Oscar-Verleihung leer ausgegangen ist? „Sauer ist vielleicht nicht das richtige Wort. Sagen wir so: Ich habe Stirnhöhlenkrebs bekommen vor Wut. Jetzt muß ich einmal die Woche zur Chemo-Therapie, so eine Scheiße!" Gute Besserung... Hellauf begeistert meldet sich **Lena Meyer-Landrut** von ihrem ersten Spanienurlaub zurück: „Die Spanier sind verrückt. Da unten kannst du an jeder Straßenecke für ein paar Hundert Euro 'nen echten Picasso kaufen. Inklusive Rahmen! Logisch, daß ich einige gleich doppelt gekauft hab, zum verschenken. Da wird sich der Raab aber freuen... Überraschendes Geständnis von Schmusesänger **Freddy Quinn**: „Ich finde mein Publikum zum Kotzen, mache alles nur wegen dem Geld. Eigentlich wollte ich Kryptofaschist werden, aber meine Mutter war dagegen." Alles nachzulesen in seiner neuen, nichtautorisierten Biographie. Als Autor sollen entweder Elke Heidenreich oder Altkanzler Schmidt dahinterstecken, sagen Insider. Das kann ja heiter werden... **Fritz Wepper** trauert um seine wertvolle Bargeld-Sammlung. Die war ihm so lieb, daß er niemals „ohne" ausging. „Ich hab sie immer bei mir getragen, in einem kleinen Spezial-Etui in der Arschtasche." Dumm: Wepper vergaß das Etui mitsamt Hose in Friseursalon. Happiges Trinkgeld, Fritz... Spätes „Coming Out" von **Roberto Blanco**: Beim Eisessen mit Cherno Jobatey platzte es aus ihm raus: „Ich bin Neger! Ich weiß das schon seit über 20 Jahren!" Mach dir nichts draus, Roberto: Wir mögen dich oder so nicht... Trotz Starruhm ist **Moritz Bleibtreu** noch immer ganz der Alte: „Ich bin haargenau das gleiche dumme Arschloch, das ich früher schon war. Kein bißchen klüger geworden! Da könnt ihr Idioten jeden fragen. Ich laß mich doch nicht verbiegen!" Nomen est eben omen... Sprechdöner **Cem Özdemir** hat Ärger mit der Müllabfuhr: „Die Dreckstürken machen morgens immer so einen Lärm, ich hab seit zwei Wochen nicht mehr richtig ausgeschlafen. Ich hab sie schon gebeten, nachmittags zu kommen, aber die Kanaken verstehen ja kein Deutsch!" Cem Dich... Was macht eigentlich **Nana Mouskouri**? Blitzanruf bei ihrem Agenten: Die sympathische Griechen-Schlampe ist bereits vor zehn Jahren bei einem Busunfall in der Antarktis ums Leben gekommen! Nur: Wer tourt dann derzeit durch die Nachtclubs der peloponnesischen Inseln? Antwort des Agenten: „Keine Ahnung, wieso?" War ja nur 'ne Frage... Rollstuhl-Genie **Stephen Hawking** kann wieder sprechen! „Eines Morgens bin ich aufgewacht, und dann ging's plötzlich. Dafür kann ich jetzt nicht mehr so brillant denken, aber das ist mir scheißegal! Kommen Sie mit zur Kirmes?" Nein, diese Wissenschaftler... Ach du Schreck: Hollywood-Sternchen **Salma Hayek** (1,57 m) ist eigentlich ein Mann (1,92 m). „Aber versuchen Sie mal, als Kerl 'ne anständige Rolle zu kriegen. Da schaffen Sie's nicht mal bis auf die Couch!" Hoffentlich erfährt das niemand... Alt-Bundeskanzler **Helmut Schmidt** steckt in einer schweren Sinnkrise: „Mir fehlt es so, Kanzler zu sein. Ich stehe jeden Morgen auf, trete ans Fenster und winke nach draußen. Aber da ist niemand. Ich bin so traurig. Bitte wählen Sie mich bald wieder!" Schnauze, Arschloch... Alptraum jeder Hebamme: In einer Kölner Klinik wäre Anfang Oktober beinahe **Willy Millowitsch** wieder-

geboren worden. Im buchstäblich letzten Moment kam aber ein Stromausfall dazwischen. Gerade noch mal gutgegangen... Staatsoberhaupt **Christian Wulff** meldet sich endlich wieder zu Wort: „Mein kleiner Unfall neulich, wo ich über die Fernbedienung gestolpert bin – in Wahrheit war alles ganz anders! Ich wollte mit meiner neuen Levi's in die Wanne steigen, damit sie sich meiner Körperform optimal anpaßt. Dabei bin ich auf der Seife eines zufällig anwesenden Bekannten ausgerutscht und mit dem linken Auge unglücklich auf meinen Staubsauger gestürzt. Aber so was glaubt einem natürlich keiner!" Stimmt... Das mußte ja so kommen: Nach Howard Carpendale droht jetzt auch TITANIC-Hausdichter **Thomas Gsella** eine Unterhaltsklage: Sigrid Löffler behauptet, seine uneheliche Mutter zu sein! Seiner Vorladung zum Vaterschaftstest sieht Gsella allerdings gelassen entgegen: „Alles klar! Wen soll ich ficken?" Armer Irrer... Nazi-Kenner **Guido Knopp** arbeitet an einem aufsehenerregenden neuen Projekt fürs ZDF: „Eine mehrteilige Doku-Reihe mit dem Arbeitstitel ‚Hitlers Parasit'. Ich will noch keinen Namen nennen, aber es geht um eine bestimmte Person, die ‚nen Haufen Asche gemacht hat, indem sie das Leben des Nazi-Diktators für mehrteilige Doku-Reihen im ZDF ausgeschlachtet hat!" Klingt interessant... **Gloria von Thurn und Taxis** will ihren Namen ändern lassen: „Bei mir rufen dauernd Leute an, verlangen, dass ich in zehn Minuten am Hauptbahnhof oder vor Rosi's Bistro oder sonstwo sein soll. Ich hab kaum noch Zeit für mich, laß mich deshalb in ‚Sammeltaxi' umtaufen." Nein, diese Adligen... Riesenüberraschung für die **Kastelruther Spatzen**: „Neulich war uns langweilig, da haben wir uns mal eine von unseren eigenen Platten angehört. Totaler Schrott! Einfach unverschämt von uns, für so was auch noch Geld zu verlangen." Späte Einsicht... **Mutter Beimer** wird Vater! Geht doch gar nicht? Geht doch: per Adoption. Sachen gibt's... Das Rätselraten um **Heiner Lauterbachs** Herzprobleme hat ein Ende: „Ich hatte gar keinen Infarkt, sondern einen ganz gewöhnlichen Wanderhoden. Da ist doch nichts dabei! Als er mir beim Zähneputzen ins Waschbecken fiel, wußte ich: Heiner, jetzt aber schnell ins Hospital! Zum Glück hatte ich den Stöpsel drin." Gut, daß das nicht bei 'ner Weinprobe passiert ist...

Benjamin Schiffner (25) / Martin Sonneborn (26)

Gehört... gesehen... gesagt... Gehört... gesehen... gesagt... Gehört... gesehen... gesagt...

Schneller, besse

Ein doppelt vertrackter Annäher

Das Grauen hat viele Gesichter. Die Schumachers haben nur eins – aber das gleich doppelt. Was freilich kein Nachteil sein muß. Angesichts der Unmenge mediokrer Mienen, die heutzutage noch der kleinste Medienverbraucher memorieren muß, ist selbstredend jeder erspart gebliebene neue Anblick schon eine beachtliche Daseinsverbesserung, ein Schritt zum Glück nach vorn. Insofern war das allmähliche Auftauchen des kleinen Schumachers nach dem des großen eigentlich keine allzu furchtbare Überraschung mehr. Na immerhin.

Micha (28) und Ralf (22): So sehr die rein optische Sichselbstgleichheit des Schumacherschen Doppelvergasers auch eine innere und, falls man überhaupt davon sprechen kann: geistige Wesensähnlichkeit vermuten läßt, so sehr beschleunigt sich doch auch angesichts des fraternalen Elends der klammheimliche Verdacht, hinter der kappen- und overallbehängten Außenhaut der Kerpener Sportskanonen wese weitaus mehr Trennendes als Einendes, etwas höchst Absonderliches, eine noch dämonischere Divergenz, als deren unterschiedliche Sonderlackierung in einerseits Rot (Michael), andererseits Gelb (Ralf) oszillierend anzudeuten vermag.

Daher die Frage, die selbst die *Bunte* am 24.04.97 vergebens stellte: »Wer ist der bessere?« Ja, wer?

Diese Frage muß gestellt und in einem Aufwasch auch schleunigst beantwortet werden. Denn die jüngsten fahrpraktischen Vorkommnisse – v.a. Ralfs familieninterner Rempelunfall am 28.9. auf dem Nürburgring, als er mit seinem Jordan-Peugeot erst gegen den Ferrari des Bruders und anschließend selbst in die Berberitzen brezelte –, solch pferdestark aufgezäumter Stumpfsinn nämlich schürt die nicht unberechtigte Hoffnung, der eine Bruder möge sich vielleicht des anderen sozusagen im Vorbeifahren entledigen, um die verwirrende Doppelpräsenz endlich wieder zugunsten einer singulären Einzelplage aufzuheben. Dafür ist der von beiden favorisierte Rennsport ideal, schließlich muß es ja nur wie ein Unfall aussehen.

Schumachersein: was heißt das heute? Mehr als nur das in den Öltank gesprochene »Ich bin zwei Schumachers«? Schon hier gehen die Meinungen weiter auseinander als die Augäpfel des *Zeit*-Chefredakteurs Roger de Weck. Die einen sehen in den beiden Brumm-Brumm-Geschossen zwei mit bloßem Auge schon nicht mehr unterscheidbare Ergebnisse einer ziemlich aus den Fugen geratenen und letztlich unkontrollierbar gewordenen Genmanipulationstechnologie, deren geklonte Folgen wir nun zu ertragen haben; andere aber interpretieren die Gebrüder Startschuß als langfristige Ergebnisse eines Zusammenstoßes zwischen den bis dahin unbescholtenen Kerpener Go-Kart-Bahn-Betreibern Rolf und Elisabeth Schumacher, zwei einfachen Leuten, die sich außer ihren Söhnen nichts haben zuschulden kommen lassen. Aus kontrolliertem Hybridanbau züchteten sie aber »Schumi 1 und Schumi 2« (*Bild*), zwei Stück sympathische Nicht-

raucher und Nichttrinker, und so sagt Michael S. ja noch heute: »Ich weiß, wenn man auch nur ein Glas Bier getrunken hat, dann ist man irgendwie anders« (*BamS*, 4.5.97). Interessant eigentlich, wie ein solches Anderssein bei Michael Schumacher wohl aussehen mag. Etwa wie Ralf Schumacher?

Aber genug der Spekulation – freie Fahrt den »Fakten« (H. Markwort): Immer wieder wird ja in den »Medien« vorsätzlich behauptet, die beiden Gebr. Schumi sähen einander ähnlich wie ein geklontes Ei dem anderen aus dem Gesäß geschnitten. Das ist natürlich Unsinn. Beide sehen anders aus, nämlich eindeutig so wie der jeweils andere aussehen täte, wenn er nicht schon das eigene Gesicht vor dem Zylinderkopf hängen hätte.

Und für den Rennsport sind diese Gesichter schlechterdings wie geschaffen. Sie entsprechen den strengen deutschen TÜV-Richtlinien und sind sonach unbeschränkt für den Straßenverkehr zugelassen. Das Denkchassis mit obenliegender Fönwelle ist auch bei Nebel gut erkennbar und verleiht den Schumacherschen Gesichtsboliden größtmögliche Festigkeit bei gleichzeitig wahnwitziger Kurvenstabilität. Die tiefergelegte Kinnpartie ist doppelt kohlefaserverstärkt und mit Rammschutz ausgestattet. Beider Einfüllstutzen ist signalhaft kreisrund geformt und ergonomisch günstig in die Gesichtsmitte eingepaßt, wobei zahlreiche Amalgameinlagerungen im hinteren Rachenraum ein vorzeitiges Ausbrechen des Kaugestells verhindern.

In facialer Pole-Position befindet sich der nur leise schnaubende Auspuff, darüber sind jeweils zwei empfindliche Beobachtungsinstrumente eingepaßt, mit deren Hilfe die Piloten gegnerische Fahrzeuge schon nach kurzem Nachdenken erkennen und vom eigenen unterscheiden können. Im oberen Zylinderkopfbereich spielt sich nicht mehr viel ab; lediglich ein großzügig bemessener Stauraum zwischen den Akustikmeldern und der Mütze sorgt für entspannten Fahrkomfort daheim oder zu zweit. Erhältlich ist das Modell in Rot oder Gelb, Preis Verhandlungssache.

Doch das ist nur die halbe Doppelwahrheit, denn mit planen Zahlen und Fakten ist den Brüdern beileibe nicht beizukommen. Selbstverständlich zählen auch hier mehr so die inneren Werte und Qualitäten. Unter diesem Gesichtspunkt hat Schumachers Michael zweifellos die besseren Karten, nämlich den größeren Fuhrpark, nämlich nachweisbar einen 320er Kompressor-Mercedes zum Fahren, einen roten Ferrari zum Reparieren, eine Harley zum Angeben und Stücker drei Häuser zum Abschreiben und Vermieten. Ferner hat er gleich zwei Corinnas: eine ist eine Frau und mit ihm verheiratet, die andere eine Zehn-Meter-

Oder dümmer?

Versuch von Oliver Maria Schmitt

Yacht und auf ihn zugelassen. Da sieht's natürlich schlecht aus für das Nachfolgemodell Ralf, denn sponsorvertraglich ist der eher zum BMW neigende Breitreifenbruder nun auch privat zum Peugeot-fahren verdammt – wer wollte da schon mit ihm tauschen?

Auch in der echten Liebe zum anderen Geschlecht führt der Einser-Schumi: er hat in Zahlen vier Hunde, Bruder Ralfi indes nur zwei, namentlich den süßen Zwergschnauzer Sandy und einen pikanterweise belgischen Schäferhund mit dem Kennzeichen Cora. Dennoch scheint der kleine Schumi ein durchaus gespanntes Verhältnis zu Kamerad Tier zu unterhalten, denn nach eigenem Bekunden will er sich später mal »gegen Tiertransporte« engagieren. Wahrscheinlich deswegen, weil die mit ihren blöden LKWs einfach viel zu langsam sind.

Trotz seiner zwo Köter ist Ralfs Glückszahl eindeutig die Drei: 3 Unfälle hat er schon bei Rennen gebaut, in Monte Carlo besitzt er eine 3-Zimmer-Wohnung, pro Saison beglückt er 3 Weiber mit seinen 3 Eiern, und genau 3 PS fehlen ihm noch, damit sein Jordan-Peugeot auf 743 PS kommt. Und er hat noch alle 3 Tassen im Schrank! Das sind vier mehr als in der Formel 1 gesetzlich vorgeschrieben.

Sein viel glücklicherer Bruder hat allerdings auch viel höhere Glückszahlen, so 62 Millionen im Jahr etwa, die er sich als rheinisch quakende Plakatsäule verdient, u.a. für Marlboro, Shell, Dekra, Maggi, Uhu, Always Ultra, Dulux Feste Farbe, Aero-Luftschokolade, Bad Wurzacher Gelenkschmiere, den Eichborn-Verlag, Frolic plus Calcium, Coca-Cola, River-Cola, Klub-Cola, Libella und Bizzl Pink Grapefruit.

Daß das Geld im Haus bleibt und sich Rotzlöffel Ralf später auch mal ein anständiges Auto leisten kann, dafür sorgt »Doppel-Schumi-Manager« (Bild) Willi Weber (55). Der überzeugte Goldkettchenträger hört es gar nicht gern, wenn man ihn bei seinem Spitznamen »Schnallen-Willi« ruft, konnte er sich doch bisher stets erfolgreich gegen die Gerüchte wehren, er habe früher mal in Stuttgart Prostituierte vermarktet. Heute vermarktet er Claudia Schiffer und hat nur noch einen Traum: »Meine zwei Buben in einer Startreihe – davon träume ich.«

Was dabei aber herauskommt, haben wir ja nun gesehen. Einen »Chaos-Unfall« konstatierte Bild hochzufrieden am 29.9. und weidete sich sichtlich an dem sogar von Grillparzer tragödienhaft schon vorausgeahnten Bruderzwist in Nürburg. »Soll ich bremsen, nur weil ich der Bruder von Michael bin!« kreischte nach dem Rumms der Jüngere und ließ Bild ganzseitig schon von einem motorsportbiblischen »Bruder-Mord« fieberträumen.

Aber leiderleider: Blut ist dicker als Benzin, beide tranken bereits wieder Benzinbrüderschaft, tauschten sich über Hunde und Pferdestärken aus und telefonierten ordentlich was weg. Und Ralfi steckte der Bunten: »Wir reden meist belangloses Zeug.« Hätten wir denn was anderes erwartet?

Nein. Wir hegen, im Gegenteil, milde Nachsicht, fast stille Sympathie mit dem Jüngeren. Natürlich ist Ralf weitaus wilder, entschlossener, aufbrausender, verwegener und evtl. auch behämmerter als Michi, und natürlich ging er an diesem vermaledeiten 28. September mit einer Stinkwut in den Nürburger Startring. Erst fand er sein Auto nicht, hatte vergessen, wo er den Peugeot geparkt hatte, dann bekam er von seinem Team eine gesalzene Werkstattrechnung verpaßt, und schließlich mußte er auch noch mit einer Cassettenhülle die Scheiben freikratzen – während der tollkühne Bruder längst in seiner stinkenden Kiste saß und die Verkehrsdurchsagen fürs Rennen auswenig lernte. Ein Riesenvorteil für den! Kann man da verübeln, daß der Hansdumpf und Fahrinsfeld Ralf Schumi, dieser für seine »Undiplomatie« (M. Schumacher) eh schon berüchtigte Ersatzbruder, alsbald mit quietschenden Reifen losfuhr und den vorausheizenden großen Schumi 1 entschlossen überholte und »wie eine Furie« (Corriere della Sera) rammte? Aber nie im Leben!

Schumi 2 hat einmal gesagt: »Wenn sie mir in der zweiten Runde nicht die gelbe Flagge gezeigt hätten, dann wäre ich eine bis zwei Zehntelsekunden schneller gewesen.« Das ist fein beobachtet und noch feiner gesagt. Und sagt uns dies nicht schon fast alles über Ralf 2 oder vielleicht auch Michael 1 Schumacher? Mehr jedenfalls als das bislang immer noch völlig unauslotbare Diktum Michaels, das ihm neulich im Bundesverkehrsministerium und in Gegenwart des nicht minder obskuren »Verkehrsministers« M. Wissman dem Sprechspund entquoll, als man ihn, Schumi, fragte, ob er sich denn auch für ministrabel halte: »Ich habe zwar viel Fahrpraxis, aber ich muß zugeben: das als Minister umzusetzen, wäre für mich ein Problem.« Schwer zu sagen, wer hier den eigentlichen Fehlstart hinlegte: der Sinn oder das Hirn.

Aber das kann die zwei beiden nicht ausbremsen, die Schumis sind arschklar startklar in eine Zukunft weit über die Rennsportsaison 98/99 hinaus: Der eine wird wahrscheinlich doch bzw. erst recht Verkehrsminister, der andere nagelt Blondinenwitze hinterm Altreifenstapel und rammt aus niedrigen Beweggründen Tiertransporter. Super.

So sind doch eigentlich, bei Rücklicht besehen, beide Brüder gleich gut und mindestens auch gleich doof; jeder hat so seine Stärken und Schwächen. Michael ist zwar heute noch besser bei Regen, aber irgendwann ist bestimmt auch Ralf mal besser, vielleicht wenn geräumt und gestreut ist oder vielleicht bei Stau. Oder möglicherweise entfaltet er seine Rennfahrerqualitäten erst bei einer Umleitung? Wer weiß das schon.

Wir wissen es nicht, und es kann uns auch so scheißegal sein wie nur was. Denn im Grunde genommen sind doch beide nur ganz ungewöhnlich grandiose Arschgeigen. Besonders der eine. □

Elsemarie Maletzke
Die Wette gilt!

Was gibt's hier zu sehen? Zwei Bilder, einander merkwürdig ähnlich, und doch liegen nicht nur fünf Jahre, sondern Welten dazwischen. Oben: Konkurrenz, Verdruß und zahnende Gemeinheit. Unten: Liebe, Versöhnung und herzlicher Beifall. Was war geschehen?
„Du baust doch ständig Scheiß", fuhr Nachwuchsspieler Peter K. (links) seinen wenig geistesgegenwärtigen Mitspieler Helmut K. (Mitte) 1976 in den Sommerferien an. „Ich wette, dir gelingt kein gescheiter Wurf mehr!" – „Um die Spielführer-Ehre?" Top – die Wette gilt. Die Würfel kreisen. Peter K. scheint recht zu behalten. Die Hand des glücklosen Spielers umklammert die längst erkaltete Pfeife. Jahreszeiten kommen und gehen. Seine Abwesenheit am Arbeitsplatz fällt niemand auf. Ans Brett gefesselt, bleibt kaum Zeit zum Garderobenwechsel. Der dunkle Rollkragenpulli vergilbt. Das seidig glänzende Cord-Sakko zerfällt zu Staub. Walter K. (rechts) will der erste Bart wachsen. Der Mama geht die Limonade aus, aber sie hält die Stellung. Da – nach fünf Jahren, die erste Sechs. Helmut K. darf über LOS rücken. Der frischgebackene Ehrenspielführer übermütig zum Verlierer: „Kopf hoch! Ich geb dir ne Schangse bei der Revanche!" Aufs neue kreisen die Würfel ...

Ernst Kahl: »Jesus zeigt Lenin seine Wundmale«

Die zehn peinlichsten Persönlichkeiten

ausgewählt von Bernd Eilert, Wilhelm Genazino und Eckhard Henscheid

Falls es Ihnen, lieber Leser, bisher entgangen sein sollte: Wir leben in einem Zeitalter der a) Verblasenheit und b) noch inniger der Peinlichkeit. Schätzungsweise 95 Prozent der bundesdeutschen Bevölkerung prangen mehr oder minder entschieden: peinlich.

Etliche und besonders begabte Persönlichkeiten, vor allem aus dem medialen Bereich, ragen dennoch weithin sichtbar aus dem Massenpanorama hervor, als Koryphäen, Karyatiden, ja Neuntausender an Peinlichkeit. Ihnen soll hier die teilweise längst verdiente Ehre angetan werden.

Pein: Gewiß, sie bereiten sie bis an die Ränder von existentieller Verzweiflung. Wir alle sind heute umstellt, eingekreist, ja konfusioniert von zutiefst peinlichen Persönlichkeiten. Es gibt kein Entrinnen: denn weder ist Peinlichkeit strafbar noch durch Revolution zu beseitigen. Nicht unterschlagen werden aber darf die gleichzeitige Lust an den Peinlichen, an ihrer ständigen Präsenz. Es ist die Lust an der Erkenntnis: daß – negative Dialektik – das Leben ohne sie halt noch ärmer wäre.

Nach welchen Kriterien soll aus dem riesigen Peinlichkeitsangebot ausgewählt werden? Schwer zu sagen: Aufdringlichkeit, Dummheit, Lautstärke, Resistenz, Schamlosigkeit, Unentfernbarkeit? Schmutziger Charakter, schmierige Gesichter, schmalzige Hemden, schmockige Ohren? Soll man die klassische Bestimmung von Peinlichkeit als „unangemessenes soziales oder öffentliches Verhalten" zum Maßstab machen? Aber ist übertrieben angemessenes nicht noch peinlicher? Immerhin, die Betreuer dieser Kolumne, gefuchste und langjährige Beobachter der Peinlichkeitsszene, stehen mit ihren unbestechlichen Namen und ihrer unwiderstehlichen subjektiven Empfindsamkeit für die Zuverlässigkeit des Barometers gerade. Leser-Hinweise nehmen wir aber gern entgegen.

Es wird Grenzfälle geben. Personen, die zwar peinlich sind, aber doch etwas anderes mehr: zum Beispiel gefährlich, zum Beispiel Khomeini; oder gar zu widerlich, wie etwa Reginald Rudorf, BILD-Medienexperte und als solcher sozusagen die Spitze des Scheißbergs. Und es gibt Figuren, die – Luis Trenker z. B. – plane Peinlichkeit schon hinter sich gelassen haben, ins Metaphysische, Unangreifbare übergewechselt sind.

Meist werden wir unsere Entscheidungen auch kurz begründen: Daß Reinhold Messner von dem dunklen Drang besessen ist, über alle möglichen Berge zu biwackeln, stört uns kaum. Auch wie er das macht, ist seine Sache: ohne Sauerstoffgerät, ohne Träger, ohne Hosenträger – unseretwegen auch ohne anzukommen. Unerträglich ist nur der bloße Gedanke, dies naßkalte Gepickel sei in irgendeiner Weise vorbildlich und dieser denkfaule verklemmte Gesell eine Art „Volksheld", wie der „Spiegel" behauptet, der derlei Pennäler-Prahlereien neuerdings heiß unterstützt.

K. Carstens will eine Flasche Ostseewasser auf die Alpen gießen. Das reicht. Irgendwie können einem die Gebirge langsam leid tun.

Auch K. Struck ist beinahe bloß noch bedauerlich. Ein Stück aus der Suhrkamp-Retorte („Klassenliebe") von zahnlosen vampiristischen Kritikern in den Selbst- und Muttermord gehudelt; den gleichen, die sich nun – und dafür gehören eigentlich sie auf die Liste – an den Aschenbröseln weiden, die sie sich nimmersatt aus den knochentrockenen Fingerchen saugt. Dennoch: K. Struck ist nach wie vor die allermiserabligste von vielen miserabligen Schriftstellern. Insofern ist sie auch ein Glück für G. Zwerenz, der nur deshalb über Platz 6 nicht hinauskam; und der wiederum ist ein Segen für P. Härtling und alle, die da meinen, durch regelmäßige Ablieferung in der Regel mäßigen Buchwerks schon das ewige Recht erworben zu haben, mindestens einmal pro Woche ihr kulturgegerbtes Gesicht zum Fernseher herauszustrecken. Darauf sind wir natürlich besonders neidisch.

Daß der Papst als singender Schwimmbadbesitzer durch Polen tingelt, läßt schon jetzt Pauls Pillenprohibitionen vergessen. Ältere Meriten können der TV-Meinungsbesitzer Stephan und der Anstreicher Warhol reklamieren – ein neuer strahlender Stern in der Hölle aber ist E. Gunsch: Wetterfrosch, Rentner-Showmaster, Kolumnist, Protopüppchen für C&A-Kleidung. Rang 4 gebührt ihm vor allem für seinen beharrlichen Versuch, etwas so Ernstes wie unser Wetter ins Lächerliche zu ziehen. Dies wiegt nicht einmal der nicht enden wollende Bruderhandel des U. Hoeneß ganz auf; und ihrerseits die Brüder Vogel, weil sie sich noch immer nicht einig sind, wer wen und zu welchem Zweck an welchen Verein verscherbelt, haben sich ihren schlechten Platz selbst zuzuschreiben. An sich hatten wir für Rang 10 Golo Mann notiert, wir konnten ihn aber leider nicht erreichen und sein Einverständnis einholen. Kopf hoch, Golo, vielleicht klappt's beim nächstenmal!

Bestenliste November

1. **Reinhold Messner** (Berg)
2. **Karl Carstens** (Wanderpräsident)
3. **Karin Struck** (Sprachkunst)
4. **Elmar Gunsch** (Sprachkunst)
5. **Uli Hoeneß** (Management)
6. **Gerhard Zwerenz** (Bartträger & Biolsky-Tuchograf)
7. **Klaus Stephan** (Vollbartträger)
8. **Andy Warhol** (USA)
9. **Karol Wojtyla** (Hörspiel)
10. **Dr. Jochen und Dr. Bernhard Vogel** (Brüder)

Achtung, letzte Warnung an Manfred Vorderwühlbecke, Hua Kuo Feng, Heinrich Böll, Wolfram Siebeck, Carolin Reiber und Erhard Eppler! Wenn Sie so weitermachen, ist Ihnen der Listenplatz sicher.

Bernd Eilert

PEINLICH, PEINLICH
Zehn Jahre im Dienst der gepflegten Diffamierung

Die Geschichte der Menschheit wird erst interessant durch das Aufkommen der Peinlichkeit. Zumindest in der mosaischen Version: Da leben Adam und Eva im Paradies, «und sie waren beide nackt, der Mensch und sein Weib», so heißt es vor dem Sündenfall im 1. Buch Mose, Kap. 2, Vers 25 ganz ausdrücklich, «und schämten sich nicht». Dann aber bedienten sie sich von den verbotenen Früchten der Erkenntnis. Und was erkannten sie? «… daß sie nackt waren.» Und das war ihnen offenbar peinlich, denn prompt flochten sie Feigenblätter zusammen «und machten sich Schürzen» (Kap. 3, Vers 7). Der Rest ist bekannt.

Und so geht's die gesamte Menschheitsgeschichte hindurch: Wer sich selbst erkennt, fliegt sogleich aus dem Paradies der eigenen Größenwahnvorstellungen. Allerdings schützt nicht einmal diese Erkenntnis vor weiteren Peinlichkeiten. Das hat schon der weise Salomon erkannt: «Wenn du einen siehst, der sich weise dünkt, da ist an einem Narren mehr Hoffnung denn an ihm.»

Oder, wie es der noch weisere F. K. Waechter angeblich von Leibniz übernommen hat: «Unser Leben ist eine Kette mehr oder weniger organisierter Entgleisungen.»

Wie aber kann man im Zwielicht dieser Erkenntnisse der Peinlichkeit entgehen? Ganz einfach: indem man ein Leben führt fernab der Öffentlichkeit und noch ferner jeder Form der Veröffentlichung. Denn wer sich in die Medien begibt, kommt darin um seine natürliche Unangreifbarkeit. Er kann machen, was er will, irgendwann fällt er in die Kluft zwischen guten Absichten und böser Wirklichkeit, eigenem Anspruch und dem, den diese Medien ihm unterstellen. Im Zweifelsfall eben ein Medium wie TITANIC, das sich bewußt der fairen Behandlung seiner Opfer verweigert.

Die «Liste der peinlichsten Persönlichkeiten» – erstmals angelegt im November 1979, anfänglich mit zehn, später dann mit sieben Positionen – ist eines der besten Beispiele dafür: Durch nichts gedeckt als durch

die schon ungesunde Empfindlichkeit der Juroren in Stilfragen, wurden hier mit Vorliebe honorige Persönlichkeiten der möglichst nicht zu offensichtlichen Peinlichkeit überführt. Und zwar mit ebenjenen Mitteln, die schon Ernst Jünger stramm verurteilte: «Mit Zitaten kann man ebensogut Goethe als Pornographen hinstellen … Es ist ja auch die billigste Art und Weise, in der man einen Menschen attackieren kann.» Ein Zitat, das zumindest demonstriert, wie man eine richtige Erkenntnis und den größten Unfug auf einen Sitz ausscheiden kann. Nebenher gesagt: E. Jüngers geheime Sehnsucht nach tätlichen Attacken, möglichst in Duellform, ist zwar kindisch, hätte ihm aber noch keinen Platz unter den peinlichsten Persönlichkeiten gesichert.

Denn so einfach wollten wir es den Kandidaten für unsere Liste nicht machen: Falschzuliegen, und sei's auf der ganzen Linie, qualifizierte noch nicht für eine Nominierung. Noch weniger kümmerten wir uns um die vielen Unseligen, die, von der Aussicht auf Warhols fünfzehnminütige Weltberühmtheit verführt, in die Medien drängten – damals natürlich noch viel weniger als heute, da das Fernsehprogramm zu größten Stücken von grinsdebilen Laiendarstellern bestritten wird. Unseren Ansprüchen hätten sie alle nicht genügt.

Unsere Arroganz ließ Not- und Elendlösungen nicht zu, wir suchten nach kapitalen verborgenen Widersprüchen: das richtige Bewußtsein am falschen, das falsche am richtigen Platz, Eigennutz, der sich als Pflichterfüllung tarnt, Eitelkeit, die sich für Demut ausgibt, Koketterie, die sich hinter Bescheidenheit verbirgt, viel Lärm, wo es um nichts geht, betretenes Schweigen, wo es zu widersprechen gilt, das Einrennen offener Türen oder das Verharren vor Schwellen, jenseits deren es interessant werden könnte, schonungslose Offenheit, wo Diskretion gefordert wäre, Diskretion, wo Öffentlichkeit ihr Recht hat, und insbesondere: sich in den Medien über ebendiese Medien beschweren, sei es über deren Ignoranz, sei es über deren angeblich übertriebene Aufmerksamkeit, vulgo: Hetze.

Der Fall des Barons zu Guttenberg (so nennen wir einen deutschen Ex-Minister in seinen besten Jahren, dem weniger die Fälschung seiner Doktorarbeit als die Fehleinschätzung der veröffentlichten Meinung Amt und Würde kostete) lieferte für all diese Nuancen von Peinlichkeit ein gutes Beispiel. Ein

Held, den die Medien so prächtig ausgestattet haben, ist selbstverständlich fassungslos, wenn ihn dieselben Medien dermaßen entrüsten, daß er am Ende als der jämmerliche Hochstapler dasteht, der er natürlich auch war. Wobei letzteres noch einer der zwei sympathischen Züge war, die ihm wenigstens einen Hauch von Originalität verliehen. Der andere, Guttenbergs beinah entwaffnende Infantilität, offenbarte sich fast rührend bei seinem Abschied als Verteidigungsminister, als er sich zum Großen Zapfenstreich die Hymne aller geborenen Verlierer wünschte: «Smoke on the Water».

In solchen Fällen, in deren Umfeld Peinlichkeiten sprießen wie Fußpilze im Whirlpool, sehnt man sich manchmal zurück nach den Anfangszeiten der TITANIC, da das Wort Peinlichkeit allenfalls im Zusammenhang mit Tischsitten und Tanzstunden gebräuchlich war. In unserer ersten Liste von 1979 erweiterten wir das Bedeutungsfeld des Begriffs dann aber doch ganz ansehnlich.

Beim Wiederlesen der alten Hefte ist es durchaus überraschend, daß die Mehrheit der gelisteten Personen immer noch nicht ganz vergessen ist, ja, daß einige sogar nach wie vor ihr Unwesen treiben. Leider ein weiterer Hinweis darauf, daß diese Zeit, die stets beteuert, kurzlebig zu sein, einen erschreckend langen Atem hat. Und gerade ihre peinlichsten Vertreter schnappen immer wieder genügend heiße

Luft, um sich aufs neue aufzublähen. Währt ihre pralle Präsenz nur lang genug, läuft man sogar Gefahr, sich an ihren üblen Mundgeruch zu gewöhnen.

Gewöhnung aber ist der Feind der Aufregung – und so fiel es auch den Juroren dieser Liste zunehmend schwer, das nötige Maß davon zu produzieren. «Das tragische Gefühl, das gerade in der Tatsache liegt, daß etwas häufig auftritt, ist noch nicht in die grobe Gefühlswelt eingedrungen.» George Eliot hatte da ziemlich recht. Auch wenn sich die Opfer unserer Diffamierungslust einzigartig vorkommen mochten – wir erkannten häufig identische Muster in ihrem Verhalten. Und wir liefen nicht nur Gefahr, uns zu wiederholen, sondern machten Schule: Listen, mindestens so haltlos wie die unsere, erfreuten sich zunehmender Beliebtheit, der Zeitgeist lechzte nach Polemik, und in diesen Folgetaten spielte auch die Kategorie der Peinlichkeit eine größere Rolle. Wenn auch in sträflich vergröberter Form, weitab der unseren, die stets Adorno verpflichtet blieb, der es einmal so ausgedrückt hat: «Das Peinliche verschränkt unauflöslich sich mit dem, wofür zu danken ist.» Es verbietet, dem etwas hinzuzufügen, sich.

Deshalb ist hier zu danken für zehnjährige Aufmerksamkeit seitens der Leser und zu schließen mit der letzten Liste der Peinlichsten Persönlichkeiten vom Dezember 1989. Et voilà:

Die sieben peinlichsten Persönlichkeiten

vorgestellt von Bernd Eilert und Adolf Sömmerring

„Uns bleibt ein Erdenrest zu tragen peinlich."

1. Eckhard Henscheid (Juror 1979–82)

2. Bernd Eilert (Juror 1979–89)

3. Wilhelm Genazino (Juror 1979–81)

4. Rainer Baginski (Juror 1982–83)

5. Achim Szymanski (Juror 1982–84)

6. Dr. Alfred Piana (Juror 1981–83)

7. Adolf Sömmerring (Juror 1984–89)

Peinlichkeit kann ihrem Wesen gemäß zunächst allein individuell empfunden werden. Danach mag sich eine Art kollektiver Übereinstimmung herstellen lassen. Diese im Privatleben meist stillschweigend oder durch Gelächter zu treffende Übereinkunft einer breiteren Öffentlichkeit schriftlich anzubieten und die allgemeine Empfindsamkeit dafür zu steigern, war Ziel dieser Kolumne, denn geteilt mit anderen läßt sich die Pein, die uns gewisse Persönlichkeiten regelmäßig bereiten, tatsächlich leichter ertragen. Bisweilen wird es gar zum Vergnügen, den Peinbereitern heimzuzahlen, was sie verdienen, und zum Spaß in polemischer Formulierung über das gesetzte Ziel möglichst weit hinauszuschießen. Lümmelhafte Lust am Niederreißen Hochfahrender und ehrlicher Ekel vor dem, was man sodann mit Füßen und in Gänsefüßchen treten mußte, ergänzten sich: Einmal war es die altkluge Selbstbefriedigung des bösen Buben, ein andermal die genießerische Altersweisheit des guten Kenners, die aus den Urteilen sprach – immer aber auch die vage Ahnung der eigenen Unfähigkeit, die angenommene Souveränität von plumper Vertraulichkeit in die eigene Urteilskraft freizuhalten, und die gespürte Ohnmacht, sie vor der Hast der Unmittelbarkeit zu schützen. All das läßt sich zu der Gewißheit verdichten, daß notwendig in jeder Kritik ein geheimes Moment des Einverständnisses mit jener Peinlichkeit liegen muß, auf die sie abzielt.

Letzteres gilt vor allem für eindeutige Fälle, deren Peinlichkeit als erwiesen gelten kann, sobald der Name nur fällt. Die ganze Figur strahlt dann bereits vor existentieller Peinlichkeit und gleichzeitig Zufriedenheit mit einem sakrosankten Selbst, das sonst nur jungen Hunden oder schönen Mädchen gegeben ist, die zu beobachten ebenfalls Lust und Pein zugleich bereitet.

Schwieriger wurde es in Grenzgebieten, wo nicht bloß der Peinliche selbst, sondern auch kritische Beobachter von seiner Verurteilung und ihrer Begründung überrascht wurden. Dann gab es Gegenstimmen, die meist zum Gegenangriff übergingen, indem sie die Richter selbst an den eigenen Pranger gestellt sehen wollten.

Dieser Vorschlag, die Verfasser der Peinlichkeitsliste als Kandidaten dafür zu nominieren, ist nicht eben originell – kein anderer wurde uns häufiger und dringender gemacht. Zum Abschluß unseres Unternehmens – früher ging es aus Gründen der Selbstachtung wahrhaftig nicht – wollen wir dem vielfachen Wunsch willfahren und diese Koketterie nicht scheuen, die an Peinlichkeit allerdings kaum mehr zu überbieten sein dürfte.

Der Spitzenplatz gebührt E. Henscheid, da er eindeutig als Erfinder dieser Liste gelten muß. Es war in den 70er Jahren, da er in völliger Verkennung der eigenen Grenzen vorschlug, sich fortan den Spaß zu gönnen, selbstherrlich Personen des öffentlichen Lebens zu benennen, deren hervorstechendste Eigenschaft in unverkennbarer Peinlichkeit bestehe. Bar jeder Begründung ward flugs die erste Liste erstellt und an die Tür eines gelb-violett gestrichenen Küchenschrankes genagelt.

Der Verfüger über diese häßliche Anrichte, B. Eilert, typischer Mitläufer, -macher, -schnacker, der er war und ist, nahm keinerlei Anstand, sich an dem lutherisch-luziferischen Unternehmen zu beteiligen, und hat zudem als einziger während zehn langer Jahre nicht davon lassen können.

Dritter Juror im bösartigen Bunde war zunächst W. Genazino, dem immerhin zugute zu halten wäre, daß er es bereits im Sommer 1981 müde war, sich den Alltag durch gezielte Zuführung peinlichkeitsträchtiger Medienerzeugnisse zu vergällen: Für ihn gab es – wie seinen Romanen zu entnehmen ist – ohnedies genug zu seufzen.

Seine Stelle nahm R. Baginski ein, der sich von seinem Ethos als Cheftexter namhafter Werbeagenturen das Vergnügen nicht verbieten lassen mochte, eben das zu schmähen, was er von Berufs wegen sonst zu bedienen hatte: Dummheit und Leichtgläubigkeit der Welt. Gewiß auch ein Akt der Selbstreinigung durch Schmutzabgabe. Umgekehrt ging es A. Szymanski, der ein Jahr darauf E. Henscheid ablöste und heute der Werbung dient: Er nutzte damals die Chuzpe des frischen Landeis, seine durch keinerlei Erfahrung gedeckten Vorurteile an einer wehrlosen Leserschaft auszuprobieren. Dr. A. Piana, der oft widerwillig und aushilfsweise die bis 1983 obligatorische Dreifaltigkeit der Jury komplettieren half, war – wie sein Name andeutet – ein stiller Mann, hochgebildet, höchst skrupulös und so bescheiden, daß jedes weitere Wort ihn nur beschämen würde.

A. Sömmerring schließlich, der von 1984 bis heute trotz fortschreitenden Alters wacker mitgehalten hat, darf das Verdienst beanspruchen, dieser Liste endgültig den Garaus gemacht zu haben. Seine letzten Zeilen – denen ich mich nur anschließen kann, da ich ihnen nichts mehr hinzufügen habe, außer dem leisen Zweifel daran, ob sie überhaupt an mich gerichtet sind – liegen vor mir auf meinem Schreibtisch, und sie lauten: „Herr, vergib mir, denn ich wußte sehr wohl, was ich tat."

Übrigens sollte es mich nicht wundern, wenn in Zukunft an dieser Stelle einer jener Fragebögen prangen sollte, deren Beantwortung allein schon garantiert, daß die Peinlichen nicht aussterben werden in der TITANIC. ☐

DER PRIVATIER

Siegeswille, Impulsivität und Power bis zum Umfallen: Jens Lehmann ist zu Recht die neue Nummer eins im deutschen Tor. Aber was treibt eigentlich Oli Kahn, die beste Nummer zwei des Landes? Wie hält sich der frischgebackene Double-Gewinner fit für den Fall, daß er bei der WM doch mal ran muß? TITANIC klopfte in Oberhoffen an und begegnete einem Sportler, der immer noch tausend Prozent gibt – überall.

»Als Torwart mußt du mit allem rechnen. 90 Minuten passiert nichts, dann taucht plötzlich dieser Paketpostbote vor dir auf. Wenn du da nicht auf die Sekunde topfit bist, schiebt er das Ding rein!«

»Raus, ihr faulen Tassen! Vorwärts, ab in den Schrank!« Wenn Kahn aufdreht, wackelt die Küche.

Der Pausentee zu heiß? Für den Keeper kein Problem: Körperspannung aufbauen, kaltpusten, austrinken, fertig!

Leichter Ball und Hechtsprung für die Galerie: Auf heimischem Boden hält Oli seinen Kasten tiptop sauber.

»Jaaaaaa! Jaaaaaaa!« Dieser Teufelskerl – immer rechtzeitig zur Stelle: Der Bus ist weg, aber morgen kommt ein neuer!

»Ihr Abendbrot, Herr Kahn.« – »Her damit! Und raus aus dem Fünfmeterraum!« Sogar die Bäckerin schätzt Olis klare Ansagen.

Und auch beim Spiel ohne Ball bleibt Kahn Spitze: »Ob gegen große oder kleine Gegner – verschaff dir Respekt oder stirb!«

Gsella / Rürup. Hintner. Herzlichen Dank an Hermann M.!

Aus aktuellem Anlaß:

Vorschau auf das Leben nach dem Tod

Wenn ich demnächst einmal sterbe, was Gott verhüten möge, dann erkläre ich bereits hiermit meinen Verzicht auf den üblichen Nachruf. Statt dessen sollen Günther Netzer und Gerhard Delling im »ARD-Nekrolog-Studio« eine Analyse meines Lebens vornehmen, alle Schwächen objektiv und schonungslos herausarbeiten, aber auch die Erfolge in möglichst glanzvollem Licht erstrahlen lassen. Wie ich mir das vorstelle? Etwa so:

Delling: Tja, Günther Netzer, das war's. Ihre allgemeine Einschätzung?
Netzer: Für mich keine große Überraschung, ich hatte ja schon zur Halbzeit getippt, das wird er nicht überleben.
Delling: So ist es dann letztendlich auch gekommen, aber am Anfang sah es doch noch ganz anders aus.
Netzer: Das stimmt. Zippert hatte gerade in den ersten Minuten wirklich mehr vom Leben, wenn Sie allein an die Geburt denken…
Delling: …da kam er, wir sehen das gleich, ähnlich, wie man es von Ihnen immer sagte: »aus der Tiefe des Raumes«. *Die Geburt wird eingespielt.*
Netzer: *deutet ein Lächeln an* Hier sieht man sehr gut, wie perfekt er an das Leben angepaßt ist und sich ins Spiel der ganzen Familie einfügt. Besser geht es eigentlich nicht.
Delling: Dann gehen wir gleich weiter zu einer lebensentscheidenden Szene im vierten Lebensjahr…
Netzer: …die rote Karte für den Vater. Zu diesem frühen Zeitpunkt sicher eine sehr unglückliche Entscheidung. Wenn man es sich genau ansieht, dann war die Maßnahme durchaus berechtigt, denn wiederholtes Foulspiel vom Vater war vorausgegangen.
Delling: …ab diesem Zeitpunkt also die Familie mit einem Mann weniger auf dem Platz.
Netzer: Die Unterzahl muß nicht unbedingt ein Nachteil sein, es kommt immer darauf an, was der Gegner aus dem Raumvorteil macht. Und man darf nicht vergessen, hinten steht die Familie mit der Großmutter ziemlich sicher, da kommt jedenfalls in dieser Lebensphase keiner durch.
Delling: Bis jetzt also ausgeglichenes Leben mit leichten Vorteilen für Zippert, aber dann kommt das 14. Lebensjahr…
Netzer: …eine ziemlich unübersichtliche Situation, eigentlich eine druckvoll vorgetragene Attacke, Fischer, Nigbur und vorne rechts Strüh gehen mit, aber dann geht plötzlich das Licht aus und es entsteht Unsicherheit. Hier wären jetzt Engtanzqualitäten gefragt gewesen, aber man erkennt ganz deutlich Zipperts eklatante Schwächen im Zweikampfverhalten. So planlos darf man in einer solchen Situation nicht vorgehen…
Delling: …schauen wir mal auf die Computeranimation. Eigentlich eine sehr gute Position.
Netzer: Zippert hat sich da völlig freigespielt, steht direkt neben dem blonden Mädchen aus der Parallelklasse, hätte jetzt praktisch direkt verwandeln können…
Delling: …eigentlich müssen…
Netzer: …jaja, keine Diskussion, da läßt er sich das Heft aus der Hand nehmen, augenscheinlich verwirrt von den Lichtverhältnissen und von der Musik…
Delling: …»A whiter shade of pale«, glaube ich…
Netzer: …natürlich nicht die einfachste Nummer, da sind schon andere gescheitert, aber wenn man bedenkt, daß Zippert zu dem Zeitpunkt schon Erfahrungen bei »Genesis« und »Van der Graaf Generator« gesammelt hat, dann hätte er mit »Procol Harum« fertig werden müssen…
Delling: …und dann ist es passiert, wie aus den Nichts taucht plötzlich Stanko auf, hier sehen wir ihn in der SlowMo mit der Blonden…
Netzer: und Zippert jetzt im Moment der Tanzpartnerabgabe auch noch im Abseits, muß tatenlos zuschauen. Was ich schon zu Anfang gesagt habe, es fehlt die richtige taktische Einstellung, in so einer verfahrenen Situation muß man den Flirt über die Flügel suchen, auf der linken Seite, bei den Sitzsäcken stehen Miriam und Sabine völlig frei.
Delling: Seit dem vierzehnten Lebensjahr also Zippert im Rückstand, und er gerät zunehmend unter Druck, aber dann, nur ein Jahr später, folgende Szene…
Netzer: *schaut auf den Monitor* Tolle Einzelaktion, da kommt er die Huberstraße entlang…
Delling: …völlig unbedrängt…
Netzer: …da hat die Verteidigung geschlafen, so etwas darf nicht passieren, er kommt tatsächlich bis zum Kaugummiautomaten, und hier war sicher auch Glück im Spiel, aber Sie sehen es in der Zeitlupe deutlich, er wirft noch nicht mal Geld ein, er dreht einfach am Griff und…
Delling: …Volltreffer!
Netzer: Davon träumt in dem Alter wohl jeder Spieler, er kriegt eine Kugel und ein Feuerzeug…
Delling: Können wir das noch mal sehen? Ich frag mal die Regie… ah ja, aus einer anderen Perspektive mit der Hinterautomatkamera, wunderbar, ja, tatsächlich, ein Feuerzeug. Ist Ihnen das in Ihrer Laufbahn auch gelungen, Günther Netzer?
Netzer: Ich hatte zwei Feuerzeuge, allerdings getauscht gegen zehn »Fix und Foxi«-Hefte. Aber zurück zum Leben, Zippert jetzt eindeutig wieder besser im Spiel, denken wir vor allem an die Szene im »Marktkauf«, wo er ein Überraschungsei kauft…
Delling: …und es war ein Mikroskopbausatz drin! Da war ich wirklich überrascht…
Netzer: …das ist ja wohl auch der Sinn dieser Eier. Für mich eine eher atypische Szene, denn spätestens ab dem achtzehnten Lebensjahr häufen sich die haarsträubendsten Fehler. Die Französischklausur gegen Winkelmann, die Führerscheinprüfung und dann in der Mitte der ersten Halbzeit die Gewissensprüfung…
Delling: …schwere Gegner…
Netzer: …nur, wenn man sich bluffen läßt. Schauen Sie sich die mal an, das ist noch nicht mal Kreisliganiveau, die wären zu packen gewesen mit ein paar Finten, da muß man eben antäuschen, Wehrdienst verweigern gut und schön, aber ich sag das immer wieder, wenn er nicht aggressiv vorgetragen wird, nutzt der schönste Pazifismus nichts, das ist dann brotlose Kunst.
Delling: Wir unterbrechen jetzt für die Nachrichten und die Werbung und melden uns dann wieder mit einer umstrittenen Bettszene.

Hans Zippert

Ihre CD, Kid Rock (Rock),

haben Sie also «Rock 'n' Roll Jesus» genannt, und das nicht einfach nur, weil so eine CD halt irgendwie heißen muß, sondern weil: «Ich fühle mich eben wie ein vom Schicksal Begünstigter, also ein bißchen wie Jesus. Seit vielen Jahren habe ich den Eindruck, mich in einer Multiballbonusrunde des Lebens zu befinden. Ich werde besser als Sänger und Songwriter, ich verdiene mehr Geld, als ich ausgeben kann, ich habe einen phantastischen Sohn, mir ist das Interesse der heißesten Bräute gewiß – was mehr kann man vom Leben erwarten?»

Keine Ahnung, welche neutestamentarischen Apokryphen Sie da gelesen bzw. geraucht haben – aber kann man wirklich allen Ernstes jemanden als «vom Schicksal begünstigt» bezeichnen, der aus Furcht, einem Pogrom zum Opfer zu fallen, von seiner Mutter auf der Flucht in einem Viehstall zur Welt gebracht wurde? Und den man am Ende erst tüchtig durchgepeitscht und dann an ein Kreuz genagelt hat? Und der nicht mal seine Totenruhe hatte? Von Söhnen und heißen Bräuten u.W. sehr zu schweigen?

Auf diese jesusmäßige Multiballbonusrunde, Kid Rock, möchten wir jedenfalls gerne verzichten; liegt vielleicht daran, daß wir nicht so vollvernagelt sind.

Rock on: Titanic

KAPITEL 4
DIE PIESEPAMPEL

Viele Prominente sind ausgemachte **PIESEPAMPEL**.
Statt uns den Feierabend mit putzigen Kunststückchen
oder besinnlichem Schweigen zu versüßen, tun sie alles, um uns
mit ihrer schlechten Laune anzustecken.
Als Leib-und-Magen-Blatt gallenkranker Stars, denen unentwegt
Filzläuse über die Leber laufen, hat TITANIC stets Herz gezeigt
und speziell diese Sorte von Berühmtheiten mit jeder Menge mürrischer,
griesgrämiger Beiträge beschenkt.

Nicht jeder, der auf die Bühne drängt, liebt auch das Rampenlicht. Insbesondere die Piesepampel unter den Promis verstecken sich lieber muffig hinter Mauern, Stacheldraht oder einer geheimnisvollen Aura – so zum Beispiel Quiz-Sadist **GÜNTHER JAUCH**, so auch unser süßer Posterboy **KIM JONG-UN** (→ S. 148). Da können seine nordkoreanischen Fans noch so kreischen, sei's vor Verzückung, sei's vor Hunger – der junge Polit-Popstar inszeniert sich einfach gern als Mysterium. Doch auch Superhelden im Ruhestand wie der früher vielumjubelte **HANS-DIETRICH GENSCHER**

schotten ihre Privatsphäre hermetisch ab und genießen die Früchte ihres Arbeitslebens lieber im verborgenen, wie ein zufälliger Schnappschuß von **GRESER & LENZ** belegt (→ S. 152).

Etliche Berühmtheiten haben nur allzu schlechte Erfahrungen gemacht – mit Journalisten, die stets auf ihren Schwächen herumtrampeln und ihre guten Seiten schlicht nicht sehen wollen. Empfindsame Seelen wie Boris Jelzin oder Lothar Matthäus haben darunter so gelitten, daß sie sich irgendwann wie eine Auster verschlossen, jedenfalls einer von ihnen. Was aber passiert, wenn man sich den beiden unvoreingenommen nähert, zeigen zwei echte TITANIC-Highlights: **HANS ZIPPERT** zeichnete in den frühen Neunzigern das einfühlsame Bild des unverstandenen Russenkaisers **BORIS JELZIN** (→ S. 163), der damals unter der Last seiner Verantwortung zu zerbrechen drohte – und zwar ein Wodkaglas nach dem anderen. **MARTIN SONNEBORN** wiederum hat mit Fußball-Beinahkaiser **LOTHAR MATTHÄUS** in den späten Neunzigern intensiv telefoniert, um ihm eine frei erfundene Fernsehsendung anzubieten. Dabei hat Sonneborn getan, was sonst keiner tut: dem Ballkünstler einfach mal zugehört (→ S. 168). Hätte Matthäus dem Anrufer ebenfalls zugehört, wäre er heute vielleicht ein glücklicherer Mensch.

Bei vielen **PIESEPAMPELN** fragt man sich allerdings: Sind die denn wirklich so scheu? Oder haben sie was zu verbergen? Mit der Wahrheit gibt's bei Prominenten nämlich häufig Probleme, sie verheimlichen uns, ihren Fans, sogar ihre größten Geheimnisse! Dabei wäre die Wahrheit oft so einfach: «Mein neuer Film ist erbärmlich – auf keinen Fall reingehen!» oder «Ich hab das Buch nur des Geldes wegen geschrieben!». Aber Pustekuchen: So was

DIE GANZE WAHRHEIT ÜBER PIESEPAMPEL STEHT, WENN, DANN ÜBERHAUPT NUR IN TITANIC.

Wahres kriegt man von Rampenlichtgestalten praktisch nie zu hören. Schon gar nicht von Deutschlands Glamourtheologin No. 1, **MARGOT KÄSSMANN**, die es nach ihrem sportlichen Abgang als Bischöfin (1,54 Promille) nun um so heftiger als Autorin in die Öffentlichkeit zieht (→ S. 159).

Wollen bekannte Persönlichkeiten jedoch tatsächlich mal mit der lauteren Unwahrheit rausrücken, lassen sie sich eine Autobiographie schreiben. Als Popgigant **DIETER BOHLEN** auf diesem Wege mit mißgünstigen Kollegen und neidischen Weggefährten abrechnete, trat er einen Trend los, dem das Reporterteam **GÄRTNER UND NAGEL** staunend hinterherrecherchierte. Eine Fülle unangenehmer, ja regelrecht schmerzhafter Wahrheiten über **KLAUSJÜRGEN WUSSOW**, **USCHI GLAS** und weitere Pfeifen dieser Gewichtsklasse erwartet Sie daher auf den Seiten 149 bis 151.

Ganz andere Saiten müssen indes aufgezogen werden, wenn glamouröse **PIESEPAMPEL** ihrer gesetzlichen Auskunftspflicht über Geld-, Haß- und Herzensangelegenheiten nicht nachkommen. Wehe! Dann nämlich schlägt die

Stunde des endgültigen Enthüllungsmagazins TITANIC. Da werden die weltbesten Spürnasen, Witwenschüttler und Abhörexperten losgeschickt, um ganz hinten in den begehbaren Mülleimern der widerspenstigen Bagage nach Sandalen, Skandalen oder liegengebliebenen Kaviarbrötchen zu fischen. Was sie dort hervorzerren, reicht oft für eine mittelgroße Staatsaffäre: So hat Investigativdichter **THOMAS GSELLA** einmal nachgerechnet, ob Faustkampflegende **DARIUSZ «TIGER» MICHALCZEWSKI** dem Finanzamt wohl die ganze Wahrheit über seine Betriebsausgaben gesagt hat (→ S. 153). Das verdeckte Ermittlerduo **BOROWIAK UND KNORR** hat ungeschminkt mitgeschrieben, wie gehässig der Hessen-Heilige **HEINZ SCHENK** über seine Mitstreiter aus der Zunft des volkstümlichen Schlagers dachte (→ S. 155) – häßlicher geht's kaum. Dafür aber brutaler: **RICHARD KÄHLER** war mit **MUTTER BEIMER** in Paris (→ S. 176), und auch wenn's knapp wurde: Er überlebte!

Ebenso todesmutig hat sich **GERHARD HENSCHEL** mit einem ganzen Milieu angelegt: dem des Unterweltbarons und Boxpromoters **EBBY THUST** (→ S. 172), der als Erpresser von **STEFFI GRAFS** Vater nationalen Ruhm erlangte. Eine vergleichbar verkommene Bande kriegt ihr Fett auf den Seiten 181 und 182 ab: die FDP,

repräsentiert durch ihre langjährigen Rädelsführer **WESTERWELLE**, **BRÜDERLE** und **NIEBEL**. Beinahe noch tiefer ins organisierte Verbrechen bohrt sich **MARK-STEFAN TIETZE**. Er schnitt ein Gespräch der Herren **BECKMANN**, **GEISSEN**, **KERNER**, **PFLAUME** und **PILAWA** mit Hilfe von öffentlich-rechtlichen Überwachungskameras mit und dokumentierte ihre mafiösen Machenschaften für die Nachwelt (→ S. 184) – nichts für empfindsame Gemüter!

Daß es aber trotz der allgegenwärtigen Herrschaft des Bösen noch Hoffnung für diese Welt gibt, beweisen die Vatikan-Korrespondenten **JONAS UND SCHMITT**. Acht lange Jahre mußten sie warten, bis ihre mit besten Argumenten unterfütterte Forderung von 1997 ganz oben endlich Gehör fand: daß **JOSEPH «KARDINAL» RATZINGER** unbedingt Papst werden müsse (→ S. 188). Die Mühe hat sich gelohnt. Danke, Gott!

Ähnlich hartnäckig, nochmals prophetischer und für seine Verhältnisse geradezu unverschämt versöhnlich zeigt sich zum Schluß Polemikpapst **ECKHARD HENSCHEID**. Im Dossier läßt er topexklusiv seine Lieblingsfeinde aus über dreißig Jahren Satiretätigkeit Revue passieren und bezeugt damit en passant: Die ganze Wahrheit über **PIESEPAMPEL** steht, wenn, dann überhaupt nur in TITANIC.

Hallihallo, Heidi Klum!

Das bei weitem Unbedachteste, was Sie im *Spiegel*-Gespräch von sich gaben, sagten Sie gleich zu Beginn: «Man sollte nicht alles lesen, was in der Zeitung steht.» Sollte man aber doch! Finden jedenfalls wir. Anderenfalls entgingen einem ja solche bezaubernden Wortwechsel wie der folgende: «Welche Länder außer Deutschland gefallen Ihnen?» – «Afrika, aber nicht nur, weil die Eltern meines Mannes aus Nigeria kommen. Ich bin in Afrika auf Safari gewesen. Unwahrscheinlich nette Leute.»

Mit einem herzlichen «Heidi Safari!» grüßt Ihre Titanic

Wegen des großen Erfolgs:

Wieder nichts als die Wahrheit

Nach dem Erfolg von Dieter Bohlens Autobiographie ist unter Deutschlands Prominenz das Biographie-Fieber ausgebrochen. Ob Wussow über seine Noch-Ehe auspackt oder U. Glas über ihre Noch-Ehe – alles, was schon mal bei Kerner war und einen Stift halten kann, wird zum Bücherfrühling ein Bekenntnisbuch auf dem Markt haben. Kerner selbst natürlich auch. Eine Vorschau von Stefan Gärtner und Oliver Nagel.

Klausjürgen Wussow
mit Witwe Scholz
»Jeder kriegt sein Fett weg«
dva, 1800 S., Hardcover

...brrr, rief ich Gabi Dohm zu, als der Drehtag zu Ende war, und fügte augenzwinkernd hinzu: »Die letzte Einstellung war totale Scheiße! Nämlich als sie dich eingestellt haben! Hüah!« Lachend trabte ich zur Minibar, wo ich für 20 000 Mark Wodka gebunkert hatte. Dort stand schon eine wunderschöne Blondine, die mich mit ihren blauen Augen anlächelte. »Na, Sascha, halbes Hehnchen?« gab ich mich betont jovial, denn dem schönen Geschlecht gegenüber ist gutes Benehmen Ehrensache, außer bei meiner Noch-Ehefrau Yvonne natürlich, der alten Spinatfut, die ich aber damals zum Glück noch gar nicht kannte. Ich war ja nicht einmal von Oberschwester Hildegard geschieden! Außerdem war ich total in Uschi Glas verknallt, mit meinem metallicweißen Porsche 600 nämlich (rechts vor links übersehen, Wodka). Ihr war bis auf eine leichte Hodenprellung nichts passiert, und wenn ich sie nicht vollgekotzt hätte, wer weiß, vielleicht hätte ich Bewährung gekriegt! So aber...

→

Uschi Glas mit Roger de Weck
»Der nächste geht auf meine Kosten.
Erinnerungen und Notizen«
Econ, 240 S., Pappband

Otze Glas? Ich verstand nicht, was Klausjürgen Wussow mir damit sagen wollte, ich kapierte den Witz einfach nicht. Zum Glück hat er mich dann nicht wieder vollgekotzt, so daß ich die Bambi-Verleihung bis zum Ende genießen konnte. Am nächsten Tag begann der bitterste Teil meines Lebens, als ich aus der *Bild*-Zeitung erfahren mußte, daß mein geliebter Mann Bernd Tewaag die Brezelverkäuferin Anke S. gewissermaßen, wie man heute sagt, gebrezelt hatte. Und auch immer noch brezelte! Abends stellte ich ihn zur Rede: »Hör mal, Bernie, brezelst du eigentlich wirklich diese Brezelverkäuferin?« Er gab sofort alles zu: »Nein, aber du machst mich wirklich nicht mehr an, Otze.« Zu allem Unglück rief dann auch noch Klausjürgen Wussow an: Mein Sohn Benjamin habe seinen, Wussows, Grill angezündet, einige Würstchen hätten schwere Verbrennungen davongetragen, z.B. Johannes B. Kerner, der gerade eine Homestory über Klausjürgen und seine große Liebe Sabine Scholz vorbereitete. Ich war mit meinem Latein am Ende, aber das war auch kein Wunder, denn nach nur sechs Jahren Baumschule...

Johannes B. Kerner mit Sibylle Berg
»Bitte sprechen Sie nach der Pfeife.
Aus meinem schönen Leben«
Suhrkamp Wissenschaft, 300 S., Leinen

Autsch, das tat weh! So hatte ich mir meine geschmeidigen Wurstfingerchen nicht mehr verbrannt, seit ich Christiane Hörbiger eine ordinäre Fickliesel genannt hatte, und sich dann aber herausstellte, daß sie Victoria von Schweden war! Peinlich! Um ein Haar hätte ich meine schöne Show an Wolfgang Lippert abtreten müssen, und stundenlang mußte ich den Rasen des Intendanten mähen, bis er mich wieder zum Nachmittagstee ließ.
Überhaupt sind all jene ahnungslos, die mein Leben für gleichförmig, glatt und langweilig halten. Noch gut erinnere ich mich an jenen verrückten Freitagnachmittag, als ich auf dem Weg zum Damensquash ins Auto einstieg und vergeblich das Lenkrad suchte. Es war weg, geklaut, dachte ich, entwendet von einem dieser Bösewichte mit schwerer Kindheit, die immer in meiner Sendung herumsitzen; oder war es ein »lustiger« Spaß meines guten Freundes Cherno Jobatey? Also blieb ich sitzen und wartete, daß entweder die Polizei kam oder Chernos Kamerateam. Eine Stunde, zwei Stunden; schließlich pinkelte ich mir lustvoll in die Hose. Hmmm! Erst war es warm und feucht, dann kalt und feucht, dann kam meine Frau und zog mich vom Beifahrersitz. Ich Dummerchen! Aber wie genoß ich abends die Tracht Prügel, die...

Wolfgang Lippert
mit Barbara Bollwahn de Paez Casanova
»Janz, janz unten«
Aufbau, 12 S., Broschur

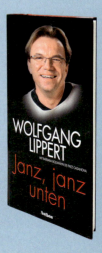

...ein todsicheres Geschäft! Ich mußte diesen unrasierten Typ mit Sonnenbrille, schreiend bunter Krawatte und Nappalederköfferchen einfach nachts in der U-Bahn treffen und ihm eine Million Mark in kleinen, nicht registrierten Scheinen übergeben, und schon am nächsten Tag würde ich es mit 800 Prozent Zinsen zurückbekommen. Das war Marktwirtschaft! Euphorisch investierte ich am selben Tag noch mal fünf Millionen Mark in Telekom-Aktien und in eine Jaguar-Niederlassung in Neustrelitz. Anschließend sagte ich beim ZDF ab, das mir angeboten hatte, die Show von Johannes B. Kerner zu übernehmen. Was konnte mir jetzt schon noch passieren!

Vier Wochen später traf ich den mir bis dahin völlig unbekannten Klausjürgen Wussow in der Schlange vor der Johanniter-Suppenküche. Auch er war bankrott, hatte sich verspekuliert und auf eine Fortsetzung der »Schwarzwaldklinik« gesetzt, mit Uschi Glas als Gabi Dohm, Cherno Jobatey als Klinikhund Jerry und ihm selber als Professor Gadamer. Doch Intendant Stolte wollte lieber für hundertmillionen Dollar Harrison Ford als Moderator des »heute journals« verpflichten, und sein Rasen war auch längst gemäht. Völlig frustriert fuhr ich in den Baumarkt und...

Udo Jürgens mit Thomas Gsella
»Das rechte ist das Gaspedal«
Goldmann, 300 S., handgenäht

Im Baumarkt traf ich Wolfgang Lippert, der vor dem Regal mit den Rohrzangen gerade vom Hausdetektiv verprügelt wurde. Was tue ich hier eigentlich? fragte ich mich und steckte gedankenverloren einen Sechserpack Schrumpfmuffen mit Rechtsgewinde ein. Dabei war ich in Gedanken schon bei meinem neuen Song: »Wenn der Käs' im Schrank vergammelt, wenn der Neger zuviel rammelt, wenn es ganze Völker schrägt, hab ich schon mein Rohr verlegt. Uaaah, schalalalong!« Das war es noch nicht ganz, ahnte ich dunkel, das reichte ja noch nicht mal für den Grand Prix! Vielleicht könnte ich den »Scheiß« wenigstens Corinna May verkaufen, die kaufte ja praktisch blind alles, was man ihr anbot, z.B. rote Entengrütze oder Bluthundewurst. Apropos Fisch: Als ich in der Sanitärgasse Blümchen traf, war ich geschockt. Die war ja alt geworden, sah schon aus wie 19! Mich ekelte es. Wäre ich Klausjürgen Wussow, hätte ich direkt alles vollgekotzt und...

Corinna May mit Martin Walser
»Man sieht nur mit den Augen gut«
Insel, 89 S., Riesengroßdruck

Bumm! machte es, als ich gegen den Küchenschrank lief. Wie kam der denn ins Klo? Oder hatte ich eben in den Kochtopf gepinkelt? Mit einiger Mühe kletterte ich aus dem Aquarium, stellte den Videorekorder auf Mittelwelle, nahm das Bügeleisen und versuchte, Udo Jürgens zu erreichen. So eine Niederlage wie im Mai 2002, als ich beim Schlager-Grand Prix nur einen schwachen 54. Platz belegt hatte, sollte mir nicht noch einmal passieren. Udo hatte schon ein paar tolle Ideen: Er wollte sich einen neuen weißen Anzug kaufen und drei Wochen auf die Bahamas fliegen. Grand Prix? Fehlanzeige! Enttäuscht fiel ich über den Rasenmäher, als es...

HELDEN DER EINHEIT
Was macht eigentlich Hans-Dietrich Genscher?

EINE NACHRECHNUNG

von Thomas Gsella

Zehn Jahre war Dariusz Champion und reich,
Zehn Jahre war Polen offen.
Pro Jahr hat... Moment... wir haben es gleich,
Der Pole drei Mio verhurt und versoffen.

Macht täglich rund neuntausend Euro in bar,
Die ließ er pro Tag auf der Matte –
Auch sonntags und Christkind und Ostern und gar,
Wenn er abends 'n Boxkampf hatte!

Vier Huren à 1000 (die Kuh muß vom Eis)
Und Schampus für fünftausend Otzen?
Ein jeder, der huren und saufen kann, weiß:
Man muß schon nach dreitausend kotzen.

Dann zehn à 400? So ginge es auch,
Und statt drögen Schaumweins nur – Baileys?
Schön dreihundert Püllekes rein in den Bauch
Und dann mit Hurra auf die Ladies –

Was sagen Sie? Zehn Stücker geht nicht im Suff?
Da wirkt doch die Frau ganz verschwommen?
Ich hab es: ein Pils, und dann hat er das Puff
Tagtäglich *in toto* genommen.

Für 30 Millionen! Nein, auch nicht? Okay:
Hat »Bild« wieder Scheiße geschrieben.
Bei *20* würd's passen, I did it. My way!
Doch 30 sind echt übertrieben.

Bryan Adams!

Wie es die Art so vieler Ihrer Alters- und Leidensgenossen ist, klagten Sie jüngst in der *Münchner Abendzeitung*, die aktuelle Rock- und Popmusik habe viel vom Charme vergangener Tage verloren: «Ich denke, daß einfach alles sehr steril und glatt geworden ist. Bei den heutigen Bands dreht sich alles nur noch ums Geld. Doch das darf keinesfalls der Grund sein, Songs zu schreiben.»

Seit je, Mr. Adams, müssen wir uns solches Gejammer ausgerechnet von Musikern anhören, denen ihre Musik nie steril und glatt genug sein konnte, deren Verkäufe in den vergangenen Jahren aber gewaltig in den Keller rauschten und bei denen sich u. a. deshalb alles nur noch ums Geld dreht. Wissen Sie 42jähriger Schmusepop-Greis denn nicht, was Schattenprojektion ist? Dann schlagen Sie's nach – und Schluß mit dem Gewimmer!

Befiehlt: Titanic

Borowiak/Knorr

MACH'S NOCH EINMAL, HEINZ!

Ein starker Abschied vom blauen Bock

Ich würge Euch statt Äppelwein zum Abschied heut die Wahrheit rein!

Heinz Schenk, der begnadetste Breitmaulfrosch des deutschen Entertainments, der Pöbelpapst der subkulturellen Unterhaltungsszene, schwingt zum letzten Mal den Bembel. Da heißt es die Köpfe einziehen, denn wochenlang hat er sich in seiner urigen Versschmiede auf diesen letzten Auftritt vorbereitet. Höllisch laut gelesen, entfalten diese Kleinöde hessischer Reimkunst erst das volle Aroma eines Bouquets aus zarten Anspielungen, feinsten Ironien und hintersinniger Bosheit. Das sensible Motto: Bock aus! – Sau raus!

Die Damen ham sich mir verweigert,
drum wern sie hier sofort versteigert.
Jawoll, der Herr da mit der Tasche!
Sie können sie gleich hier vernasche!

Der Taugenichts, der Lumbehund,
stößt sich an seiner Platt' gesund.
Drum, sollten Sie die Platte sichten,
dann rate ich: Sofort vernichten!

Da habt Ihr recht, wenn Ihr jetzt brüllt –
der Mann wird nämlich abgefüllt.
Mir wolle ganz präzis erfasse,
wieviel Bembel in so'n Bimbo passe.

Zum letzte Mal auf diesem Sender:
Herr Schanze, unser Kinderschänder.
Ich werde, um dies zu erhellen,
mei Nichtche zur Verfügung stellen.

Für mich sind Sie ein Oberdepp
mit einem schweren Handikap,
der Geld verdient mit seim Gegreine.
Herr Gott, ich könnt' vor Mitleid weine!

Herr Quinn, ich sag es ohne Spott:
Sie singen schlimmer noch als Gott.
Daß ich Euch Brüder beide kenne,
bringt mich an einem Stück zum Flenne.

Hier unsre neue Speisekarte
mit komplett alle Handkäs-Arte.
Anbei auch gleich die Garantie:
Die stinke schlimmer noch wie Sie.

Darf ich Euch meine Alte zeigen –
ich will se net, Ihr könnt se geigen.
Ich will se ums Verrecke net,
nehmt Ihr se mit in Euer Bett.

Die Junge mit dem korze Rock,
die macht mich glatt zum alte Bock.
Drum unterbrech' ich jetzt das Fest:
Mal sehe, was sich mache läßt.

Warum erschrickt das Kind so sehr?
Es liegt wahrscheins an dem Odeur.
Ich hab hier nämlich reingekübelt
und hoffe, daß sie mir's verübelt.

Herr Kollo will schon wieder singen,
drum muß ich zur Raison ihn bringen.
Wenn der jetzt seine Stimm' erhebt,
bekommt er sofort paar geklebt.

Zum Schluß zu Euch, Geschmacksverbrecher,
Ihr Frohsinnspack, Ihr Stimmungszecher!
Wär's net so schad um meine Kasse –
ich tät Euch all verhafte lasse!

–KEINE ANZEIGE –

GIORGIO ARMANI

Engel kennen auch Leichtigkeit

Neues aus der Margot-Käßmann-Forschung

Besser gleich keulen: Margot Käßmann und ihre Herde

Ein schnelleres Comeback hat es in der Popkulturgeschichte noch nicht gegeben: Kaum war die Theologin Margot Käßmann aus Beschämung über das Erwischtwerden bei einer nächtlichen Trunkenheitsfahrt durch die ödesten Gassen Hannovers vom Amt der Ratsvorsitzenden der Evangelischen Kirche zurückgetreten, da preschte sie schon wieder nach vorn und errang mit Reden über Gott und die Welt und die allzu menschliche Fehlbarkeit einer Bischöfin die Sympathie eines Volks, das einer reumütigen Christin ihren Schwips am Steuer gern verzeiht.

Doch was heißt verzeiht? Sie wird verehrt, gefeiert und geliebt. Davon zeugen die Auflagenzahlen ihrer Bücher, deren Titel wie ihre eigene unbeholfene Parodie klingen: „Zur Geborgenheit finden. Antworten auf Fragen des Lebens", „Das große Du. Das Vaterunser", „In der Mitte des Lebens", „Fantasie für den Frieden oder: Selig sind, die Frieden stiften".

In den Zeiten, als das Wünschen noch geholfen hatte, hießen die Bücher, die man zur Konfirmation bekam, „Du und der Stahl" oder „Winnetou I–III". „Das große Du" sollte man dagegen keinem Konfirmanden zumuten, dem man die Bekanntschaft mit der evangelischen Form der Seelsorge ersparen möchte. Es geht auf keine Kuhhaut, was Margot Käßmann über das menschliche Miteinander herausgefunden hat. „Sich umarmen und berühren, zärtlich zueinander sein, das gehört zum Leben", schreibt sie, doch sie schreckt auch nicht davor zurück, von ihrer Einsicht in die trüberen Bezirke der Psyche zu berichten: „Es gibt auch Angst vor Nähe, das Sich-Abschotten, die Erfahrung, besser mit mir allein klarzukommen, denn alle Nähe, und gerade körperliche Nähe, macht verletzbar."

Die Zärtlichkeit des Gesprächsfadens

Die Erfahrung, besser mit Margot Käßmann allein klarzukommen als mit dem Sich-Abschotten, teilen immer mehr Zeitgenossen mit Margot Käßmann, die jedoch der Ansicht ist, daß das Alleinsein mit ihr zwei Seiten habe: „Tage des Alleinseins können gut tun, aber Alleinsein sollte nicht zur Abgrenzung oder gar Ausgrenzung führen." Denn wer sich abgrenzt, der grenzt andere aus, und wer andere ausgrenzt, der schottet auch sich selber ab – vielleicht aus Angst vor der verletzbar machenden Nähe zu Margot Käßmann und dem Scharfblick, mit welchem sie das gesamtgesellschaftliche Beziehungsgefüge erfaßt, bevor sie es analysiert und die gewonnenen Erkenntnisse beherzt unters Volk bringt: „Die Gründe für das Scheitern einer Ehe können vielfältig sein." Oder: „Für mich persönlich ist Altern aber auch unbedingt mit Gelassenheit und Heiterkeit verbunden." Oder: „Das macht deutlich, daß das Gebet ein Gesprächsfaden mit Gott ist, der immer wieder neu aufgenommen werden kann."

Möglicherweise wären viele Christen niemals vom Glauben abgefallen, wenn ihnen schon früher eine Bischöfin das Vaterunser als Gesprächsfaden nahegebracht hätte. „Mein Gott, mein Gott, warum hast du mich verlassen?" rief Jesus aus, als er am Kreuz hing und den verlorengegangenen Gesprächsfaden wiederaufnehmen wollte, ohne jedoch zu wissen, was „Gesprächsfaden" auf aramäisch hieß.

Apropos Kreuzestod: Margot Käßmann interpretiert Jesu Sterben am Kreuz als „ein flammendes Plädoyer dafür, den Kreislauf der Gewalt nicht anzuheizen". Doch es haben sich, wie sie einräumt, nicht alle Gläubigen von diesem Plädoyer überzeugen lassen: „In der Folge der Terrorangriffe auf New York am 11. September 2001 ist die Spirale der Gewalt weiter angeheizt worden." Das macht deutlich, daß wir uns in der Folge des allgemeinen Sich-Abschottens von der Botschaft Jesu Christi weiterhin mit angeheizten Kreisläufen und Spiralen herumschlagen müssen. Leider kennt sich bis heute niemand mit der Abkühlung angeheizter Kreisläufe und Spiralen aus. Ungeklärt ist auch die Frage ihrer Endlagerung.

Was unter diesen Umständen tröstlich wirkt, ist Margot Käßmanns Vertrauen in das Machtmittel schriftlich niedergelegter Kindergebete. Die haben sie stark beeindruckt. „Und ich war sehr berührt beim Lesen: wie viele Wünsche, Träume und Hoffnungen, aber auch wie viele Ängste und Nöte Kinder Gott anvertrauen: ‚Lieber Gott im Himmel! Ich danke dir für die vielen Blumen, auch für den blauen Himmel, für die ganzen Gräser und den Duft von der Natur. Ich möchte, daß die Umweltverschmutzung aufhört. Amen.'"

Kinder, die Gott ihre Angst vor der Umweltverschmutzung anvertrauen, läßt Margot Käßmann jedenfalls lieber zu sich kommen als den Geruch gewisser Gräser aus Gottes großem Naturgarten. Da ist sie eigen. „Und dann", so schreibt sie, „vertraute mir ein anderer Theologe in einem Dienstgespräch plötzlich nahezu unter Tränen an, er habe seinen Sohn marihuanarauchend im Zimmer gefunden. Er sagte: ‚Ich weiß nicht, wie ich damit umgehen soll! Ich finde keine Worte, ich bin so schockiert, ich weiß nicht ein noch aus.' Er wagt es noch nicht einmal, mit seiner Frau darüber zu sprechen (dabei denke ich fast, daß sie es weiß).

Schmier und Schleim beim Stelldichein:
P. Hahne, M. Käßmann

So liegt ein entsetzliches Schweigen wie eine Glocke über der ganzen Familie." Und man ahnt, welcher Alpdruck den Sohn jenes Theologen auf die Idee gebracht haben wird, sich zu bekiffen und vorübergehend zu vergessen, daß sein Alter ihn ertappen und danach ein Dienstgespräch mit Margot Käßmann führen könnte.

Entsetzlicher als das betretene Schweigen eines braven Theologen über den Konsum weicher Drogen durch seinen Sohnemann ist die Redseligkeit, mit der sich Margot Käßmann an Debatten über Themen beteiligt, von denen sie noch weniger versteht als vom Tütenbau. Ein Herzensanliegen ist ihr die Geschlechtsmoral der Bundesbürger: „Manchmal habe ich den Eindruck, es gibt bei uns sowohl eine Unterbewertung als auch eine Überbewertung der Sexualität." Es sei jedenfalls „nicht in Ordnung, nicht hilfreich", wenn man „von einem ‚Quickie' und einem ‚One-night-stand'" spreche.

Was daran falsch sein soll, geht aus dem Predigttext nicht klar hervor. Vermutlich möchte Margot Käßmann nicht nur die zitierten Begriffe austilgen, sondern auch die so bezeichneten Handlungen ächten und unterbinden. Damit haben sich allerdings schon die Kirchenväter schwergetan. Das gemeine Volk, sei es nun christlich oder heidnisch, hat sich in seiner ganzjährigen Brunftzeit nur selten nach den Maximen einer Ethik gerichtet, die flüchtige sexuelle Begegnungen ausschließt. Und wer weiß schon, wie viele Quickies erforderlich waren, damit sich aus dem Urschleim auf den Wege der Evolution eines Tages das Geschöpf Margot Käßmann herausbilden konnte? Es ist anmaßend und unschicklich, öffentlich über die Rechtmäßigkeit, die Dauer, die Qualität, die Gottgefälligkeit und die Frequenz der Geschlechtsakte anderer Leute zu raisonnieren. In einem jahrhundertelangen Kampf sind die Kirche und der Staat aus den Schlafzimmern des Abendlandes vertrieben worden, doch nun erhebt Margot Käßmann ihr grauses Haupt und ruft Millionen Liebespaaren zu, daß es „nicht hilfreich" sei, was sie da trieben.

Als Bettenpolitesse verteilt sie Knöllchen an Personen, deren Paarungsverhalten aus der Sicht einer evangelischen Kirchentagsrednerin „nicht in Ordnung" ist, aber sie bringt auch Nachsicht

und Verständnis mit und auf. Sie kann verzeihen und ihrem eigenen Herzen Botschaften ablauschen, in denen das Miteinander die Oberhand über das Gegeneinander gewinnt: „Am Ende denke ich, die Liebe ist entscheidend." So geht es zu, wenn Margot Käßmann denkt. Da bleibt oftmals kein Stein auf dem anderen: „Ich denke, der Garten ist ein Ort tiefer Sehnsucht." Kann man nichts gegen sagen. Kann man so stehenlassen. In Margot Käßmanns buntscheckiger Gedankenwelt gibt es darüber hinaus aber auch noch Raum für den Gedanken, daß das Danken im Grunde viel wichtiger sei als das Denken: „Manchmal denke ich, wir müssen gar nicht soviel grübeln und nach Sinn suchen, sondern jeden Tag als Geschenk nehmen und versuchen, verantwortlich zu leben, und dann macht das schon Sinn."

Aus dem Sinn, den der Glaube an Gott in ihr Leben gebracht hat, resultiert nach Margot Käßmanns ehrlicher Auskunft „eine unbändige Hoffnung", daß „das Leben hier Sinn macht", sofern man es nicht unbeteiligt an sich vorüberziehen läßt: „Sich an einem Punkt glaubwürdig einmischen, das macht Sinn." Und wenn das Leben einmal seinerseits keinen Sinn mehr machen sollte, gibt es immer noch den Glauben an die Devise, daß das Sinnmachen an und für sich zum Leben dazugehöre, auch über den Tod eines geliebten Menschen hinaus. Einer Hinterbliebenen hat Margot Käßmann deshalb die Worte zugedacht: „Ich wünsche Ihnen von Herzen, daß das Leben für Sie auch über den Verlust hinaus Sinn macht."

Es gehört Courage dazu, eine trauernde Witwe mit der Phrase abzuspeisen, daß das Leben hoffentlich trotzdem noch „Sinn machen" werde. Dieser Wunsch ist durchaus nicht „von Herzen" gekommen, sondern aus der liederlichsten Ecke einer sprachlichen Altkleidersammlung. Margot Käßmann schreibt und redet, wie ihr der Schnabel gewachsen ist, und gewachsen ist er ihr offensichtlich nicht in der geistigen Auseinandersetzung mit der Frage nach dem Sinn des Lebens, sondern beim zwanglosen Plaudern mit Gleichgesinnten, die sich Ferien vom Gehirn erlauben: „Ich habe mich einmal vier Tage lang mit drei Freundinnen getroffen. Und das war einfach großartig. Jede hat gemacht, was sie wollte, aber wir haben auch viel zusammen unternommen und hatten einen Riesenspaß miteinander. Das war natürlich eine völlige Ausnahmesituation und ein Luxus auch, ich weiß. Aber es war einfach wunderbar und ich habe es sehr, sehr genossen."

Man erfährt zwar nicht, was nun das Großartige und Wunderbare an diesem Riesenspaß gewesen ist, aber so genau möchte es man ja auch nicht wissen. Man kann es jedoch erahnen, wenn man sich in die Welt der Margot Käßmann eingelesen hat. Da wird oft ernsthaft gearbeitet: „Vor einiger Zeit haben wir mit dem Bischofsrat in Hannover versucht, ein Papier zum evangelischen Verständnis von Ehe zu formulieren." Wer jemals versucht hat, mit dem Bischofsrat in Hannover „ein Papier zum evangelischen Verständnis von Ehe zu formulieren", der wird wissen, daß es im Leben

"Eine entsetzliche Hanfglocke!"

leichtere Aufgaben gibt. Um so verständlicher wirkt Margot Käßmanns Suche nach einer Zuflucht vor den Zumutungen ihres Arbeitsalltags als Theologin. „Wenn ich mir etwa vorstelle, wie ich leben will, wenn ich alt bin, dann denke ich immer: Ich möchte einerseits unabhängig sein, frei leben können, falls ich – hoffentlich! – gesund bleibe. Aber ich möchte greifbar und in der Nähe Freundinnen haben, bei denen ich schnell mal vorbeischauen kann, mit denen ich einen Gang in die Sauna verabreden, ins Kino oder Essen gehen kann." Vorstellen kann sie sich noch mehr: „Vorstellen kann ich mir aber zum Beispiel auch, in einem Haus in Hannover zu leben, andere Frauen in umliegenden Wohnungen, mit denen ich manches teile, Kino und Kummer, Kaffee und die Kanarischen Inseln als Urlaubsort." Ja, sie möchte „auch in Jeans und Sweatshirts ins Kino gehen können" oder beispielsweise in die Sauna: „Ich gewinne auch neue Energie aus einem Abend mit einer Freundin in der Sauna, ein paar Stunden in einem Wellness-Bad." Und daher empfiehlt sie einer sitzengelassenen Christin namens Lisa die Vorzüge der Ablenkung durch prickelnde Freizeitaktivitäten: „Wie wäre es, wenn du mal ein paar Tage herkommst? Ich muß zwar arbeiten, aber die Kinder sind doch gern bei uns und wir zwei könnten zumindest einmal essen gehen, spazierengehen, dabei reden, oder in die Sauna, ins Kino, und du läßt alles wenigstens für kurze Zeit von dir abfallen." Das muß sich auch eine andere Adressatin gesagt sein lassen: „Liebe Elke, ich möchte dir eigentlich raten: Gönn' dir selbst etwas Gutes, mach was Schönes." Friß eine Schachtel Pralinen leer? Nein: „Geh ins Kino oder in die Sauna, hör auf, dauernd zu grübeln und Angst zu haben, das macht alles noch schlimmer." Nach einem Gang ins Kino oder in die Sauna sieht das Leben, so wie es Margot Käßmann uns ausmalt, auf einmal ganz anders aus: „Wenn du also deinen Kindern mal Zeit entziehst, weil du etwas für dich tust – sei es Sport oder Sauna oder Kino oder Lesen – dann wird ihnen das zugute kommen, weil du dein inneres Gleichgewicht neu finden konntest."

Hüten müssen wir uns aber vor dem Dämon Fernsehen. Zur Ertüchtigung der Nervenkräfte sind in Margot Käßmanns Kosmos zwar das Kino und die Sauna zugelassen, doch das Fernsehen kommt schlecht weg. „Der Jugendliche hängt vor dem Computer ab, die alte Dame vor dem Fernseher, der Geschäftsmann betrinkt sich, die Familienmutter geht einkaufen. Klischees, ich weiß. Aber sie stehen für Fluchtmanöver, die das Erschrecken verdrängen sollen." Wäre es nicht gescheiter, wenn der Jugendliche, die alte Dame, der Geschäftsmann und die Familienmutter gemeinsam ins Kino gingen, statt das Erschrecken beim Abhängen vor dem Computer oder vor dem Fernseher beziehungsweise beim Sichbetrinken und beim Einkaufengehen zu verdrängen? Aus Margot Käßmanns Sicht ist der Griff zur Fernsehfernbedienung ein selbstbetrügerisches Fluchtmanöver, im Gegensatz zum seelenheilenden Kinogehen: „Nur müssen wir uns doch fragen, wo unser Leben sinnvoll ist und wo wir wirklich am Sinn völlig vorbei gehen. Wo erliegen wir den Versuchungen der Konsum- und Fernsehwelt?"

elleicht im Kino? Oder in der Sauna? Oder eher och beim Shoppen und im Fernsehsessel? Margot äßmann weiß die Antwort: „Liebe Franziska, ich nde, es ist wichtig, über Angst, Zukunftsangst zu rechen. Viele verdrängen das einfach. Oder sie enken sich ununterbrochen ab mit Fernsehen, nkaufen, Planen." Anstatt sich einmal etwas esseres zu gönnen wie zum Beispiel ein Wellnessad, einen gepflegten Kinobesuch oder einen ufguß in der Sauna.

So wie es Margot Käßmann tut, um sich anderngs wieder glaubwürdig einmischen oder etwas och Verwegeneres unternehmen zu können. Wenn alles rund läuft, nähert sie sich Themen an. isweilen sogar sehr: „Gerade dem Thema Engel abe ich mich in den letzten Jahren sehr angenäert." Bei der Bibellektüre sind ihr Engel begegnet, ie mit flammenden Schwertern den Eingang ins aradies bewachen. „Aber", so schreibt sie, „ich in überzeugt, Engel kennen auch Leichtigkeit. ie können ein Lächeln auf dein Gesicht bringen." nd ein von Engeln aufs Gesicht gebrachtes ächeln ist sicherlich mehr wert als eine dort aufebrachte Gurkenmaske aus der Konsumwelt.

Doch man sollte selbstverständlich auch gerinere Werte nicht geringschätzen. „Glück wahrehmen heißt auch, sich am Kleinen freuen könen", findet Margot Käßmann. Es handelt sich ierbei um eine langsam gereifte, durch persönche Erfahrungen verbürgte Erkenntnis: „Mir geht s so, daß ich manchmal bei einem Spaziergang iefes Glück empfinden kann." Wie das Leben so pielt, lauert im Detail jedoch gelegentlich auch er Teufel: „Manchmal sind es im Alltag besonders ie Kleinigkeiten, die uns das Leben schwerachen." Man kennt das ja: Die Nase läuft, die spressomaschine streikt, der Tesafilm ist alle, erade wenn man ihn am nötigsten braucht, der eldsalat schmeckt sandig, und dann zieht der rucker das Papier schief ein – Klischees, kein weifel. Aber sie stehen für Störmanöver, die uns en Alltag zur Hölle machen und uns daran indern können, ganz gelassen über unsere ukunftsangst zu reden, uns dem Thema Engel nzunähern oder über Margot Käßmanns Thesen achzudenken.

Eine lautet: „Alte Menschen sind nahezu nsichtbar geworden in der öffentlichen Wahrehmung." Das wirkt zunächst befremdlich, wenn an sich vergegenwärtigt, wieviel Sendezeit llein Johannes Heesters, Helmut Schmidt und enedikt XVI. für sich beanspruchen, doch die rfahrung zeigt, daß es Margot äßmann weniger auf die Wahrheit nkommt als auf die kuschelige Atmosphäre, die sich durch das Absondern fragwürdiger Binsenweisheiten erzeugen läßt. Wie zum Beispiel dieser hier: „Die Erfahrung aber zeigt, unter militärischen Einsätzen leiden Frauen und Kinder zuallererst." Zu diesem unsinnigen Wohlfühlsatz hat Max Goldt bereits vor Jahr und Tag das Nötige gesagt: Im Krieg leiden alle Menschen; Alter und Aussehen egal.

Margot Käßmanns Patentrezept „zur Überwindung der Gewalt" ist übrigens ein „überzeugender und wirksamer Einsatz für Gerechtigkeit". Da fragt man sich, weshalb nicht schon die alten Griechen darauf gekommen sind, den Frieden mit dieser Methode auf Jahrhunderte hinaus zu sichern. Es wäre so einfach gewesen, die Gewalt durch einen überzeugenden und wirksamen Einsatz für Gerechtigkeit zu überwinden! Doch es hat nicht sollen sein, und wir sind von Margot Käßmann dazu aufgerufen, in der skeptischen Beurteilung der Vergangenheit auch uns selbst auf den Prüfstand zu stellen: „Der Rückblick wird immer auch von der Gegenwart bestimmt."

Trefflicher und netter kann man das nicht sagen, und weil es gerade so schön ist, gehören hier zum guten Ende noch zwei weitere Sentenzen der beliebtesten evangelischen Theologin aller Zeiten her. Erstens: „Es gibt einen Teil von Freiheit von familiären Verpflichtungen, der in Verantwortung umgesetzt wird." Und zweitens: „Mit erwachsenen Kindern entstehen auch für die Eltern neue Bezüge in der Beziehung."

Damit hat sich Margot Käßmann in die Herzen aller Gläubigen hineingepredigt, die sich von neuen Bezügen in ihrer Beziehung zum Aberglauben einen tieferen Seelenfrieden versprechen als von einem Ende des unsäglichen Geschwafels einer Geistlichen, die für jeden Pressefotografen die Zähne bleckt und ins Kissen schluchzt und sich nebenher als freie Mitarbeiterin einer Zeitung betätigt, die man das größte Drecksblatt Europas nennen darf, ohne eine Klage befürchten zu müssen.

Kurz und gut: Margot Käßmann sollte Bundespräsidentin werden. Diese Gottesstrafe hat sich das deutsche Volk durch seine Liebe zu der Labertasche Margot Käßmann redlich verdient.

Gerhard Henschel

Fundamentalisten bei der Arbeit

Der Traum des Kardinals

Boris Jelzin
Heiliger oder Narr?

Versuch einer Annäherung von Hans ZIPPERT

An seiner linken Hand fehlen 6 Finger, an der rechten hat er nur noch acht. – Die Jahre sind an Boris Jelzin nicht spurlos vorübergegangen. Doch ein paar Finger mehr oder weniger sagen noch nichts über den Menschen aus, der aus der sperrigen UdSSR die einprägsame GUS machte.

Wer ist dieser Mann? Er hat die Sklaverei abgeschafft und die Arbeit auf den Baumwollfeldern, ja, er hat sogar die Baumwollfelder abgeschafft und teilweise die Arbeit. Er, den sie in Rußland zärtlich »Komißkow«, den Wachhabenden, nennen, er wurde 1831 in einem baufälligen Stall in der Nähe von Jablonsk geboren, möglicherweise war es aber auch 1931, doch Boris Jelzin hat für solche Zahlenspielereien keinen Sinn. Der spätere Präsident von Rußland war das 9. von 8 Kindern, sein Vater arbeitete als Kulak, die Mutter als Concierge im Institut für starken Tobak, der gefürchteten STABAG. Die Familie schlief auf dem Boden, eng aneinandergedrängt, zusammen mit den Schweinen. Der Vater gab sein ganzes Geld für Wodka aus, und wenn er eine Flasche geleert hatte, konnte die Familie darin übernachten. Es war ein Glück, daß der Vater Wodka in 1-l-Flaschen bevorzugte und keinen Underberg, sonst wäre Boris Jelzin heute ein verwachsener Krüppel, andererseits gab es natürlich damals in der gesamten Sowjetunion keine einzige Flasche Underberg.

Doch um die heutige Persönlichkeit Jelzins in ihrem vollen Umfang zu begreifen, muß man sich vor Augen halten, daß der Vater kaum eine Flasche leer trank und die Familie oft gezwungen war, die Reste zu beseitigen, wenn sie trocken schlafen wollte. Die Mutter erinnert sich heute noch, wie der Junge vollkommen betrunken auf Tische und Bänke geklettert sei, um von dort Ansprachen an seine Geschwister zu halten.

Trotz dieser widrigen Umstände verläuft die weitere Entwicklung des jungen Boris in atemberaubendem Tempo. Mit 7 wird er Vorsitzender des örtlichen Komsomol, mit 15 erhält er sein eigenes Politbüro mit einer Unmenge von Stempeln und Durchschlagpapier. Dabei bleibt er ein Mann des Volkes, der Boden seines Arbeitszimmers ist mit frischem Stroh ausgestreut, und für den Besucher stehen immer frische Eicheln oder Bucheckern bereit. Niemals vergißt er seine Familie und schickt täglich eine leere Flasche Wodka nach Hause, denn der Vater, der aus gesundheitlichen Gründen das Trinken aufgeben mußte, kann seinen Angehörigen kein Dach mehr über dem Kopf bieten.

Lesen und schreiben kann Jelzin bis heute nicht gleichzeitig, aber er fällt immer schon durch seine unglaublichen Ideen auf. Er verbietet per Erlaß die jährlichen Mißernten und ordnet an, den Zaren und seine Familie hinzurichten und anschließend das Eigentum umzuverteilen. »Ich war natürlich etwas überrascht, als ich hörte, daß mein Befehl bereits ausgeführt worden war«, schmunzelt Jelzin, den sie hier bewundernd »Groboklob«, den Sensiblen, nennen. Ja, dieser Mann ist schwer einzuschätzen, denke ich, als er mir nun gegenübersitzt. Ist das immer noch der verschlagene Tundrabewohner oder schon der paneuropäische Machtmensch Weizsäckerscher Prägung?

Auf jeden Fall weiß er sich der modernsten Mittel zu bedienen,

Nimmt selten ein Blatt vor den Mund: Boris Jelzin

wenn es gilt, seine Macht zu erhalten und zu vergrößern. Ständig verfolgt er die politische Entwicklung am Bildschirm: »Schauen Sie, was der Amerikaner wieder macht«, ruft Jelzin empört, als Jim Courier wieder einen sicheren Matchball verschenkt. »Der Kommunismus hat furchtbar gewütet«, sagt er bitter, als wir 2 Stunden später eine kleine Exkursion ins Landesinnere unternehmen. »Hier, der Boden«, er greift mit beiden Händen in den zähen Matsch, »schauen Sie sich den an, vollkommen verstaatlicht! Bis da wieder was wächst, werden Jahre vergehen.« Doch solange hat der Zerschmetterer Gorbatschows, den sie hier »Krawallnikow«, den Verschwiegenen, nennen, nicht Zeit. Unablässig wühlt er in der morastigen Erde nach Trüffeln, auch während eines scheinbar unbedeutenden Spaziergangs ist er auf der Suche nach neuen Geldquellen für sein Land. »Rußland«, sagt er und leckt sich genießerisch die Lippen, »Land der Russen, wissen Sie eigentlich, was das heißt?«

Verzagt schüttelt der Besucher den Kopf. »Alles voller Russen!« antwortet der neue Zar, den sie hier auch »Nitroglycerinowitsch«, das HB-Männchen, nennen, »und diese Russen wollen ernährt sein. Wir müssen produzieren und wir wollen produzieren!« schreit es aus ihm heraus. Doch häufig können die Russen gar nicht produzieren, weil es an Ersatzteilen fehlt. »Dabei hat unser Land riesige Ersatzteilreserven, sie müßten nur erschlossen werden.«

Dazu wird dringend westliche Hilfe benötigt. Ebenso wie für die Durchführung der inzwischen schon legendären russischen Hungerwinter. Noch 1963 dauerte ein Hungerwinter etwa 3 Monate. 1989 waren es schon 6, und für 1992 hat Boris Jelzin sogar 11 Hungermonate angesetzt, die er nur mit der großzügigen Hilfe der Deutschen überstehen will.

Als in der Ferne ein Panzerbataillon vorüberfährt, verabschiedet sich Jelzin hastig von mir und läuft dem Konvoi überraschend schnell, mit weitausgreifenden Schritten hinterher. Zwei Stunden später treffe ich ihn, auf einem Panzer stehend, wieder, während er vor über 2000 schlafenden Soldaten eine aufrüttelnde Rede hält.

Als er mich sieht, unterbricht er seine Ansprache und lädt mich in den Präsidentenpalast ein. »Ich muß noch ein paar Erlasse unterschreiben«, erklärt er, während wir in den langen Gängen über die sinnlos betrunkenen Funktionäre steigen. »Schauen Sie, hiermit schaffe ich die Todesstrafe ab und hiermit«, er schwenkt triumphierend ein graues Blatt Papier, »die Schlangen vor den Geschäften.« Ungläubig lese ich, ›wird befohlen, die letzten 10 Angehörigen einer Schlange sofort hinzurichten‹. »Sie müssen wissen, ich bin ein einfacher Mann aus dem Vol-

Ein kompetenter Gesprächspartner für den Westen: Boris Jelzin

ke, ich sage immer direkt heraus, was ich denke, ich bin kein Taktierer, alles, was ich tue, geschieht zum Wohle des Volkes.«

Davon kann sich jeder überzeugen, der heute durch Moskau geht. Die Straßen sind mit sauberem Stroh ausgelegt, die Auslagen der Geschäfte quellen über vor frischen Eicheln und Bucheckern. Es scheint, als ob Jelzins Reformprogramm langsam greift.

Doch vielleicht greift es zu langsam? Aufgebracht grunzend läuft Jelzin, den sie hier »Martinlutherkingowsk«, den Reformer, nennen, um seinen Schreibtisch. »Wir brauchen mehr Spezialisten aus dem Ausland, Makler, Gebrauchtwagenhändler, Videoverleiher und Neger mit großen Kassettenrecordern, sonst werden wir den Anschluß an den Westen nie schaffen.« Natürlich gibt es auch Erfolge. Seit der Staat Fabrikarbeiterinnen kostenlos zu Prostituierten umschulen läßt, ist die AIDS-Rate um 14% gestiegen. Auch daß viele junge Menschen eine positive Einstellung zu Drogen gefunden haben, wertet Jelzin als gutes Zeichen. »Das ist ihre Art, sich mit der Marktwirtschaft auseinanderzusetzen«, sagt der Mann, den sie hier »Jelzin«, den mit dem Hau, nennen. »Ruß-

Sucht den Dialog mit dem Volk: Boris Jelzin

land ist kein Entwicklungsland«, aufgeregt streicht sich der Präsident eine Borste aus dem Gesicht, »wir produzieren sogar Waren für den Export, z. B. Eicheln und Bucheckern. Nur sauberes Stroh müssen wir leider noch einführen«, gibt das höchste Tier im Staate etwas kleinlaut zu. Automatisch fällt sein Blick auf den Fernseher, wo gerade ›Die Hölle von Stalingrad‹ übertragen wird. Russische und deutsche Panzer liefern sich ein erbittertes Gefecht. Augenblicklich hat Jelzin seinen Gast aus dem Westen vergessen und steigt auf das Gerät. Ich nutze seine dreistündige Ansprache an »die russische Nation« zu einem kleinen Imbiß in der Kantine des Präsidentenpalastes. Es gibt ›Eichelgratin mit Bucheckernsalat‹ und als Nachtisch einen ›Vodka am Strohhalm‹. Köstlichkeiten, von denen man im Kommunismus noch nicht mal träumen mußte.

Bei meiner Rückkehr klettert Jelzin gerade leicht konsterniert vom Fernsehempfänger. Trotz seiner 61 Jahre wirkt er manchmal geradezu lausbubenhaft, und trotz der katastrophalen Lage seines Landes ist sein Optimismus ungebrochen. »Diesen Brief«, er drückt mir ein Kuvert in die Hand, »können Sie auf dem Nachhauseweg gleich einwerfen. Er besiegelt das Ende des KGB. Das moderne, demokratische Rußland braucht keinen Geheimdienst mehr. Es gibt humanere Methoden, herauszubekommen, was die Menschen wirklich denken.«

Mit großer Geste zieht er einen Vorhang beiseite. Dahinter: eine riesige Schalttafel. »Ist das nicht wunderbar? Ein Knopfdruck, und ich kann mich mit jedem Frisiersalon Rußlands verbinden...«

In diesem Moment drängt eine Abordnung der Astrophysikalischen Gesellschaft ins Amtszimmer des Präsidenten, um eine Beschwerde vorzutragen: Jelzin

solle bitte in Zukunft nicht mehr seine Kompetenzen überschreiten. Eine Verlängerung der Arbeitswoche auf 9 Tage könne möglicherweise für die Produktivität von Nutzen sein, stelle aber einen bedenklichen Eingriff in die Naturgesetze dar.

»Die wurden diesem Land doch von Stalin aufgezwungen«, brüllt das Staatsoberhaupt und stellt sich auf die Hinterläufe, doch seine Besucher bleiben hartnäckig: Auch der Austritt Rußlands aus dem Sonnensystem sei ihrer Ansicht nach ein schwerer Fehler.

»Hinaus«, mit hochrotem Kopf und bebenden Nüstern weist Jelzin die Beschwerdeführer aus seinem Zimmer. »Fachidioten«, grunzt er, während sich seine Nackenhaare langsam wieder glattlegen. Plötzlich fixiert er mich aus seinen kleinen Äuglein: »Die Deutschen müssen uns Russen helfen, das ist ihre historische Pflicht und Schuldigkeit. Dafür werde ich mich natürlich erkenntlich zeigen«, er hebt den Kopf, seine Nase hat anscheinend eine feine Witterung aufgenommen, »ich werde das Bernsteinzimmer aufspüren und den Nazischatz, darauf kann sich Ihr Volk verlassen. Aber jetzt entschuldigen Sie mich bitte, ich muß zu meiner Familie, meine Tochter wird bald ferkel... äh, mit dem Abendessen fertig sein.« Ein fester Händedruck, dann verlasse ich diesen außergewöhnlichen Politiker, der die Geschicke von Millionen Menschen in der Hand hält. Unterwegs zum Hotel sehe ich ihn aufgeregt über den Roten Platz galoppieren, wo gerade ein Panzer abgeschleppt wird. Rußland, so denke ich, während sich Jelzin sich behende am Geschützrohr emporzieht, Rußland geht schweren Zeiten entgegen. □

Überwacht persönlich die Verteilung der Hilfslieferungen: Boris Jelzin

Ein Mann mit erfrischend undiktatorischem Führungsstil: Boris Jelzin

Sechs Polizisten, zwei davon Frauen, hielten am Sarg Ehrenwache. Einen Moment dachte ich, eine der Frauen wäre Rut Brandt als Polizistin verkleidet.

Aber Quatsch. Doch: Er *hatte* seine dunklen Seiten. Den Namen Rut Brandt (32 Jahre mit verheiratet gewesen) suchen wir vergebens in seinem Erinnerungsbuch.

Schuld ist Yoko Ono alias Brigitte Seebacher-Brandt. Sie nahm ihm die Zigaretten weg und die Erinnerung.

Die Zigaretten hat sie alle im Unkeler Keller gehortet und an Polen verschachert, die jetzt damit an allen Ecken stehen, wie man ja weiß.

Ihr Mann hat unter Völkerverständigung noch was anderes verstanden.

In den Journalen steht, daß viele Berliner nach dem Tode von Willy Brandt einen persönlichen Trennungsschmerz empfunden haben. Ich glaube, das stimmt.

max Goldt + RATTELSCHNECK

Die Lothar Matth

oder:

»Es gibt wichtigere Dinge im Leben wie Fußball!«

Lothar's Corner
Samstag
20.15 Uhr, RTL

Katsche Schwarzenbeck hat einen Zeitschriftenkiosk, Uwe Seeler einen Hamburger Sportverein, Ewald Lienen seine Erinnerungen und Sepp Herberger ist tot. Aber was will eigentlich Lothar Matthäus nach Beendigung seiner Fußballkarriere machen?

In der laufenden Sommerpause der Fußball-Bundesliga konnte Lothar Matthäus bereits zwei schöne Erfolge außerhalb des grünen Rasens verbuchen. Und zwar als Schriftsteller: Am 6. Juni kam sein erstes Buch (»Mein Tagebuch«) unter die Leute, am 7. Juni seine Kapitänsbinde. Denn obwohl das Werk wahrscheinlich nur der Bild-Redakteur gelesen hat, der es auch schrieb, war die Empörung unter Matthäus' Kollegen groß: »Zu wenig Bilder!« (Markus Babbel), »Zu lange Sätze« (Christian Ziege), »Aufhebung des traditionellen Erzählprinzips mit seinem Beharren auf einer konsistenten Wirklichkeit« (Thomas Helmer), »Unhaltbar« (Oliver Kahn), »Schmutz total!« (Jürgen Klinsmann).

In der Folgezeit eskalierte der Streit,

s-Show

Lothar ging mit Lolita und Loris auf »Weltreise nach Australien« *(Bild)*, und wochenlang war es völlig unklar, ob er für die kommende Saison zum FC Bayern zurückkehren würde, ja ob er überhaupt jemals wieder in der Bundesliga spielen würde!

Eine gute Gelegenheit also, mit Matthäus mal ganz in Ruhe über seine Zukunft zu sprechen! Was, wenn ein großer deutscher Fernsehsender ihm eine eigene Talk-Show anböte? Würde der eloquente Herzogenauracher womöglich einen gutbesuchten Zeitschriftenkiosk vorziehen? Wäre das in seinen Augen vielleicht der bessere Sendeplatz für die Bonmots, die ihm nachgerühmt werden? Bonmots wie »Unser Neger hat sooo einen langen« (am Flughafen zu einigen Handball-Damen) und »Dich hat der Adolf wohl vergessen!« (im Oktoberfestzelt zu einem Holländer)? Wir wollten es ganz genau wissen und beschlossen, telefonisch nachzufragen.

Aber natürlich können selbst wir von TITANIC einen Lothar Matthäus nicht einfach so anrufen. Weil er ein Star ist. Weil er nicht mit jedem spricht. Und weil wir die Geheimnummer seines Handys gar nicht kennen. Zum Glück jedoch wissen wir aus der Presse, daß er »in der teuersten Suite des teuersten Hotels auf der teuersten Insel vor Australien« Urlaub macht. Und da wir zwar gerne mal mit ihm über alles sprechen würden, aber nicht zu den teuren Gebühren eines Transkontinentalgesprächs, faxen wir ihm einfach ein paar Blätter genau dahin. Mit der Frage, ob es demnächst »Lothar's Corner. Die Talk-Show mit Lothar Matthäus« geben werde. Und mit der Bitte um Rückruf.

Am 27. Juni, drei Stunden nachdem auf der anderen Seite der Welt ein Hotelpage unser Fax (»urgent! urgent!«) weitergeleitet hat, klingelt in der TITANIC-Redaktion, genauer gesagt im *RTL Programme Development*, das Telefon:

TITANIC Programme Development, Martin Sonneborn am Apparat.
MATTHÄUS Ja, Matthäus hier, grüße Sie, guten Tag!
TITANIC Guten Tag. Ja, Herr Matthäus, wie ich schon per Fax gefragt habe: Hätten Sie Interesse an einer Talk-Show bei uns?
MATTHÄUS Also, ich muß jetzt erst mal sagen, ich weiß nicht, was in München los ist, aber ich geh nicht davon aus, daß ich in den nächsten 5 Wochen mit dem Fußballspielen aufhöre. Das wär auch ein bißchen zu früh, würde ich sagen. Grundsätzlich ist gegen so eine Sache nichts einzuwenden, aber solange ich aktiv bin, haben Sie jetzt gemerkt, man schreibt ein ganz normales Buch, wo man keinen attackiert und angreift, und ich bin damit rausgekommen und hab Probleme, also solange man aktiv spielt, kann man in Deutschland, ich betone, in Deutschland nichts

machen. In Italien, da hat jeder große Spieler eine eigene Fernsehsendung…
TITANIC Genau!
MATTHÄUS …das ist in Deutschland nicht möglich, weil der Neid einfach zu groß ist.
TITANIC Wir wissen ja nicht, wie lange Sie Ihre Karriere noch planen…
MATTHÄUS Nur noch das nächste Jahr, ich hab jetzt noch ein Jahr Vertrag und ich werde in der nächsten Woche den Franz Beckenbauer in Hongkong sprechen, und dann weiß ich mehr Bescheid über diese Sache. Nur, so lange man aktiv spielt, kann man sich gar nichts erlauben, egal ob gut oder nicht gut. Weil, ich sehe den Fußball so positiv wie vielleicht kein anderer in ganz Deutschland, und das hab ich auch ganz gut rübergebracht in dem Buch. Wenn's einer gelesen hat, dann weiß er genau, was los war. Aber wenn man sieht, was für Unruhe gekommen ist; bevor's Buch auf dem Markt war, ist darüber geurteilt worden…

»Der Klinsmann hat nachgeschlagen«

TITANIC Ja, das war uns auch unverständlich. Also, ich habe es auszugsweise gelesen und fand es sehr äh, interessant! Und auch gut, daß mal jemand darüber schreibt, der vom Fach ist!
MATTHÄUS Genau aus diesem Grund hab ich's ja auch gemacht. Ich hab gedacht, es wär mal ganz gut für'n Fußball, wenn einfach mal gesagt wird, warum eigentlich auch Fehler passieren, wie man einfach bei Verletzungen denkt, warum Mehmet Scholl aufgrund seiner Probleme auch mal einen über den Durst trinkt und dann vielleicht die Kontrolle verliert. Das sind alles Dinge, die in der Zeitung gestanden waren, und ich wollte die ein bißchen verschönern, eigentlich schon…
TITANIC Ja?
MATTHÄUS …warum sich ein Stürmer mal wehrt und mal nachtritt und die Nerven verliert auf'm Platz, weil immer getreten wird. Mal ein Beispiel: Jürgen Klinsmann! Weil der Jürgen zwei-, dreimal nachgeschlagen hat in der letzten Saison, wollte ich den Jürgen in Schutz nehmen, und was ist gewesen? Der Bumerang, also der Schuß ist nach hinten losgegangen, obwohl ich doch wirklich nichts Negatives wollte. Aber wie gesagt, das Interesse ist natürlich da, mir ist damals in Italien schon so was angeboten worden…
TITANIC Ach, da haben wir jetzt Konkurrenz mit unserem Angebot?
MATTHÄUS …nur damals war ich der Sprache noch nicht mächtig, das war nach einem Jahr, und man muß dann noch irgendwie schon so ein bißchen die Sprache so stark beherrschen, daß man auch, wenn man mal so ein bißchen in der Zwickmühle sitzt, daß man da auch wieder rauskommt!
TITANIC Aber sehen Sie denn eine Möglichkeit, das in Deutschland zu machen?
MATTHÄUS Ja, auf jeden Fall in Deutschland, das ist ganz klar! Außerdem, es hat mich gefreut, daß diese Nachfrage da ist, und ich bin wirklich der Meinung, daß man das auch machen kann, man muß ja keinen attackieren, man kann das auch so ein bißchen sachlich-nüchtern betrachten, deswegen sage ich, solange ich aktiv spiele, und das wird noch ein Jahr etwa dauern, aber für danach kann ich mir das auf jeden Fall vorstellen.
TITANIC Wir suchen im nächsten Jahr jemanden, der Frau Schreinemakers ersetzen kann. Könnten

Sie sich auch so etwas vorstellen?
MATTHÄUS Ja, wie gesagt, ganz sicher, nur: Mein Job in den letzten 18 Jahren, das wissen Sie, war Fußball, und da ist natürlich die Fachkenntnis wesentlich größer wie in anderen Richtungen. Also am besten bin ich natürlich, sagen wir mal, zumindest was die Erfahrung anbetrifft, natürlich auf dem Gebiet Fußball bzw. allgemeiner Sport, äh, den anderen voraus…
TITANIC Ja.

»Ich hab die Ohren noch stärker aufgemacht!«

MATTHÄUS …natürlich kann man sich auch vorstellen, wenn man sich ein bißchen Mühe gibt, ein bißchen eingearbeitet wird, ein bißchen auch in die andere Richtung gelenkt wird, daß natürlich solche anderen Sachgebiete auch genauso für mich interessant sind. Aber ich sage eins: Ich habe 18 Jahre Fußball gelebt!
TITANIC Natürlich, das haben wir ja auch mitbekommen. Hätten Sie Interesse, oder andersrum, hätten Sie denn Scheu, z.B. mit Außenminister Kinkel und solchen Leuten zu sprechen?
MATTHÄUS Ich hab vor niemandem Scheu! Also ich hab vor allem im letzten Jahr sehr viel interessante Leute aus der ganzen Welt kennengelernt, also nicht nur aus'm Sport, sondern aus Wirtschaft, aus Politik, egal wo auch immer hin, und es waren eigentlich immer sehr interessante Unterhaltungen, wo ich jetzt wirklich die Ohren noch stärker aufgemacht hab, als wenn's um Fußball gegangen wär! Es gibt auch andere, wichtigere Dinge im Leben wie Fußball!
TITANIC Genau, und wir möchten dann auch Ihren Namen so ein bißchen ans Programm binden, also nicht, daß Sie bei *Arte* noch andere Sachen machen! Dann auch Promo-Auftritte bei *RTL*-eigenen Produktionen…
MATTHÄUS Ja, ich weiß schon, klar, ich weiß schon, worum das da geht, da seh ich kein Problem für mich. Ja, man sollte sich einfach mal treffen, ich bin jetzt am 5. Juli zurück, die ersten Tage werden ein bißchen hektisch sein, ich gehe davon aus, daß sich das nach ein, zwei Wochen legt. Ich hab aber auch schon zu Journalisten gesagt, daß ich auch sofort mit dem Fußball aufhören kann. Ich brauch den Fußball nicht mehr, aber ich würd's halt schade finden, wenn eine Karriere, die wirklich glanzvoll war, einen solchen Abgang hätte, das wär' natürlich schade irgendwo. Wie das Ganze, das in den letzten Jahren passiert ist um meine Person, aber grundsätzlich geh ich davon aus, daß ich noch ein Jahr spiele…
TITANIC Ja, und Klinsmann ist ja jetzt auch raus, dieser Unruheherd…
MATTHÄUS Der Jürgen Klinsmann ist, ja, Unruheherd für die einen, die sich auskennen, ist er wahrscheinlich richtig eingestuft worden mit der Zeit. Für andere, die wollten einfach nur den Schein bewahren und sagen, das ist ein Verlust: Für die Insider, sagen wir mal, ist es kein Verlust!
TITANIC Ich sehe das ja nur von außen, ich kenn das nur aus der Zeitung.
MATTHÄUS Ich glaube auch, Außenstehende können das gar nicht mit Außenstehenden diskutieren, aber Tatsachen, was wirklich passiert ist, das wissen nur die Insider, das können Beckenbauer und Matthäus und Helmer und Hoeneß einschätzen, aber nicht der Journalist von der *Bild* oder

Das große Lexikon der Bild-Sprache (2)

D

Dauerbegleiter, der: Liebhaber? Guter Freund? Schmust er oder nicht? Man weiß es nicht. Bestes Beispiel: Filmproduzent Gianni Nunnari (36), ehemaliger Dauerbegleiter von Naomi Campbell (26). Die Dauerbegleitung dauerte aber kaum länger als ein durchschnittlicher Dauerständer.

Denk-Vitamin, das: aus dem Anzeigenteil: Gestern wußte man noch, »womit man einen Igel füttern darf«, doch heute ist's wie weggeblasen. Lösung: »Mit dem Denk-Vitamin Cholin können Sie dem Gehirn auf die Sprünge helfen.« Bei wieviel Denk-Vitamin Cholin springt die Schüssel? Hinweise sucht man so vergeblich wie das Igelfutter.

diäten: keineswegs kleingeschriebene Abgeordnetenbezüge (gibt's nicht!), sondern Neuwort für: weniger essen, fasten, eine Diät machen: »Harry Wijnvoord (47, ›Der Preis ist heiß‹), auf 130 Kilo angeschwollen, diätet wieder.« [1.11.1996] Wir glauben kein Wijn-Wort!

E

Ehe-Aus, das: das Ende einer Ehe nach Fremd-Sexel- oder Ent-Fremdelei. Kam für Johanna Prinzessin zu Sayn-Wittgenstein (47) und Multimillionär Axel Walter (54) nach zwölf Jahren Ehe-In. Aber keine Angst, der »schöne Walter« treibt's mit keiner Ehe-Aus-Länderin: »Es bleibt alles in der großen → Bussi-Bussi-Familie.« → Ex-Johanna

Ehe-Bombe, die: Heimliche Hochzeit, die erst später bekanntgegeben wird. Eine Ehe-Bombe ließ Naomi Campbell (26) auf der Hochzeit von Model Eva Herzigova (22) platzen. Naomi gab zu: »Ja, ich hab's getan.« Allerdings nicht mit Dauerbegleiter Gianni Nunnari, sondern mit Luca Orlandi (32), dem italienischen Modemillionär. Wird Naomi demnächst → fremdsexeln? Müßige Frage. Denn: »Sie hat uns angeschwindelt. Supermodel Naomi Campbell (26) ist noch gar nicht unter der Haube.« Die Ehe-Bombe war ein Blindgänger!

Ehe-Schlammschlacht, die: hieß die Schlacht zwischen Verona Feldbusch (28, »Peep«) und Dieter Bohlen (42, »Blaues System«), als sie »immer verrückter« wurde. Danach war Bohlen offen (für die Scheidung).

eichelartig: ist es, wenn niemand Hessens Ministerpräsident Hans Eichel kennt. »Eichelartig! Kaum einer kennt ihn in Deutschland.« Dabei ist der Mann doch mit Vorhaut und Haaren SPD-Politiker!

E-SO-GRI, die: Abkürzung für End-Sommer-Grippe. Ist seit dem 11.9.1996 out. Dafür ist seitdem das F-HE-AB-FI voll in (Früh-Herbst-Abkürzungs-Fieber).

Endlosliste, die: führte John »Vielficker« Kennedy Jr., bis er die → Ex-Calvin-Klein-Pressechefin Carolyn Bessette (29) heiratete: »Die Endlosliste seiner prominenten Geliebten: Brooke Shields, Catherine Oxenberg, Prinzessin Stephanie von Monaco, Pretty Woman Julia Roberts, die Porno-Queen Koo Stark, Daryl Hannah und Jessica Parker, Madonna, etc.« Mit »Etc.« soll es besonders aufregend gewesen sein!

Ex-Calvin-Klein-Pressechefin, die: i. e. Carolyn Bessette (29), Noch-Frau von John »Fritze« Kennedy Jr. Steht so im Ex-Axel-Cäsar-Springer-Blättlein. → Endlosliste → fremdgucken → fremdsexeln.

Ex-Johanna, die: Bezeichnung für die Ex-Ehefrau von Muck Flick sowie Noch-Frau von Axel Walter Johanna Prinzessin zu Sayn-Wittgenstein (47) nach ihrem zweiten Ehe-Exitus. Eigentlich ja Ex-Ex-Johanna. Wäre aber zu ex-zentrisch (früher nur in Amerika bekannt, dort nachgestellt: Malcom-Ex). → Ehe-Aus

Christian Y. Schmidt

TITANIC Telefon-Terror

Abendzeitung.
TITANIC Herr Matthäus, können wir denn vielleicht in der Sommerpause mal einfach eine Probesendung machen?
MATTHÄUS Ich würde sagen, bis zum 15. wird erst mal eine schwierige Zeit, und wir haben keine Sommerpause, am 3. August geht die Bundesliga wieder an, und ich hab vorher noch ein Weltauswahlspiel in Hongkong, wo ich den Franz Beckenbauer treffe, und da werden wir uns unterhalten. Ich würde vorschlagen, ich gebe Ihnen meine Handynummer, und dann können Sie mich jederzeit anrufen, wenn die Sachen geklärt sind.
TITANIC Okay, dann sagen Sie mir doch mal Ihre Nummer…

Wie es sich für Programmdirektoren gehört, wissen wir am 8. Juli natürlich schon aus der Presse, daß Lothar Matthäus noch eine Saison für den FC Bayern vor die Kameras treten will. Aber auch im nächsten Jahr muß schließlich irgendwas weggesendet werden. Warum nicht »Lothar's Corner«? Mal sehen, was Lothar selber dazu meint:

MATTHÄUS Matthäus.
TITANIC Martin H. Sonneborn, *RTL*. Herr Matthäus, wir hatten ja vor zwei Wochen schon mal miteinander telefoniert. Es ging um…
MATTHÄUS Ja, ich weiß, ja.
TITANIC Wir haben gelesen, daß Sie wieder in Deutschland sind. Und auch, daß Sie wohl bei Bayern weiter spielen?
MATTHÄUS Ja, ich mach weiter. Der läßt mich nicht weg, der Beckenbauer.
TITANIC Das heißt, daß Sie ein Jahr nicht zur Verfügung stehen?
MATTHÄUS Daß ich ein Jahr gar nichts machen kann.
TITANIC Ich habe das trotzdem schon mal angesprochen hier, und der Herr Thoma fand, das wär eine echte Sahnetorte für uns! Wir sind auch in einem Jahr sehr interessiert.
MATTHÄUS Ja, eben, ich hab Ihnen ja auch gleich gesagt, ich rede ja auch immer sehr offen mit Leuten, die was wollen von mir. Solange ich Fußball spiele, geht nichts. Und bei so 'ner Sendung muß man ja auch ein bißchen Gas geben!
TITANIC Natürlich! Und ich würde das jetzt gerne in der Programmdirektoren-Konferenz mal genauer vorstellen, unser Projekt. Ich hab mal drei Seiten zusammenschreiben lassen, kann ich Ihnen das mal zufaxen? Das ist aber nichts Offizielles, und ich müßte Sie auch bitten, Stillschweigen zu bewa—
MATTHÄUS Hören Sie, ich bin zur Zeit sowieso still wie ein Mäuschen!
TITANIC Gut, daß Sie das vielleicht einfach mal ansehen und ausfüllen und mir bis morgen mittag zurückfaxen?
MATTHÄUS Ich werd das dann spätestens heute abend ausarbeiten und schicke es dann zurück…

Fix wird gefaxt aus dem *Programme Development*: ein paar »stichwortartig angedachte erste Überlegungen«, wie dem Deckblatt zu entnehmen ist. Weil wir aber die Seiten schon am nächsten Tag zurückhaben wollen und weil Matthäus Fußballer ist, enthält das Konzept mit dem »Arbeitstitel: Lothar's Corner« vor allem eins: *Multiple Choice*-Listen. Zum Ankreuzen. Listen mit möglichen Sendetiteln, Listen mit möglichen Talkgästen für die erste Sendung, Listen mit möglichen Interessensschwerpunkten des Moderators, Listen, Listen, Listen…
Und dazu ein paar Freizeilen für eigene Gedanken.
Ein paar freie Zeilen zu viel offenbar. Jedenfalls faxt L. Matthäus bis zum nächsten Tag nicht zurück. Aber wir haben ja seine Handynummer:

MATTHÄUS Matthäus.
TITANIC Ja, Herr Matthäus, Martin H. Sonneborn, *RTL*. Haben Sie das Fax bekommen, das meine Sekretä…
MATTHÄUS Grüße Sie, hallo, ich hätt Sie sowieso zurückgerufen. Das ist alles schön und gut, aber in so 'ner kurzen Zeit! Ich hab das Fax neben mir liegen, man kann nur sagen, okay, möglicher Titel, da kommen drei in Frage. Aber man will ja auch sehen, daß man eigene Ideen da mit einbringen möchte. Das geht natürlich nicht von heute auf morgen!
TITANIC Ja, das ist klar…
MATTHÄUS Da will man sich einfach ein bißchen Gedanken

mögl. Konzept (vorläufig)
Zwei Halbzeiten (mit Werbeunterbrechungen), 11 Gäste (sitzen auf der Bank, werden immer vom „Schiedsrichter" (mit Pfeife) „eingewechselt", wenn sie „gut spielen", geht es in die „Verlängerung").
eigene Vorschläge:
sehr schwierig eigene Ideen einzubringen, mein Kopf ist dafür zum jetzigen Zeitpunkt nicht frei.

machen, genauso wie mit einem Gehalt und so weiter!

TITANIC Ja, das ist jetzt auch nur erst mal routinemäßig...

MATTHÄUS Routinemäßig ist ja alles schön und gut! Nur, ich finde das so 08/15, wenn ich jetzt hier Sachen ankreuze, drei nicht ankreuze, und wenn man jetzt mal sagt: mögliche Talkgäste, fällt mir jetzt natürlich erst mal ein Fußballspieler ein, aber im Endeffekt möchte man gern andere Leute auch haben. Und dafür braucht man Zeit.

TITANIC Ja...

MATTHÄUS Ich kann Ihnen das gerne zurückfaxen, im Endeffekt bin ich damit unzufrieden, wie das ausgefüllt wird.

TITANIC Das ist ja auch...

MATTHÄUS Ich würd gern auch das ein oder andere noch dazunehmen, also auch mich reinarbeiten. Im großen und ganzen ist es ja schon schwierig, auf drei Blättern Papier alles anzukreuzen und eine Linie zu fahren, da braucht man intensivere Gespräche!

TITANIC Herr Matthäus, das war doch auch nur ein...

MATTHÄUS Deswegen wollt ich Sie einfach anrufen, damit ich sage, man kann das natürlich intensiver ausfüllen. Oder man kann sich intensiver unterhalten.

TITANIC Das war ja auch nur, damit wir wissen, in welche Richtung wir das mal andenken können, und...

MATTHÄUS Okay, ich bin in einer halben Stunde zu Hause, dann faxe ich Ihnen!

Tatsächlich, eine knappe Stunde später haben wir unsere Fragebögen komplett ausgefüllt zurück.
Und hier sind die Ergebnisse:

In der Rubrik **möglicher Titel** fielen unsere Vorschläge *Matthäus live* und *Die Lothar Matthäus-Show* leider ebenso glatt durch wie *Fußball aus erster/bester Hand*, *Lothar Matthäus spezial* und *Matthäus neunzehnzehn* – Gnade fanden bzw. angekreuzt wurden lediglich *Lothar's Corner* und *Am Ball mit Lothar Matthäus*. Nun ja, damit können wir leben. Und die Schreiber von TV-Programmzeitschriften hoffentlich auch.

Bei der Frage nach dem **Format** hakte Matthäus die *45 min* und *90 min* als genehm ab, die *30 min* und die *180 min (Schreinemakers-Format)* dagegen wurden handschriftlich für »zu kurz« bzw. »zu lang« befunden. Etwas kryptisch klingt die dazugesetzte Bemerkung »P.S. Frage: Länge hängt ist von Termin ab.« – Die Hausjuristin, die Wissenschaftsredaktion und das Team von *Jeopardy!* sitzen noch an der Entschlüsselung.

Terminlich würde es Lothar Matthäus *wöchentlich* besser passen als etwa *täglich*

oder nur *monatlich*. Oder aber, sein eigener Vorschlag, »besser alle 2 Wochen bei 90 Minuten«. Das klingt fast nach TV-Erfahrung; Vorschläge in Richtung »an jedem ersten Dienstag nach Vollmond« oder »Weihnachten« hätten erfahrungsgemäß keine Chance in unserem Programm.

Nun aber zum **mögl. Konzept**. Vorgeschlagen hatten wir folgendes:
Zwei Halbzeiten (mit Werbeunterbrechungen), 11 Gäste (sitzen auf der Bank, werden immer vom "Schiedsrichter" (mit Pfeife) "eingewechselt", wenn sie "gut spielen", geht es in die "Verlängerung").
Matthäus brachte zusätzlich in den Freizeilen eigene Ideen ein: »sehr schwierig eigene Ideen einzubringen, mein Kopf ist dafür zum jetzigen Zeitpunkt nicht frei«. Ansonsten akzeptierte er unser erprobtes Fernsehkonzept, möglicherweise auch, weil es ihm irgendwie bekannt vorkam.

Um so mehr Einfluß nahm der gelernte Raumausstatter dann, als es um **mögliche Sende-Elemente** ging: *Torwand/Elfmeterschießen*, die *Vorstellung Verlierer der Woche ("Loser bei Lothar")* und *Buch der Woche (Lothars Sport-Lektüre)* wurden rundheraus abgelehnt – letzteres womöglich aufgrund schlechter Erfahrung mit Buchmachern, seinem eigenen Tagebuch oder wegen des »fehlenden« Apostrophs bei *Lothars*.
Das »ja« dagegen kreuzte der angehende Moderator bei *Fit mit Lothar (Ernährungstips/Rezepte)*, der *Vorstellung Fußballer der Woche* an und fügte noch als *eigenes Wunschelement* das »internationale Sportgeschehen« hinzu. Auf daß es eine bunt gemischte Sendung werde!

Erste Überraschungen ergaben sich beim Studieren der Liste **Interessenschwerpunkte L. Matthäus**: Ein »ja« bei *Fußball*, *Sport allgemein*, *Sport Kommentar live*, *Mode* und *Tiere* war ebenso zu erwarten wie ein »nein« bei *Kochen (Bio)*, *High Society*, *Politik (Innen/Außen)*, *Musik* und *Erotik*. Aber an die klare Absage betreffs *Kernphysik/Technik* hatten wir nicht geglaubt: Stand Matthäus nicht lange Jahre im Ruf eines technisch versierten Mittelfeldregisseurs?

Obwohl er das nicht als Interessenschwerpunkt ausgewiesen hat, weiß Lothar Matthäus, wo die Musik spielt. In seiner ersten Sendung nämlich. Und beweist auch Fachkenntnis, was die Auswahl der **Music-Acts** selbst anbelangt: *Michael Jackson* (»ja«), *BAP* (»ja«), *Tony Marshall* (»ja«), *Pur* (»ja«), das *Alban Berg Quartett* (»nein«), das *Medium Terzett* (»nein«) und die *Zillertaler Schürzenjäger* (»nein«).
Bleibt die Frage, in welcher Reihenfolge wir die Herren auf die Bühne bringen, und ob es aus zeitlichen Gründen ein Duett Jackson/

Marshall geben könnte.
Ebenso fachmännisch läuft die Auswahl der **möglichen Talkgäste**: Fußballer wie *Beckenbauer*, *Uwe Seeler* und *Roger Willemsen* sind gefragt, Schriftstellerkollegen wie *Günther Grass* und *Harald Schmidt* nicht; schließlich will Matthäus von den Gästen zu seinem eigenen Buch befragt werden. *Tony Marshall* wird zwar als Music-Act eingeladen, aber nicht um dumm rumzuschwätzen; *Keith Haring* gar nicht, der bleibt somit in seiner eigenen Kiste.
Bei den Damen wird es unübersichtlich: Wieso dürfen *Verona Feldbusch* und *Arabella Kiesbauer* kommen, *Dolly Buster* und *Alice Schwarzer* dagegen nicht? Was haben die einen, das die anderen nicht haben?
Zum Ausgleich führt Matthäus als **eigene Wunschkandidaten** auf: »Boris Becker« und »Mario Basler«.

Auch die Notwendigkeit von **mögl. RTL-Promo-Auftritten** ist einem ausgebufften Vollprofi natürlich klar: Zu *Reich und schön* – was immer das sein mag – geht er gern (»ja«), das liegt auf der Hand, und als Nachrichtensprecher bei *RTL aktuell* können wir uns Lothar Matthäus ebenso vorstellen wie er sich auch (»ja«).
Ob er zu *Hans Meiser* und *Ilona Christen* möchte? Natürlich nicht (»nein«), das sind ja ab sofort Konkurrenten! Auch nicht zu *Der Preis ist heiß* und *Dr. Stefan Frank – Der Arzt, dem die Frauen vertrauen* (»nein«). Dann schon eher in die Sendung *RTL Mode News* (»ja«), die es aber leider gar nicht gibt; vielleicht wird sie ja jetzt geschaffen.
Was die **Spielfilme** (»ja«) anbelangt, müßten wir wohl doch noch mal klären, in welchem Genre sich Matthäus am ehesten selber sähe, im Actionfilm, Roadmovie, Softporno...
Oder eher im falschen Film?

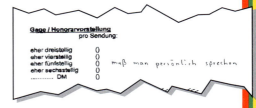

Vielleicht aber ist das alles auch gar nicht mehr so wichtig. Denn zu seiner **Gage/Honorarvorstellung** will sich der angehende Talkmaster nicht äußern. Obwohl wir gefragt haben, ob er pro Sendung lieber weniger (*eher dreistellig*, *eher vierstellig*) oder mehr (*eher fünfstellig*, *eher sechsstellig*) verdienen wolle, hat er sein Kreuz verweigert und handschriftlich angemerkt: »muß man persönlich sprechen«.

Und ein persönliches Treffen, das ist uns dann doch ein zu hoher Preis. Denn schließlich: Gibt es nicht andere, wichtigere Dinge im Leben wie die Lothar Matthäus-Show?

Martin Sonneborn

Freunde fürs Leben

Tuttifrutti! Schickimicki!
Form und Inhalt! Fickificki!
Doppelkinn und Backentaschen
Blähen sich vor Lebenslust.
Zwei zum Knutschen und Vernaschen.
Siegelringe, Siegerblicke,
Hälse wie zwei Galgenstricke:
Winfried S. und Ebbi Thust.

Blutkreis läuft auf vollen Touren.
Äußerst formschöne Frisuren,
Faust bereit zum Nasenstüber,
Haare voller Schmalz und Schmand.
Schweinsäuglein und Schnäuzer über
Schicken Schlipsen und Gebissen.
Dicke Lippen. Soll man küssen!
Solche Männer braucht das Land.

Beim Geschmeiß in Samt und Seide
Bildet sich die Kraft durch Freude.
Muskelspiel und Samenstränge
Sind sein Pfand und täglich Brot.
Ach, in diesem Glücksgepränge
Sieht man niemals keine Not nicht.
Denn man sieht nur die im Rotlicht;
Die im Dunkeln sind schon tot.

Gerhard Henschel

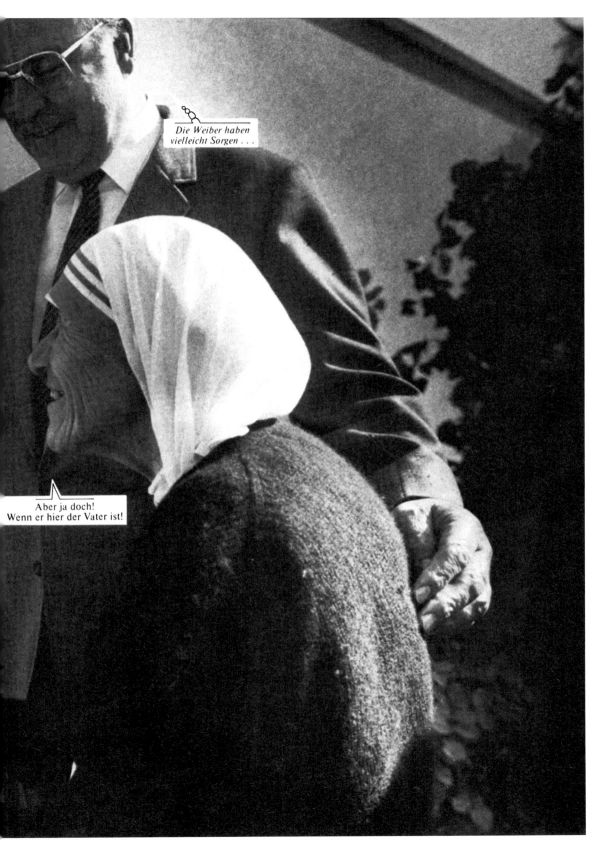

Höhepunkte Nationalen Fernsehgrusels

Im Bett mit M...

Vorspiel

Paris im Spätsommer, irgendwann vor der Jahrtausendwende. Ein sonnendurchfluteter Nachmittag. Der Kamerablick fällt auf einen kleinen Platz. Platanen, Bänke, schlendernde Menschen. Frieden in der Stadt der Liebe. Alle haben jemanden zum Busseln. Alle?

Eine kleine füllige Frau betritt mit ebenso eiligen wie ziellosen Schritten die Szene und bleibt plötzlich stehen. Ruckartig wie ein Täubchen läßt sie ihren Kopf nach rechts und links zucken. Es ist deutlich: Sie sucht etwas. Aber was?

Seit Stunden schon irrt sie hilflos durch die Straßen von Paris. Verzweifelt schweifen ihre bittenden Blicke über Dächer und Fernsehantennen, über Mademoiselles und Maisonetten, über Baguettes, Menjou-Bärtchen und vor allem natürlich über die dazugehörigen Männer. Aha!

Doch von sämtlichen geschlechtsfähigen Franzosen, eigentlich ja berühmt dafür, nichts, aber auch gar nichts anbrennen zu lassen, erwidert niemand den flehentlichen Blick der kleinen, dicken Frau. Nicht einer? Keiner! Seltsam. Die Fernsehkamera fährt dicht an die Frau heran. Es handelt sich um Helga Beimer. Ach so. Na dann. Ja klar. Man kann die Männer verstehen.

Aber man kann auch Helga Beimer verstehen. Sie ist nämlich in einer verzweifelten Situation: Die Ereignisse daheim in der Lindenstraße haben sich nicht gut entwickelt: Herr Beimer, genannt »Hansemann«, hat die gemeinsame Wohnung verlassen und sich zu einer Jüngeren über den Hausflur gerettet. Auch die Kinder sind weg. Die einstmals so urgemütliche Neubauwohnung der Beimers, nun steht sie kalt und leer. Genau so fühlt sich Helga!

Das Thema ist jetzt klar: Eine Frau sucht einen Mann. Die höchst praktische Idee allerdings, es doch einmal in Paris zu versuchen, der Stadt der todsicheren Nummern, stammt nicht von Mutter Beimer, sondern von ihrer hier lebenden Tochter.

Und das Lindenstraßen-Seriendrehbuch hat natürlich auch für Helga, dieses stillgelegte Töpfchen, noch den passenden Gulaschkanonendeckel parat. Und da kommt er auch schon in den Blick der Kamera geschlendert: Der Typ ist viel zu jung, viel zu unseriös, immerhin aber fließend lauwarm deutsch sprechend. Naja, das muß ja in beziehungsweise *an* die Hose geh'n!

Helga ist natürlich selig, als der Meister sie dumpf von der Seite anquatscht. Und die in Liebesdingen Erfahreneren unter uns, die wir gerade wie gebannt auf die Mattscheibe starren, wir ahnen es in der ersten Sekunde: Oh ja, der wird sich Mutter Beimers erbarmen! Oh Gott ja, dieser peinliche Bursche mit der Vokuhila-Zuhälterfrisur, er wird – aus welch zynischen Drehbuchgründen auch immer – es ihr tüchtig besorgen…

Doch halt! Zuvorderst geht es ja nur um einen Kuß. Den ersten allerdings! Romantisch, nicht wahr? Willkommen an Bord der ARD! Mit Mutter Beimer in Paris! Bitte anschnallen und die Fernbedienung wegwerfen!

Mit Mutter Beimer in Paris

Ja, ich war mit Mutter Beimer in Paris: Ich stand sozusagen neben ihr auf der Aussichtsplattform des Eiffelturms, dem einzigen Platz in ganz Paris, von wo aus man diesen blöden Eiffelturm nicht sehen muß, während Mutter Beimer ihr pastellfarbenes Rüschenkleidchen prall ausfüllte, sich bäuchlings über die Reling hängte und ausrief: »Ooohh! …mir wird schwindelig!«

Und während aus den Lautsprechern die Musette-Musik ertönte, daß sich die Akkordeons bogen, bekam Mutter Beimer endlich das, worauf eine ganze Nation wochenlang systematisch verrückt gemacht worden war von der Fernsehpresse und damit sozusagen auch entschuldbar geil: ein Bussi bzw. einen »Kuß«, wie die Fernsehserien-Leute es nüchtern bezeichnen.

Angesichts all des darauf bundesweit einsetzenden und hochverständlichen leichten Grusels darf man bei allem Mitgefühl nie vergessen, daß der junge Schauspieler für diesen Kuß besoldet wurde. Der Mann macht es für Geld! Für viiiel Geld! …

Mit Mutter Beimer auf dem Eiffelturm

»Ooohh! …mir wird schwindelig«, juchzt die Beimersche und drückt ihren Balkon mächtig in die gußeiserne Brüstung, die sich schier biegt, und der Mann, der Mutter Beimer laut Drehbuch in wenigen Sekunden küssen soll und angeblich auch dringend will, mit Wucht und Vehemenz, der entgegnet männlich-zärtlich: *»Sind doch nur 100 Meter!«*

»Mir kommt's viel höher vor«, flüstert Berufsschauspielerin Marie-Luise Marjan, die sich vorsichtshalber schon mal schwach und mit der Gewalt ihrer 100 Kilo an den Anderen lehnt, heiße Luft pumpend den Drehbuchtext hervor.

»Angst?« fragt verständnisschwanger der soeben in ihre Aura eintauchende junge und anscheinend wirklich wahnsinnig ehrgeizige Schauspieler und meint mit der Angst natürlich hauptsächlich sich selbst. Und dann – Augen zu und durch! – passiert's! Auf dem Eiffelturm! Mitten in Paris! Und der Himmel hängt voller Akkordeons…

Und der arme Kerl ist soeben mit einer Million höchst empfindlicher Nervenenden in ein naßfeuchtes, zartschleimiges Biotop heißer Lippenhölle gefallen, und Mutter Beimers Zunge kommt wahrscheinlich soeben in seine Mundhöhle geflattert wie ein Hubschrauber in ein Mohrrübenfeld… Uäärrrghhh!

Meine Fernsehpartnerin zieht mich von der Sessellehne herunter. *»Durchhalten, mein Junge!«* flüstert sie mir zu, während die

Eine Fernsehnacherzählung von
Richard Christian Kähler

polypenarmige Marjan und der arme, junge, bemitleidenswerte Schauspieler sich endlich, er mehr als sie, zäh schmatzend voneinander lösen wie ein Männerstiefel aus ewig saugendem Moor.

»Na endlich. Hab schon gedacht, du wärst aus Stein«, haucht, kaum hat er sich halbwegs wieder gefangen, dieser unmäßig ehrgeizige junge Schauspieler, der weiß, daß er, will er je ins Schlaraffenland der Rollen gelangen, sich erst durch eine Mauer aus Grießbrei oder eben in diesem Fall einen Wall aus Griebenschmalz hindurch fressen muß.

Nein, sie ist nicht aus Stein, denkt er jetzt wohl gerade, während seine Hände noch glühen von der Umarmung dieser Fraufrau, sie ist aus Fleisch, aus unbändigem leidenschaftlichen Fleisch und Fett und Körperflüssigkeit, überzogen mit einer hauchdünnen Schicht Marzipan – doch sagen tut er, der Heuchler, der unsagbare: *»Na, wie ist es? Seh'n wir uns heute abend?«*

»…und ficken?« schießt es da Millionen deutscher Fernsehzuschauer zwischen 16 und 76 wie vollautomatisch und völlig wider Willen durch den Kopf. Na und? Ist doch nur menschlich! Denn darum geht es doch in dieser fiesen Folge: Wird Marie-Luise alias Helga, die Mutter Schmierage der »Lindenstraße«, das ewig stöhnende, leidende Kitteltier, wird diese viel zu spät von ihrem »Hansemann« verlassene Frau noch einmal einen Stecher abbekommen?

Mit Mutter Beimer in der Wohnung ihrer Tochter

Nichts gegen 100 Kilo. Man oder frau darf nur nicht vergessen, daß es zum Beispiel einem durchschnittlich feingliedrigen im Rückenakt liegenden Manne bei einer Hundertkilofrau eventuell bei aller Liebe so vorkommen mag, als habe man einen Stapel Gehwegplatten auf sein Gemächt gelegt. Soviel zu umfangreichen Frauen.

Mutter Beimer hingegen befindet sich mittlerweile in der Wohnung ihrer in Paris »studierenden« Tochter und zerrt gerade ein magisch schönes Kleid über ihren ranken Leib mit dicken Blumen…

»Meinst du, ich kann wirklich so gehen?« – *»Es ist klasse, Mama!«*

Was ist klasse? Daß Helga Beimer ohne fremde Hilfe und Stützkleid noch aufrecht gehen kann?

»Aber der Ausschnitt!« schnauft Mutter Beimer schwer luftpumpend und streicht sich vor dem Ganzkörperspiegel bedächtig über die mächtigen Beutel. Sie merkt: Es geht an's Körperliche.

»Soll ich dir was sagen?« flüstert sie lauthals und unnachahmlich aufdringlich ihrer zartgebauten Tochter voll ins Gesicht, wie Mütter es nun einmal tun, die nicht mehr ein noch aus wissen in den einfachsten Dingen des Lebens. *»Ich hab Schiß!«* Der Beimersche Verzweiflungsausdruck erscheint wie ein Standbild auf Marie-Luise Marjans Entgleisungsgesicht.

»Daß er dir zu nahe tritt?« flüstert ungläubig die Tochter.

»Ich hab doch noch nie einen anderen Mann gehabt außer deinem Vater!« schreit da das dickgeblümte Kleid gequält auf. Gehabt? Gekriegt meint sie natürlich. Gekriegt!

Mit Mutter Beimer in einem vornehmen Restaurant

Soeben haben sich Mann und Frau in einem uralten Restaurant-Ritual über der Vorsuppe die gegenseitige Einsamkeit eingestanden, fast ist es beim Hauptgericht zuviel geworden für zwei so mutterseelenalleinige Herzen inmitten der Hauptstadt der Liebe, da durchbricht Helga Beimer noch vor dem Dessert die letzten meterdicken Hemmungsmauern aus Beton, die an so einem schönen Abend nur noch störend im Wege stehen: *»Oh bitte! Laß uns nicht darüber sprechen… nicht heute… an einem so schönen Abend!«*

Sie greift hungrig nach seiner Hand. Er: *»Und es gibt keinen neuen Mann in deinem Leben?«* Sie (laut hauchend): *»Na-hein!«*

Jetzt muß er ran. Lügen. Einfach ganz dreist lügen. Was tut man nicht alles für Geld: *»Ich hab nämlich schon lange keine Frau mehr getroffen, die mich so…* (Handkuß seinerseits) *…verwirrt hat wie du!«*

Er, Jan, grabbelt ihr am Arm hoch, holt noch einmal tief Luft für die dickste Lüge seines Lebens, und dann, während Mutter Beimer wahrscheinlich schon aufgeregt ihr Sitzpolster anfeuchtet, stöhnt er in leidenschaftlichen Strahl aus sich heraus: *»Ich möchte mit dir allein sein!«*

Oh Gott – hörst Du diese Lüge? Kein Mensch möchte mit Mutter Beimer allein sein! Noch nicht einmal sie selbst! Säße sie sonst hier? Zum Abschuß bereit?

Mit Mutter Beimer auf einem Hotelzimmerbalkon

Ja, man glaubt es nicht: Links der nächtlich beleuchtete Eiffelturm, in der Bildmitte Mutter Beimer, daneben der Junge. Er knutscht ihr die Schulter, die gut gefüllte. Erboster Donner grollt auf am Nachthimmel ob dieser verlogenen Liebestat. *»Du hast ja eine Gänsehaut! Ist dir kalt?«* erotisiert er rum laut holzgeschnitztem Drehbuch, und *»Ganz im Gegenteil!«* haucht Helga ihre heiße Urnatur heraus, diese Lavafrau.

Er steckt ihr die Zunge in das Ohr. Helga simuliert als kleinen Vorgeschmack schon mal eine ersten Test-Orgasmus: Ein mühsames Erzittern wie bei einem unterirdischen Atombombenversuch geht durch ihr bodenständiges Wackelpuddinggesicht. Heulender Wind. Donner. Blitze.

»Komm nach drinn'n!« herrscht er sie plötzlich wie von mittelmäßig vorgetäuschter Liebeslust überfallen an. *»Ich glaub, es gibt ein Gewitter!«*

Höhepunkte Nationalen Fernsehgrusels

Und dann zerrt Jan das überwillige Fleisch, einen harten Dauerständer nur mühsam verbergend, hinein ins Hotelzimmer, hinein ins Bett, hinein in Helga. ES geschieht. Und ganz Paris bebt von der Liebe...

Mit Mutter Beimer im Bett

Doch, doch, sie haben uns das Peinlichste erspart, wir haben »Das Unvermeidliche« (Heinrich Böll) nicht gesehen, und dafür sind selbst Gruselfreaks wie wir irgendwie dankbar. Doch: Passiert sein mußte es! Denn als Mutter Beimer in unser aller Fernseher wieder aufwacht, allein auf zerknitterten Kopfkissen in einem Hotelzimmer in Paris, der Stadt der zerknitterten Kopfkissen – ja, wie sieht sie denn da aus?

Zerknittert. Ziemlich fertig. Selbst für ihre Verhältnisse zerdehnt, zermürbt und durchgerüttelt. Ein Trümmer von innen, von außen ein Trumm. So, wie wir unsere gute alte Mutter Beimer lieben. Und Blitz und Donner fegen noch immer zum Hotelzimmerfenster herein.

Und sie richtete sich mühsam auf in den verschwitzten Federn, diese verzweifelt lebenslustige Mutti. Und das Trägerchen fiel ermattet und zerschlagen und zerrüttet über ihre pralle Schulter über den prächtigen Balkon. Und suchten ihre verzweifelten Augen auch noch so sehr das zwielichtige Hotelzimmer ab: »Er« war weg. Hatte seine Pflicht getan, seinem Überdruck, seinem Schlamm auf der Pfeife abgelassen und war wieder verschwunden, hinein in die selbe dunkle Drehbuch-Unlogik, aus der er gekommen war, nur zu diesen einen, einzigen, national bedeutsamen Zwecke, Mutter Beimer zu besteigen. Ohne Sauerstoffmaske.

War es Liebe? War es nur Sex? War eigentlich überhaupt irgendwas? Wir werden es glücklicherweise nie erfahren. Doch eines steht fest: Er, Jan Sautier, das »Sau-Tier«, mit anderen Worten: Jan Schwein, er hat ihr nicht das Siegel seiner glühenden Liebe aufgebrannt und tüchtig eini g'führt. Nein, der Clou, der Knüller, der Fiesitätenhöhepunkt des wohl zynischsten Drehbucheinfalles der deutschen Film-, Fernseh- und Seriengeschichte überhaupt ist: Er, Jan Sautier, der Allesstecher von Paris, hat sich dafür auch noch selbst belohnt!

Ja, dafür mußte es einfach Geld geben! Nicht nur im wahren Schauspielerleben, nein, auch und gerade in der Lindenstraßen-Welt konnte dieser mühsam herbei manipulierte Geschlechtsakt nicht ohne finanzielle Anreize in Angriff genommen werden. Dieser Mann ist sogar noch in seinem Drehbuch-Ego als Lindenstraßenwelt-Mann der felsenfesten Überzeugung: Für diese Nummer hast du dir eine kleine Belohnung verdient. Man gönnt sich ja sonst nix!

Und so kam es zu dieser Szene, die wir nie hätten sehen dürfen, vor allen Dingen nicht die Jüngeren unter uns und die ganz, ganz Alten, die wir noch an das Gute im Leben glauben oder schon wieder – aber doch: »Meine Brieftasche! ...mein Ausweis! ...meine Schecks!«

Entsetzt, zutiefst gedemütigt, als Mensch entwertet, durchwühlt Helga wie rasend vor Scham ihre Handtasche. Mutter Beimer Nahaufnahme. Achtung! Ihr Gesicht fällt auseinander. Schlimmer denn je. Das fiese Leben, es hat sie wieder.

Ihre letzten Worte: »Oh Gott!« – Gott wendet sich ab.

Musik. Abspann. Aus. Stille im unserem Wohnzimmer.

»Er hat nichts anderes von ihr gewollt als Geld! Er wollte nur Geld von ihr! Noch nicht mal Sex! Wie ge-maa-hein!« schluchzt die Frau im Sessel neben mir leise. Ich finde, sie hat recht. Das hat selbst Mutter Beimer nicht verdient.

Nachspiel

In den darauf folgenden Lindenstraßen (es müssen so ungefähr die Folgen um die Nummer 250 herum gewesen sein) erfährt man noch so manch letzte Neuigkeit über das skandalöse Ereignis:

● Jan Sautier hat Helga Beimer in Paris insgesamt 2 000 Eier gestohlen. Und die Beamten des Deutschen Konsulates in Paris scheuen sich nicht, den gesamten tragischen Vorgang um die Mutter der Nation auf das häßlich-sachliche Wort »Beischlafdiebstahl« zu reduzieren: »Ein ganz gewöhnlicher Beischlafdiebstahl.«

● Die furchtbar menschenverachtende, doch seit Jahren im Raum schwebende und unter männlichen Lindenstraßen-Zuschauern immer wieder gern gestellte Frage: »Für wieviel Geld würdest du mit Mutter Beimer schlafen?«, sie ist also durch das Geißendörfer-Drehbuchteam zynischerweise selbst beantwortet worden: für 2 000,- Mäuse plus Gage für eine Folge »Lindenstraße«.

● Die Papiere und die Brieftasche kamen eines Tages mit der Post in die Lindenstraße. Jan hatte auch noch ein Briefchen an Helga beigelegt: Er fände Mutter Beimer nach wie vor ganz-ganz toll, und er hätte nur dringend ein bißchen Geld gebraucht.

Epilog

Ist das nun die »Mutter der Nation«? Mindestens drei Frauenfiguren ringen um diesen deutschen Ehrentitel: Marie-Luise Marjan alias Mutter Beimer, Witta Pohl alias Vera Drombusch und Inge Meysel alias Inge Meysel.

Über Inge Meysel und ihre Rollen ließe sich vieles sagen, aber immerhin das: Die Meisel war allzeit eine gefährliche Frau, und sicher ist selbst heute mit ihr, ob im Himmel oder in der Hölle, nicht gut Kirschen essen. Witta Pohl als Vera Drombusch (»Diese Drombuschs!«) hatte Abitur, Sorgen und einen verkniffenen Mund. Aber zumindest: Sie war nicht dumm. Und Mutter Beimer? Die grunddummerhafte Helga aus der Lindenstraße in München? Ist sie vielleicht die Mutter, die diese Nation heutzutage verdient hat?

Überlassen wir ein abschließendes Urteil ihrem Fernseh-Sohn.

Mutter Beimer: »*Ich bin einfach zu gutmütig!*«
Benny Beimer: »*Man könnte es auch Doofheit nennen!*«

SONDERMANN
und Super-Erpel

Was kaum jemand wußte und
auch Sondermann überraschte:
Super-Erpel hatte ein kleines
Hündchen, welches über keinerlei
Superkräfte verfügte!

Sondermann und Super-Erpel

Durch eine gewisse Ungeschicklichkeit
hatte sich Sondermann beim Blumengießen
in der Büro-Topfpflanze verheddert.
Da konnte selbst Super-Erpel nicht
viel helfen.

Der kleine Witz für zwischendurch (4)

DIPLOMACY STYLECHECK

HEUTE: Dirk Niebel, *Entwicklungsminister (FDP)*

Repräsentieren wie die Großen!

FRISUR: Hält den Kopf warm, wenn die Mütze im falschen Flugzeug liegt. Besteht aus bis zu hundert verschiedenen Einzelhaaren, an denen man notfalls einen Kriegsgrund herbeiziehen kann. Achtung: Wenn man sie wäscht, riecht sie nach nassem Hund.

KONTAKTLINSEN: Halten in ermüdenden Verhandlungen die Lider auseineinander. Top-Diplomaten reisen mit einem kompletten Set. Es gibt Linsen für gewitzte, scheele, verständnislose und Schlafzimmerblicke. Tip: Immer nur eine Linse pro Auge – auch bei multilateralen Gesprächen.

KRAWATTE: Kann ein bis zwei Kinne locker kaschieren und macht, daß die Luft nicht aus dem Kopf entweicht. Erhältlich in den Farben *jaune, billique* und gestreift.

RING: Jeder Niebelung muß einen haben. Markiert die Grenze zwischen Finger und Hand. Sorgt dafür, daß einem bei frechen Drittweltlern nicht die Hand ausrutscht.

ZEITUNG: Wenn's gut läuft, steht man drin. Wenn's schlecht läuft, auch. Für Diplomaten wichtig: die kleinen Meldungen. Kriegserklärungen, Völkermord, Wetter (Ausland). Lustig: Charlie Brown, Hägar, Wetter (Inland).

NAMENSSTICKER: Unauffällig auf den Koffer geklebt, helfen sie Ihrem Gegenüber, sich an Ihren Namen zu erinnern (Niebel). In der Spitzenpolitik sagt ein reich verzierter Koffer mehr als tausend Visitenkarten.

SCHUHE: Verleihen der groben Fleischmasse Fuß Richtung, Form und Struktur. Hygieneplus: Die Füße werden nicht dreckig, wenn man sie sich von einem Afrikanerfürsten küssen lassen muß.

Montag, 29. März 2004.
Fünf Männer sitzen in einem Fernsehstudio um einen Tisch herum und versuchen, ihren Marktwert zu steigern. Es handelt sich um die Fernsehmoderatoren Reinhold Beckmann, Oliver Geissen, Johannes B. Kerner, Kai Pflaume und Jörg Pilawa. Gastgeber Beckmann hat die Runde soeben mit dem erheblichen und selbstkritisch gemeinten Vorwurf provoziert, sie gälten allesamt als nett, womöglich als *nur* nett.

»Kerner hat eine überdurchschnittliche Werbewirkung. Ich finde, das ist eine tolle Aussage, eine beruhigende Aussage.«
(Reinhold Beckmann)

Gipfel des

Nett

Pflaume (etwas bockig): *Also nett zu sein ist doch erst mal ein positives, wenn vielleicht auch oberflächliches Urteil, aber es ist doch ein positives Urteil. Wenn jemand sagt, der ist nett, dann sagt man vielleicht auch, mit dem würde ich auch mal einen Kaffee trinken. Also wenn ich jemanden total doof finde, dann möchte ich ja eher nichts mit dem zu tun haben. Ich glaube, wenn man ein bißchen in die Tiefe geht, dann wird man schnell auch feststellen, daß wir vielschichtiger sind und nicht nur nett. Aber ich glaube, nett heißt eben auch positive Ausstrahlung, heißt eben auch vielleicht keine Skandale...*

Ein solcher liegt bereits in der Luft. Statt mit ihm vielleicht mal einen Kaffee zu trinken, unterbricht Beckmann Pflaume nämlich.

Beckmann (lauernd): *Was ist das Gegenteil von nett?*

Pflaume (zögernd): *Weiß ich nicht.*

Kerner (nachdenklich): *Also das ist so'ne Frage. Ich kann das nicht sagen, ich äh...*

Während Kerner derart Negatives gar nicht erst an sich ranläßt, will Pflaume offenbar vergessen machen, daß er mit *total doof* bereits einen Gegensatz zu *nett* genannt hatte. Wie um die beiden aus ihrer Not zu erlösen, Zuschauer, z.B. total doofe, vor den Kopf stoßen zu müssen, ignoriert Geissen die brisante Frage einfach.

Geissen (vorlaut): *Nett, nett ist immer so'ne Form von massenkompatibel. Weißt du, den kann man irgendwo hinstellen, da weiß man auch, der kann sich auch mit Leuten unterhalten, die nicht aus seiner Branche kommen, den kann man irgendwo mit hinnehmen, der weiß sich da irgendwie auch einzugliedern. Da hab ich immer so'n bißchen das Gefühl, das ist nett. Und das jetzt mal im Ernst: Das bringt unser Job ja irgendwie mit sich. Letztendlich auch freundlich zu sein und sich irgendwo auch da einzugliedern in eine Gruppe.*

Nichts bewerkstelligt dies besser als ein gut vorbereiteter Witz.

Geissen: *Ich meine, guck uns an. Wir sind alle recht verschieden eigentlich, zumindest auch vom Alter her. Ham auch andere Interessen, und trotzdem können wir...* (guckt schelmisch umher)

(Riesengelächter)

Pilawa (versöhnlich): *Ich find's auch gar nicht schlimm. Ich find's durchaus nett, nett zu sein.*

Das indes scheinen nicht alle Menschen zu finden. Gastgeber Beckmann nutzt die nächstbeste Gelegenheit, um weiter in der klaffenden Wunde zu stochern.

Beckmann: *Das Feuilleton schaut ja manchmal ein bißchen auf uns runter nach dem Motto: Unterhaltung, das ist ja irgendwie was Zweitklassiges, so'n populärer Quatsch. Wie nahe geht euch das?*

Pilawa (dem das offenkundig sehr nahe geht): *Ja, es ist natürlich ohne Frage so, daß nichts so in der Kritik steht wie Unterhaltung. Bei jeder Unterhaltungssendung mußt du dich dafür rechtfertigen, warum du es tust.*

Pilawa sagt, was die Kritiker nicht bedenken: *Unterhaltung, was ja Mainstream pur sein muß – da muß ich auf 'ne Masse gucken.*

Pflaume (etwas unwirsch): *Also mir ist wichtiger, daß das Publikum das sehen möchte und dabei Spaß hat.*

Und zu diesem Zweck darf Pilawa wenig später das medientheoretische Schlußwort zum Thema sprechen.

Pilawa: *Ich glaube ja, speziell Unterhaltung wird ja mit dem Bauch geguckt. Also du sitzt vor dem Fernseher und sagst entweder »mag ich« oder »mag ich nicht«, das ist ja keine Kopfsache, und das spürst du schon, ob das rüberkommt. Also wenn ich Kai oder Olli gucke in Unterhaltungssendungen, dann weiß ich immer: Das sind sie, find ich klasse, da kann ich entspannt gucken.*

Halten wir fest: Diese Männer sind gerne nett. Man kann sie irgendwo hinstellen, mit ihnen einen Kaffee trinken und ihnen entspannt beim Eingliedern zugucken – natürlich mit dem Bauch.

Nicht ganz so nett

Andererseits: Gänzlich unproblematisch scheint der Job des Fernsehmoderators nicht zu sein. Gastgeber Beckmann stellt dem einzigen in der Runde, der sich noch in einer täglichen Frühnachmittagstalkshow verdingt, eine besorgte Frage.

Beckmann (zu Geissen): *Brustvergrößerung, Vaterschaftstest, Seitensprünge – Junge, wie hältst du das aus?*

Geissen (sichtlich erregt): *Das ist... das ist Deutschland! Das sind die Leute, die entscheiden, wer Bundeskanzler wird! Nicht wenn wir abends mit unseren Frauen essen gehen und sagen »Mönsch, wie sieht's aus politisch, und der Stoiber hat gesagt...«. Das ist ein absoluter Querschnitt durch Deutsch-

»Ich finde insgesamt, eigentlich kann sich keine Frau eine bessere Freundin wünschen als einen von uns.«
(Kai Pflaume)

»Ich glaube, ich hab einfach in den letzten Jahren die Zuschauer so penetriert mit meiner Person, daß ich alles gemacht habe – die kamen an mir einfach nicht mehr vorbei.«
(Jörg Pilawa)

GRAUENS

land, das sind die Menschen, die entscheiden, in welche Richtung unser Land geht, und mir macht das nach wie vor Spaß, Menschen zuzuhören, ich unterhalte mich sehr gerne, und wenn das irgendwann nicht mehr ist, dann ist mit Sicherheit der Punkt auch erreicht, wo man darüber nachdenkt, sollte man vielleicht auf eine Sendung verzichten.

Die seltsame Wendung, die Geissen da vollzieht, läßt sich vielleicht durch die herablassenden Blicke der anderen erklären, die ihm erstens kein Wort glauben und zweitens übelnehmen, daß er ihre Frauen und Stoiber mit ins Spiel gebracht hat. Gereizt geht Geissen kurze Zeit später aufs Ganze: Einerseits will er den Zuschauern klarmachen, daß seine Sendung durchaus nicht auf Randale aus ist, andererseits will er sich den Kollegen gegenüber als abgebrühter Medienprofi zeigen.

Geissen: *Wir hatten das Glück, daß wir damals in einer Zeit eigentlich mit unserer Sendung angefangen haben, vor fünfeinhalb Jahren, wo gerade dieser Schmuddeltalk, das war so ein Thema, und da hat RTL einfach gesagt, der Talkmaster, der da kommt, der macht halt eben wirklich nur seichte Unterhaltung, halt die Hausfrauenfalle. Dieses Format haben wir nach wie vor genauso...*

Daß tatsächlich die Worte *seichte Unterhaltung* und *Hausfrauenfalle* gefallen sind, kommt erst in diesem Moment in den Köpfen der anderen an. Kerner senkt peinlich berührt den Blick, schaut dann flehentlich zur Studiodecke; Pilawa grient, als freue er sich, daß sich ein Dummkopf gefunden hat, der das mal ausspricht. Während die anderen lachen, redet Geissen in wildem Triumph weiter.

Geissen: *...und haben es auch genauso beibehalten. Das heißt, was wir machen, wir führen eigentlich Familien immer zusammen. Das ist also 90 Prozent unseres Geschäftes, schöne Wiedervereinigungsszenen. Das sind die positiven Emotionen.*

Die nach diesem Amoklauf Geissens aus der Runde freilich entschwunden sind. Grund genug für den Gastgeber, gleich noch mal nachzulegen.

Beckmann: *Jörg und Johannes, seid ihr froh, daß ihr Daily Talk nicht mehr macht?*

Pilawa (gequält): *Ich konnt's irgendwann nicht mehr. Ich hatte das Gefühl, alles gehört zu haben, was es an Themen gibt. Es war ja dann 'ne Wiederholung. Wie'n Thema wie Sozialschmarotzer oder eben körperliche Veränderungen, Schönheits-OPs, was auch immer. Hatte ich alles dreimal gehört, und dann wollt' ich nicht mehr, die Lust war weg, die Neugier war auch weg. Ich war einfach nicht mehr neugierig.*

Kerner (betont sachlich): *Ich wollte es auch nicht mehr. Es war schon 'ne sehr bewußte Entscheidung. Also es war nicht so, daß ich mich geniere für irgendwelche Themen oder so, nur, ich wollte es nicht mehr machen.*

Klarer Fall: Beide hatten bessere Angebote – Quizshows, Kuppelshows, Talkshows mit Prominenten oder gar Politikern. Aber auch da lauert wieder altbekanntes Ungemach.

Beckmann: *Wo wir schon bei den Nichtprominenten sind, das andere sind die großen Tiere. Johannes, da wird uns allen oft vorgeworfen, wir seien zu liebedienerisch, wir seien zu unkritisch. Mal ganz ehrlich und selbstkritisch, ist da was dran?*

Kerner: *Nein.*
(großes Gelächter)

Kerner: *Meine Sendung ist ja 'ne Unterhaltungssendung. Und da kommen Menschen, um sich zu unterhalten, und andere gucken sich das an, um sich unterhalten zu lassen. Nicht mehr und nicht weniger. Diese Sendung und diese hier auch, wir sitzen ja am Tisch praktischerweise, das ist wie wenn du dir Leute in die Küche einlädst nach Hause, und zu denen wirst du immer irgendwie sein wie ein Gastgeber. Manchmal, wenn sie alle weg sind, sitzt du mit 'nem Absacker mit deiner Frau zusammen und denkst: »Mensch...*

Pilawa (kräht): *Endlich sind sie alle weg!*

Kerner (wehrt die freche Bemerkung unwillig ab): *...das zog sich!«, aber manchmal ist es auch echt nett.*

Halten wir fest: Themen wie Sozialschmarotzer oder Schönheits-OPs essen Seele auf, jedenfalls Pilawas. Geissen hat die Leute zu Gast, die in unserem Land entscheiden, wer Bundeskanzler wird. Kerner redet gern hinter dem Rücken seiner Gäste schlecht über sie, mag aber nicht, wenn Geissen dasselbe ungeschickt tut.

Überhaupt nicht nett

Gastgeber Beckmann hat etwas von langer Hand vorbereitet, einen ganz großen Coup, der ihn als einzig wahren Meister der Einfühlsamkeit und des Gesprächs zeigen wird.

Beckmann: *Jetzt hab ich ein Problem, Jungs. Ich sollte eigentlich jetzt 'ne vernünftige Überleitung hinbringen. Ich laß das lieber. Hier steht »Andreas Türck« drauf auf dem Zettel. 'n aktueller Fall. Andreas Türck ist Moderator*

»Wenn auf der anderen Straßenseite Heino geht, dann sag ich auch: Guck mal, da ist Heino. Das wäre auch unnatürlich, wenn es anders wäre.«
(Johannes B. Kerner)

Wir haben super Schwein gehabt im Leben, wir sind glücklich verheiratet, wir haben Kinder, uns geht's finanziell einigermaßen, das ist doch schön! Da ist Neid, also zumindest aus meiner Sicht, völlig falsch.«
(Oliver Geissen)

wie wir, und bis vor wenigen Tagen hatte er 'n super Image. Jetzt wird ihm 'ne Vergewaltigung vorgeworfen. Sollte der Verdacht sich bestätigen, Johannes, würdest du ihn einladen?

Kerner (mißtrauisch): In die Sendung?
Beckmann: Ja.
Kerner (druckst rum): Oh. Müßte ich mehr Detailkenntnisse haben, muß ich ganz ehrlich sagen. Also jetzt, in dem, ehm, zum jetzigen Zeitpunkt, nein. Im übrigen wollen wir mal ganz klar sagen, da is 'n Verdacht, und da gibt's ja dann offensichtlich ermittelnde Staatsanwälte oder 'ne Staatsanwältin, die da ermittelt, die sich mit der Sache befaßt, und ich hab das mit 'ner gewissen Genugtuung verfolgt, daß offensichtlich keiner bereit ist zu reden. Also weder Andreas Türck noch der Staatsanwalt noch die Anwälte...
(unwilliges Gemurmel am Tisch)
Kerner (defensiv-aggressiv): Nein, das stand in der Zeitung, »will sich nicht äußern«, nein nein, wir haben nicht nachgefragt. Nein nein. Also aber zu 'nem späteren Zeitpunkt, wenn der Fall geklärt ist, so oder so, dann kann ich mir das vorstellen, daß wir ihn einladen. Warum nicht.
Geissen (erschüttert): Ich glaube einfach, daß es eine menschliche Tragödie ist. Hat er's getan, ist es für die Frau eine menschliche Tragödie. Hat er's nicht getan, ist es mindestens vergleichbar mit dem, was dem Mädchen angetan hätte... äh... wäre. Äh, das ist... Stellt euch das mal vor: Er hat es nicht getan, da ist nichts dran!
Kerner (mahnt wegen offenkundiger Frauenfeindlichkeit): Vergleichen würd' ich's nicht.
Geissen (ertappt): Ich sag... Nein, kein Vergleich.
Kerner (zufrieden): Mm-mh.
Geissen (erregt): Aber es ist, was ihm widerfährt, das ist ein Spießrutenlauf in Deutschland, das wird immer hängenbleiben, der Vergewaltiger, und da muß man halt eben auch sehen, wo ist eigentlich die Grenze dieses Journalismus letztendlich auch, wie stark darf man eigentlich jemanden titulieren in der Öffentlichkeit.

Pilawa (um Souveränität bemüht): Ich finde auch, wir haben in Deutschland eigentlich 'nen relativ schönen juristischen Grundsatz, und zwar, daß man so lange unschuldig ist, bis die Schuld bewiesen ist. Das ist ja momentan überhaupt gar nicht mehr möglich. Ich denke, die Reaktion zu sagen, solange ein Verdacht besteht, sollte jemand nicht in der Öffentlichkeit Sendungen moderieren, das würde Andreas genauso sehen und sagen: Ich will solange gar nicht in der Öffentlichkeit stehen, solange so 'n Verdacht besteht. Aber egal, wie's ausgeht, diese Form der Vorverurteilung, das is 'ne Tragödie. Ohne Frage.
(Alle gucken tief betroffen)
Beckmann: Pro7 hat sich da ja ziemlich früh festgelegt, hat gesagt, also Andreas Türck ist erst mal nicht mehr unser Moderator. Ist das 'ne richtige Entscheidung eines Senders, obwohl da ja keine Beweislage vorliegt?
Pflaume (ernst): Man hat gesagt, solange dieser Verdacht besteht, auch wenn es noch nicht bewiesen ist, ist es sicherlich auch in seinem eigenen Interesse, jetzt nicht vor die Kamera zu treten, denn ich meine, Andreas moderierte bis dato ja die McChart-Show. Is 'n bißchen schwierig, wenn du irgendwie mit diesen Vorwürfen konfrontiert wirst, und gehst dann samstags vor die Kamera und sagst: »Und hier kommt mein nächster Gast und tolle Single!« und, also, is 'n bißchen schwierig, oder? Und ringsherum stehen fünfzehn-, sechzehn-, siebzehnjährige Mädchen und klatschen frenetisch dazu. Also ist natürlich schwer vorstellbar. Und ich glaube, das ist auch der Grund, weshalb man gesagt hat, man beurlaubt ihn jetzt erst mal für diese Zeit. Und wie gesagt, alles andere, ich würde auch sagen, wir haben bisher viele Andeutungen gelesen, wir haben wenig Konkretes gelesen, die Beteiligten haben sich nicht wirklich geäußert dazu, also man muß einfach mal abwarten, was jetzt passiert.
Und jetzt kommt der Hammer, geschwungen von Beckmann.

Beckmann: Is, is einer von euch mit, mit Andreas befreundet?
(unbehagliche Stille)
Pflaume (zögernd): Ich kenn Andreas, und ich...
Kerner (hastig): Ich kenn den auch. Ich kenn den auch.
Die anderen nicken nervös und machen zustimmende Geräusche.
Kerner (berührt Pilawa an der Schulter, stammelt): Also wir beide haben natürlich für dieselbe Produktionsfirma... äh... Talkshows gemacht... also ja klar...
Pilawa (haucht): Wir haben Tür an Tür produziert...
Kerner (wie auf der Anklagebank): ...ich werde den Teufel tun und jetzt hier sagen, ich kenn den nicht oder so, Schwachsinn, nein, natürlich! Ich hab ihn lange nicht gesehen, aber natürlich kenn ich ihn.
Pflaume (verzagt): Ja klar.
Beckmann (setzt zum vernichtenden Hieb an): Hat einer von euch mit ihm geredet in letzter Zeit?
Alle schauen zu Boden und schütteln schuldbewußt den Kopf: Sie, die zu jeder Gelegenheit das Aufeinanderzugehen und Miteinanderreden empfehlen, haben es bei einem Kollegen, mit dem sie jahrelang Tür an Tür arbeiteten, unerklärlicherweise versäumt.
Kerner (leicht aggressiv): Hätte man sollen?
Beckmann (extrem nachdenklich): Ja, ich glaube... auf alle Fälle versuchen. Also ich hab's auch versucht... ich gesteh das, ich hab versucht, ihn anzurufen...
Kerner (wie gelähmt): Für die Sendung?
Beckmann (wie beiläufig): Nein, ich kenn ihn ganz gut, und äh, aber es gibt keinen Rückruf, es gibt keinen Rückruf...
Halten wir fest:
Es gibt keinen Rückruf. Es gibt keinen Rückruf. Aber es gab einen Anruf, von dem Deutschland erfahren sollte. Beckmann ist halt doch der Schamloseste, der Furchtbarste von allen.

Mark-Stefan Tietze

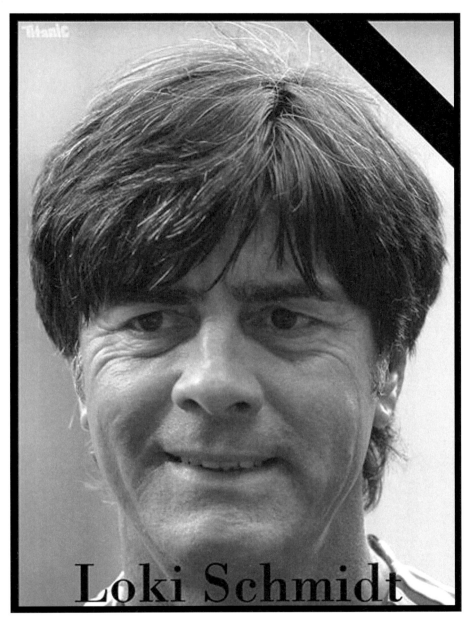

Loki Schmidt
1919–2010

Heiliger Korbinian, hilf du darein!

Kardinal J.R. mu

Puff, puff, puff – Die Eisenbahn braucht einen neuen Steuermann!

100 Jahre sollst du leben!« singt ganz Polen, wenn sein einziger Exportartikel über den Bildschirm flackert. Beim Barte der Schwarzen Madonna von Tschenstochau, daraus wird nichts werden! Aus dem Vatikan dringen Bulletins, die verdächtig an die allzeit optimistischen Verlautbarungen des sowjetischen Politbüros unmittelbar vor dem Ableben von Breschnew, Tschernenko und Andropow gemahnen. »Papst Johannes Paul II. ist erfolgreich operiert worden« heißt im Klartext: Der nächste Blinddarm kommt bestimmt. Und jeder kann der letzte sein!

Die Nachfolgerfrage bekommt Dringlichkeitsstufe eins. Ein neuer »Lumpenkerl« (Wojtyla über sich) muß die Kapitänsmütze nehmen, um »das Schiff Kirche am Fahren zu halten«, wie sich der vorbildliche Josef »Kardinal« Ratzinger so vorbildlich auszudrücken versteht. Aber wer wird der nächste Mann mit der Mitramütze sein? Aufgeregt steht schon jetzt der versammelte Vatikanstaat in seiner Gerüchteküche beisammen, beratschlagt ratschend und voll Eifer, wer in die Elbkähne des Fischers steigen soll. Ein Neuer? Ein Altgedienter? Eine Frau?

Die Latte liegt hoch – Wer ist im Gespräch?

Aufgrund ihrer geographischen Lage ungerecht bevorteilt, durch jahrhundertealte Ämterwillkür mit Legionen von korrupten Kardinälen übersät, wollen die panitalischen Stiefellumpen abermals den Stellvertreterthron kapern. Machtgierig schiebt sich die Riege der intrigengeschulten End-I-Männchen in den Vordergrund: Carlo Maria Martini, Silvano Piovanelli, Giovanni Saldarini, Achille Salami, Giacomo Bifi, Calzone Canelloni und Minestrone Bifteki – praktisch alle 19 Italo-Kardinäle halten sich schlechterdings für papabile. Und mittenmang huscht der ehrenwerte Giulio Andreotti vom Erzbistum Mafia ränkeschmiedend durch die Wandelhallen.

Typisch Italien: zu marode für Maastricht, obendrein mit Marasmen, Molesten und Malaisen behaftet wie ein beulenpestkranker Bauarbeiter, aber ums Verrecken das Sagen haben wollen. Muß es denn wieder ein Spaghetti sein?

Aber nein.

Papst werden!

Von Jürgen Jonas und Oliver Schmitt

Papst Mohrle I ?

Ja soll vielleicht Kardinal Frederic Etsou-Nzabi-Bamunwabi, Erzbischof von Mbandaka-Bikoro? Oder etwa Kardinal Laurean Rugambwa, Erzbischof von Daressalam, Tansania? Direkt aus dem Dschungel ins gleißende Scheinwerferlicht der ewigen Wahrheit? Ein Neger, bisher nur als Nickemännchen in der Weihnachtskrippe erfahren und hervorgetreten, vollfett auf der Sedia gestatoria thronend, getragen von weißen Schweizergardisten – was würde das einfache Fräulein vom Dritten Orden dazu sagen?

Selbst eine besonnene Seele wie J. R. gibt zu bedenken: »In Afrika ist für die Entwicklung des Landes der Geisterglaube nach wie vor ein großes Hindernis.« Nein, bei allen Heiligen von West- und Ostrom, für einen Neger scheint die Zeit noch nicht im mindesten reif.

Auch ein gelbes oder ockerbraunes Schlitzauge kommt vorerst nicht in Betracht. Kardinal Armand Gaetan Razafindratandra, Erzbischof von Antananarivo, Kardinal Julius Riyadi Darmaatmadja, Erzbischof von Semarang, Kardinal John Baptist Wu-Cheng-Chong, Bischof von Hongkong, das ist doch alles Quatsch und frommes Hirngespinst, das glauben die doch selber nicht! Nein, das unergründliche Lächeln des Ostens reicht da längst nicht aus, einen gescheiten und allseits geachteten Papst zu machen. Und wer weiß, was die für Krankheiten einschleppen!

Bei allem Wohlwollen: lieber nicht. Bitte!

Ein ganzer Deutscher soll es sein!

Wir sind am dransten, die neue Zeit, sie zieht mit uns. Überall, das hat selbst der Ami und endlich auch der verbohrteste Buschbube einsehen müssen, gewinnt der Mann vom Standort Deutschland an Boden. Beim Pop, in der Politik, im Sport und im Fernsehen siegt allgemach der Deutsche mit Macht und mit Geist, und die Geschichte weiß bekanntlich, wohin der Hase läuft. Der weltbeste Rennfahrer (Schumacher), die beste Weltranglistenerste (St. Graf), der weltlängste Kanzler (Dr. Kohl), die erfolgreichste Lottofee (K. T.-Ludwig), der beste Euro-Fußball (H.-H. Vogts), die beste Musik (Fool's Garden) – all das kommt aus Deutschland und ist weiß Gott kein Wunder. Qualität aus »Germany« ist wieder wer. Da müßte es ja mit allen spitzbärtigen Teufeln der Hölle und des Fernen Ostens zugehen, wenn der kath. Kirchenranglistenerste nun nicht auch von uns gestellt würde.

Nur fünf deutsche Päpste hat es bislang in der Geschichte der weltältesten Wahlmonarchie gegeben. Nicht einmal Prof. Karl Josef Kuschel (Stiftung Weltethos) bringt auf Anhieb ihre schönen Namen zusammen: Gregor V., Clemens II., Damasus II., Nikolaus II. und Viktor II. Hingegen machten sich dreizehn Franzosen, dreizehn Griechen, fünf Syrer (!), acht Grafen von Tusculum (?) und sogar ein Dalmatiner (Hund??) auf dem Chefsessel breit. Sollen da womöglich die uneigennützigen Deutschen am Ende des Jahrtausends leer ausgehen? Das wäre doch überhaupt nicht gerecht!

Warum soll uns Deutschen der Zugriff auf den Titel »Bischof von Rom, Stellvertreter Jesu Christi, Nachfolger des Apostelfürsten, Oberster Pontifex der allgemeinen Kirche, Patriarch des Abendlandes, Primas von Italien, Erzbischof und Metropolit der römischen Provinz, Souverän des Staates der Citta del Vaticano« verwehrt bleiben?

»Ohne Weltmacht zu sein, ist man ein Jammerlappen«, das wußte schon ganz richtig Wilhelm II, der schon allein vom Namen her einen prima Papst abgegeben hätte. Aber auch er hatte Pech und scheiterte am Starrsinn der Katholen.

Edelstein unter härenem Mantel

Doch Bangemachen gilet nicht: Der Gott, der Eisen wachsen ließ, hat vorausschauend Vorsorge getroffen. Aus allen deutschen Gauen steigen Stoßgebete in den wohlgefällig grauen Himmel. Die heißesten Herzenswünsche aller deutschen Erzdiözesen richten sich in einem gewaltigen Glaubensakt der Papamobilmachung auf eine Idealfigur, die bisher bescheiden als »Mann des Hintergrunds wirkte« (*Bunte, Spiegel* et al.), als Strippenzieher vom Format des Eduard Ackermann und Leo Kirch zusammen. Auf den bekannten und beliebten Präfekten der Hl. Römischen Glaubenskongregation, auf Joseph »Kardinal« Ratzinger (69). Er soll der Erwählte sein!

Der engelsgleiche Lehrer von höchster Subtilität, der schon jetzt den Vollrausch der Askese mit der menschlichen Wärme dicker Landpfarrer-Wollsocken vereint wie kein anderer vor ihm, der als zölibatärer Liebestäter eine Verleiblichung der allerbesten Kräfte der Una Sancta anstrebt und auch schon verwirklicht, der, ja genau der soll nun endlich mal ran.

Sein größter Vorteil: Er kennt sich super aus, durfte dem richtigen Papst seit Jahren »über die Schulter« spicken und sich manch guten Kniff abgucken. Ratzi und Rübe Wojtila waren bisher auf bezaubernde Weise unzertrennlich und beileibe erfolgreicher als Plisch und Plum, Siegfried und Roy, Helmut und Klaus und Theo und Konrad zusammen. J.R., der »geniale Theologe an der Seite eines Philosophen, ohne daß man weiß, was ist Ziel des Papstes und was ist die Idee Ratzingers« (P. Seewald). Ein Papsttum Ratzinger sichert die Kontinuität und öffnet dennoch, in der schwersten Krise, Horizonte für den Neuaufbruch. Das Schienennetz ist da, eine neue Lok steht unter Dampf.

Na also: Habemus Papam!

Die Zeugnisse liegen vor: Kardinal J.R. ist der Beste. Nur er hat die Kraft, die Dynamik und die Gewissensgewißheit, seinem Hauptsatz »Dies ist SEINE Kirche und kein Experimentierfeld für Theologen« zum Durchbruch zu verhelfen. Nur er vermag den Drewermannschen Sauerteig im Paderborner Gärtopf wirkungsvoll zu verschließen. Nur er kann die Kirche so einmauern, daß Hans »mit dem Kopf durch die Wand« Küng das Hindernis nicht überspringen kann, mag er seine Stelzen auch noch so hoch schrauben.

Die Abgründe sind tief und die drohenden Gefahren nicht von schlechter Pappe: »Laster und Gefährdungen, Ermüdung des Glaubens, Rückgang der Berufungen, Sinken der moralischen Standards gerade auch unter den Menschen der Kirche und vieles andere.« Gerade auf letzteres darf man wohl füglich gespannt sein, und gerade das macht den Glauben wieder spannend, interessant und praktisch leb- und erfahrbar!

M.a.W.: Wir brauchen einen Mann des Brückenschlags, der als deutscher Transrapid die Untiefen überwindet. Im Namen des Jahres 2000, im Namen des deutschen Volkes, mit dem Segen des Hl. Korbinian: Kein Neger, kein Gelber, kein Paparazzo!

Pfüa Gott, Papa Ratzi! □

Eckhard Henscheid

MEINE LIEBLINGS-FEINDE

Eine Bilanz, 1979–2011

Luise Rinser: Noch alle Tassen im Schrank?

Bereits der Vorreiter Karl Kraus mußte sich mehrfach des Verdachts bzw. Vorwurfs erwehren, er schlage gar zu häufig bzw. sich wiederholend und also ein bißchen überflüssig auf seine «Lieblingsfeinde», also auf Kerr und Harden und später vor allem auf den österreich-ungarischen Journaillen-Berserker Imre Bekessy, ein; und er tat es auch mit ehernen Worten. Ähnlich sah sich später der jüngere Hermann Gremliza anläßlich seiner frühen *konkret-express*-Polemiken genötigt, seinen Lesern auseinanderzulegen, warum gar so penetrant und einsinnig er sich immer wieder den *Zeit*-Chefredakteur und leading Schmarrkopf Ted («Theo») Sommer vornehme; es stünden doch auch noch zahlreiche andere und vielleicht noch gefährlichere und auch doofere Kandidaten zur Wahl. Gremliza im Oktober 1981 belehrend: «Warum also immer wieder Theo? Weil jeder andere Beispiel für vieles ist, er aber das Beispiel für alles. (…) In Theos Sprache drückt sich mir alles aus, was er in seiner Sprache nie auszudrücken vermöchte.»

Der Sprache des, Gremliza zusammengefaßt, gebildeten Gymnasialtrottels und des Parvenüs, des Aufsteigers und des Ranwanzers, des Wissenssimulanten und Opportunisten, des stellvertretenden Weltpolitikers und der unverrückbar mit sich selbst identischen schwäbischen Provinzmaus.

Ein spezieller Fall von Initiation, sicherlich, es gibt andere Gründe für den feindschaftlichen Coup de foudre. Abgesehen davon, daß auch Gremliza ja damals nicht allein «Theo» präferierte und sorglich traktierte, sondern gleichzeitig auch noch Raddatz, Zadek, Zwerenz, Wallraff und die unsägliche Gräfin: Nicht recht recht hatte einst z. B. auch Ulrich Holbein, als er mir anläßlich eines Essays zu meinen «Sudelblättern» in der *Frankfurter Rundschau* nachrühmte oder auch nachschmähte (das war nicht so ganz klar), wie gefräßig, ja vielfraßmäßig so ein Satiriker nach immer neuen Opfern schnappe, nimmersatt und ewig rach- und abstrafdurstig. Nun sind die «Sudelblätter» so wenig primär satirische Paradigmata, wie Holbeins Satirebegriff kaum mit meinem koinzidiert. Aber immerhin befinden wir uns hier, mit diesen drei angerissenen Fällen, so oder so schon mitten im angekündigten Thema:

«Meine Lieblingsfeinde», sagen wir zwischen 1979 (da erschien meine erste leserbriefliche Einlassung zu Reich-Ranicki) und 2011 (da meine letzte winzige zur Großgaunerin Rinser) – es waren dies wohl in chronologisch ungeordneter Folge also vor allem der sog. Kabarettist und Satiriker Hüsch, der katholische Theologe H. Küng, die Alttörin Hildegard Hamm-Brücher (momentan 90), der genannte sog. Literaturkritiker Reich-Ranicki, der etwas gespensterhafte Spitzenpolitiker Björn Engholm, die immerhin in aller Verblasenheit sehr reelle Autorin Luise Rinser (es war nicht schwer, damals schon recht zu behalten – zu ihrem 100. hat nun das Gesamtfeuilleton diese meine Sicht übernommen), die im Zuge der kurrenten Vegetarier-Hysterie just wiederbelebte Barb. Rütting, der schon überreelle G. Grass, der vollkommen verkommene Schriftsteller Gerh. Zwerenz, der ebenso vergammelte wie belustigende Zwischenfach-Pfarrer Sommerauer (TV-Christentum, überkonfessionell) – die meisten von

ihnen bereits fast kanonisch versammelt in der TITANIC-Serie der «Erledigten Fälle» von 1984 ff. und in den z. T. analogen Textchen der «Sudelblätter»; von heute aus zu ergänzen etwa durch die Megapeinlichkeit und -verlogenheit einer Ex-Bischöfin Margot Käßmann – bei ihr darf ich mit einem gewissen traurigen Stolz sogar Erstlingsrecht vermelden, weil ich sie nachweislich und gleichfalls in der TITANIC (7/2004) überaus zeitig vorführte und dabei auch schon im Prinzip restlos durchschaute.

Wie z. B. auch, was mich sogar selber ein bißchen verwunderte, bereits 1987, also sieben Jahre vor seinem schleswig-holsteinischen Hinschied, den Supergutmenschen und Oberschlawiner Engholm, ein mir nun wirklich – anders als Reich-Ranicki, Raddatz oder auch der frühe Joachim Kaiser, die ja auf ihre reichlich verwahrloste Art immerhin schneidige Persönlichkeiten waren und partiell noch sind – bloß widerwärtiger, verhaßter Mensch; der, nicht ganz zu vergessen, 1994 ff. ums Arschlecken beinahe unser aller neuer SPD-Kanzler geworden wäre und vielleicht heute noch sein möchte, wenn ihn nicht sein eigenes Gutmenschentremolo,

Pfarrer Sommerschleimer hat wieder einen Klassebrief in der Post

sein allzeit artistisch eingesetzter persönlicher Wallungs-
wert doch noch hinweggerafft hätte. «Was ist eigentlich der
Herr Engholm für einer?» lautete mein vormaliger Essay-
und späterer Buchtitel, der es später bis hin zur *FAZ* zum
annähernd geflügelten Wort brachte und übrigens auf das
Ahnungsvermögen meiner Frau Regina zurückgeht; die, als
im September 87 sich alles nur über Pfeiffer, Barschel und
über beider Absturz belustigte, mit exakt dieser mündlich
an mich gerichteten Frage den dazumaligen und späteren
Seelenfänger und Schönbabbler auch schon restlos erraff-
te. Und ich mich dem nur noch zu fügen hatte.

Was lernen wir bisher daraus?

Nicht sosehr, daß, wie der besagte *FR*-Aufsatz über
mich und die Satire unscharf wähnt, der Kritiker-Satiriker-
Polemiker ein genuin-habitueller Gourmand, ein halbwegs
unziviler Vielfraß wäre und sein müßte. Nein, es schmeckt
ja auch meistens nicht gar zu gut, was er da zu verzehren
hätte – und dabei hätte ich eine besonders unappetitliche
Lieblingsfeindin oder doch nur Spielzeugfigur noch gar
nicht angebissen, die inzwischen 93jährige und von irgendwelcher sich in Gedankenlosigkeit selbst fortzeugenden
medialen Öffentlichkeit immer noch so genannte Grande
Dame der deutschen Psychoanalyse, Margarete Mitscher-
lich-Nielsen, die da ihren Alexander inzwischen cosima-
gleich überlebt und übertüncht hat; hätte ich sie doch ums
Haar in dieser eklen Brühe glatt vergessen.

Nein, Gusto ist es selten – sondern schon mehr und
ohne viel Übertreibung: soziale Verantwortung, Stellvert-
erverantwortung, Purifikationsauftrag im sozialhygienisch
eingetrübten und desolaten Geistes- oder auch vielmehr
Gaunergenre, was den dazu befugten Schriftstellerkritiker
trägt, zur Bissigkeit oder auch gottesstellvertreterlich pon-
tifikalen Attitüde treibt – und zugegeben, zum Eigennutz
auch einigermaßen bei Laune hält. Die von Richard Wagner
und vielen anderen ins Feld geführte und legitimierte «geifernde Lust» (*Rheingold*, 4. Bild), die Lust am, wenn schon
nicht Untergang, so doch am Vorführen der noch in ihrem
eigenen Untergang hemmungslos Triumphalen, dieser
vielen Unsäglichen und dabei glanzvoll erhobenen Haupts
durchs öffentliche Leben Marschierenden: das ist es, was
den Tort dieser dissoluten Unerquicklichen wenigstens
etwas versüßt.

Untergang? Nein, der traf keinen. Ich wüßte keinen
unter meinen Lieblingsfeinden und Chargen in all den
Jahren, den ich zum Hartz-IV-Empfänger gemacht, den ich
zum und sei's posthumen Untergang manövriert hätte.
Nicht mal den 1985 und 1990 von mir schwerst angegriffenen Böll, den ich auch nicht durchwegs zu meinen Feinden
rechnen möchte. Der fast mal eine Art Vorbild, Leitbild war
und manchmal auch beinahe was Gutes zuwege gebracht
hätte. Und der jedenfalls, wenn auch leicht geschwächt,
meine Attacken ohne allzu viele Blessuren überlebte, auf
der Grundlage der allg. kulturnationellen Torheit, der litera-
rischen Geschmacklosigkeit, des Dünkels und der Unkor-
rigierbarkeit von gewachsenen und sodann kanonisierten
Meinungen.

Und sein Sohn, mein Prozeßgegner (1991–93) René
Böll, der ist mir als Feind einfach zu doof, zu wenig satisfak-
tionsfähig.

Wäre es also so etwas wie eine Variante vom
Gottfried Bennschen «Gegenglück des Geistes», das dem
Reinlichkeits- und Säuberungswillen dessen jederzeit zur
Seite steht, der sich unterm windigen Diktat des Geldver-
dienens oder aber wie in luxuriöser Völlerei Lieblingsfeinde
hält, sie entdeckt, großzieht und starkmacht, um sie dann
wenigstens virtuell-spirituell abzuschlachten? Ganz gegen
die von Jesus empfohlene Feindesliebe – vielmehr, um im
Christusfach zu bleiben, sie aus dem Tempel des Lebens
raushauen muß. Oder wenigstens möchte. Sie, die schon
ganz besonders lästigen, verdrießlichen, lebensverleiden-
den «Mitbürger» (W. Brandt) oder sonstigen menschenähn-
lichen Lebewesen; die, wie es im Nachwort der Buchfas-
sung der «Erledigten Fälle» heißt, «man, wenn schon nicht
aus der Welt schaffen, denn die Welt wäre öder ohne sie,
so sie doch als Zumutungen, die uns schon viel zu lange
und hoffärtig auf den Geist gegangen sind, angewidert ad
acta legen möchte».

Wenn ich heute sine ira et möglichst sine größere
Selbstbelügung mit mir zurate gehe, dann bleibt im Fall der
erledigten und gleichwohl überlebenden Lieblingsfeinde
wenig Leidenschaft, wenig Kampflust zurück; auch kaum
ein Gefühl von nachvöllerischer Befriedigung; das sich
aber immerhin dann kurzzeitig einstellt, wenn unlängst
das *SZ*-«Streiflicht» fast 26 Jahre nach meiner definitiven

Zeichnungen: Hans Traxler

Erledigung dieses ganz besonders schauderhaften Falls sich meines Hüsch-Pasquills von 1985 erinnert und daran erfreut und es wohl nur gern noch eine Idee schärfer gehabt hätte, was diesen «Scheiß-Henscheid-Artikel» (H. D. Hüsch noch am 23. 4. 91 in der *Südwestpresse*) angeht. Und gefreut habe ich mich immer auch, wenn einer wie der damals noch sehr wehrhafte Marcel Reich-Ranicki den Spieß versuchsweise umdreht und auf meine TITANIC-

Attacke hin damals im *Wiener* nicht schlecht pariert, meine Erledigungen machten ihn nur noch immer berühmter. Das hatte der damals noch nötig und saugte nur zu gern an diesem Nektar. Und in der *FAZ*-Literaturredaktion, die meine Bosheiten natürlich auch nur allzu freudig las, in schon fast virtuoser Vorwärtsverteidigung herumdröhnte: «Gar nicht dumm, gar nicht dumm der Artikel, was der junge Mann über mich schreibt, Eckehard Henscheid!» – ich war damals satte 44, und mein Opfer machte sich ostentativ nicht mal die Mühe, den Namen seines Peinigers korrekt zu nennen; ja, doch, auf derlei Ranküne und Späße verstand er sich ja immer, unser manchmal beinahe sympathischer Lautester.

Weniger schön, was der kreuzdümmliche Kabarettist (oder was immer er genau sein mag) Scheibner von sich gab, indem er für seinen vorgeführten Kollegen Hüsch in die Bresche tappte und mich deshalb zum «Stalinisten» ernannte. Wo ich doch eindeutig als Leninist ausgewiesen bin. Wenig bedacht noch gar einsichtig selbstverständlich auch Hüschens eigener «Scheiß»-Befund; wo ich ihn, Hanns Dieter, doch im Text selber mit «Scheiße, Scheiße, große Scheiße» schon auf die zuständige Metapher gebracht hatte.

Zugegeben, mit diesem immer noch sehr beliebten Wort sollte der Kritiker-Satiriker-Feindbeackerer, also auch ich, sorglich umgehen. Und es höchstens dreimal in seinem Berufsleben verwenden. Na, sagen wir siebenmal.

«Reue?» Mit meinem besonders langjährigen Opfer Luise Rinser (1985) kann ich die Frage nur stracks verneinen. Nein, auch ich «muß das Gesetz, nach dem ich angetreten, erfüllen, koste es, was es wolle» (a. a. O.) – ich hab es getragen inzwischen approximativ 37 Jahr' – und wenn ich da und dort im Ton nicht restlos adäquat operierte und ein-, zweimal meine Opfer überinterpretierte und überforderte: Häufiger fehlte mir die intime Hintergrundskenntnis, um noch präziser und hammerhafter dreinzuwuchten. Leider. Aber wirklich leid tut mir das heute auch nicht mehr. Denn siehe, am Ende liefe *sub specie aeternitatis et mortis* sonst es und überhaupt alles gar zu sehr und flink und wundermild auf die Hölderlinsche Hyperion-Versöhnung mitten im Streite hinaus; oder auch auf den Schluß von Hermann Brochs Romantrilogie: Von wegen man möge einander kein Leid tun, wir sind ja alle noch da o. s. ä.; was ein Unfug und pseudohumanistisch-parachristlicher Gutmenschen-qua –

Wer? Was ist? Wer fehlt hier noch? Das hohe Tübinger Ehepaar Inge und Walter Jens in unverdrossen «Fontanescher Heiterkeit und Gelassenheit» (so die beiden nach 1988 ca. jeden dritten Tag)? Der ortsansässige heroische Renegat King-Kong-Küng samt seinem Sub-Kaspar und Knülch und Ex-Kofferträger, der auf den Namen Karl Josef Kuschel hört?

Der gesamte Großkomplex Strauß-Stoiber-Zwick-Wieshäu usw.? Nein. Gar zu tot, das G'schörl. Meine abendländisch besinnungslose Prozeßgegnerin Gertrud («American Express») Höhler? Ach was. Mir einfach zu erhaben. Aber – wenn sich der späte Nachfahr zu Guttenberg weiter so bewährt, z. B. mit seinem Comeback: sehe ich Chancen für ihn. Beste Chancen. Doch. Das walte Gott der Dicke.

Wird DIESER MANN unsere Leser zu Haßbriefen inspirieren? Hoffentlich!

Das ist Deutschlands frechster Arbeitnehmer!

Von L. HABERLAND und M. ZIEGELWAGNER

Anton Hackler (37) sitzt an seinem abgewetzten Schreibtisch. Er ist hellwach, aufgeputscht vom Kaffee, seine Finger hetzen rastlos über die Computertastatur. Plötzlich: das Telefon! Schon beim ersten Klingeln hebt Hackler ab: „Natürlich helfe ich Ihnen im Archiv, Chef! Meine Mittagspause kann warten..."

Anton Hackler ist Deutschlands frechster Arbeitnehmer. In 20 Jahren war der Verwaltungsfachangestellte keinen einzigen Tag arbeitslos. „Warum auch? Arbeitslosigkeit macht krank", grinst der Berufsarbeitnehmer und gönnt sich noch einen Aktenordner. Während andere Deutsche dem Schlaf der Gerechten frönen, springt Hackler schon um 5:30 Uhr aus dem Bett, findet keine Ruhe. Es treibt ihn ins Büro.

Um 12 Uhr machen die Kollegen Mittag. „Geht nur ohne mich!" spottet der Freizeithasser, „ich hab hier noch gut zu tun." Markus Arndt (47), seit zehn Jahren Hacklers Büronachbar, tippt sich an die Stirn. „Der hat sie doch nicht mehr alle!" schimpft Arndt, „solche wie der nehmen unseren Arbeitslosen die Jobs weg!" Auf manche Kollegen färbt Hacklers schlechtes Benehmen ab: Immer wieder verschwinden Akten, werden nach Dienstschluß heimlich bearbeitet.

Gegen 22 Uhr erledigt Anton Hackler sein letztes Telefonat, legt danach noch zwei schnelle Überstunden ein. Dann geht er heim. Schlafengehen? Fehlanzeige. Hackler greift zum Staubsauger, weckt seine Frau und die Nachbarn. „Der soll endlich mal Ruhe geben", beschwert sich eine Nachbarin, „man versteht ja seinen eigenen Fernseher nicht mehr!"

SCHÄMT SICH ANTON HACKLER EIGENTLICH GAR NICHT? Menschen wie er bringen alle Arbeitnehmer in Verruf. Haben geregelte Arbeitszeiten, Urlaubsanspruch und 40-Stunden-Woche noch einen Sinn, wenn immer mehr Leute wie Anton Hackler einfach aus dem System ausscheren? **Anders gefragt: Darf man so sein Leben vergeuden – mit** Ackern. Schon früh sieht er keine andere Perspektive, als in die Erwerbstätigkeit abzudriften. EIN TEUFELSKREIS. Ob seine Mutter stolz auf ihren urlaubsscheuen Sohn ist? Kaum. Erna Hackler ist tot, an Überarbeitung verstorben.

TITANIC will Anton Hackler trotz seiner Besessenheit jetzt ein paar Tage Urlaub besorgen. Trinkhallen-Betreiber Egon Maier: „Wir werden ihm einen Platz in unserem Lager anbieten, wo er sich mal in die Hängematte legen soll. Die ersten zehn Bier gebe ich ihm aus."

Vielleicht die letzte Chance für Anton Hackler, seinen schlechten Ruf loszuwerden...

Arbeit, Arbeit und nochmals Arbeit?

„Ich werde so schnell müde, wenn ich nichts tue", schmunzelt Hackler dreist. Er lacht über Millionen Deutsche, die sich jeden Morgen um 7:30 Uhr noch einmal im Bett rumdrehen müssen. Im Gespräch schockt er mit Sätzen wie „Wer nicht arbeitet, ist faul" oder „Der Staat ist selber schuld, wenn er Leuten wie mir die ökonomischen Rahmenbedingungen gibt, sich ein regelmäßiges Einkommen zu verschaffen."

Hackler ist das Kind von Langzeitarbeitnehmern, kennt nichts anderes als stumpfes

---

LESER SCHREIBEN IN Titanic

Anton Hackler verarscht alle Deutschen. Es ist eine Schande für unser Land, daß Leute wie er sich auf dem Rücken der Arbeitgeber die Taschen vollstopfen!
Rosa Erlenschmidt, Langenbrettach (BaWü)

Ich bin stinkwütend. Seit Anton Hackler den Ruf der fleißigen Deutschen in den Schmutz gezogen hat, trauen sich meine Untergebenen kaum noch, mir Kaffee und Kuchen mitzubringen – aus Angst, wie Hackler für unterwürfige Streber gehalten zu werden!
Hubert Schönherr, per E-Mail (Internet)

Wegen Leuten wie Hackler sind unsere Beitragskassen voll! Wenn so viel Geld da ist, darf sich niemand über Sozialschmarotzer wundern. Mir kommt das Kotzen...
Philipp Hein, Düsseldorf (NRW)

Das TITANIC-Rezept „Zitronenschnitz an Frühlings-Soufflé" war wieder sehr lecker. Ich habe einfach statt Zitronen Äpfel verwendet und statt Soufflé 400 Gramm Rinderhack – geht auch!
Frieda Weibl, Basel (Schweiz)

TITANIC-Leser-Redaktion, Brieffach 8328
60487 Frankfurt am Main
Fax 069/ 97 05 04 97
E-Mail: leserbriefe@titanic-magazin.de

Bitte leserlich schreiben und mit gerechter Empörung formulieren. Die Leserbriefe an TITANIC geben die Meinungen unserer Leser wieder. Ausschmückungen vorbehalten.

Boris Becker!

Nach Ihrem unerquicklichen Tête-à-tête mit der sehr blonden Tennismanagertochter und «Schmuckdesignerin» Sandy Meyer-Wölden sind Sie in Herzensangelegenheiten augenscheinlich zur Vernunft und ergo zurück zu Ihrer Vorliebe für Babs- und Setlur-Lookalikes gekommen. Im Interview mit *Bild* machten Sie Ihrer wiederentdeckten Flamme Lilly Kerssenberg nun eine Liebeserklärung von ganz besonderer Zart- und Schönheit: «Weil ich ein sehr heller Typ bin und ein bißchen Farbe als Kontrastmittel brauche, wähle ich lieber dunklere Farben aus. Und Lilly hat die natürliche Bräune auch ohne Sommerurlaub.»

Wenn, Boris, Sie sich Ihre Traumfrau nun aber zwingend als Kontrast zu Ihnen selbst wünschen: sollt' sie da nicht eher ein bisserl helle sein?

Ihre hellen Paar- und Farbberater auf der Titanic

KAPITEL 5

DAS GAMMELFLEISCH

Falten sind ihr Kapital, Denkmäler ihr Ziel,

und dafür erwarten sie auch noch Dank. Okay, natürlich sind wir

den Alten ewig dankbar, ohne sie wären wir nicht hier.

Sie haben uns auf die Welt gehievt,

sie sind uns vorangegangen auf dem Holzweg des Lebens.

Doch scheinen manche vergessen zu haben,

daß der Gang auf diesem Weg nicht ewig währt.

Daß er auch mal ein Ende hat.

Die Vertreter der hinfälligen Generation, die Haar- und Zahnlosen, die Dementen und Inkontinenten, ja die alten Säcke in toto respektlos als **GAMMELFLEISCH** zu bezeichnen, das würde uns nie in den Sinn kommen. Das wäre ja schlechter *Stürmer*-Stil. TITANIC hat sich nämlich immer für den gerechten Ausgleich zwischen Jung und Alt starkgemacht, für die strikte Einhaltung des Generationenvertrags. Und der besagt klipp und klar, daß irgendwann auch mal gut ist.

Für Nachschub ist nämlich bestens gesorgt. Immer mehr Menschen entscheiden sich heutzutage für eine Promi-Laufbahn. Bei Umfragen unter Unter-Zehnjährigen, was sie denn später einmal werden wollten, war die häufigste Nennung «Promi»; weit abgeschlagen folgten die Antworten «Hartz IV», «oberster Bestimmer» und «zehn». Vor den fatalen Folgen einer solchen demographischen Entwicklung warnt schon jetzt **DR. HUBERT BURDA** (ca. 81), der **GAMMELFLEISCH**-Repräsentant seines eigenen Medienhauses: «Unsere Qualitäts-Journale *Bunte* und *Freizeit-Revue* sind doch nicht mehr finanzierbar, wenn bei tausend Seiten Umfang nur noch eine Handvoll Leserinnen zum Kiosk geht. Irgend jemand muß den Schrott ja auch kaufen!»

Doch **BURDA** kann beruhigt sein: Allzuschnell wird sich die Mediengesellschaft nicht verändern, denn auf unsere Alten ist Verlaß. Als die TITANIC Ende 1979 an die Kioske kam, waren in den ersten Ausgaben Namen zu lesen wie **HELMUT SCHMIDT, HANS-MAGNUS ENZENSBERGER, REINHOLD MESSNER, MARTIN WALSER, ANDRÉ HELLER, DESIRÉE NOSBUSCH, GÜNTER GRASS, HELMUT KOHL, UTA RANKE-HEINEMANN** u. v. a. m. Blättert man in den Ausgaben von heute, fällt einem auf, daß sich diese Herrschaften noch immer erstaunlich breitmachen.

Dabei hat sich TITANIC seit je um die Ankurbelung der Nachwuchsproduktion gekümmert. Im historischsten Beitrag dieses Buches – er stammt aus der ersten TITANIC-Ausgabe (11/79) – sehen wir **HELMUT KOHL** und **FRANZ JOSEF STRAUSS**, «zwei Männer der Tat», die in einem Akt übermenschlicher Anstrengung versuchen, das deutsche Volk vor dem Aussterben zu bewahren (→ S. 204). Heute wissen

DAS WOLLEN WIR WIRKLICH NICHT HIERHIN DRUCKEN: IM GEGENSATZ ZUR PRÜDEN MERKEL IST IHRE ANGELA EIN FERKEL.

wir: Es ist gelungen. 1989 ist die Bevölkerungszahl sprunghaft gestiegen.

Nicht alle arbeiteten für dieses hehre Ziel. Um die Produktion von neuem **GAMMELFLEISCH** zu unterbinden, rief die Satirezeitschrift *Stern* in den siebziger Jahren einen Schwung gebärunwilliger Feministinnen zusammen und wuchtete sie mit der Schlagzeile «Wir haben abgetrieben» aufs Titelblatt. Das wollten die Samenspender von TITANIC freilich nicht unkommentiert lassen und versammelten ihrerseits die prominentesten Autoerotiker zur Titelcollage samt Schlagzeile: «Wir haben abgerieben» (→ S. 221). Daß Nachwuchs nämlich auch immer etwas Positives ist, belegte später eine fröhliche **GAMMELFLEISCH**-Runde unter dem Motto: «Wir wurden ausgetragen» (→ S. 222).

Besonders der notorisch junggebliebene Springinsfeld **HELMUT «SCHNAUZE» SCHMIDT** (→ S. 241) führt uns bis heute vor, wie gut man noch im hohen Alter für die kleine Rente arbeiten kann, von der wir alle später mal leben wollen.

Die Serie «Die Großen von Bonn und ihre kleinen Freunde» (→ S. 209) des Texterteams

ROBERT GERNHARDT, BERND EILERT & PIT KNORR wurde sofort nach Erscheinen so beliebt, daß man bald auf sämtliche Großen dieser Welt zurückgreifen mußte (→ S. 235). Aufgrund des frühen Manuskriptabgabetermins (August 1981) konnten leider neuere Zweizeiler wie etwa «Herr **GABRIEL**, der faßt es nicht / sein **SIGMAR** ist nicht mehr ganz dicht» oder «Für **ACKERMANN** wird es jetzt teuer / sein **JOSEF** kostet Abschlagsteuer» nicht mehr aufgenommen werden. Aus dem gleichen Grund mußten wir deshalb auch auf den Abdruck des Zweizeilers «Im Gegensatz zur prüden **MERKEL** / ist ihre **ANGELA** ein Ferkel» verzichtet. Leider.

Nicht nur die Begegnung einer Regenmaschine mit einem Sezierschirm auf einem Nähtisch kann surrealer Art sein, sondern auch eine mit **REX GILDO** auf einem LKW vor einer Budnikowsky-Filiale, wie unsere Hamburger Außenreporterin **FANNY MÜLLER** zu berichten weiß (→ S. 207).

Nachdem sich TITANIC von der ersten Ausgabe an den ständigen Vorwurf gefallen lassen mußte, «im besten *Stürmer*-Stil» zu argumentieren (z.B. von **ELKE HEIDENREICH**, **GERHARD ZWERENZ** et al.), kämpfte sich unser Haushistoriker **CHRISTIAN Y. SCHMIDT** tief in verstaubte Archive vor und wertete – was keiner der *Stürmer*-Stilexperten vor ihm tat – sämtliche Jahrgänge des berüchtigten Nazi-Hetzblattes aus: den echten *Stürmer*. Sein Dossier (→ S. 244) belegt eindrucksvoll, was die TITANIC, abgesehen vom etwas höheren Preis, bis heute vom *Stürmer* unterscheidet.

Wer von **GAMMELFLEISCH** redet, darf von der Jagd nicht schweigen. Als im Sommer 2006 weite Teile Süddeutschlands durch ein marodierendes Untier namens «Problembär Bruno» verwüstet wurden, machte TITANIC den rettenden Vorschlag: «Knallt die Bestie ab!» Leider kam es im Layout des Magazins kurz vor Drucklegung zu einer bedauerlichen Verwechslung: Statt des Problembären wurde das Konterfei eines damaligen SPD-Vorsitzenden über die Zeile gedruckt. Sehr peinlich für uns, zumal **KURT BECK** längst zum Abschuß freigegeben war (→ S. 214). Der Noch-SPD-Chef ließ die Ausgabe durch eine einstweilige Verfügung verbieten und trat kurz darauf von seinem Amt zurück.

Natürlich haben wir uns bei Problembär Bruno für den Fauxpas entschuldigt. Heute ist er längst **GAMMELFLEISCH**. Auch uns wird das Gammeln nicht erspart bleiben. Die Alten sind unser Brennglas in die Zukunft, sie leben unseren Verfall nur vor.

Heda, Thomas-Mann-Forscher!

Wäre es möglich, in absehbarer Zeit, d.h. bis spätestens zum 6.6.2075, wenn er vor 200 Jahren das Licht der Welt erblickt haben wird, den Forschungsstreit über Thomas Manns Augenfarbe beizulegen? Der aktuelle Forschungsstand, zusammengefaßt in dem Buch von V. Hansen und G. Heine: «Frage und Antwort. Interviews mit Thomas Mann», ist jedenfalls kein Zustand: «… der Blick seiner großen blauen Augen ist durchdringend» (S. 36). «Große graue Augen … folgen allem Geschehen» (S. 54). «Seine verblüffend lebhaften braunen Augen starren manchmal ernst» (S. 82). «Seine Augen sind grau, sie sind kühl und licht» (S. 148). «Entspannt war er ein Mann … mit tiefen, nußbraunen Augen» (S. 172). «Er … hat … blaue, durchdringende Augen» (S. 250). «Diese grauen Augen des Nordländers» (S. 378). Stopp, das reicht. Noch Fragen, die Herren? Weiterforschen! Titanic

Nikolaus Jungwirth/Paul Taussig

Zwei Männer der Tat

Der feste Wille zur Fortpflanzung ist die unabdingbare Voraussetzung für die Arterhaltung eines Volkes. Linker Reformsucht und sozialistischer Neuerungswut zum Trotz demonstrieren die beiden Parteivorsitzenden der Union, Helmut Kohl und Franz-Josef Strauß, hier eine jahrhundertealte Methode der Bevölkerungsvermehrung.

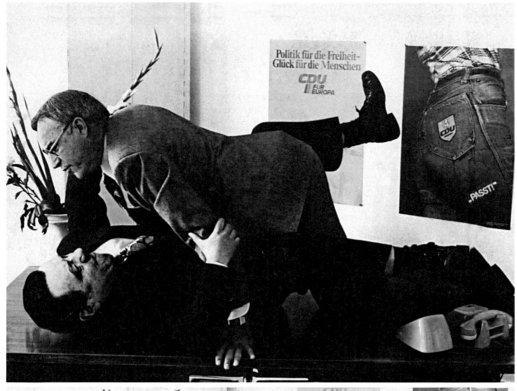

Angesichts des großen Ziels, das es zu erreichen gilt – Deutschland muß noch dichter besiedelt werden –, darf der fortpflanzungsbewußte Bürger auch vor noch so großen Mühen und eventuell auftretenden Schwierigkeiten bei der Durchführung nicht zurückschrecken. Der in den langen Jahren der sozial-liberalen Herrschaft in Mißkredit geratene Leistungsgedanke muß wiedererweckt werden. Dr. Kohl und Dr. Strauß geben uns hier ein Beispiel.

Fortpflanzungsfreudigkeit muß wieder stärker Eingang finden in das Sinnen und Trachten der Deutschen. Die praktische Ausführung der Vermehrung – selbst an hierfür nicht vorgesehenen Orten – ist dann, wie dieses Bild sehr anschaulich verdeutlicht, ein Kinderspiel.

Fanny Müller

MIT DEN AUGEN EINER
Frau

Wie Rex Gildo einmal beinahe meinen Kugelschreiber behalten hätte

Budnikowsky, genannt Budni, ist der beliebteste Billigdrogeriemarkt in Hamburg. In der Filiale im Schanzenviertel ist es total gemütlich. Man muß zwar über Kartons, kleine Kinder und andere Kunden steigen, die irgendwo rumwühlen, aber man trifft einfach jeden. Wie bei Tchibo.

Letzten Dienstag hat direkt nebenan »Kloppenburg« aufgemacht, auch ein Drogeriemarkt, auf 300 Quadratmetern. Das halte ich ja für glatten Selbstmord. Ich gebe denen ein halbes Jahr, das habe ich der Kassiererin bei Budni auch gesagt.

Nachmittags fing es dann an. Sie hatten vor dem Eingang einen überdachten Lkw aufgestellt, mit drei Musikern und einem Moderator, und da sollte Rex Gildo auftreten. Es waren viele Leute da, von denen die meisten wohl hofften, daß er besoffen von der Bühne fallen würde. Ganz vorne standen viele kleine türkische Kinder, dahinter standen wir. Auf der anderen Straßenseite saßen fünf Punks und ein Rastamann auf dem Baugerüst vor dem kurdischen Restaurant und tranken Bier. Dann sagte der Moderator, der einen großen roten Kopf hatte, Rex Gildo an: »Kommissar Rex, unser Sonnyboy aus Rosenheim.« Rex Gildo kam sofort ans Mikrophon gesprungen, in grauem Anzug und mit sehr braunem Teint, und schrie gleich los: »Hossa, hossa, hossa!«, was von einigen Umstehenden auch erwidert wurde. Dann sang er »Fiesta, fiesta mexicana«, aber a capella. Einmal fiel ihm das Mikro runter, aber er sagte gleich, er hätte gar nichts getrunken, bloß Kaffee. Die Punks blieben auf dem Gerüst sitzen und tranken noch mehr Bier. Danach sang

Rex Gildo weitere Songs, aber jetzt aus seiner neuen LP/CD, die sehr gut angekommen sei, wie er sagte. »Im Namen der Sehnsucht werd' ich immer bei dir sein«. Darin kamen vor: der Hafen von Piräus, mehrmals Sirtaki und verschiedene Tavernen, was die Griechen, die im Eingang der gegenüber liegenden »Taverna Romana« standen, sehr zu erheitern schien. Zwischendurch wies Rex Gildo noch auf die Eröffnung von Kloppenburg hin und sagte zwei oder dreimal zu uns: »Isch glaub an Eusch«. Da

ging ich aus Trotz zu Budni rüber und kaufte eine Packung Filterpapier 102 und das Angebot Strumpfhosen, 10 Stück für 8 Mark 90. Dort traf ich einen befreundeten Zeichner, der mich aufforderte, ihm zu Tchibo zu folgen und ihm einen Milchkaffee zu bezahlen, weil ich mit Ausgeben dran wäre.

Wir gingen aber nicht sofort, weil jetzt eine neue Attraktion angesagt wurde: »Hans, der singende Schutzmann aus Wolfsburg

mit seinen Polifriends.« Die Polifriends waren sechs singende Kinder, die er als »meine Jungs« vorstellte, es waren aber fünf Mädchen dabei. Nun hielten es die Punks und der Rastamann nicht länger auf dem Gerüst aus, und sie latschten über die Straße zu uns herüber.

Hans sang als erstes sein bekanntes Lied »Zebrastreifen«. »Ze-bra-strei-fen, Ze-bra-strei-fen«, schrien die Punks und fingen an zu tanzen. Dann sang er sein beliebtestes Lied, den Verkehrs-Rockn Roll »Wir trampeln auf den Boden, wir klatschen in die Hand, draußen auf der Straße, da braucht man den Verstand.« Die Punks und der Rastamann schrien: »Mann, is das taff, Mann!« und trampelten herum und klatschten in die Hände. Zum Schluß sang er »Ich liebe alle Kinder dieser Welt und kämpfe für ein bißchen mehr Menschlichkeit«, was die Punks auch klasse fanden: »Kämpfen, kämpfen, oh Mann!« Sie machten dann soviel Krach, daß er eine Zugabe singen

mußte, eines seiner besten Lieder, wie er selber sagte, das Ampellied »Stop and go mit Hans und Co.«. Danach wies er noch auf die Eröffnung von Kloppenburg hin und daß er und Rex Gildo nachher eine Autogrammstunde abhalten würden und daß gleich das Bingospiel anfangen würde. Da gingen wir erst mal zu Tchibo. Dort zeichnete der Zeichner ein Porträt von Rex Gildo auf ein Papptablett, auf dem vorher unsere kleinen Kuchen gelegen hatten. Das Porträt fiel nicht sehr günstig für Rex Gildo aus. Außerdem hatte der Zeichner noch darübergeschrieben: Rex »Wuff« Gildo, weil ich kurz erwähnt hatte, daß ich mal einen Schäferhund namens Rex im Fernsehen gesehen habe.

Dann gingen wir wieder zurück, weil gleich die Autogrammstunde anfangen sollte. Vorher sang Rex Gildo aber noch einmal wegen der großen Nachfrage, wie er sagte, »Fiesta, fiesta Mexicana« mit »Hossa« und allem Drum und Dran. Die Punks grölten sich die Seele aus dem Leib. »Jungs, ihr seid Spitze«, rief Rex Gildo, »wir gehn nachher einen zusammen trinken.«

Ich glaube, das sagte er nur aus der guten Stimmung heraus. Er und Hans verteilten fertige Autogrammkarten, aber ich hielt ihm das Papptablett hin und meinen Kugelschreiber. Er hat dann auf der Rückseite unterschrieben und sich zum Glück die Vorderseite nicht angeguckt. Nach mir war einer der Punks dran, der auch einen Extrazettel hatte. Den fragte Rex Gildo nach seinem Namen und schrieb dann: »Für Lücke, alles Gute«. Bei mir hatte er »Viel Glück« draufgeschrieben. Dann wollte er meinen Kugelschreiber einstecken, aber ich habe ihn zurückverlangt. Hossa. □

Zeichnung: Wolfgang Herrndorf

KEINE ANZEIGE

bulthaup

Küchen sind Lebensräume. Die schönsten sind schnörkellos gestaltet und perfekt
ausgestattet. Wenn Sie erfahren wollen, wie man aus einem Raum eine Küche macht,
die Ihrem Geschmack und Anspruch entspricht, besuchen Sie die Spezialisten für
die Küchenarchitektur von bulthaup. Dort, wo dieser Name steht. www.bulthaup.com

Der kleine Witz für zwischendurch (5)

Kinder, wie die Zeit vergeht!
BILL KAULITZ wird 50!

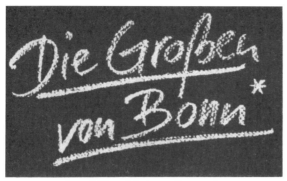
*und ihre kleinen Freunde

In tiefer Sorge murmelt Kohl:
„Mein Helmut ist ja innen hohl!"

Dem Lambsdorff gibt's der Herr im Schlaf:
seit gestern ist sein Otto Graf.

Herrn Genschers Aktien stehen niedrig:
„Mein Hans macht schlapp und nun auch Dietrich."

In frischem Glanz strahlt Zimmermann:
sein Alois hat Glimmer dran.

Warum Herr Wörner sich so brüstet?
Sein Manfred wird jetzt nachgerüstet.

Schwarz-Schilling hat ein schönes Kabel:
sein Krischan reicht ihm bis zum Nabel.

Daß Vogels Eier dauernd kochen,
das liegt an seinem heißen Jochen.

Eine Information der GEK-Gruppe

JOHANNES PAUL II. – CHRONIK EINES ANG[ELS]

1920 Klageschreie im Kreißsaal, Schluchzen auf den Straßen von Wadowice (Polen): Das langsame Sterben des Karol Wojtyla hat begonnen. Sein Schicksal scheint vorgezeichnet – der hilflose Junge kann nicht stehen, nicht laufen und sich nur mühsam artikulieren. Überall auf der Welt versammeln sich Menschen zum Trauergebet.

1926 Der kleine Karol kann immer noch nicht laufen. Zur Schule läßt er sich im Bollerwagen ziehen, tyrannisiert seine Mitschüler mit endlosen Predigten über die richtige Geschwindigkeit. Da der Erstklässler von seiner Unfehlbarkeit überzeugt ist (»1+1=3«), hagelt es Sechser aufs Zeugnis und Kopfnüsse. Aua!

1929 Das Martyrium geht weiter: Die geliebte Mutter stirbt. Von nun an hat Karol eine Schraube locker bzw. macht sich auf die lange, verzweifelte Suche nach einer Ersatzmutter, die ihn von Mutter Gaia über Mutter Theresa schließlich in den Schoß von Mutter Kirche führt.

1938 Karol besteht das Abitur. Er beginnt eine Irrlehre zum Ketzer, die er aber wegen sündigem Verlangen und gleichzeitigem Kopfweh nach drei Tagen abbricht. Beides wird gewaltsam unterdrückt, anschließend Studienbeginn in Krakau (Literatur, Philosophie).

1940 Karol ringt wochenlang mit dem Tod, und zwar dem »Tod in Venedig« von Thomas Mann, über den er eine Seminararbeit verfassen muß. Die Novelle erscheint ihm jedoch »schwul und krank« – Karol findet, ihr Autor hieße besser Thomas Frau.

1942 Eintritt ins Krakauer Priesterseminar. Am Vorabend läßt es Karol noch einmal richtig krachen (Auto, Leitplanke), dann beginnt mit einiger Verspätung ein langes unerfülltes Geschlechtsleben samt dazugehöriger Kreuzschmerzen.

1946 Zuviel Meßwein, zuviel Weihrauch: Karol erleidet bei der Priesterweihe einen Kreislaufkollaps, durchschaut den Schwindel jedoch als Marienerscheinung. In seiner neuen Gemeinde nimmt er rapide ab, nämlich bis zu vierzig Beichten am Tag, und empfiehlt sich so für höhere Aufgaben (Glöckner, Stellvertreter Gottes).

1958 Bischofsweihe, Bad in eiskaltem Weihwasser, böser Schnupfen.

1964 Karol Wojtyla wird zum Erzbischof von Krakau berufen. Mit einem Ausflug ins Metzgerhandwerk begründet er nebenher das polnische Wirtschaftswunder: Sein »Krakauer Würstchen« ist bald in aller Munde.

1967 Mit der Verleihung des Kardinalstitels hat es Wojtyla in den Kreis der höchsten katholischen Würdenträger geschafft. Ob es sein brennender Ehrgeiz, sein inquisitorischer Jähzorn oder lediglich die berüchtigten epileptischen Anfälle sind – kurze Zeit später wird er bereits zum Furienkardinal befördert.

1978 Ein Wunder! Wojtyla wird zum ersten nichtitalienischen Papst seit 1522 gewählt. Damit man

ÜNDIGTEN TODES

ihn im Konklave nicht gleich auf die Schliche kommt, hat er seinen Namen vorher heimlich übersetzen lassen: Auf italienisch bedeutet Johannes Paul II. nämlich nichts anderes als Karol Wojtyla auf polnisch, also nichts.

1979 Aufnahme erster Reisetätigkeiten Richtung Himmel, deren Zwischenstopps den Papst durch insgesamt 129 Länder führen.

1980 Als entschiedener Befreiungstheologe befreit Johannes Paul II. die Kirche von modischem Ballast, setzt sich für unbefleckte Empfängnisverhütung (»Beten«) ein und bezieht im innerkirchlichen -Richtungsstreit zwischen Sunniten und Schiiten klare Stellung für den rechten Glauben (»Rechts ist da, wo der Daumen ab ist«).

1981 Der Passionsweg des Papstes setzt sich fort: Bei einer Audienz auf dem Petersplatz wird er durch -Schüsse eines irren Türken lebensgefährlich verletzt. Zu einer Wiederaufnahme der Kreuzzüge kommt es dennoch nicht – Johannes Paul II. bleibt besonnen, läßt die Kirche im Dorf (Rom).

1985 Nach seiner vorläufigen Genesung will der Papst auf der Höhe seiner Zeit bleiben und benennt die Sixtinische Kapelle um. Unter dem Namen Opus Dei stürmt die Band mit ihren Riesenhits »Life is Life«, »Life is Death«, »Death is Murder« und »Pro Life« die Charts.

1994 Nach einer Rangelei mit seiner Haushälterin im Badezimmer des Petersdoms bricht er sich das Taufbecken, bekommt ein neues Hüftgelenk eingesetzt. Noch im Krankenbett verfügt er per Apostolischem Eilbrief: Frauen haben in der Kirche nichts zu suchen! Dafür ehrt ihn das Magazin *Time* mit dem Titel »Mann des Jahres«.

1995 Der rührige Alte versucht sich als aufklärerischer Regisseur, schließt sich der Filmergruppe »Dogma« an. Mit zittriger Handkamera wird im Schein flackernder Kandelaber Provozierendes in Szene gesetzt: Meßdiener im Beichtstuhl, Meßdiener ohne Beichtstuhl, immer wieder Meßdiener, Meßdiener, Meßdiener! Reihenweise treten Bischöfe zurück.

2005 Auch das längste Sterben der Welt muß einmal ein Ende haben: Johannes Paul II. verscheidet an den Spätfolgen einer schweren Geburt, diverser Krankheiten, Unfälle, Attentate sowie eines in jungen Jahren erworbenen Zölibats. Überall auf der Welt versammeln sich Menschen zum Trauergebet.

Mark-Stefan Tietze

Das große Lexikon der Bild-Sprache (3)

F

Fashion-Kampf, der: heftige Auseinandersetzung zwischen Modeschöpfern, z.B. zwischen Giorgio Armani (62) und Gianni Versace. »Armani hatte in New York zwei neue Boutiquen eröffnet. Dort sagt er: ›Die Mode ist tot!‹ Der Satz brachte Versace auf die Palme: ›Nur weil Armani out ist, braucht er das nicht zu verallgemeinern.‹« Wir meinen: Kampf offen austragen. In offener Lagerfeldschlacht!

Foto-Ärger, der: hatte das → größte Top-Model aller Zeiten, Claudia Schiffer, weil sie ihre Top-Titten am Strand von Deutsch-Südwest (Mallorca) knipsen ließ. Als Schulmädchen mit 17 Jahren. Jetzt will der Fotograf sie veröffentlichen, doch das GröTaZ ist dagegen. »Das ist meine Intimsphäre, die ich von niemandem brechen lasse.« Es sei denn, man verfügt über die nötigen Brechmittel.

Fremdgucken: mit jemand anderem als dem Ehepartner oder Dauerständer rammeln, es tun, das alte Rein-Raus-Spiel betreiben. »Fünf Jahre ließ Carolyn ihn zappeln. Er guckte dazwischen immer wieder fremd. Die Trennungsgerüchte kochten heiß.« Wer war gemeint? Natürlich John »Faustfick« Kennedy Jr. (35) schon wieder. → Endlosliste → fremdsexeln.

Fremdknutschen: mit jemand anderem als dem Ehepartner oder Dauerbegleiter in einer leidenschaftlichen → Knutsch-Umarmung angetroffen werden. »Hat ER fremdgeknutscht oder nicht?« ER ist nicht Gott, sondern nur »Rock-Opa« Mick Jagger (53).

Fremdsexeln: → sexeln

Frühsexeln: bereits in einem jungen Lebensalter Geschlechtsverkehr ausüben. »Englands Mädchen sexeln früh.« Das machen die Frühsexelgefühle.

Frühstücksfee, die: eine Frau, die eine Frühstücksfeensehsendung moderiert, z.B. Ulrike Gehring (32) auf SAT1. Schlimmer als das Feegefeuer.

G

gelen: Zeugs in die Haare schmieren. Macht z.B. Sharon Stone (38). »Die Haare kurz, ganz eng an den Kopf gegelt.« Tun aber auch andere (z.B. Michel Friedmann, Michel Friedmann und Michel Friedmann).

Gift-Bordell, das: steht in Pattaya, Thailand, dem Land der »Todesküsse«. Hier gibt's »K.o.-Tropfen beim Zungenkuß, K.o.-Tropfen auf den Brustwarzen«. Kostet eine Brieftasche oder 'ne Rolex extra.

Giftgas-Guru, der: natürlich der japanische Sekten-Chef Shoko Asahara. Blind wie ein Ziegelstein. G.-G. ist ein Klassiker unter den Bild-Wortschöpfungen, aber auch das Autokennzeichen von Groß-Gerau. Zufall oder g. G. (große Gemeinheit)?

Glatzen-Millionär, der: i.e. Werner Metzen (51), auch: »Herr der Reste«. Um ihn war es in letzter Zeit eher still geworden. Grund: »Die Glatze ist nicht mehr flüssig... Das Finanzamt ist Glatzenmillionär Werner Metzen (51) auf den Fersen.«

Größtes Top-Model aller Zeiten, das: nicht Eva Braun, sondern Claudia Schiffer. Hatte im Dezember 1996 → Foto-Ärger. Vgl. auch die neue großdeutsche Parole: »An deutschen Mösen soll die Welt genösen.«

Gummi-Schweins, die: die Schauspielerin Esther Schweins (26), nachdem sie »für fünf Minuten mit nach hinten geklappten Beinen« in der Sendung »Wetten daß...« auf der Couch gesessen hatte. Was war der Grund? a) Schleichwerbung für Urlaub auf der Insel Gummera? b) Aufforderung zum Geschlechtsverkehr (aber nur mit Gummi)? c) Versteckter Hinweis auf Esthers Geburtsort (Gummizelle)? Richtige Antwort bitte auf einer Postkarte an die Redaktion (Einsendeschluß: 10. 4. 2012)

Christian Y. Schmidt

LAST EXIT
Chlodwig Poth

Editorial

Juli 2006: Leser verzückt, Abbildung verboten

April 2008: Abgebildeter verrückt, Leser verschwunden

Sehr geehrter Herr Beck!

betr.: Regreßforderung

Wären Sie bitte so freundlich und lesen sich die folgenden drei Zahlen einmal aufmerksam durch? Ja, Sie sind so? Bitte sehr:

131 983   16 356   129 736

Vielen Dank. Gewiß ist Ihnen nicht entgangen, daß eine der Zahlen um gut 110 000 niedriger ist als die zwei anderen. Nun weiß zwar keiner besser als Sie, daß hinter Zahlen sich Schicksale verbergen, selige Hartz IV-Empfänger oder die stündlichen SPD-Austritte. Hinter obigen Zahlen aber verbirgt sich wahrhaft Dramatisches: nämlich die TITANIC-Kioskverkäufe der Ausgaben März bis Mai 2008. Und just bei der zweiten, der Aprilausgabe waren Sie, lieber Herr Beck, fett vorne »drauf«, wie wir Pressefüchse sagen, waren Sie der sogenannte »Teaser« und »Eye-Catcher«, zu deutsch: Kaufzwang. Überaus liebevoll hatte der Zeichner Stephan Rürup Sie, als Schluß- und Höhepunkt einer zweijährigen Parodie der BussiBär-Comics, als lachenden, vitalen Bussi-Beck gezeichnet, der alle Selbstbeschädigungen und Auto-Amokfeste grunzfidel übersteht.

An uns, Herr Beck, lag's also nicht.

Und es war ja auch durchaus mal anders. Noch im Juli 2006 hievten Sie die Kioskverkaufszahlen der TITANIC aufgrundanständige 138 750. Und obwohl Sie wie gezeichnet aussahen, waren Sie echt, eine berückend kuschelbärige Naturerscheinung über einer Titelzeile, mit der wir das Land Bayern baten, den damals durch die Wälder beißenden Problem- und Killerbären »Bruno« endlich mausetotzuschießen. Sie, Herr Beck, erschreckte unser Ansinnen, doch nicht mal Ihre gegen uns erwirkte einstweilige Verfügung konnte verhindern, daß das blutgierige Raubtier im wohlverdienten Kugelhagel starb.

130 000 zu 16 356 also. Um mehr als 82 Prozent, lieber Herr Beck, fiel demnach Ihre Beliebtheit, schrumpften Ihr landweiter Ruhm und Glanz und Charme und Wert innerhalb von kaum zwei Jahren; und um exakt so viel brach unser Kioskverkauf ein in jenem unheiligen April 2008. Da wir mit jeder am Kiosk verkauften TITANIC 1,56 Euro verdienen, bedeutet Ihr Versagen einen Verlust von 177 439,08 Euro. Welche Sie, so noch ein Funken Ehre und Gerechtigkeitsempfinden in Ihnen steckt, uns also zügig überweisen auf das Treuhandkonto 8472060, BLZ 795 500 00 (Sparkasse Aschaffenburg).

Es greßt Sie herzlich Ihr

Thomas Gsella, Chefredakteur

WICHSVORLAGEN FÜR DIE GEBILDETEN STÄNDE
Folge II: Oscar Wilde

Von Eckhard Henscheid

Was ist eigentlich der Herr Engholm für einer?

Ein Seitenblick nach Kiel

Über Reiner Pfeiffer haben wir uns die letzten Wochen über alle ausreichend gefreut, ihm danken wir viel. Auch über Uwe Barschel, seinen dösigen Regierungssprecher Behnke, seinen wunderbar vertrauenzerstörenden „Intimus" Ahrendsen u. v. a. - alles knallfarbige Männer nach unserem Abgeschmack und unserem fiesen Hang zu zumindest gedrucktem Abenteurerleben, unserer Freud' an der Freude und der Schadenfreude. Im Zuge all des stattgehabten Hochvergnügens verschwand phasenweise ein Mann stark aus der Optik, der, wenn alles ganz dumm geht, Barschel/Pfeiffer früher oder später beerben soll; ja, der, einst Musterschüler des Kanzlers Schmidt und also sein später Bildungsminister, neuerdings als neuester Hoffnungsträger, gar als Kanzlerkandidat der SPD gefeiert wird: der Grundsympath Björn Engholm.

Schwul ist er - zu Barschel/Pfeiffers Schmerz - leider offenbar nicht; noch geht er - nach den Eindrücken und Aussagen der Gruppe Harry Piel - ausreichend oft fremd. Um so steiler erhebt die Frage sich: Was ist der Engholm für ein Mensch?

Unentwegter Pfeifenraucher ist er, ein Frauentyp und einer, der sich via Gewerkschaft und Zweiten Bildungsweg nach oben geschafft hat, zum moderat linken Kieler Oppositionsführer jetzt knapp vor der Ministerpräsidentenbürde, welche dem scheint's Unwiderstehlichen zu ersparen Barschel/Pfeiffer eben im letzten Moment zahlreiche Anstrengungen unternommen hatten.

Viel weiß man trotzdem nicht über B. Engholm, aber einem kürzlich abgewickelten „Spiegel"-Gespräch entnimmt man doch so manches. Bei Fischern auf einer kleinen griechischen Insel bestreitet der Enkel Brandts und Zögling Schmidts „auf die denkbar einfachste Art" am liebsten seine Ferien - mit ausgerechnet dem Oberprogressisten HA Schult andererseits kutschiert er nach New York, diesem dort „eine Kunstaktion zu ermöglichen", wie Engholm unverhohlen den „Spiegel"-Leuten steckt. Dem Förderer der radikal ewigneuen Kunst gelingen sodann im ferneren Gesprächsverlauf allerdings Sätze von so progressistischer Radikalität, daß es einem richtig schwummrig, ja fast achterbahnhaft in die Seele fährt:

„Viele Verletzungen" seien zu Kiel die letzten Monate über passiert, vieles habe ihn „bedrückt" und auch „schockiert", klagt glaubhaft Engholm. „Tiefe Gräben" seien „mutwillig gerissen" worden seitens der Medien, den Unfallverursacher „Spiegel" inklusive; „schmerzliche" Dinge ohne Zahl. Ein Pastor also, der den Jargon der Eigentlichkeit besonders virtuos draufhat? Neinnein, im gleichen steifen Atemzug vermag unser Mann eben auch seinen Adorno zu zitieren, sogar auswendig, nämlich dessen besonders bräsig zitablen Satz über die Erziehung nach Auschwitz, jawohl, jetzt weht plötzlich ein anderer Wind! So wie er, Engholm, überhaupt befähigt ist, anders als seine zarte Familie stattgehabte Unbill „politisch-rational (zu) verarbeiten". Trauerarbeit? Versöhnungsarbeit? Bibelkreisarbeit? - genug: Den „Verfall der politischen Kultur", betrauert unser Sozialdemokrat dann im vollen gewappelten Ernst, den „schlimmsten Fall von Degeneration und politischer Unkultur" samt „Verrottet"heit, den er bisher kennengelernt, nämlich: diese Art, „fortwährend mit Schmutz zu werfen". Dem aber gelte es entgegenzuwirken mit „Diskurs" und „Dialog", wohlgemerkt mit Barschel, Pfeiffer, Ahrendsen usw. -, um die „politische Landschaft" wieder zum „Sieg der Vernunft" zu führen, ehe „die letzten Reste von Ethik auf dem Altar des (...) Machterhalts verkauft würden".

Was ist jetzt das für einer? Ein Schön- ja Blindlaberer? „Gegen die Sprache der Verlogenheit, des Zynismus, der Menschenverachtung" gelte es anzukämpfen, sagt Engholm - und ahnt nicht im mindesten, daß er mit den Pejorativa „zynisch" und „menschenverachtend" die zwei momentan kurrentesten der dummdeutschen Gratis-Imponiervokabeln auffährt, fixfertige Stereotypen derer, die, wie alle Betroffenen, noch immer eh jeden Rest von Gedanken vorab auf dem Altar des neuesten Tugut-Syndroms verbuttert haben - denn siehe, Sprache als „Keuleninstrument" lehnt diese norddeutsche Pfeifenraucher-Hoffnung ebenso ab wie sogar jene harmlosen Schmonzetten, die ihm der „Spiegel" als Exempel mäßiger Schimpfkultur zu bedenken gibt, etwa den „Voralpen-Ajatollah" Brandts wider Strauß. Engholm: „Ich finde, bis an solche Grenzen sollte politische Sprache selten, sehr selten gehen."

Das kann ja heiter werden mit diesem Barschel- und, weiß man's, gar Kohl-Nachfolger. Ein „Opportunist", wie eine Pfeiffersche CDU-Broschüre wähnte? Leider nicht mal das. Der glaubt's wirklich, der ist so bonitätisch, ja glatt christlich: Taufen hat er sich im Frühjahr auch noch lassen, wie im Zuge der Kieler Großaffaire bekanntgeworden. Tja, wenn sich Pfeiffer diesen Schmäh schon nicht namens der CDU zu schmähen traute, sondern - ein wunderschönes Gaunerstückchen! - diese Taufe namens der Grünen in einem gefälschten Brief als Bigotterie geißeln ließ, dann müssen eben wir, die integren Demokraten, nachfassen: Ein 47jähriger, der sich mit griechischen Fischern und deutschen Aktionsschluris herumtreibt, der sollte sich nicht mit 47 auch noch taufen lassen. Dies ist sehr unwürdig für einen Adorno-Leser, so meinen wir, selbst auf die Gefahr hin, daß er uns für diese neuerliche Einmischung in sein Intimleben abermals Unkultur, Zynismus und Menschenverachtung als Keuleninstrumente vorhält, der Herr Engholm.

Den wir, auch ohne Observationshilfe seitens Harry Piel, auch weiterhin verschärft im Auge behalten wollen, doch, das wollen wir. □

Die Saddam

Vor wenigen Jahren waren sie noch völlig unbekannt, heute sind sie die erfolgreichste Showbiz-Familie seit den Bee Gees. Aber sie sind auch totale Aussteiger: Den American way of life hassen sie wie die Körperpflege, Auftritte in der Hitparade und Goldene Schallplatten bedeuten ihnen gar nichts. Selbstgestricktes und die wunderschöne Musik ihrer automatischen Waffen lieben sie über alles. Ihre Großfamilie ist der Hort, in dem sie sich wunderbar geborgen fühlen. Freunde brauchen sie nicht – höchstens, um sie mit Blei vollzupumpen. Doch wie sieht es hinter ihren schulterlangen Schnauzbärten aus? Was ist das Geheimnis der »Saddam Family«? Titanic enträtselt ihren Erfolg – und zeigt ihr faszinierendes Zusammenleben!

Sie leben unabhängig, frei, ohne Luxus oder Schwiegersöhne.

– Ihr Stammsitz ist die „Sean O´ Saddam" (benannt nach dem Großvater der Saddam Family), ein altes holländisches Hausboot mitten im irakischen Wüstensand (8,8-cm-Pak, 12 Flugabwehrgeschütze, Raketenwerfer mit A-Sprengköpfen, Tonstudio, drei 40-Millimeter-Haubitzen, diverse Handfeuerwaffen, luxuriös ausgestattete Säurebäder). Fans, die sich dem Boot nähern, machen Bekanntschaft mit Tretminen aus hauseigener Produktion.

Wer ist der geheimnisvolle Chef?

Papa Saddam Hussein (54) regiert seinen Clan liebevoll mit der Panzerfaust. Der bullige Schnauzbartträger gilt als sym-

Neue Serie

pathisches Rauhbein. Seit einem überraschenden Anschlaganfall ist er untenrum gelähmt und kann nur noch aus der Hüfte schießen. Die wichtigen Familiengeschäfte erledigt er deshalb mit Pumpgun und Zielfernrohr vom Bett aus. Zwist und Streitigkeiten sind dank seiner unkomplizierten, väterlichen Art Fremdwörter für die Saddam Family: Wer zu spät zum Abendessen kommt, frißt eben Blei.

Wie tourt die Saddam Family?

Sie gehen alle paar Jahre auf Tournee durch die angrenzenden Länder, putzen sich an Autobahn-Raststätten die Zähne, verwüsten, was ihnen in den Weg kommt, und lassen einmal in der Woche die blutige Wäsche im Hotel waschen. Wenn die Saddams aufspielen, verwandeln sich vierspurige Stadtautobahnen binnen Sekunden in verkehrsberuhigte Zonen. Klar, daß sie bei ihren Auftritten von einem Haufen Zuarbeiter unterstützt werden: Zur Road-Crew der Saddams gehören ungefähr 50 Armeecorps.

Und wie ist ihre Bühnenshow?

Die Bühnenshow der Saddams ist jetzt schon so bombastisch, daß sie Fans – und sogar Unbeteiligte – regelmäßig um- und aus den Schuhen haut! »In Kuwait haben wir ja erstmals mit brennendem Öl experimentiert«, verrät Family-Boß Saddam lächelnd. „Das war ja schon nicht schlecht, aber für die Zukunft planen wir eine ziemlich heiße Laser-Show mit Riesenkanonen aus deutscher Produktion! Wen das nicht beeindruckt, der wird direkt umgelegt!"

Und die Mutter? Wer ist eigentlich die Mutter?

Sie ist eine stille, liebe Frau, das Haar in der Mitte gescheitelt, immer sanft, immer freundlich. Mit einem fröhlichen Liedchen auf den Lippen prüft sie die Temperatur der Säurebäder. Ihre Kinder hat sie nie angeschrien und schon gar nicht geschlagen. Die 45er in der Hand, hat sie den überlebenden Söhnen und Töchtern das Wertvollste im Leben beigebracht: gute Laune zu haben, für jeden Tag dankbar zu sein. Und nicht lange zu fackeln, wenn ihnen jemand dumm kommt: „Kaltmachen! Wegpusten! Abknallen wie räudige Hunde!"

Was bedeuten ihnen Waffen?

„Waffen sind nur Mittel zum Zweck", sagt Saddam. „Sie sollten nicht unser Leben bestimmen! Wir dürfen aber nie vergessen, daß es eine Menge Leute gibt, die kaum Waffen haben. Und die besuchen wir ab und zu. Nieten sie einfach um!"

Wann begann der Traum der Saddam Family?

Vor 29 Jahren. Es war der Traum vom Ausstieg aus der Gesellschaft, von einem Leben jenseits von Biederkeit, Anpassung und Genfer Konvention. Der junge, sympathische Schützenkönig Saddam blickte der schönen Ballett-Tänzerin Barbara Ann in die Augen und sagte: „Wir werden viele Kinder haben. Einige werden Schnauzbärte tragen und Widerworte geben. Die werden kurzerhand über den Haufen geknallt, aber egal!"

★★★

Wer ist wer bei der Saddam Family?

Udai (28)

ist der Typ, der mitten ins Herz trifft. Er beherrscht Gewehr, Bazooka, MG, Rakete und Marschflugkörper. Unbewaffnet ist er eher schüchtern.

Kussai (32)

ist der Kontaktfreudigste der Familie. Und total wißbegierig: Es gibt niemanden, für den er sich nicht interessiert. Ganz egal ob Araber, Türke oder Ami – auf seiner Streckbank läßt der überzeugte Kosmopolit jeden zu Wort kommen!

Hussein »Kamel« Hassan (32 †)

war ein romantischer Boy und galt als Schwarm der Girls. Seiner gezückten MP mit Doppelschalldämpfer konnte keine widerstehen. Nach einer mißglückten Solo-Karriere in Jordanien wurde er einfach erschossen.

Saddam »Kamel« Hassan (31 †)

galt als Bruder von Hussein „Kamel" Hassan und wurde deshalb einfach mitgeschossen.

Maite (16)

ist der Mittelpunkt der Familie. Sie dient vor allem als lebende Zielscheibe – natürlich nur bei vergleichsweise harmlosen Waffen wie Wurfpfeilen, vergifteten Sahnetorten und Bolzenschußgerät.

Rana (23)

ist die „Krankenschwester" der Saddams: „Wer sein Zimmer nicht richtig aufgeräumt hat und deshalb angeschossen wurde, kommt als erstes zu mir. Durch Maite habe ich inzwischen so viel Erfahrung, daß ich die meisten auch durchbringe." Ihre Fähigkeiten zeigt sie außerdem an Handgranate, Injektionsnadel, Zyklon B und Flammenwerfer.

Halla (25)

führt das Tagebuch der Familie im Stile eines Poesiealbums: „Da halte ich gelungene Hinrichtungen und malerische Metzeleien fest, gestalte die Seiten aufwendig mit getrockneten Ohren und Bildern von allerlei Schußwunden." Ihre Instrumente sind Tretmine, Dum-Dum-Geschoß, Würgeschlinge und der abgesägte Henrystutzen.

★★★

Morgen in Titanic:

● **Warum die Größe der Saddam Family ständig schwankt.**
● **Warum Saddam auch Charles Mansons Family adoptieren will.**
● **Warum immer alle einfach erschossen werden.**

Schiffner/Sonneborn

Aktenzeichen XY abgelöst

Grau war dein Anzug vom Fundamtbasar.
Und grau deine Seele aus Eis.
Du warst des Fernsehens grauester Star,
allein deine Weste war weiß.

Dein Reden war Silber, dein Schweigen Falschgold.
Dein Haarvlies, es pappte stets richtig.
Die Miene in Falten aus Sorgen gerollt,
die Hornbrille waffenscheinpflichtig.

Schwer schwoll der Hals dir vor Kummer und Speck.
Schwerer die Brust noch von Orden.
Du jagtest die Gauner aus ihrem Versteck,
verhindertest sinnloses Morden.

Bei Fahndungen wahrtest du stets graues Blut.
Du hattest ein reines Gewissen.
Du findest M. Schumi und Graubrot sehr gut
und alle Verbrecher beschissen.

Dein schwierigster Fall war ein mords Tonausfall.
Am 8. Julei 76.
Da mopste ein Schurke komplett dir den Schall,
das fandest du kein bißchen witzig.

Analsex und Crime, derlei mochtest du nie.
Verzogst auch beim Akt keine Miene.
Du grämtest dich nicht mal, als Pit Nidetzky
Steckbriefe schrieb an Sabine.

Du warst echt lange, zu lang schon dabei.
Hast wahrlich genug ausgefressen:
Nach dreihundert Folgen sind wir endlich frei,
die Höchststrafe ist abgesessen.

Nur du hast es schlimmer erwischt als wie wir!
Du kriegtest, was kaum einer aushalten kann
(ja lies es nur, Ede, dein Urteil steht hier):
lebenslänglich Zimmermann.

Oliver Schmitt

Es ist Anfang Dezember, bitterkalt und regnet in Strömen. Tausende haben sich vor dem ehemaligen Beatles-Studio in der Abbey Road versammelt. »Das gibt bestimmt keine weiße Weihnacht«, schluchzen einige, »scheiß Klimaerwärmung.« Die meisten jedoch weinen, weil George tot ist. Denn während sie vor den Türen des legendären Studios selbstgedrehte Kränze, Zigaretten und Makramee-Eulen niederlegen, wird ihnen klar: Erst jetzt ist George wirklich der »stille« Beatle, der er nie sein wollte.

Zu dieser allseits trüben Stimmung mag so gar nicht passen, daß der drittletzte Beatle offenbar glücklich starb. Lag es daran, daß dem früheren Elektrikerlehrling, der die Stromgitarre spielte wie kein zweiter und seinen Bandkollegen bereits für einfache Verstärker-Reparaturen völlig überhöhte Rechnungen schrieb, ein Platz im Beat-Olymp schon lange sicher war? Lag es an seinem unverwüstlichen Glauben, der ihm im hinduistischen Jenseits ein weiteres warmes Plätzchen versprach? Mag sein. Wahrscheinlicher ist, daß er als Herr eines prächtigen Schlosses im herrlichen Kalifornien einfach keinen Grund sah, unglücklich zu sterben: Anders als in London oder Liverpool ist es in Los Angeles schließlich weder bitterkalt, noch regnet es je in Strömen.

Nur 58 Jahre war George Harrison alt, als er am 29. November um drei Uhr nachmittags im Kreise seiner Angehörigen, Freunde, Nachbarn und Passanten sanft entschlief, so tief, daß er um vier Uhr durch beherzte Ohrfeigen geweckt werden mußte. Er hatte den Wecker zur Teatime nicht gehört. Nach Tee und Haschplätzchen aber, es war nun zwanzig nach sechs, kündigte er überraschend an, noch mal raufzugehen, sich ein »bißchen hinzulegen«, wie er es auf seine humorvolle Art ausdrückte.

Die hatte er von seinem Vater geerbt, einem Busfahrer. »Manchmal nahm Dad abends noch Arbeit mit nach Hause. Einmal hat er vierzig Fahrgäste in meinem Bett einquartiert, die er tagsüber nicht mehr befördern wollte.« Und als der kleine George am nächsten Tag zu Dienstbeginn die Fahrgäste nicht mehr losließ, war auch der Grundstein für eine weitere Leidenschaft gelegt: Zeitlebens war Harrison ein passionierter Sammler. Neben windigen Drittweltgottheiten sammelte er Gitarren, Eigenkompositionen und Krankheiten. Zum anfänglichen Kehlkopfkrebs gesellte sich schon zwei Jahre später ein ausgewachsener Lungenkrebs, und schließlich machte ein vor kurzem entdeckter Tumor im Gehirn die Kollektion komplett. Wie jener zustande kam, vermochte sich der begeisterte Kettenraucher zwar nicht recht zu erklären, aber jeder kann sich vorstellen, daß das mehrjährige Tragen eines mit psychedelischen Drogen vollgepumpten Pilzkopfes nicht ohne Folgen bleiben kann.

Wußte George Harrison, daß er sterben würde? Alles spricht jedenfalls dafür, daß seine Familie es vor ihm wußte. Sie und eine Handvoll Nachwuchs-Gitarristen (»Det Scheißding macht immer nur wheep-wheep, is det normal?«), britischer Pressefotografen (»Here comes *The Sun*«) und Schaulustige (»Gibt's auch was zu trinken?«) versammelten sich just eine Stunde vor seinem Tod in seinem Zimmer, wo der Fernseher steht. Während die Gäste in den Abendnachrichten ungläubig

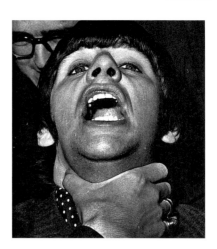

»Liebet einander!«
Zum Tode von George Harrison

die Meldungen über den plötzlichen Exitus des Ex-Beatles verfolgten, hatte seine Frau Olivia schon längst bemerkt, daß er diesmal wirklich tot war. So konnte sie schon wenige Minuten nach seinem Tod auf einer Pressekonferenz am Sterbebett bekanntgeben, er habe die Welt verlassen, wie er gelebt hat: »So zugeknallt habe ich ihn noch nie gesehen! Ständig redete er von Gruppensex und forderte uns auf: ›Los, liebet einander! Ich will zugucken!‹ Spätestens aber, als er nach einer *My Sweet Lord Extra* verlangte, wußte ich: Es geht zu Ende. Zigaretten ohne was drin – das paßte einfach nicht zu ihm.«

Den restlichen Abend verbrachte die Familie gemeinsam mit Freunden, Touristen und Reportern beim Lieblingsinder um die Ecke: »Natürlich haben wir viel geweint – das Hühnchen-Curry war sauscharf. Aber unsere Stimmung war sowieso keine düstere: Wir versuchten, uns an seinen Humor, seine Erfolge und Lieder zu erinnern, von denen immer alle gesprochen haben.« Kein leichtes Unterfangen, war Harrison doch gerade mal 27 Jahre alt, als es mit den Beatles nach neun Jahren schon wieder vorbei war.

Freilich, so richtig kapiert hatte das der scheue Musiker mit den lustigen Ohren erst viele Jahre später: 1991 nahm er heimlich das Album »The Best of George Harrison« auf, wollte seinen drei Kollegen so möglichst schonend beibringen, daß er sich künftig hauptberuflich um seine Erleuchtung kümmern werde. Im Radio mußte er schließlich hören, daß sich die Beatles bereits im Jahre 1970 aufgelöst hatten und John Lennon seit 1980 tot war. Seine Frau Olivia erinnert sich: »George war total sauer. Stundenlang hatte er im Probenkeller auf die Jungs gewartet, sich dabei aus lauter Langeweile total zugeknallt. Als ich ihn Jahre später in unserer Küche traf, gingen seine Haare bis zum Arsch und sein Bart glich einem Gebetsteppich, um ihn herum lagen Berge von Müll und Asche. Ich sagte: ›Da können wir ja gleich nach Indien oder Bangladesh gehen.‹ Er nickte, und wir gingen.«

Doppeltes Glück für Harrison: Niemand interessiert sich dort für den Ex-Beatle, niemand will seine Lieder hören, keiner versteht seinen Liverpooler Akzent. Jahre später kehrt er mit einem Koffer voll Geld und einem Sack voll Asche nach Kalifornien zurück und stellt auch hier erleichtert fest: Kein Schwein interessiert sich für seine Kompositionen, seine Gedichte, seine Lieder. Er geht kaum noch vor die Tür, außer alle zwei Stunden für ein neues Päckchen Zigaretten, zieht sich immer mehr hinter seine Qualmwolken zurück und lebt nur noch für seine vielfältigen Sammlungen.

Nun ist seine Frau allein und Sohn Dhani zurückgeblieben. Olivia ist auch für Georges letzten Gang verantwortlich: In einer heiligen Zeremonie läßt sie seine Asche an drei verschiedenen Orten Indiens verstreuen. »Bei einem so starken Raucher kommt ganz schön was zusammen«, stöhnt die schöne Witwe. »Das meiste hatten wir zwar schon unauffällig am Flughafen Bombays entsorgt, der Ganges färbte sich aber trotzdem schwarz, als wir den ganzen Mist da reinkippten. Die Hälfte ging natürlich daneben. Schöne Sauerei!« So hat sich George Harrison verabschiedet, wie er gelebt hat: zerstreut, aber glücklich. ☐

Anna Glockenhell / Mark-Stefan Tietze

Großes PARTNER TITANIC-Fotorätsel

Haben die auch Hupe?

Was für ein Synapsentischfeuerwerk wird da wohl gerade in der – fuck! – leeeeeersten Knalldeppenbirne unseres shmooven Landes gezündet? Na? Pwnd Loldoppellol e2eg ☺ tripelrofl! ROLF! Fogg it? Yok!

1) »Autos…? Autos! Viele Leute haben eins! Hitler baute Autobahnen… Und wir? Die Raststätten dazu! Genial: FDP – Die Raststättenbauer…«

2) »…das erinnert mich an meinen ersten Autoerotikunfall, mit der Melkpumpe* von Bauer Harms, au, au. Aber immerhin habe ich sie geliebt…«

3) »…ist so ein Auto ja auch sinnbildlich für Guttenbergs Karriere, erst steht es glänzend mit so Außenspiegel, TÜV-Zulassung und Scheinwerfer quer auf dem Behindertenparkplatz, und dann nicht mehr, hehehe…«

NIE GEDRUCKTE NACHRUFE
(wg. viel zu früh oder doof & blöd formuliert)

CLAUS »SCHENK EIN!« GRAF V. STAUFFENBERG †

ist tot. Abgeknallt von den eig. Kameraden! Hingerichtet wie ein Tier, das seinen heiligen Führereid einfach vergessen hatte. Mit einer Selbstbastel-Bombe hatte er aber auch vorher soviel Lärm und Dreck gemacht und Leute wie seinen Chef erschreckt, weil ihm der ganze Krieg plötzlich nicht mehr paßte richtig gefiel. Nie mehr wird er rufen: »Schenk ein, hab' nur ein' Arm!« Ein geringer kleiner Trost: Gestorben wurde immer, und damals ganz besonders!

Unvergessen
Roy Black (leider)

FOLGE 10!
»DIE WÜRSTCHENKÖNIGIN«
von Ulrich Wickert

Großdruck-Fortsetzungsroman für Menschen, die wo schlecht sehen (10)

KAPITEL I:
Ein bescheidener Anfang

H»Jacques sah«. Soso, aha. Jacques sah also. Na gut, aber was? Was bloß? fragt sich der Leser jetzt und läßt seine schmutzige Phantasie Bilder voll nie geahnter Schweinereien an sich vorbeiziehen. Gut gemacht, Wicki…

LACHEN mit RONAN KEATING

Frage:
Sie befinden sich in einem Raum mit Hitler, Saddam und Ronan Keating, haben allerdings nur zwei Patronen in Ihrem Colt. Wen erschießen Sie?

Antwort:
Ronan Keating (2x).

Die Antwort ist richtig.

PT-Raucher-Service

FÜR'N NÄCHSTEN STAATSBESUCH:

Merke, deutscher Raucher: Schwerhörigkeit schlägt Rauchverbot!

Dein Helmut Schmidt

QUEEN-KNIGGE IN KURZ

Nicht durch Pfützen fahren, wenn die Queen direkt danebensteht! • Der Queen keine angebissenen Mettbrötchen anbieten! • Niemals versuchen, sie zu einem »letzten Bier« zu überreden, wenn sie schon seit Stunden nach Hause will! • Zungenküsse: Die Queen-Zunge hat Vorfahrt! • Urlaub: Die Queen entscheidet, ob Meer oder Berge!

UNTERSCHÄTZTE POLITIKER (88)

Doris Zutt (NPD)

120 Sekunden mit Einar Schleef

Guten Tag, Herr Schleef. Stimmt es eigentlich, daß Sie einen Sprachfehler haben?

I-i-i-i, äh, i-i-i-i… Also, i-i-i-ch müm i-i-i mmh…

Aha. Wir haben irgendwo gehört, Sie arbeiten gerade an einer aufwendigen Bühnenfassung der Werner-Comics…

Nhhh!!! Nnnh! I-i-i… nnnnnh! Mümmm… Mhhm… Hhhm.

Verzeihung?

Nhhh mpf! M-m-m—i… i-i-i… pffft!

Vielen Dank.

Einar Schleef (55) ist Theaterregisseur

Oje, Toupet (11)

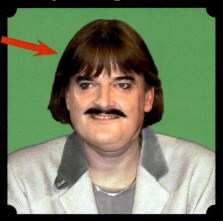

---

* Hintergrunds-Info: Möglicherweise liegt in diesem Erlebnis auch Guido Westerwelles sexuelle Fehlorientierung begründet, eine frühkindliche Erfahrung mit der alles verschlingenden Westfalia RPS 20 (Vgl. Sigmund Freud**: Über alles, S. 11 – 2596 ff, »vagina dentata«).   ** Hintergrunds-Info Nr. 2: Idiot.***   *** Hintergrunds-Info Nr. 3: S. Freud selbst benutzte eine RPS 7 (Vierzylinder, 3,5 PS)

Neue populäre Serie!
DIE EROTIK DES WEGLASSENS

Es ist ja lange kein Geheimnis mehr: Die größte erogene Zone des Menschen ist der Elefant, quatsch, das Gehirn. Nichts beflügelt unsere Phantasie so sehr wie das, was wir nicht sehen: Eine angezogene Frau etwa ist tausendmal erotischer als ein nackter Pudel oder ein Paar weit gespreizter Zaunpfähle, wo jemand mit rotem Edding »Hau ab!« an den rechten geschrieben hat. Partner TITANIC bat bekannte Prominente, uns einmal ihr ganz persönliches Knister-Phantasie-Erlebnis zu schildern. Leider hat nur Roger Willemsen reagiert. Naja. Hier jedenfalls seine Geschichte:

»Es war ein lauer Sommerabend vor drei Jahren. Ich war auf dem Nachhauseweg, kam aus der Kneipe und war völlig betrunken, es muß also etwa sieben, halb acht gewesen sein. Auf dem Weg mußte ich an einer Hochparterre-Wohnung vorbei. Der Bewohner, ein Herr Müller, pflegte hier regelmäßig wilde Orgien mit stadtbekannten Sechzehnjährigen zu feiern, und alles bei offenem Fenster. Für einen ausgewiesenen Kopf-Popper wie mich normalerweise ein Klacks. An diesem Abend jedoch war das Fenster fest verschlossen. Kein Laut war zu hören, da war nicht einmal ein Spalt, durch den ein wenig rotes Schummerlicht hätte nach draußen dringen können. Nichts. Ich wurde logischerweise ganz unruhig und mußte vornübergebeugt weitergehen. In der Videothek um die Ecke habe ich mir dann einen Titel ausgeliehen, aber irgendein Witzbold hatte die Schildchen ausgetauscht, und so habe ich mir mit heruntergelassenen Hosen ›Bambi‹ angeschaut, bis ganz zum Schluß, unfähig, irgendwas zu unternehmen. Ich bin dann weinend eingeschlafen, und auch wenn ich heute an dieses Erlebnis zurückdenke, verdrücke ich manchmal noch eine Träne.«

Ergänzungssprechblase für Freunde von der FDP
Einfach ausschneiden, über den Außenwilli kleben, fertig!

So ein schönes Auto! Wen man damit alles umfahren könnte...

NAMEDROPPING
Namen für jede Gelegenheit
Francisco Goya, Eugène Delacroix, Susi, Sergej M. Eisenstein, Peter L. Wuppdich, Goethe, Schiller, Shakespeare, Hölderlin, Zwiebel, Backhuhn, Bakunin, Brutus, Blutwurst, Burt Bacharach, Iannis Xenakis, Keyser Soze, Kai Kotze, Kotzebue, Klaus

Historie heute:
Vor fast genau ca. 8,5 Monaten:

SCHON VERGESSEN?!

Lionel Richie auf Deutschland-Tournee

Pech gehabt!

Den **PT-Colorfotzen-Report** hat Ihnen wohl jemand vor der Nase weggeschnappt!

Doch **PARTNER TITANIC** hilft: Einfach einen frankierten Rückumschlag schicken, Stichwort: »*Sie wissen schon...*«, und der **PT-Colorfotzen-Report** »kommt« ins Haus – solange der Vorrat reicht!

Nur für junge Leser:
VERGNÜGLICHE VERGÄNGLICHKEIT

 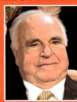

Der junge Kohl — **Der alte Kohl**

LITERATUR-NACHRICHTEN
GUSTAVE FLAUBERT IST TOT – DAS HERZ! --- HEINRICH HEINE IST AUCH TOT – DIE NERVEN! --- AUCH TOT: MARCEL PROUST – ATEMSTILLSTAND! --- EBENFALLS GESTORBEN: ROBERT WALSER – DIE ZU DÜNNE HAUT! --- SELBE KRANKHEIT: FRANZ KAFKA! --- ÄHNLICHES KRANKHEITSBILD: FERNANDO PESSOA! --- TOT: RILKE! --- FRANÇOIS TRUFFAUT: HIRNSCHLAG! ACH SO! KEIN SCHRIFTSTELLER! ABER AUCH TOT! --- GRASS, SARTRE, STUPSI, LOTTMANN, HANDKE, ARSCHLOCH, KIRCHHOFF, BODO UND PAUL SAHNER: ALLE TOT! RIESENAUTOUNFALL (A9)! WIEDERHÖREN.

Unverlangt eingesandte Autogrammkarten (1)

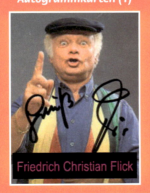

Friedrich Christian Flick

Zwillinge, bei der Geburt getrennt

Mit Blinker!

Gleichen sich wie zwei dicke alte ehemals weiße Perückenschlampen: Eva und Rosi.

Neue Rubrik: Kennen Sie, liebe Leser, weitere Tiere, die sich so ähnlich sehen wie Eva, der weiße Hase, und Rosi, der schwule Pudel? Bitte senden Sie Ihre Bilder, (Tiefst-)Preise winken.

Mode? Mode!
Der Look 2006

Die Kelly-Bag von Hermès ist ein ewiger Klassiker und adelt ihren Träger als vornehm, sophisticated. Wenn ich sie zu hinten offenen Fleece-Chinos trage, schauen mir die Leute auf den Arsch, und ich kann am Hotelbuffet unauffällig Teebeutel und Schmelzkäse reinräumen. Für zwischendurch!

Henning Scherf (SPD)

Zeugnisse, die man selten braucht (27)

ZEUGNIS

Egal, was die anderen alle sagen: Herr Thomas Gsella ist ein großzügiger, charmanter Prachtbursche, sieht verdammt gut aus und hat das gewisse Etwas, ehrlich!

Benjamin Schiffner / Martin Sonneborn

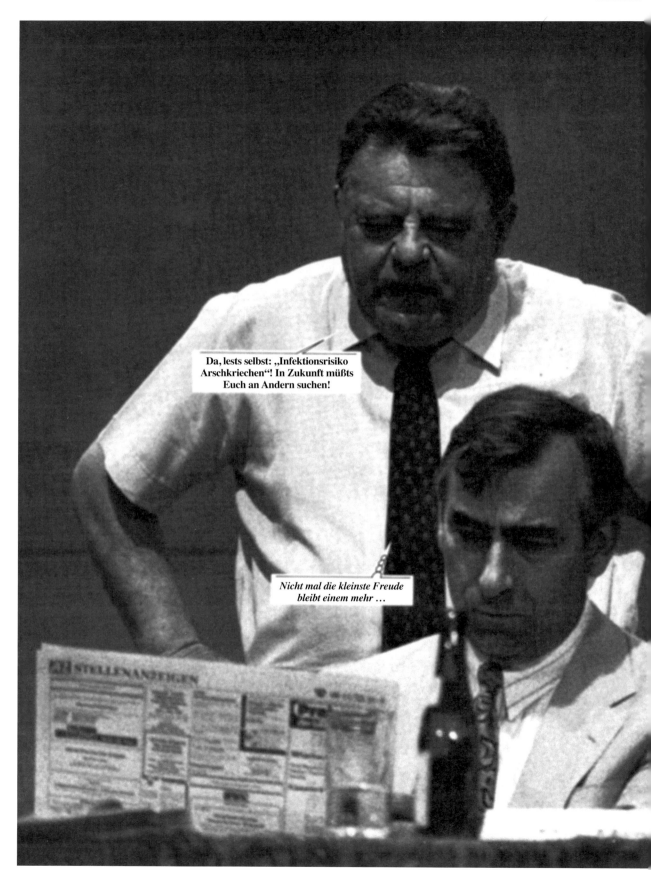

MIT NEUER ALTER PROGRAMMDISKETTE

Jockel Fischer: Auf Platz 14 der Weltgeschichte und vor Ehe Nr. 5

Von *Eckhard Henscheid*

Man muß W. Kempowskis Ansicht, daß einer, der gerade im Begriff ist, ohne Not und direttissima vom vierten zum fünften Ehepartner zu wechseln, der Außenminister Fischer also, als Politiker nicht akzeptabel und also wählbar sei, weil so einer offen darlege, daß er sein Leben nicht meistere und bewältige, und wenn er bei den diesbezüglichen kürzlichen Europawahlen mit dem Zeigefinger noch so nachdrücklich den Weg weist; man muß diese Ansicht nicht teilen, aber man tut im Fall Fischer gut daran, es doch entschieden zu tun; und nämlich, noch über Kempowski hinaus, den Außenminister sogar für gewissermaßen unzurechnungsfähig zu erachten, auch wenn er sich jetzt dem *stern* gegenüber wieder ziert und die Frage nach seiner alsbaldigen Ehe Nr. 5 und damit noch über seinen Kanzler Schröder hinaus mit einem ebenso dämpfenden wie sprachmächtigen »Nö« zu beantworten, obwohl es die komplette Boulevardpresse längst genauer als er, der Minister Fischer, weiß.

Sofern dem grünen Spitzenpolitiker Jockel (»Joschka«) Fischer daran gelegen sein sollte, das Bild des akuten und allzeitdeutschen Arschlochs zu nähren, dem weniger an der oder halt irgendeiner Frau gelegen ist, umso mehr aber am Vulgärdonjuanismus des Anslandziehens immer neuer und mit steigenden Jahren immer grotesk jüngerer Frauen, dann – hat er, der zumindest nominell Grüne, seine Sache gut gemacht und zweifellos besser als seine Hausaufgaben in seiner Eigenschaft als Außenminister und grünvisionärer Zukunftsdenker, wovon du eh längst kaum einen Hauch mehr spürst. Und die Frage von Leser Bruno Mellinger an die Redaktion der *Süddeutschen Zeitung* (10.7.04), »warum Joschka Fischer der beliebteste deutsche Politiker ist«, pariert sich eigentlich von selbst; auch wenn nun gerade die Antwort von Willi Winkler, es gebe »keinen schöneren Resozialisierungerfolg als diesen Lebenslauf« und eben deshalb sei er »einer wie wir«, triftig ist allenfalls insofern, als Jockel, was Monogamist Winkler verschweigen muß, auch für unser aller Träume von in Relation zum Bräutigam immer neueren und taufrischeren Leibern einsteht. Sowie auch für unseren aber leider meist verspäteten Traum, mit, was Leser Mellinger wundert, bekanntermaßen keinerlei abgeschlossener Ausbildung (jenseits der Taxifahrerprüfung) es so weit zu bringen und im Zuge dieser raren Laufbahn auch noch so hochbegabt wie dauerhaft herumzupöbeln und sich mit Polizisten zu prügeln.

Zumal in Tat und Wahrheit J. Fischer auch noch der genuin leerste, zumindest zum jetzigen Zeitpunkt ausgeleertste und hülsenhafteste politische Charakter seit 1945 ist, der aber auch dann noch in der Wertschätzung seines Volkes zulegt, wenn er zwei Wochen lang gar nicht in Erscheinung tritt (*SZ* 24.5.); weil nämlich alle anderen Figuren im gleichen Zeitraum sinken und schon deshalb ihn, Fischer, aus irgendwelchen tiefensoziologischen Hydraulikröhrengesetzen heraus immerzu heben. Allora, es gibt ja auch, ein altes Experiment, Abgeordnete, die beim Volk hochästimiert sind, obwohl es sie gar nicht gibt.

Den Einwand aber, daß der vielleicht hohlste Kopf und Charakter unter momentan 80 Mio. Deutschen halt bloß von so besonders exponierten Deutschen wie Olli Kahn und Uli Hoeneß als »der beste deutsche Außenminister aller Zeiten« bzw. »meines Lebens« bzw. als die optimale aller denkbaren Politikerformationen erkannt wird, der Einwand hält auch dann nicht lange Stich, wenn der Nachweis geführt wird, daß die beiden eben Ribbentrop noch nicht gekannt haben. Denn nicht nur unter den Dummen gilt Jockel viel; sondern auch unter den Ganzdummen.

Nach einer aktuellen (April 2004) Umfrageliste eines gewissen Michael Elliot i. A. von *Time* zählt Fischer, momentan 56, wie in Autodynamik seines eigenen charismatischen Legendenunfugs zu den »Top 100« der Welt, zusammen mit J. Habermas, aber nicht Schröder; zu einer Führungsriege von »Leuten, die momentan das Leben von Millionen anderen rund um den Globus am meisten beeinflussen«, und nach Meinung der offenbar restlos verblendeten *Time* ist Fischer sogar auch der gegebene zukünftige »Europäische Außenminister«; wobei Europa sich »dann glücklich schätzen dürfte, einen so geistreichen Sprecher zu bekommen«.

Wie Kundige sich erinnern, bewegt sich der Wortschatz Fischers seit Jahrzehnten knapp unter Adenauer bei rund 200 Stück Wörtern; und bevorzugt auf dem Niveau »Arsch«, »Typ«, »Putz«, »Arschloch« und »Fresse«. Ins *Time*-Geistreiche und Englische übersetzt wird es ähnlich sein, aber das macht nichts, und so läßt sich schon im Herbst 2003 auch das »Welt-Demoskopische-Kulturinstitut« (WWDIHC) nicht länger lumpen und bittet die »Menschen aller Nationen dieser Erde« darum, die fünf ihrer Ansicht nach rühmlichsten oder jedenfalls berühmtesten »Menschen aus Vergangenheit und Gegenwart« zu benennen – und siehe, auch hier belegt Jockel Fischer zwar knapp hinter A. Hitler, David Beckham, Boris Becker und Karl Marx, aber doch weit vor Mick Jagger, F. Beckenbauer, Shakespeare und Th. Gottschalk einen sehr guten 14. Platz, eingerahmt von Mao Tsetung und Steffi Graf. Das Kulturinstitut ist entflammt: »Spitzenplatz für Deutschland: Vier Deutsche unter den ersten zehn! Ein toller 14. Rang für unseren Außenminister!« Folglich: »Deutsche Leitkultur – also doch!«

Vor allem wegen Rang 1 und 14. Vermutbar wird sich da Jockel doch selber wundern. Und sich, um wach zu werden, kurz vors Hirn schlagen.

Bei all dem offenbar nur noch eigensynergetisch immerzu weiter zunehmenden Prestige ist seltsamerweise gleichzeitig immer kompletter unklar, was »Joschka« Fischer eigentlich ist und will. Ob er z.B. mehr ein grünalternativer Pazifist oder ein nationaleuropäischer Bellizist ist, scheint dabei in dem Maße aber auch immer wurschter, in dem der Außenminister es werweiß ja selber nicht mehr weiß. Ob er nun im März d.J. für den EU-Beitritt der Türkei sich stark macht, mit Dackelblick über der staatsmannsähnlich gesenkten Brille und den »unglaublichsten Platitüden« (Doris Neujahr) aus der whiskyrauhen Quetschröhre heraus; ob er »so unmißverständlich wie noch kein Außenminister vor ihm die chinesische Außenpoltik kritisiert« (ARD 15.7.04) und bei dieser Pekinger Gelegenheit »Defizite bei den Menschenrechten in China rügt« (*SZ* 16.7.); ob er sich, gleich nach Ostern, noch etwas verblüffender um »Strukturprobleme des Kaukasus« kümmert oder dann am 25.7. halt in Gottesnamen für internationale Sanktionen gegen das Totenreich Sudan votiert; ob er ohne jeden erahnbaren Grund George Steiner im Februar 2003 zum neuen Börne-Preis-Träger schlägt; ob er, am allerleidigsten, so ca. alle vier Wochen naslang, sei's in Berlin, sei's in New York, »den Antisemitismus bekämpfen« (28.4.04) will und wie auch kurz zuvor schon in Polen als der Menschheit allergrößte Geißel geißelt – hoffentlich wußte er bei der betreffenden Berliner OSZE-Antisemitismuskonferenz wenigstens halbwegs, wovon er da faselte und was das eigentlich sein könnte und wo dieser Antidings als ultima ratio jeder längst fehlenden Argumentation und jeglichen Gehalts eigentlich genau sitzen und drohen könnte.

Und, nicht zu vergessen, das vergißt er aber auch nie, das zeitlos gute Programm: »Nie wieder Auschwitz!« Nein, das kann er auch untertags noch im Schlaf und auch dann, wenn er, so glaubt er sich jedenfalls zu erinnern, sich wieder mal »die Nacht um die Ohren geschlagen« hat zugunsten irgendeines Kitschromanthrillers und Heidenreichs Literatur-TV-Talks – für den vierzehntbesten Welt-

bewohner und zumal auch noch Außenminister eigentlich eine un-
verantwortliche, unwürdige Tätigkeit.

Verkehrte Welt. Staunend stehen wir Zeitzeugen einmal mehr vor
ihr, in der nicht allein das Unterste zuoberst prangt, sondern dies auch
noch in ganz offenbar unendlicher Inkompetenz. Wahrscheinlich ist
es mit Fischer genau so wie 2004 in Bayreuth, wo ein Alt-Jungesel
den Wagner macht, der die Oper noch kurz vorher »überhaupt nicht
gekannt hat« (Parsifal Endrik Wottrich). Und es ist wie seit gut zwanzig Jahren im deutschen Fußball: Es gibt
zwar eine Trainerausbildung, aber Bundestrainer werden fast immer die davon theo-
retisch oder praktisch Unberührten (Beckenbauer, Völler, Klinsmann). Jockel Fischer
kann zwar noch immer fast keine Fremd-
sprache und nur immer mäßiger seine Hei-
matsprache; er findet sich auch auf dem
Globus nur so mühsam zurecht wie Bush jr.
und zuvor Reagan; und sein Geschichtswis-
sen ist zum Steinerweichen. Und trotzdem,
oder gerade deshalb, weil er außer Kahn/
Hoeneß auch I. Berben/H. Elsner deshalb so
zusagt, ist er der beste aller bekanntgewor-
denen Außenminister.

»Fakt ist« (Lothar Matthäus, der es trotzdem nicht ganz geschafft hat), daß der
überaus erfolgreiche Hochstapler Fischer
laut dem kurz drauf folgerichtig verstorbe-
nen TV-Interviewer Günter Gaus gerade
wegen seiner gußeisernen Synthese aus
Machtwille und Kenntnislosigkeit »nicht zu
knacken« ist. »Er ist sich treu geblieben«,
stellt deshalb in einer Nebelkerze aus Ah-
nungslosigkeit und tieferer Ahnung Sibylle
Krause-Burger, seine ergebene Biografin,
in der Schweizer *Weltwoche* unklar –
offenbar deshalb sehnt es Jockel derzeit
besonders heftig in seine Jugend- und Urschlünde zurück, in die
Sponti-Zeit der so gut wie immer gratis erlangten Erfolgserlebnisse
von Randale und lausbübischem Herrenmenschengehabe. »Fischer
feixt und Schröder kichert« wegen eines nichtigen Versprechers der
Angela Merkel vor dem Bundestag, rügt die eigentlich sehr fischer-
gläubige *SZ* vom 25.3.04 und beschreibt dann so verdrossen wie
akkurat die politische Kultur in der Ära Fischer:

»Man weiß kaum, was schwerer zu ertragen ist: Gerhard Schröder
und Joschka Fischer schlecht gelaunt – oder in guter Stimmung, so
wie jetzt. Vor allem der Vizekanzler wirkt aufgekratzt, quasselt fast
ohne Unterlaß auf seinen Chef ein, reißt Witzchen, und Schröder
kichert mit. Schließlich läßt Fischer den Kanzler sogar an seinem
SMS-Verkehr teilhaben, obgleich die Benutzung von Handys im
Hohen Hause eigentlich verboten ist. Nichts scheint den Vormännern
der Koalition an diesem Tag zu banal zu sein, als daß man es nicht
für eine Demonstration der Vertrautheit und der Zuversicht benutzen
könnte.«

Einleuchtend, daß angesichts dessen ein paar Wochen später
G. Westerwelle das »ritualisierte schlechte Benehmen« dieser
doppelten politischen Hochkultur einer »Chaos-Regierung« als ein-
gerissenes »Affentheater« beklagt. Die Pointe: Schröder sank zuletzt
vielleicht auch deshalb auf approximativ 20 Prozent – Jockel durfte
deshalb diese 20 Prozent ins abermals belustigte Auge fassen.

Sowie vorher schon Minu, 28. Daß diese »neue Liebe den Außenminister verändert hat«, das glaubt zwar nicht mal der dumme *stern*
selber, gleichwohl: »Kommt jetzt die Ehe
Nr. 5?« frägt sich die *Bunte* um so begei-
sterter, als sie inzwischen schon wegen allzu zäher Voyeursneugier betr. der »zärt-
lichen (Urlaubs-)Stunden auf Mallorca« von
der »wunderschönen« (Jockel) Minu Barati
juristisch belangt wurde.

»Joschka ist eben katholisch«, begrün-
dete früher einigermaßen saudumm der
Ex-Kumpel Cohn-Bendit Fischers viermal-
ligen Heiratszwang samt zugehöriger
Fixidee. Allein, der vermutlich noch mindestens zwei Jahre als Außenminister Ge-
brauchte ziert sich jetzt erstmals, will
»nicht so bald« heiraten – nicht mal da ist
er sich also treu geblieben und seiner eigenen verblüffenden Psychoanalyse: »Ich
bin ein Klammeräffchen.« Aber in einem
anderen Punkt:

Inzwischen nämlich ist Jockel (»Joschka«)
Fischer wieder so kugelrund und nudeldick
wie in seiner besten Zeit und daß es eine
Freude ist. Und wie, Dauer im goetheischen
Wechsel, im Kern seit eh und je und seit ca.
1985 beim hessischen Regierungsantritt.
Zwar weiß der Volksmund, daß ein guter
Gockel nicht fett wird, die *Abendzeitung*
aber weiß es besser, wenn auch etwas kon-
sternierend: »Mit Minu schmeckt es ihm wieder.«

Die heraufziehende Lebenskatastrophe, welche ihn laut Zwischen-
autobiographie »Mein langer Lauf zu mir selbst« von 1999 wie erin-
nerlich vor allem wegen Dicksucht, ja Platzdrohung zur Katharsis
zwang: »Dieser Blitz traf mich aus heiterem Himmel, die Erde tat sich
vor mir auf, der Himmel fiel mir auf den Kopf« – diese wenn auch
stark katachresenmetaphernkollaptische Katharsis mit der Folge von
Extremverschlankung sowie dem »Auswechseln meiner persönlichen
Programmdiskette« (J. Fischer) samt jahrelangem Dauer-Dauerlauf:
dies alles ist jetzt wieder vergessen und überwunden und eitel Maul-
schaum und was schert mich mein Arschgerede von gestern;
aber – –: Vielleicht läßt sich der »zur wahren Liebe fähige« (Krause-
Burger) Fischer mit der von uns allen ersehnten Ehe Nr. 5 ja gerade
deshalb so verdächtig Zeit, um aus (»Ja, ich bin wieder verliebt«)
Antisemitismusbekämpfungsgründen oder jedenfalls aus Liebe zu
Minu und zwecks erneuter Auswechslung der Diskette oder immerhin zu unserer Unterhaltung wiederum etwas abzuspecken. □

Titanic

Eilert, Gernhardt, Knorr
Die Großen der Welt und ihre kleinen Freunde (II)

„Hier stimmt was nicht", seufzt Mr. Reagan, „mein Ronald läßt sich nicht bewegen."

Zur Begrüßung sprach Herr Begin: „Das hier ist Menachim, pfleg ihn."

Kaum Präsident, hebt Mitterrand schon François in den Ritterstand.

Zum Staatsgast sagte Mrs. Thatcher: „This is my Maggy. Try to catch her."

Herr Honecker hält seinen Erich für linientreu und sehr gelehrig.

„Wir sind gerettet!" rief Herr Apel, „am Montag läuft mein Hans vom Stapel."

„Nun sehn Sie selber", schimpfte Kreisky, „mein Bruno baut doch nichts als Scheiß, wie?"

Nicht ohne Sorge sieht Herr Haig: Sein Alexander steht ganz schräg.

Der Opa ist ein Pfundskerl

Oberster Grundsatz bei Stracks: Es wird gegessen, wer auf den Tisch kommt!

Riesenjubel bei TV-Star Günter Strack: »Hurra, ich bin jetzt Opa«, freut sich das beliebte Fernsehschwergewicht (Drombuschs, Mit Leib und Seele, Ein Fall für Drei, Eder-Pils).

Mit ihm freuen sich Tochter Susanne (33) und ihr Mann, der Ledermodenfabrikant Michael Titze (»Peitschen-Micha«). Der tonnenschwere, gemütliche Publikumsliebling, der sich gerade von den Dreharbeiten zu einer Sauriervorabendserie erholt, wo er gegen feindliche Säugetiere kämpfen mußte, kann sein Glück kaum fassen: »Da läuft einem schon das Wasser im Mund zusammen, bei so einem kleinen Kerlchen.«

Sascha-Michael (3650g) kam vor acht Wochen zur Welt, und seitdem erkundigt sich Günter Strack (180 Bruttoregistertonnen) beinahe täglich nach dem Wohlergehen des winzigen Erdenbürgers. Hauptsächlich um die Ernährung macht sich der monströse Mime Gedanken: »Damit der Kleine nicht an den falschen Stellen ansetzt« schmunzelt er vergnügt in die Mikrofone der Weltpresse. »Sobald es möglich ist will ich den Jungen zu mir nehmen, damit die Eltern endlich Ruhe haben.« Die Rolle des Großvaters ist ihm auf den Leib geschrieben. Vorsichtig wiegt er seinen Enkel im Arm und mißt immer wieder nach, doch es bleibt bei 56 cm. »Schade« bedauert Strack, »heute wächst er wohl nicht mehr.«

Die Ehefrau des TV-Blähboys und frischgebackene Großmutter trifft derweil schon die Vorbereitungen für den heißersehnten Besuch des Enkels: »Der Kleine soll ja auch genügend Platz haben, wo man ihn drehen und wenden kann.«

Zum Glück hat das Schauspielerehepaar vom letzten Thailandaufenthalt einen »Wok« mitgebracht. Dieses ursprünglich chinesische Universalkochgeschirr ermöglicht aufgrund seiner Halbkugelform nicht nur eine optimale Hitzeverteilung beim Garen, so daß Vitamine und Nährstoffe weitgehend erhalten bleiben, sondern ist auch ein ideales Plätzchen für Sascha-Michael. »Wir sind ja eigentlich schon lange nicht mehr auf

Gerne würde die Mammi ihren Sascha-Michael noch etwas behalten, aber der Opa hat so einen großen Hunger.

Den Korb kann man leider nicht mitessen, bedauert der begeisterte Hobby-Koch.

Kinder eingerichtet«, bekennt Eleonore Strack, »aber mein Mann hat als vereidigter Weight Watcher natürlich jede Menge Gefäße, die man entsprechend herrichten könnte.« Den elsässischen Bräter beispielsweise, den schwäbischen Römertopf »oder vielleicht doch besser die Paella-Pfanne«, sinniert der beliebte Beleibte. Der sich schon heute darauf freut, »wenn der Kleine bei uns am Tisch ist«. Strack (9000 ccm Hubraum, 3 PS), der demnächst für »Die Sendung mit der Maus« als Dampfwalze vor der Kamera stehen wird, hat exklusiv für Titanic-Leser sein Lieblingsrezept preisgegeben:

›Enfant terrible à la Strack‹

Wohl bekomm's!

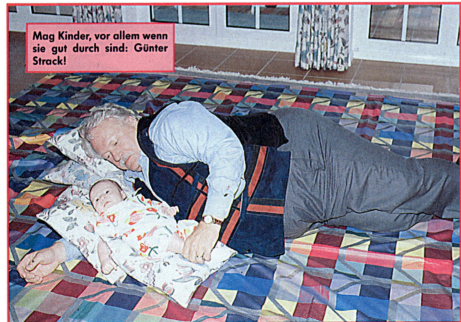

Mag Kinder, vor allem wenn sie gut durch sind: Günter Strack!

Rezeptvorschlag

3.650 g Enkel
4 Tassen Wasser
2 Knoblauchzehen
3 Zwiebeln
500 g ausgelassener Speck
1 Bund Suppengrün
1 Teelöffel Rosmarin

So wird's gemacht:
Den Enkel waschen, kurz abschrecken und enthäuten, Kopf, Hände und Füße entfernen (aus dem Kopf lassen sich schmackhafte Suppen zaubern!), dann mit allen Zutaten 1 Stunde kochen. Mit Bohnen und Kartoffeln servieren. Dazu paßt ein milder Weißwein (Pinot gris oder ein Bordeaux) und zum Dessert eine Tarte de pommes!

Hans Zippert

Was für eine Kür

Der Papst läuft Schlittschuh am Pflasterstrand,
ich konnt es zuerst auch kaum fassen;
die schweren Gewänder, die Hitze – ich fand,
er sollte es doch lieber lassen.

Erst hob er die Hände, dann hob er den Fuß,
dann fing er ganz sacht an zu gleiten,
der Sonne entgegen – ich dacht schon, er muß
jetzt bald seine Flügel ausbreiten.

Doch er zog nur Bahnen auf einem Bein;
der Rittberger ging ihm daneben,
die schwierigen Sprünge, die ließ er ganz sein.
Das wird keine Traumnote geben.

F. W. Bernstein

Möllemann – Tod aus »heiterem« Himmel?

Eine Fallstudie von Oliver Maria Schmitt

Mord war es, eindeutig Mord. Ein kaltblütiger, perfider, feiger und bestialischer Mord. Aber wer steckt dahinter? Wer sind die Täter? Und vor allem: Wer ist das Opfer? Jürgen W. Möllemann sicher nicht, denn der beliebte Politiker aus Mölle/Westf. hatte zwar viele Freunde, aber deswegen noch lange keine Feinde. Außer vielleicht Guido Westerwelle, Wolfgang Gerhard, Ottograf Lambsdorff, Walter Scheel, Walter Momper, Walter Jens, Schmidt/Brandt/Wehner und der linke Flügel der »SPD«, Angela Merkel und die CDU-Fraktion im Berliner Reichstag, Wolfgang Thierse, Inge Jens, große Teile der PDS, der Grünen und des rechten Flügels der »SPD« und weitere Parteien, Verbände, Institutionen und NGOs. Nur einer kann bislang mit Sicherheit ausgeschlossen werden: Der große liberale Vordenker aus Kronberg im Taunus, Wolfgang Mischnick, der sich durch sein sogar für ihn selbst überraschendes Ableben am 5. Oktober 2002 bereits im Vorfeld den Ermittlungen entzog. Alle anderen aber stehen unter Anfangsverdacht. Denn sie neideten dem ca. Sechzigjährigen nicht nur seine politischen Visionen, sondern auch sein daraus resultierendes Einkommen und seinen gepflegten Schnauzbart, der dem Vollblutpolitiker die für ihn so typischen möllemannhaften Gesichtszüge verlieh.

Mit Erklärungen war man schnell bei der Hand. Der Absturz des überzeugten Liberalen aus 4000 Meter Höhe sei politischer Selbstmord gewesen, sagten die einen, es sei ein Aufprallunfall gewesen, sagten die anderen. Die Mordtheorie ist indes die einzige, die sich wirklich beweisen läßt.

Nämlich so: Jürgen »Dabbelju« Möllemann hinterließ keinen Abschiedsbrief, was untypisch für den begeisterten Briefeschreiber Möllemann ist und ein klares Indiz. Schließlich war es ein Brief, weswegen er 1993 aus dem Amt des Wirtschaftsministers und Vizekanzlers schied. Ein Brief, in dem Möllemann interessierte Mitarbeiter von Handelsketten auf die Vorteile eines »pfiffigen« Einkaufswagenchips hinwies, den sein Vetter absolut legal verhökerte. Und es war eine teure Postwurfsendung, mit der der mutige Westfale kurz vor der Bundestagswahl seine Mitbürger davon überzeugen wollte, nicht rechtsradikal zu wählen, sondern lieber gleich ihn. Warum also sollte der ausgemachte Post- und Brieffreund ohne Abschiedsbrief aus einer offenstehenden Flugzeugtüre springen?

Der Mord, davon kann man sicher ausgehen, wurde von einem Mann verübt. Männer pflasterten schon immer die politische Laufbahn des Moralisten Möllemann: Genschman, Hausmann, Bangemann, sie alle sind mindestens so verdächtig wie Michel Friedman. Sie alle hätten nämlich ein klares Motiv gehabt. Genschman, weil er endlich Ruhe vor seinem Ziehsohn Möllemann haben wollte, Ex-Minister Helmut Hausmann kommt in Frage, weil er so unverdächtig wirkt, und Martin Bangemann, weil er so dick ist. Friedman jedoch, weil er Jude ist und auch sonst gerne verdächtigt wird, zumindest von der Staatsanwaltschaft Berlin.

Nicht genug damit, daß der Ölprinz aus Frankfurt zuvor schon unverhohlen seinen Mossad auf den verhaßten Guido Westerwelle hetzte, nun hat er den israelischen Geheimdienst auch noch 4000 Meter über Marl tätig werden lassen. Aber sind wir denn schon wieder so weit, daß die Juden jeden im Lande vernichten dürfen, der sich mit friedlichen Mitteln ihrer Weltverschwörung widersetzt? Die Juden wollten Möllemann ja sogar verbieten, antisemitisch zu sein, was einen gefährlichen Eingriff in die Lebensqualität eines jeden Demokraten darstellt.

Möllemann, so heißt es, soll die Landebahn des Kleinflughafens Marl völlig zerquetscht erreicht haben. Das ließe nun wieder auf eine Beteiligung Bangemanns schließen. War es also der stark übergewichtige Europapolitiker, der Möllemann im Auftrag des Mossad in das kleine Sportflugzeug quetschte, ihm in viel zu hoher Höhe den Freistoß verpaßte und sofort hinterhersprang, um Möllemann, der ja bislang 807 Absprünge sicher überlebt hatte, beim Aufprall als Kissen zu verwenden und plattzumachen? Dafür spräche auch, daß alles wie ein Unfall aussah; außerdem wurden auf Möllemann keinerlei Fingerabdrücke gefunden, nicht mal seine eigenen waren noch zu erkennen.

Manche werden es bedauern, daß gegen das Mordopfer nun nicht mehr wegen Betrugs, Untreue, Steuerhinterziehung und Verstoßes gegen das Parteiengesetz ermittelt werden kann. Andererseits können die Herren Ermittler jetzt mal zeigen, was sie sonst so drauf haben.

In der Regel werden nur 96 Prozent aller Ausüber von Kapitalverbrechen gefaßt (Quelle: Heribert Prantl, *Süddeutsche Zeitung*), außerhalb der Regel sogar noch weniger. Auch die Mörder von Andreas Baader, Lady Di und Uwe Barschel wurden nie erwischt, laufen bis heute frei rum, tanzen, lachen, feiern, verhöhnen den Rechtsstaat. Deutschland – quohin vadis? Sind wir auf unseren Straßen überhaupt noch sicher? Wenn man im Auto bleibt, vielleicht schon. Wenn man von oben ohne Fallschirm kommt, sicher nicht.

Mythos RAF

Hessen nimmt Abschied von Heinz Rühmann

Die größte Roll' des jungen Dachs,
das war der Hitläjunge Quax.
Da mimte er den Bruchpilot' –
jetzt mimt er nix, jetzt isser tot.

So rischtisch konnt' ihn niemand leiden,
es gab auch viel ihm anzukreiden:
Für seine Darstellung als Clown
gehört er heute noch gehau'n.

Auch sang er plötzlisch immäzu
des gottvädammte Lalelu.
Bei Lalelu werd mir nur schlescht,
insofern is' sein Tod gerescht.

Was war des Lalelu ein Kack!
Da stand er da, der blödä Sack
als Clown mit Nas' und großä Schuh'
und sang dreist Lalelu dazu!

Ihr Leut'! Sei'n mer doch aamal ehrlich:
Der Rühmann Heinz, der war entbehrlich.
Drum macht den Deckel ganz fest zu,
sonst singt der wiedä: Lalelu!

Paul Taussig
Hoppla, Herr Bundeskanzler!

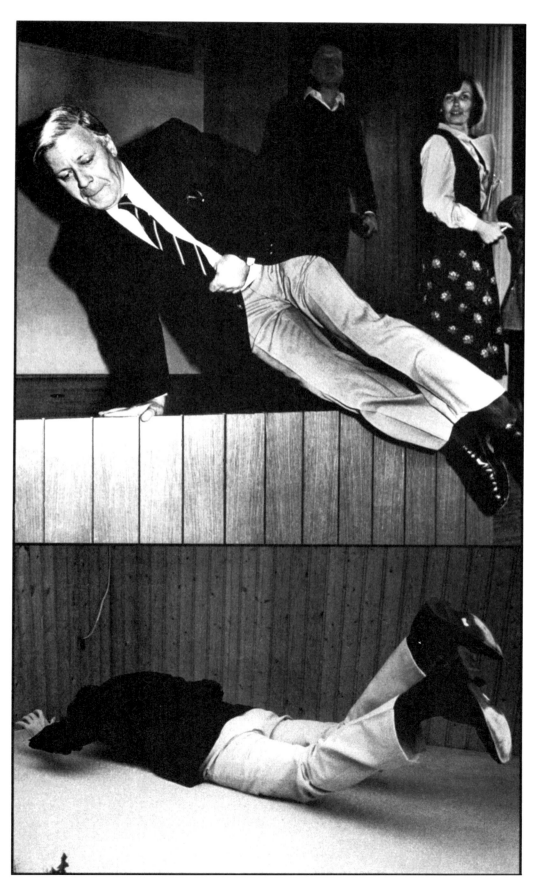

Zehn Jahre Stürmer-Stil?

Einige Antworten auf eine heikle Frage von Christian Schmidt

Beinahe so alt wie die TITANIC ist ein Vorwurf, der ihr immer wieder gemacht wird. Er lautet: Die TITANIC bediene sich des sogenannten »Stürmer-Stils«, ihre Autoren und Karikaturisten schrieben und zeichneten im Stil der nationalsozialistischen Zeitung ›Der Stürmer‹. Dieser Vorwurf kommt aus keiner bestimmten Ecke; hinter ihm versammeln sich vielmehr Leute unterschiedlicher Couleur.

Der Schriftsteller Gerhard Zwerenz beispielsweise behauptete in dem Berliner Magazin ›Tip‹, die TITANIC verbreite »*diese neue Satire, die keine ist, sondern altneuer, handfester Gesinnungsfaschismus*«; sie stehe damit in der Tradition des ›Stürmer‹. Der Kolumnist Olaf Leitner schrieb im selben Blatt über einen Artikel von Eckhard Henscheid, dessen Methode habe »*sein Vorbild in der Nazi-Presse*«. Die Ulkjournalistin Elke Heidenreich meinte anläßlich einer Karikatur von Hans Traxler, so etwas »*kenn ich aus dem Stürmer*«. In einem Leserbrief an eine Hamburger Zeitschrift erklärte der Journalist Klaus Imbeck, bei der TITANIC fühle er sich an ›Stürmer‹-Methoden erinnert. Der Bischof von Augsburg, Josef Stimpfle, beschwerte sich gar beim Deutschen Presserat über »*Hetzvokabeln*« in der TITANIC, die »*eigentlich der totalitären ›Stürmer‹-Vergangenheit Deutschlands*« angehörten. Bisheriger Höhepunkt der ›Stürmer‹-Vorwürfe: Im November 1984 ließ ein Richter am Amtsgericht Fürth das Titelblatt der TITANIC 10/84 beschlagnahmen. Begründung: Beleidigung »*in der Art des ›Stürmer‹*«.

Bei dieser Fülle an ›Stürmer‹-Stil-Vorwürfen drängt sich allerdings die Frage auf, woher diejenigen, die sie erheben, ihr Wissen über den ›Stürmer‹ beziehen. Denn so schnell sie auch mit dem Vergleich ›Stürmer‹/TITANIC sind, ein Beleg für seine Berechtigung liefern sie nicht. Kennen sie den ›Stürmer‹ überhaupt? Zumindest zwei sind sich da ziemlich sicher: »*Natürlich kenne ich den Stürmer*«, schreibt Elke Heidenreich, »*sonst hätte ich den Vergleich ja wohl nicht ziehen können, denn im Gegensatz zum unsäglich flüchtigen Henscheid bin ich nun wirklich Journalistin und hab Publizistik studiert und da besonders solche Machwerke, ich bleibe auch bei meinem Vergleich.*« (Brief an Hans Traxler vom 29.7.1985). Und Klaus Imbeck bietet an: »*Wenn Sie möchten, suche ich Ihnen die entsprechenden Seiten aus dem ›Stürmer‹ gerne heraus*« (Leserbrief in ›Szene Hamburg‹ 6/89), die Seiten nämlich, die wenigstens die Ähnlichkeit in einem bestimmten Detail von ›Stürmer‹- und TITANIC-Stil belegen.

Eine klare Sache also. Zwei studierte Volljournalisten – auch Imbeck hat, wie er mir bestätigte, den ›Stürmer‹ während seines Publizistikstudiums entdeckt – kennen den ›Stürmer‹ und wissen deshalb, daß der Vergleich TITANIC-Stil/Stürmer-Stil in Ordnung geht. Wissen Sie es wirklich? Oder wird da nicht einfach etwas auf gut Glück behauptet, was so ohne weiteres nicht nachprüfbar ist? Vom ›Stürmer‹ gibt es – im Gegensatz zu anderen Nazi-Zeitungen – kein Reprint, über ihn kaum Literatur. Wer etwas über den ›Stürmer‹ erfahren will, muß in in einer Bibliothek, nach der man suchen muß, im Original lesen. Das dauert und macht einige Mühe. Nach zehn Jahren ›Stürmer-Stil‹-Vorwürfen an die Adresse der TITANIC habe ich mich dieser Mühe unterzogen, um an dieser Stelle typisches »Stürmer«-Text- und Bildmaterial vorstellen zu können. Schauen wir also einmal nach, was an dem Vorwurf dran ist.

»Dämon Geld« (Der Stürmer 47/1937)

Der Stürmer - ein antisemitisches Hetzblatt

Die Zeitung ›Der Stürmer‹ wird 1923 von dem Volksschullehrer Julius Streicher in Nürnberg gegründet. Streicher ist seit 1922 Mitglied der NSDAP, beteiligt sich im November 1923 am Hitler-Putsch und erfreut sich seitdem der besonderen Protektion Adolf Hitlers. Streicher wird Gauleiter von Nürnberg und Mittelfranken, Mitglied des bayerischen Landtags und ab 1932 des Reichstags. Er gilt als besonders brutal – ein Mann, der ganz Franken terrorisiert und auch in den eigenen Reihen mit den Leuten gnadenlos abrechnet, die sich ihm in den Weg stellen. 1940 muß er nach innerparteilichen Querelen auf die Ausübung seiner Parteiämter verzichten, bleibt aber nominell Gauleiter. Er zieht sich auf sein Landgut nach Pleikersdorf zurück. Hier wird er 1945 von Amerikanern verhaftet. Im Nürnberger Prozeß wird Streicher zum Tode verurteilt und anschließend hingerichtet.

Von 1923 bis 1945 ist Streicher alleiniger Herausgeber des ›Stürmer‹, der auch nach 1933 sein Privatbesitz bleibt. Außerdem tritt er in seinem Blatt immer wieder als Autor auf. Anfangs handelt es sich bei dem ›Stürmer‹ nur um eine Nürnberger Lokalzeitung, die in unregelmäßigen Abständen herauskommt. Doch schon bald entschließt sich der Herausgeber, vom großen Erfolg in Franken beflügelt, das Blatt wöchentlich erscheinen und im ganzen Reich verbreiten zu lassen. Während der Weimarer Republik jedoch bleibt die Zeitung überregional relativ unbedeutend, zwischen 15000 und 20000 Exemplare werden abgesetzt. Das ändert sich nach 1933. ›Der Stürmer‹ erreicht laut Impressum eine Auflagenhöhe von über 400000 Stück.

Nahezu von Anfang an widmet sich ›Der Stürmer‹ nur einer einzigen Aufgabe: Der Verbreitung von Haß gegen ›die Juden‹.

In der Wahl der sprachlichen Mittel ist man dabei platt und dumm. Deutsche jüdischen Glaubens oder jüdischer Abstammung werden als Diebe, Lügner und Betrüger hingestellt, ihnen »*liegt das Verbrechen im Blut*« (Stürmer, Nr. 11/1937). Am häufigsten tituliert man sie als Schweine. Als der ›Stürmer‹ beispielsweise erfährt, daß das Auswärtige Amt die Kosten für die Pflege von Heinrich Heines Grab übernommen hat, schreibt er unter der Überschrift: »*Das Schwein vom Montmartre*«, die »*Judensau*« Heine sei das »*größte literarische Schwein des vergangenen Jahrhunderts*« gewesen. Es sei eine Schande, daß Deutsche für ihn heute noch bezahlen müßten (52/1925). Stereotyp wird diese Beschimpfung auch für andere Juden benutzt: »*Jüdischer Schweinehund*« (29/1925), »*Judenschwein*« (32/1925), »*Schweinejude*« (ebd.), »*menschliches Schwein*« (52/1925), diese Vokabeln repräsentieren einen Großteil des Hetzrepertoires des ›Stürmer‹. Doch es erschöpft sich nicht darin: Juden sind »*Blutsauger*« (1/1937), »*Wahnsinnige*« (12/1937), »*Parasiten*« (5/1944), »*mordschnaubende Bestien*« (14/37), »*Menschenfresser*« (ebd.), »*Kinder des Teufels*« oder »*Teufel in Menschengestalt*« (12/1944). Dabei sind diese Beispiele recht willkürlich herausgesucht, in nahezu jeder ›Stürmer‹-Ausgabe werden Juden mit gleichen oder ähnlichen Beleidigungen bedacht.

Die wichtigste Rolle in der Demagogie des ›Stürmer‹ aber spielt der Jude als »Rasseschänder«. Die Juden begingen auf Befehl ihres Gesetzbuchs, des Talmud, »*systematische Mädchenschändung*« (29/1925) Dahinter stehe der teuflische Plan des Juden, die arische Rasse zu vergiften und vollends zugrunde zu richten. Schon ein einziger Beischlaf genüge, um die nichtjüdische Frau mit dem »*Todeskeim für das gesamte deutsche Volkstum*« (21/1926) zu infizieren. Wenn der Jude sein Ziel nicht auf dem Weg der Schmeichelei, der Verführung oder »*mit Hilfe der schwarzen Magie*« (52/1925) erreiche, greife er eben zur Gewalt. ›Der Stürmer‹ ist voll von Berichten, in denen sich Juden in der Regel an unschuldigen, minderjährigen und blonden arischen Mädchen vergehen, sadistische Sexualverbrechen verüben oder als »*Ritualmörder*« ihre Opfer grausam abschlachten. Schlagzeilen wie diese erscheinen im ›Stürmer‹ Woche für Woche: »*Die Judenpest. Wieder ein jüdischer Mädchenschänder erwischt!*« (32/1925), »*Hungernde deutsche Mädchen in den Klauen geiler Judenböcke*« (35/1925), »*Geil bis in den Friedhof hinein*« (41/1925). Schon früh propagiert der ›Stürmer‹ als einzige Waffe gegen die »*jüdische Geilheit*«: »*Wir müssen wieder zu Fremdgesetzen kommen, welche es den Juden bei Todesstrafe verbieten, deutsche Frauen und Mädchen körperlich zu berühren. Haben wir erst dieses Ziel wieder erreicht, dann ist alles gewonnen, dann sind wir wieder ein Volk, das Gottesvolk auf Erden.*« (21/1926) 1935 ist mit der Proklamierung der Nürnberger Gesetze der Status des ›Gottesvolkes‹ erreicht. ›Der Stürmer‹ triumphiert.

Bis dahin muß sich das Blatt mit der bloßen Denunziation begnügen. Jüdische »Rasseschänder«, ob als Liebhaber, Ehemänner oder angebliche Vergewaltiger nichtjüdischer Frauen, finden sich im ›Stürmer‹ grundsätzlich mit vollem Namen und Adresse. Eine offene Aufforderung an jeden Volks- oder Parteigenossen, dem jeweiligen »*Dreckjuden*« oder »*Kinderschänder*« deutschen Anstand einzuprügeln, wenn nicht mehr. Als 1923 bei »*einem großen Volksauflauf in Frankfurt a. M.*« ein jüdischer Staatsanwalt »*totgeschlagen*« wird, jubelt ›Der Stürmer‹ unter der Schlagzeile »*Morgendämmerung*«: »*Der erste jüdische Bluthund ist tot. Die anderen Bluthunde folgen nach.*« (10/1923)

Unverhohlene Denunziation betreibt ›Der Stürmer‹ von der ersten bis zur letzten Ausgabe. Er verbreitet Listen von jüdischen Beamten in Institutionen der »*deutschen Judenrepublik*« (47/1925), druckt heimlich aufgenommene Fotos von Frauen, die sich auf der Straße von Juden ansprechen lassen oder veröffentlicht in seiner gefürchteten Rubrik »*Was das Volk nicht verstehen kann*« Informationen, die ihm Denunzianten aus allen Teilen des Reiches zuschicken: »*Im Hause Prinzenallee 87 wohnt der Nichtjude Paul Kernchen. Er steht in freundschaftlichen Beziehungen zu den Juden Kohn und Wolf und besitzt die Frechheit, Juden gegenüber den deutschen Gruß anzuwenden.*« (47/1937) Stereotype, primitive Hetze und Denunziation, das sind die Hauptkennzeichen des ›Stürmer‹-Stils.

Kurze Diskussion mit der Leserschaft

»Ja, ja, Herr Oberlehrer. ›Der Stürmer‹ war ein widerwärtiges und ekelhaftes Nazi-Hetzblatt. Das haben wir zwar vorher so genau nicht gewußt, aber doch wenigstens geahnt. Doch was hat denn der ›Stürmer‹-Stil mit dem der TITANIC zu tun? Die TITANIC ist schließlich ein Satireblatt, der ›Stürmer‹ aber redete, nach allem, was wir bis jetzt wissen...«

»... Klartext, ganz recht. Genau das gilt es an dieser Stelle festzuhalten. Der ›Stürmer‹-Stil war niemals satirisch. Zum Wesen der Satire gehört es, daß sie übertreibt, bewußt verkürzt und polemisch argumentiert, um eine bestimmte Person oder einen Sachverhalt der Lächerlichkeit preiszugeben. Der Jargon der Satire steckt voller Doppelsinn und ist niemals wörtlich zu nehmen. Wenn der ›Stürmer‹ jedoch schreibt, die Juden seien Tiere, Blutsauger, Menschenfresser oder Teufel, dann meint er dies genau so, wie er es sagt. Gerade deshalb plädiert er für die wirkliche Ausrottung dieser Menschen und setzt diese dann später sogar mit durch.«

»Dann ist ja alles klar. Jetzt kann doch niemand mehr behaupten, daß die TITANIC im Stil des ›Stürmer‹ schreibe.«

»Es wird aber behauptet.«

Ein klassischer Fall

Am vehementesten wurde der Vorwurf des ›Stürmer‹-Stils in der TITANIC gegen einen Artikel erhoben, den Eckhard Henscheid verfaßt hat und der sich unter der Überschrift »*Der Allerunausstehlichste*« mit dem Kabarettisten Hanns Dieter Hüsch auseinandersetzte (TITANIC 7/1985). Die Schärfe der Polemik Henscheids und die Heftigkeit der verschiedenen Re-

Hanns Dieter Hüsch, karikiert von Hans Traxler (TITANIC 7/1985)

aktionen machen diesen Text geradezu zu einem Schulbeispiel für die ›Stürmer‹-Stil-Forschung. Sehen wir uns deshalb diesen Fall einmal genauer an.

Henscheid geht gegen Hüsch recht gnadenlos zur Sache. Er nennt ihn »widerlich« und behauptet, »*so frech log, so inhaltlos laberte, so schamlos lallte noch keiner rum wie Hüsch*«. Er tituliert ihn als »*nachweislichen Idioten*«, »*brechtgestylten Utopisten*« und »*auf- und abgeklärten Bauernfänger*«. Schließlich holt

Henscheid noch weiter aus und putzt ein ganz bestimmtes Kaliber von selbsternannten Satirikern, Kabarettisten und Kleinkünstlern – genannt werden u. a. Elke Heidenreich, Werner Schneyder, Konstantin Wecker und Dieter Süverkrüp – erbarmungslos herunter. Sie – so Henscheid damals – erahnen »*womöglich selber wirklich nicht, für welche Explosion von Gemeinheit sie stehen, für welche Epiphanie an Spruchbeutelei, Reimgewurstel und vokaler Ohrenpein*«. Harter Stoff, keine Frage. Aber ›Stürmer‹-Stil?

1985 waren sich darüber etliche einig. »*Nur Goebbels und Streicher hatten ähnlich* (!) *Verbalinjurien über ›entartete Künstler‹ drauf. So also liquidieren (angeblich) linke Literaten ihre Kollegen...*«, schrieb der Karnevalist Herbert Bonewitz an die TITANIC-Redaktion (Brief vom 1.7.1985). Und der schon erwähnte Olaf Leitner erklärte, er scheitere »*bei dem Bemühen, diesen Satz auszulassen: Henscheids Methode hat sein Vorbild in der Nazi-Presse*«. Denn: »*Henscheid schlachtet sein Opfer wie ein professioneller Killer*«, er verlasse »*die Ebene intellektueller Polemik*« und greife »*zur Knarre*« (Tip 18/1985).

Dazu ist nur so viel zu bemerken: Henscheid benutzte keineswegs Vokabeln, die Streicher, Goebbels oder der Nazi-Presse geläufig waren. Und selbstverständlich hat Henscheid weder seine »*Opfer*« geschlachtet, noch zu einer anderen Waffe gegriffen als zu der des Wortes. Beinahe überflüssig zu sagen, daß die von ihm Attackierten allesamt den Artikel überlebten, was man von denen nicht behaupten kann, die zum Beispiel vom ›Stürmer‹ beschimpft und denunziert wurden.

Bedenkenswerter als die Killerphantasien von Bonewitz und Leitner ist da schon ein Argument von Klaus Imbeck, der in dem bereits zitierten Leserbrief den Artikel eines gewissen Uwe Kopf in der Zeitschrift ›Szene Hamburg‹ zum Anlaß nimmt, sich auch zur TITANIC zu äußern. Er schreibt, Kopf falle »*unter dem Motto ›Das Gesicht ist Programm‹ über Michael Jürgs her. Originell ist das nicht – ich habe es schon in der TITANIC immer wieder lesen müssen. Und mich irritiert dabei, daß Kopf die Methode, Menschen über ihr Aussehen zu diskriminieren, so unbedenklich nutzt.*« Ihn erinnere das an den ›Stürmer‹. Auf meine telefonische Nachfrage, wo denn in der TITANIC von der inkriminierten Methode Gebrauch gemacht worden wäre, präzisierte Imbeck: »*besonders in gewissen Artikeln von Eckhard Henscheid*«.

Tatsächlich mokiert sich Henscheid in seiner Hüsch-Polemik über das Aussehen des Kleinkunsthelden: »*Warum merken die Leute nichts? Wo den Mann doch schon sein Rollkragenpullover, seine wechselnden Barttrachten und seine allerdings geschickt kaschierten Aufkläreräuglein verraten? Als den zeitgeistlich hergemachten Diener der ewigen Wiederkehr zeitlosen Abgreifens?*« Ist er das jetzt, der echte ›Stürmer‹-Stil?

Vergleichen wir den Henscheid-Text einfach mit einem typischen Absatz aus dem ›Stürmer‹, in dem es ebenfalls um das Äußere eines Menschen geht. Beschrieben wird ein jüdischer Mann, der sich angeblich an seinem nichtjüdischen Stiefkind vergangen hat. »*Auf der Anklagebank sitzt der Blut- und Rassenschänder X. Er ist eine kleine aber kräftige und derbe Gestalt. Kopfbildung und die Form der Ohren verraten ihn schon von rückwärts als Rassejuden. Dennoch erschrickt man, wenn man zum ersten Male in sein Gesicht schaut. Zwei Augen stieren einen an, aus denen der leibhaftige Teufel spricht. Der zusammengekniffene Mund verrät die Brutalität, mit der der Jude zu Werke ging. Besonders ausgeprägt ist der Rassegeruch des X, der selbst auf mehrere Meter deutlich wahrzunehmen ist. Ein Jude steht vor Gericht, wie er typischer und reinrassiger nicht gedacht werden kann.*« (Stürmer, 19/1937).

Unterscheiden sich die beiden Texte? Während Henscheid seine Abneigung gegen ein ganz bestimmtes, von Hüsch selbst gewähltes Outfit und Verhalten zum Ausdruck bringt, schildert der ›Stürmer‹ den Angeklagten als einen bereits körperlich abstoßenden Menschen. Während Henscheid Hüsch unterstellt, er verfolge mit seinem ganzen, selbst angeeignetem äußeren Habitus ein bestimmtes Ziel, nämlich das des »*Abgreifens*«, behauptet der ›Stürmer‹, schon im angeborenen Äußeren des Angeklagten komme sein teuflisches und brutales Wesen zum Ausdruck. Selbst die von Henscheid angeführten »*Aufkläreräuglein*« werden ja nicht per Geburt erworben, sind, wie das Mimik- und Gestenrepertoire eines Schauspielers, Ergebnis eines Lernprozesses. Und während ›Der Stürmer‹ schließlich mit seiner Schilderung nicht nur den Angeklagten meint, sondern mit ihm als »*typischem und reinrassigem*« Juden Menschen jüdischer Abstammung in der ganzen Welt dieselben Wesenszüge unterstellt, tut Henscheid nichts dergleichen. Dem ›Stürmer‹ geht es eigentlich gar nicht um den konkreten »Rassenschänder« und sein angebliches Verbrechen. Er nutzt ihn vielmehr als Anschauungsbeispiel, das die Minderwertigkeit eines ganzen Volkes »beweisen« soll; eine »Minderwertigkeit«, die im ›Stürmer‹-Kontext die kollektive Ermordung dieses Volkes als begrüßens- und wünschenswert erscheinen läßt. Genau das ist ›Stürmer‹-Stil.

An dieser Stelle muß eines deutlich klargestellt werden: Eine satirische Polemik wie die Henscheids darf nahezu alles. Sie darf ihren Gegner verächtlich machen, beleidigen, herabwürdigen, ihn, wenn es denn unbedingt sein muß, der moralischen Verkommenheit zeihen. Sie hat sich aber mit ihren Angriffen an belegbare Äußerungen, Taten oder Attitüden des von ihr Attackierten zu halten; nur aus ihnen läßt sich die Verachtung begründen, die einem ganz bestimmten Menschen oder auch einer ganz bestimmten Gruppe entgegengebracht wird. Unter bestimmten Bedingungen darf die Satire sogar physiognomische Eigenheiten wie z.B. körperliche Gebrechen zum Ziel ihres Spottes machen. Um ein schon klassisches Beispiel zu geben:

›Der Jude‹ als Typus (Der Stürmer 13/1937)

Als Joseph Goebbels den blonden, hochgewachsenen Arier ohne körperliche Fehler zum Herrenmenschen deklarierte, war es legitim, sich über des Propagandaministers Klumpfuß und Kleinwuchs lustig zu machen. Nur wenn also der Gegner selbst angeborene Eigenschaften wie Physiognomie, Geschlecht, Hautfarbe oder »Rasse« zum Thema macht, können diese Gegenstand der Satire sein; ansonsten sind sie für den Satiriker tabu. ›Der Stürmer‹, abgesehen davon, daß er von dem satirischen Mittel des ›uneigentlichen Sprechens‹ keinen Gebrauch macht, setzt sich darüber hinweg. Wo aber findet sich diese Grenzverletzung in der TITANIC? Sachdienliche Hinweise nehme ich gerne entgegen.

Und die Karikatur?

Bliebe noch die Karikatur in der TITANIC, der man die ›Stürmer‹-Apostrophierung ebenfalls nicht ersparte. Eine ist die Hüsch-Karikatur von Hans Traxler, die Henscheids Polemik illustriert. Diesmal ist es Elke Heidenreich, die das große ›Stürmer‹-Wort riskiert. In zwei Briefen an Traxler schreibt sie: *»Solche Karikaturen wie Ihre von Hüsch kenn ich aus dem Stürmer, statt der gelben Armbinde war es der Judenstern.«* (Brief vom 13.7.1985) In ihrem Brief vom 29.7. will sie davon nicht mehr viel wissen, denn, obwohl sie, wie bereits zitiert, bei ihrem ›Stürmer‹-Vergleich bleibt, erklärt sie: Natürlich wäre die Zeichnung nur im Kontext des Henscheid-Artikels, *»dieses schmierigen Hämewerks«*, stürmeresk. *»Dazu, und nur zu diesem Text, ist Ihr Hüsch der miese alte Jude.«* Was denn nun? Kennt die studierte Journalistin den ›Stürmer‹ und weiß deshalb, daß die Traxler-Karikatur im Stile dieses Blattes gezeichnet ist, oder ergibt sich ihr Stürmertouch nur aus dem Zusammenhang? So ganz klar scheint das Frau Heidenreich nicht zu sein.

Karikaturen erscheinen im ›Stürmer‹ regelmäßig seit Ende 1925. Gezeichnet werden sie nahezu alle von dem Hauszeichner des ›Stürmer‹ Philip Ruprecht (Kürzel: Fips) und sehen zum Beispiel so aus:

»Der Stürmer« 22/1944

Oder so, wie die mit dem Titel »Dämon Geld« aus dem ›Stürmer‹ 47/1937.

Man braucht kein Experte auf dem Gebiet der Karikatur zu sein, um die Unterschiede zwischen den Zeichnungen des ›Stürmer‹ und der Traxlerschen Hüsch-Karikatur zu bemerken. Hier sehen wir einen behäbigen alten Mann in Hausschuhen, mit einigen Attributen (dunkle Brille, Blindenarmbinde) ausgestattet, die ihm mangelnden Durchblick unterstellen. Vom miesen alten Juden keine Spur, auch und gerade nicht im Zusammenhang mit dem Henscheid-Text.

Die Juden des ›Stürmer‹ sehen anders aus. Natürlich tragen sie keine Armbinden mit dem Davidstern, aber das ist nur ein Detail. Etwas anderes ist wesentlich wichtiger: Die vom ›Stürmer‹ karikierten Juden treten niemals als Individuen auf, sondern immer als anonymer Typus. Die ›Stürmer‹-Juden haben keine persönlichen Züge. Mit ihren großen gebogenen Nasen, den kleinen Augen, den oft überdimensionierten, abstehenden Ohren und Halbglatzen (in ihrer Stereotypie besonders deutlich auf dem Blatt »New Yorker Panoptikum« zu erkennen) sehen sie aus, als hätte sie ›Fips‹ nach den Anweisungen eines NS-Rassekundlers gearbeitet.

Auch für die Karikatur gilt, was bereits über die Satire gesagt wurde. Sie darf, indem sie die Gesichtszüge oder andere körperliche Eigenheiten eines Menschen vergröbert, verzerrt und übersteigert, diesen häßlich und lächerlich machen. Sie darf dies sogar mit den Eigentümlichkeiten ethnischer Gruppen oder Völker tun. Sie darf sich nur nicht zum Instrument derer machen lassen, die behaupten, daß sich aus bestimmten häßlichen oder lächerlichen Zügen die Minderwertigkeit eines Menschen oder gar einer ganzen Gruppe ableiten ließe.

Doch genau das passiert in der ›Stürmer‹-Karikatur. Wie die ›Stürmer‹-Texte spricht sie keine uneigentliche Sprache, sondern meint genau das, was sie zeigt. Auch für sie *ist* ›der Jude‹, ob als Kapitalist, Bolschewist oder amerikanischer Staatsbürger getarnt, die geifernde Bestie, der Lustmörder, Hetzer oder Kindsräuber. Damit dies noch der Dümmste kapiert, wird die Aussage in Titel und Unterzeile der Karikatur wiederholt. Bezeichnet auch, daß die Opfer der jüdischen Monstren – das Beispiel »Bolschewismus ist Sadismus« zeigt es exemplarisch – niemals, karikiert werden. In der ›Stürmer‹-Karikatur gibt es nur schwarz und weiß, gut und böse, Bestie und edlen Arier. Nichts ist hier irgendwie gebrochen, doppelsinnig oder bloß angedeutet, alles eindimensional und plump propagandistisch. Kaum auszumachen, der Unterschied zur TITANIC-Karikatur?

Alice-Schwarzer-Karikatur in TITANIC 6/1989

Ein klarer Fall

Zu bequem und beinahe wie von selbst schreibt sich der ›Stürmer‹-Vergleich aufs Papier, als daß man darüber nachdenken und auf ihn verzichten möchte. Auch in der ›Emma‹ nicht. Hier wird im Juli-Heft dieses Jahres eine Karikatur von Alice Schwarzer, erschienen in der TITANIC 6/89, nachgedruckt und mit einem neuen Text versehen: *»Klarer Fall, das ist Alice Schwarzer, wie sie leibt und kämpft. So gesehen von der Satirezeitschrift »titanic«. So gezeichnet von einer Frau, Hilke Raddatz – klarer Fall. Das erinnert an den »Stürmer«? Iwo. Das ist Humor. Deutscher.«*

Nein, so klar, wie ›Emma‹ es gerne hätte, ist der Fall nicht. *Das* ist eben nicht Alice Schwarzer, sondern eine Karikatur von Alice Schwarzer. Eine Karikatur läßt die Karikierten in der Regel nicht vorteilhafter erscheinen, sondern sie... – aber das hatten wir ja schon. Die Karikatur ist auch keine typisch deutsche Errungenschaft, sondern sie ist international verbreitet. Und *das* erinnert schließlich nicht an den ›Stürmer‹ – die ›Stürmer‹-Assoziation soll ja trotz des launigen »iwo« nicht ausgeschlossen sein, sonst hätte ›frau‹ wohl auf die Nennung des Blattes verzichtet –, weil im ›Stürmer‹ so gut wie keine Porträtkarikatur vorkommt. Frauen, deutsche, werden vom ›Stürmer‹ gewöhnlich wie in der Zeichnung »Das Hakenkreuz als Talisman« dargestellt, womit sich diese Sache wohl erledigt hätte.

Ein Fall für sich

Schließlich ist noch ein Vorgang nachzutragen, in dessen Verlauf die TITANIC erstmals mit dem ›Stürmer‹-Stil-Vorwurf konfrontiert wurde. Im Mittelpunkt stand Gerhard Zwerenz, dem Eckhard Henscheid in der TITANIC 6/83 bescheinigt, er produziere nahezu ununterbrochen »*Lügen, Infamien, Peinlichkeiten, Dümmlichkeiten*«, er verfüge über eine »*Dreckspatzengesinnung*« und dergleichen Boshaftigkeiten mehr. Mit einer Reihe von Beispielen aus dem Leben und Werk zeichnet der Autor ein Bild des Herrn Zwerenz, das seinen Anschuldigungen recht zu geben scheint. Das wiederum veranlaßte den Angegriffenen, in einer Gegendarstellung die Richtigkeit einiger von Henscheid benutzter Zitate und ins Feld geführter Tatsachenbehauptungen zu bestreiten. Sein gutes Recht.

Ebenso legitim, wenn auch peinlich war es, als Zwerenz kurz darauf in einem von seiner Tochter geführten Zeitungsinterview auf die Henscheid-Polemik reagierte (Tip 14/83). Auch hier bestreitet er den Wahrheitsgehalt einiger Behauptungen Henscheids. Doch das ist Zwerenz nicht genug. Nicht nur mit Henscheid allein, mit einer ganz bestimmten Sorte Mensch soll abgerechnet werden. Auf der Anklagebank sitzen die »*heutigen Satiriker*«. Zwerenz: »*Es gibt Gründe dafür, daß sie so winzig, so zwerghaft häßlich sind und nur rudelweise auftreten.*« Sie verrieten nämlich die wirkliche Satire und stünden in einer ganz bestimmten Tradition: »*Es geht um die Satire, die eine gute linke, liberale und demokratische Tradition hat, doch Streichers ›Stürmer‹ gehört nicht dazu.*« Diese »*neue Satire*« sei – ich habe es schon zu Anfang zitiert – »*Gesinnungsfaschismus*«. Damit nicht genug. Die angeblichen Satiriker, »*krämerische Kleingeister*« und »*Kleindarsteller*« allesamt, »*sind zur Überschreitung der eigenen finsteren Gehässigkeit unfähig. Sie denken nicht, sie mosern und bösern herum. Sie bilden gefräßige Cliquen und verübeln es den Lesern, daß sie vor Henscheid & Co. davonlaufen. Wenn ich mir den Zustand dieser Zwerghyänen ansehe, kommt mir unwillkürlich der Gedanke, daß der Atomkrieg von manchen seiner künftigen Opfer mit adäquaten Verhaltensweisen verdient wird.*«

So, so. Das Schließen von einem einzelnen auf ein Kollektiv, das ohne jeden weiteren Beleg verächtlich gemacht wird; das Benutzen physiognomischer Vergleiche zum Zwecke der Denunziation; der offensichtliche Wunsch, daß die Verächtlich-

»Das Hakenkreuz als Talisman« (Der Stürmer 30/1926)

gemachten der Tod ereile; dazu das Ganze in eine Sprache gekleidet, in der von Ironie keine Spur ist – kommt einem das alles nicht seltsam bekannt vor? Steht nicht geschrieben, daß der, welcher das Schwert des ›Stürmer‹-Stil-Vorwurfs gegen seinen Bruder erhebt, dereinst selbst durch dieses Schwert umkommen wird? Steht es nicht? Dann steht es jetzt hier.

Wem nützt nun das ganze Lamento derer, die die TITANIC des ›Stürmer‹-Stils bezichtigen – angeblich aus Sorge um die »gute linke, liberale und demokratische Tradition« der Satire (Zwerenz) oder weil sie »tief erschrocken« sind, daß »es so weit schon wieder nach rechts außen geht« (Heidenreich)? Dumme Frage, klare Antwort: Wem sonst als der finsteren Reaktion, die immer darauf aus ist, schlagkräftige Argumente gegen ihre Widersacher in petto zu haben. Die ›Stürmer‹-Stil-Rufer aus dem Lager, das sich selbst als links bezeichnet, liefern sie ihnen, den Feinden der Pressefreiheit, gratis. Beweise? Gibt es, selbstverständlich.

Die Reaktion, sie lauert schon

Als beispielsweise Heiner Geißler anfangs der achtziger Jahre – noch vor seiner Läuterung zum CDU-Parteilinken und aufrechten Demokraten – Sätze prägte wie den vom »*Pazifismus der 30er Jahre*«, der »*Auschwitz erst möglich gemacht*« habe, attackierte ihn die TITANIC mit mehreren Titelblättern. Ihr durchgängiger Tenor:

Beschlagnahmter TITANIC-Titel 10/1984

Geißler als den Demagogen kenntlich zu machen, der er tatsächlich war. Das Amtsgericht Fürth ließ damals einen dieser Titel beschlagnahmen. Als Grund wurde angeführt: Er stelle Geißler »*in einer seine Persönlichkeit herabwürdigenden Weise in der Art des nationalsozialistischen ›Stürmer‹ (mit gekreuzten Knochen) dar und bezeichnet ihn in nur scheinbar satirisch verbrämter Form u. a. als Lügner, Hetzer, Heuchler, Verleumder und ›jede Menge‹ Drecksau*«. (Beschluß vom 7. 11. 84; AZ: 7GS 1104/84).

Auch diese Titelkarikatur ist natürlich nicht in ›Stürmer‹-Manier gezeichnet, sondern eher in der Art einer Piratenflagge (mit gekreuzten Knochen). Und in der Unterzeile wird gewarnt: »*Vorsicht! Dieser Mann enthält: Lügamid, Fiesoxin, Hetzoglobin*« usw. Damit wird also nicht in scheinbarer, sondern in wirklich satirischer Form darauf hingewiesen, daß der Karikierte bisweilen lügnerische, fiese und hetzerische Reden hält. Auch dies kein ›Stürmer‹-Stil. Das mußte schließlich auch das Amtsgericht Fürth einsehen, denn es stellte das Ermittlungsverfahren gegen den Zeichner des Blattes, Hans Traxler, sowie zwei weitere TITANIC-Redakteure ein.

Erfolgreicher war da der Bischof von Augsburg, August Stimpfle. Er unterstellte in einer Beschwerde an den Deutschen Presserat vom 10. 4. dieses Jahres – Wortlaut siehe oben – der TITANIC den Gebrauch von »*Hetzvokabeln*«, die an den ›Stürmer‹ gemahnten. Anlaß für diese Behauptung war aber nicht etwa ein Artikel wie der, den der ›Stürmer‹ in seiner Nummer 12/1937 tatsächlich brachte. Hier feiert man unter dem Aufmacher »*Ein totgeschwiegenes Bekenntnis in der Judenfrage*« den ehemaligen Bischof von Paderborn, Konrad Martin, als Vorkämpfer des Antisemitismus. Der schrieb nämlich bereits 1848 –

der ›Stürmer‹ zitiert's mit Genugtuung – Sätze wie diesen: »*Der Hochmut, den das Judentum im Namen Gottes seinen Bekennern einprägt, grenzt fast an Wahnsinn und erklärt hinreichend alle Gehäßigkeiten, denen sich der Jude im Benehmen gegen Nicht-Juden von jeher schuldig gemacht hat.*« Grund war auch kein Gedicht wie das mit dem Titel »*Der Weltfeind*« im ›Stürmer‹ 12/27, in dem es über Jesus Christus nach Stürmerlogik heißt: »*Er war ein Held aus deutschem Blut / das auch ein arisch Weib gebar.*« Was den Bischof tatsächlich auf seinen Vergleich brachte, war die Beichtreportage in der TITANIC 4/89 »*Herr Pfarrer – ich habe abgetrieben*«.

Man kann sich diesen Artikel mehrmals durchlesen – von Hetzvokabeln nach Art des ›Stürmer‹ keine Spur. Die findet man eher in dem Schreiben Stimpfles, der es sich nicht nehmen läßt, zu konstatieren: »*Für derartige Parasiten des Journalismus*« – gemeint sind die Schädlinge von der TITANIC – »*kann es keinen publizistischen Auftrag geben.*«

Den Presserat focht das alles nicht an. Trotz des durch nichts begründeten ›Stürmer‹-Stil-Vorwurfs und trotz des einschlägigen Vokabulars des Beschwerdeführers erteilte er der TITANIC eine Rüge. Diese zwar nicht wegen ›Stürmer‹-Stils, sondern wegen Verletzung des Beichtgeheimnisses, doch hätte der Presserat die Beschwerde nicht wegen der bischöflichen Entgleisungen zurückweisen müssen?

Eigentlich schon. Nur hat nicht die Häufigkeit und die Gedankenlosigkeit, mit der das Totschlagargument ›Stürmer‹-Stil immer wieder und besonders gegen die TITANIC ins Feld geführt wird, dazu beigetragen, daß die Dumpfheit und Unangemessenheit dieses Vorwurfs nicht mehr erkannt wird? Daß jetzt selbst Bischöfe mit ihm ungestraft Hausieren gehen können? Herr Zwerenz, Frau Heidenreich, Herr Leitner, Herr Imbeck?

Kurze Schlußdebatte mit dem letzten verbliebenen Leser

»Ich hätte da noch eine Frage.«

»Ja, bitte?«

»›Warum verpfeift Henscheid seine Kollegen in der Öffentlichkeit? Warum schlägt er die eigene Zunft, statt sich die Geißlers und Zimmermanns vorzuknöpfen?‹ Das hat sich auch Olaf Leitner in ›Tip‹ gefragt.«

»Weil die TITANIC eben nicht ›Der Stürmer‹ ist.«

»Wie bitte? ›Der Stürmer‹ hat doch auch gegen Linke gehetzt. Und was Henscheid mit dem Linken Hüsch gemacht hat... Ich meine, muß es nicht Grenzen geben?«

»Aber nicht dort, wo es um den Gegenstand der Satire geht. Damit das deutlich wird, nur noch ein Zitat aus dem ›Stürmer‹. Es ist die einzige mir bekannte Stelle, an der sich Julius Streicher persönlich als Humorkritiker betätigt. Nehmen Sie sein Credo, setzen Sie da, wo Witz steht, Satire ein, dann haben Sie genau das Gegenteil dessen, was Gegenstand der Satire sein darf: *»Jawohl, Witzemacher müssen sein. (...) So lange das Witzemachen bei dem verbleibt, wozu der Anstand die Grenzen setzt, so lange der Witzemacher mit seinen Spässen das Niedrige als Niedriges kennzeichnet, so lange ist der Witzemacher ein gottgegebener Freudebringer.*

Wenn der Spaßmacher sich aber anschickt, an Dingen sich bewitzelnd auszulassen, die von dem gesunden Gefühl eines Volkes als gut und schön empfunden werden, dann ist der Witz das Gegenteil von dem, was er sein sollte. Wer aber (...) sich darin gefällt, Heiligtümer der Nation zu bekritteln oder zu bewitzeln, tut das, was ein Jude tut, ist ein Lump, ein Verbrecher. Und der, der als Nachsager es ihm gleichtun will, verdient das gleiche Ende, die Vernichtung, den Tod.« (Stürmer, 8/44).

Wenn Streicher jemals für etwas zu danken gewesen ist, dann sind es diese Sätze. Denn entschiedener hätte wohl niemand sagen können, was den Stil des ›Stürmer‹ von dem der TITANIC trennt. □

Alice (67) aus Köln (Nordrhein-Westfalen)
Beruf: BILD-Gerichtsreporterin
An mir mag ich: meine Flexibilität
Was mich anmacht: abgedruckt zu werden
Was mich abtörnt: falsche Scham
Mein Nacktfoto überrascht heute: niemanden mehr
Ich will BILD-Girl des Jahres werden, weil: eh schon alles egal ist

Alice läßt alles mit sich machen

Alice ist 1,61 groß und 65 Kilo leicht.

**Bernd Eilert
Robert Gernhardt
Peter Knorr**

Die Großen der Welt und ihre kleinen Freunde (III)

Ganz traurig schaut der Leonid,
wenn man an seinem Breschnjew zieht.

Sehr unwirsch reagiert Herr Schmidt,
wenn man auf seinen Helmut tritt.

Wird es dunkel, läßt der Strauß
gerne mal den Josef raus.

Darin ist Valerie sehr streng:
links hängt Giscard und rechts d'Estaing.

Herr Scheel pflegt noch im hohen Alter
mit großer Sorgfalt seinen Walter.

Beglückt verkündete Herr Carter:
„Mein Jimmy läuft auch ohne Starter!"

„Mein Gott, wo steckst du?" sprach Herr Brandt,
als er den Willy nicht mehr fand.

Artistisch formuliert Herr Börner:
„Mein Holger wird mir immer gerner!"

Mensch, Mensch, Martin Semmelrogge!

Sie haben aber auch Pech: Erst wollten Ihnen zwei übereifrige Reisebürodamen ein für Sie reserviertes Flugticket nicht aushändigen, bloß weil Sie Ihren Ausweis nicht dabeihatten. Darauf Sie, nicht dumm: «Scheißweiber, ihr seid wohl schlecht gefickt worden!» Darauf die Scheißweiber, auch nicht dumm: Anzeige. Und jetzt, total dumm: Prozeß, Geldstrafe.

Aber, Semmelrogge, wissen Sie was? Uns ist neulich was ganz Ähnliches passiert. Reisebüro, Tickets, kein Ausweis, die ganze Kiste. Und was sagt die Dame da zu uns? «Ach ja, Sie haben Ihren Ausweis nicht dabei? Na, wissen Sie was: Ich Scheißweib bin gerade derart gut gefickt worden, daß, also ... nehmen Sie halt Ihr Ticket. Und das von Herrn Semmelrogge auch noch. Und das und das und ...»

Und das ist ja irgendwie auch wieder nicht schön, oder? Titanic

KAPITEL 6

DIE PSYCHOPATHEN

PSYCHOPATHEN leiden unter einer schweren Persönlichkeitsstörung, die bei den Betroffenen mit dem weitgehenden oder völligen Fehlen von Empathie, sozialer Verantwortung und Gewissen einhergeht. **PSYCHOPATHEN** sind auf den ersten Blick mitunter charmant, sie verstehen es, oberflächliche Beziehungen herzustellen. Dabei sind sie sehr manipulativ, um ihre Ziele zu erreichen. Oft mangelt es **PSYCHOPATHEN** aber an langfristigen Zielen, sie sind impulsiv und verantwortungslos. Psychopathie geht häufig mit antisozialen Verhaltensweisen einher.

Wie verkommen muß man eigentlich sein, um diese Definition ohne Quellenangabe direkt aus «Wikipedia» abzuschreiben und zu glauben, daß Sie, liebe, hochverehrte Leser, es nicht sofort merken würden? Dazu sind eigentlich nur **PSYCHOPATHEN** fähig. **KARL-THEODOR ZU GUTTENBERG** bzw. ein Mann, der sich am Telefon so nannte, hat uns die Einleitung derart charmant in die Tastatur diktiert, daß wir sofort alle Skrupel fahren ließen.

Der Rest dieses Kapitels war nämlich teuer genug. Wir haben für Sie eine Galerie der absoluten Top-Psychopathen zusammengestellt – ein «Who is Who» der gefährlichsten Verrückten, die unsere Gesellschaft zu bieten hat. Ihnen wird dabei nichts passieren, wenn Sie einen gewissen Sicherheitsabstand zum Buch einhalten und sich auf kein Gespräch mit diesen wirklich gemeingefährlichen Typen einlassen.

Beispielsweise mit **RAYK WIELAND**. Ein Name wie aus einer Krankenakte, aber das ist typisch für unseren Autor, der in einem aufsehenerregenden Feldversuch die Leichtgläubigkeit der Menschen getestet hat (→ S. 258), indem er sich als **KEVIN SPACEY** ausgab. Die Sache flog erst auf, als der echte **KEVIN SPACEY** TITANIC kaufte, weil er endlich wissen wollte, wie er in Wirklichkeit aussieht. Eine klassische psychopathische Zwangshandlung.

Häufig werden auch Extremmusiker wie **KURT COBAIN** oder **SID VICIOUS** in der Öffentlichkeit als Psychopathen dargestellt. Und das völlig zu Recht, wie Momentaufnahmen aus dem Jenseits (→ S. 260) beweisen, die wir von **RUUD KLEIN** abzeichnen ließen.

Was fällt Ihnen beim Namen **SCHRÖDER** ein? Nein, nicht **KRISTINA SCHRÖDER**, obwohl man die ruhig auch mal etwas genauer beobachten sollte. Nennt sich erst wie der durchgeknallte Exbundespräsident **KÖHLER** und dann wie der Exkanzler. Was kommt als nächstes? **KRISTINA RATZINGER**? Und

DIETER BOHLEN KONNTE WEDER MALEN NOCH DICHTEN, NOCH SERBISCH.

wie kommt sie darauf, daß uns das interessieren könnte? Hier geht es nämlich um **GERHARD SCHRÖDER** – den Mann, der jahrelang am Tor der TITANIC-Redaktion rüttelte und unbedingt ins Heft reinwollte. Als wir ihn dann aus Mitleid zum Kanzler machten, damit er Ruhe gab, ließ er als erstes die Sonne verfinstern (→ S. 260). Von unseren Steuergeldern! Irre!!

Geht es noch psychopathischer? Leider ja. Oder was soll man von einem Mann halten, der

sich auf Facebook als baden-württembergischer Ministerpräsident **STEFAN MAPPUS** mit schwulen Zonis sehen läßt (→ S. 264), obwohl er doch erklärter Homo-Hasser ist? Darf man so einen als Freund haben?

Gefährlich wird es, wenn Menschen, die sich von **PSYCHOPATHEN** bedrängt fühlen, Selbstjustiz üben. **BERND EILERT**, der durch jahrelange Traumatisierung inzwischen schon selbst an schrecklichen Reimzwangsneurosen leidet, macht einen Vorschlag, wie wir uns der **PSYCHOPATHENPROMIS** auf schmackhafte Weise (→ S. 284) entledigen können.

Die Lage ist aber nicht vollkommen hoffnungslos. Schon vor zwanzig Jahren gründete sich eine erste Psychopathenselbsthilfegruppe in St. Moritz, dem zentralen Schweizer Auffanglager für vermögende Persönlichkeitsgestörte. **HANS ZIPPERT** beobachtete die Gründungsversammlung (→ S. 280) und stellte fest: Das sind auch nur Menschen, und zwar ziemlich merkwürdige. Spontan übernahm er die **PSYCHOPATHENSCHAFT** für die Aktion «Notopfer St. Moritz».

Nicht allen **PSYCHOPATHEN** kann TITANIC den Platz einräumen, den diese geltungssüchtigen Manipulatoren gerne hätten, deshalb nennen wir Ihnen auf zwei Seiten (→ S. 276) die vierhundert wichtigsten Borderline-Terrier und erklären, was sie so besonders gefährlich für uns Menschen macht.

Gerade jüngere Leser wollen wissen, wie **DIETER BOHLEN** eigentlich hergestellt wurde und warum er über Superkräfte verfügt, die es uns unmöglich machen, ihn zu zerstören. **BERND EILERT** (bekannt von den Seiten 284/85), **RICHARD KÄHLER** und **HANS-WERNER SAALFELD** waren bereits 1986 dabei, als **DIETER BOHLEN** aus Antimaterie, Schlacke und Neutronenglibber von psychopathischen Wissenschaftlern zusammengebaut und gemeinsam mit dem Androiden **THOMAS ANDERS** auf die Menschheit losgelassen wurde (→ S. 296).

Wäre alles ganz anders gekommen, wenn **BOHLEN** Serbenführer geworden wäre? Klar, eine hypothetische Frage. Hätte man **HITLER** Malerei studieren lassen, würden Bilder nur noch an Hakenkreuzen aufgehängt, und wir müßten alle mit erhobenem rechtem Arm ins Museum gehen. Aber **DIETER BOHLEN** konnte weder malen noch dichten, noch Serbisch. Im Gegensatz zu **RADOVAN KARADŽIĆ**: ein Serbenführer, wie er im Buche steht, und zwar auf Seite 294. Seine Gedichte hat er eigenhändig mit der Maschinenpistole ins Papier gestanzt.

Wir haben sie abgedruckt, als eindringliche Mahnung, auf daß niemals wieder deutsche Waffen in die Hände von **PSYCHOPATHEN** gelangen. Es sei denn, sie bezahlen dafür.

HORST SEEHOFER interessiert sich nicht im geringsten für Waffen oder Massenvergewaltigungen. Statt dessen sind jedoch Ritualmorde, Genitalverstümmelung und Sodomie bei ihm keineswegs an der Tagesordnung. Was stimmt mit dem Mann nicht? TITANIC-Chefredakteur **LEO FISCHER** und sein treuer Sherpa **ZIEGELWAGNER** reisten in die Parallelgesellschaft der bayerischen Bergwelt und versuchten, es herauszufinden (→ S. 262).

PSYCHOPATHEN sind unberechenbar. Im Laufe von über dreißig Jahren haben sie TITANIC auf Schadensersatzzahlungen von mehr als vier Millionen Euro verklagt, weil sie sich beleidigt fühlten. Eine fixe Idee, aber da die Gerichte voll von **PSYCHOPATHEN** sind, mußte das Faktenmagazin am Ende über sechs Millionen Euro zahlen. Um das finanzielle Risiko einigermaßen kalkulierbar zu halten, befragten wir schon 1994 die prominentesten **PSYCHOPATHEN**, wie und wodurch sie sich möglicherweise von uns beleidigt fühlen könnten und was und wieviel wir ihnen dafür zahlen müßten. Genützt hat es nichts – die meisten Antworten waren wohl gelogen (→ S. 300).

Multitonnentalent Markwort!

Geben Sie es zu: Ihr Wissenschafts-Aufmacher im *Focus* 6/09, namentlich: «Der gute Speck – Einige Kilos mehr sind im Alter besser als zuwenig auf der Waage» – der ist doch nur der Auftakt zu einer ganzen Serie von Apologien pro domo und Ihres, Markwort, höchsteigenen entsetzlichen Lebensstils! Auf die nächsten Folgen: «Rückkehr der Föntolle: Warum die Weiber wieder drauf abfahren», «Zerlassene Butter – ein bekömmliches Erfrischungsgetränk» und «Chefredakteure – die besten Stecher der Welt» wartet jedenfalls schon höchst wißbegierig: Titanic

FOTO DES MONATS

KOHLOSKOPIE BEI RTL

◆

Gut vier Wochen nach Susan Stahnkes Vorsorgeuntersuchung vor laufenden Kameras ließ sich jetzt auch Helmut Kohl bei einer Darmspiegelung filmen. Ein ergriffenes Millionenpublikum schaute weg, als Professor Friedrich Hagemüller (Allgemeines Krankenhaus Altona) mit einem lediglich 12 Zentimeter dicken Endoskop, drei Darmleuchtern und einem Schutzhelm gegen Gallensteinschlag für »stern tv« den Dickdarm des Altbundeskanzlers auf Polypen kontrollierte. Die friedlichen Bilder üppig wuchernder Darmflora und -fauna im lieblich säuselnden Darmwind entfalteten dabei eine derart suggestive Wirkung, daß RTL für den Sommer eine große Samstagabendshow plant, live aus dem Altkanzlerdarm.

Martin Sonneborn

Eine zauberhafte Geschichte von Rayk Wieland

Einer der peinlichsten Momente in meinem mit Peinlichkeiten nicht gerade unterversorgten Leben war, als ich einmal an der Hotelbar neben mir den Teamchef der deutschen Nationalelf erblickte und mir absolut kein Argument einfiel, warum ich kein Autogramm für meinen Sohn von ihm verlangen sollte. Ein Autogramm. Von Klinsmann. Vater sein ist schon prekär, / als Vater handeln noch viel mehr.

Also fischte ich nach einer Reihe von existentiellen Grundüberlegungen ein Blatt aus der Tasche, schrieb oben auf die Seite: »Hiermit, lieber Charles« – denn so heißt mein Sohn – »ernenne ich Dich zum Ehren-Ersatzmann der deutschen Fußballnationalmannschaft« und stakte damit zu Klinsmann rüber, neben dem noch Jürgi oder Jörgi oder Yögi Löw und der unvermeidliche Oliver Bierhoff Präsenz zeigten, ein Angebertrio, das breitbeinig und dauergrienend in den Sesseln fläzte.

Original...

Um diese drei Horribilities rotierte die Welt. Das ganze Hotel, in dem die deutsche Fußballnationalmannschaft ein Stockwerk belegt hatte, war ein Hochsicherheitsbunker: an jeder Ecke Skilehrertypen, aber ohne Ski, im klassischen Einheits-Freizeit-Dienst-Look, behangen mit Kabeln und Bändern, Schildchen und Knöpfen im Ohr. Normale Leute, die nicht mit einem edlen Sportfummel durch die Lobby strawanzten, wurden behandelt wie Obdachlosenzeitungsverkäufer, wie Hobbydiabetiker, wie Duftsteinsammler. Sie gehörten nicht dazu. Sie störten, und sie hatten in der alles überstrahlenden Sonnenseitenwelt der Fußballprominenz nicht nur nichts zu suchen, sondern auch nichts verloren.

Etwa fünfzehn Meter entfernt von mir war der Tisch, an dem die drei thronten und gerade ein gewichtiges Pensum durchpalaverten, fünfzehn Meter, die sich in die Länge ziehen können, wenn man nicht gesehen werden will, bitte nicht von Freunden und Bekannten, aber erst recht nicht von den herumlungernden Sicherheitskräften, die womöglich einen Attentäter in mir vermuten und per Fangschuß zur Strecke bringen könnten. Ich sah die Schlagzeilen schon vor mir: »Irrer Fan wollte Klinsmann mit Kugelschreiber erstechen – Er verblutete zu Füßen des Bundestrainers«. So wollte ich nicht enden. Nichts ärgerlicher als: versehentlich umgebracht zu werden.

Was mich bei dem irrsinnigen Aufwand nicht überrascht hätte: Wenn Klinsmann gar nicht Klinsmann gewesen wäre, sondern aus Sicherheitsgründen ein Doppelgänger von Klinsmann. Aber dazu sah er sich selbst viel zu ähnlich. Das harmlose Spitzbubengesicht, die käsige Blässe, eine Aura von Knäckebrot und Erdnußschalenbutter – das konnte nur Klinsmann himself sein. Kurz zuvor hatte ich ein Doppelgänger-Treffen besucht, dessen Teilnehmer überhaupt niemandem ähnlich sahen. Riesenrätselraten, wer wen verkörperte. Ein Mann, der haargenau so aussah wie Eduard Schewardnadse, entpuppte sich als Doppelgänger von Didi Hallervorden. Fidel Castro ähnelte irgendwie Rupert Neudeck, firmierte allerdings unter Wolfgang Thierse. Steffi Graf ging als Barbra Streisand verkleidet. Bill Clinton war auch da, stellte sich aber als Mann am Akkordeon bei den Kastelruther Spatzen vor. Zu meiner nicht geringen Überraschung wurde ich, als zufälliger Zaungast vor Ort, mit großem Hallo als Kevin Spacey willkommen geheißen und in den Kreis der Pseudoprominenz integriert. Klinsmann jedenfalls wäre in diesem Kreis als Hella von Sinnen durchgegangen.

Die meisten Doppelgänger, erfuhr ich bei dem Treffen, wissen lange Zeit nicht, daß sie irgend jemandem ähneln – bis sie darauf angesprochen werden und sich bemüßigt fühlen, Autogramme zu geben, sei es aus Mitleid mit den Fans, sei es aus Mitleid mit sich selber. Manch einer leidet darunter, daß er als Außendienstmitarbeiter mit dem Gesicht von Ozzy Osbourne keinen Fuß in die Tür bekommt. Es gibt Patienten, die es als Verarsche empfinden, von einem Proktologen alias Dieter Thomas Heck behandelt zu werden.

Man wird zum Doppelgänger ja nicht geboren, man wird zum Doppelgänger gemacht. Irgendwo in der Welt taucht ein Mann auf, nennen wir ihn Bill Gates, er wird reich und prominent, und nach kurzer

togramm

Zeit wird ein anderer Mann in einem Holzverschlag vorm Kölner Dom nicht mehr als Losverkäufer akzeptiert. So ähnlich muß es Charlie Chaplin gegangen sein, in den 20er Jahren des letzten Jahrhunderts der berühmteste Mann der Welt, als dieser Spinner Adolf H. aufkreuzte.

Wenn ich zu schnell zu Klinsmanns Tisch eilte, würde ich vermutlich ebenso Aufsehen erregen, wie wenn ich zu langsam wäre. Natürlich war genau normal zu gehen erst recht auffällig unauffällig. Es könnte sinnvoll sein, dachte ich, wenn ich mit gebückter Körperhaltung losliefe, Zettel und Kugelschreiber an den ausgestreckten Armen nach vorn streckend, die letzten Meter auf Knien nach vorn rutschend, es könnte aber auch als plumpe Tarnung auffliegen. Ich beobachtete die Sicherheitstypen, die mich beobachteten. Dann nahm ich Papier und Stift in die Hand und löste mich vom Tresen. Dann schloß ich die Augen. Und dann ging alles sehr schnell.

»Wir hatten die Person schon eine Weile im Visier«, hieß es später im Protokoll der Polizei, »aber es gab keinerlei Anzeichen dafür, daß sie sich plötzlich die Kleidungsstücke vom Leib reißen und schreiend auf Herrn Klinsmann losstürmen würde. Obwohl zwei Sicherheitsbeamte sofort zur Stelle waren, gelang es dem Tatverdächtigen, auf den Tisch zu springen, dem Bundestrainer sein erigiertes Geschlechtsteil zu präsentieren und mehrmals auszurufen: ›Klinsmann, altes Strafraumschwein, / laß mich dein Innenpfosten sein!‹«

Leider weiß auch ich nicht genau, wie das passiert ist. Als ich auf meinem Autogramm-Canossa-Gang die Augen wieder öffnete, gab's überall Geschrei und Tumult, ich wurde zu Boden gerissen und vom brutalen Knie eines Bodyguards nach unten gepreßt. Da erst sah ich den Typen über mir, einen Flitzer, einen Exhibitionisten, der plötzlich irgendwoher angesprungen war und jetzt nackt auf dem Tisch stand, wo er mit seinem Glied herumwedelte. Er hatte ein großes Gerät. Klinsmann schien ziemlich beeindruckt davon.

Keine Frage, daß in der neuen Situation an eine Fortsetzung der Autogrammstunde nicht weiter zu denken war. Es dauerte, bis sich die Lage entspannte und das Knie von meinem Brustkorb wieder abhob. Die Polizei kam, führte mich und den andern Typen ab, um die Personalien festzustellen. Es ging nicht gerade unruppig zu. In den Augen der Leute galten wir offenbar als Team. Das Hotelpersonal musterte mich mit zoologischem Interesse. Gemeinsam mit dem Nacktfrosch nahm ich Platz im Polizeitransporter. Ein Fragenregen ging nieder. Was ich gesehen hätte? Was dem vorausgegangen wäre? Was ich von Klinsmann wollte? Was ich hier überhaupt zu suchen hätte? Wieso ich überhaupt dagewesen sei? Und und und...

Mein vermeintlicher Kompagnon strahlte vor sich hin und sagte gar nichts. Zitternd und mit den Handschellen klappernd saß er neben mir, die Scham bedeckt von einer Fußmatte. Im ersten Moment, als ich ihn etwas genauer betrachtete, dachte ich, er sei, tatsächlich, Oliver Kahn. Er sah ihm weißgott verblüffend ähnlich, war aber kleiner, eine Art Bonsai-Olli. Der Polizist, der uns befragte, glich übrigens Kofi Annan: nur weiß, mit roten Haaren und mit Übergewicht. Naja, stimmt gar nicht. Hätte mich aber nicht gewundert.

Nach zwei Stunden war ich wieder zurück im Hotel. Die Belegschaft wich weiträumig meinem Blick aus. Die Sicherheitsleute nestelten in ihren Seitentaschen. Es herrschte eine Bombenstimmung, wie nach dem 11. September. Ich stieg in den Fahrstuhl und fuhr hoch aufs Zimmer. Unterwegs stoppte die Fahrt, die Tür ging auf und herein kam, wer sonst?, Jürgen Klinsmann. Er sah mich mit offenem Mund und großen Augen an. Ich schaute steil nach unten. Dann hörte ich seine Stimme, die sich auf knäckebrot-englisch an mich wandte: »I'm terrible sorry for the strange situation. I would like to apologize for this scene. Could you please nevertheless give me an autograph for my son?«

Es kann unterstellt werden, daß ich kurz zögerte, aber es muß gesagt werden, daß ich dann doch zügig und sehr bereitwillig auf den Zettel, den er mir hinhielt, schrieb: »With best wishes, Kevin Spacey.« □

...und Fälschung

La melodia della poppone

DIE GROSSEN SKANDALE DER POPMUSIK

1967 – ELTON JOHN VERWÜSTET SEINE SUITE IM CONTINENTAL HYATT HOUSE HOTEL IN LOS ANGELES

1968 – JIMI HENDRIX VERGISST, SEINER OMA ZUM GEBURTSTAG ZU GRATULIEREN

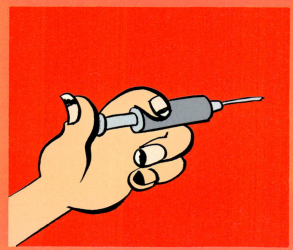

1977 – SID VICIOUS HAT SEHR, SEHR UNSAUBERE FINGERNÄGEL

1994 – KURT COBAIN HAT DIE GARAGE NICHT AUFGERÄUMT

Ruud Klein

Der letzte Mensch **Kultur**tip

Horst Seehofer plant seinen August

1 Kennen Sie schon Damien Hirst? Der Mann ist ein richtiger Künstler, wie du und ich. Kennengelernt habe ich ihn zufällig, im Fernsehen, bei der Sendung »Kunst & Krempel«. Er lebt völlig zurückgezogen in New York, diesem faszinierenden Schminktiegel. Im **August** werde ich eine Autogrammkarte an ihn schicken. Ich selber habe jetzt Hirsts Objekt »Goldbarren« in seinem Laden gekauft, eine Schön-Skulptur aus Diamantengold. Braucht viel Platz, glänzt beim Einschalten und muß jeden Tag eine halbe Stunde in die Waschmaschine. Aber das macht große Kunst wohl aus.

2 Anfang **August** kommt die Band Silbermond auch zu mir, nach Ingolstadt, in meine Garage. Silbermond, das sind vier hochtalentierte junge Knuspermäuschen. Sie singen von Liebe, vom Erwachsenwerden und anderem Schmarrn, den sie irgendwo aufgeschnappt haben. Und wer weiß? Wenn ich einer von ihnen erst mal ein Balg angehängt habe, nehmen die mich vielleicht in ihre Band auf. Als Aushängeschild, und wegen meiner Wirtschaftskompetenz. Stelle ich mir schön vor: um die Häuser ziehen, Omas ausrauben, die Jungs total verrückt machen. Crazy, aber so wär' ich nun mal gern!

3 Auf ein Ereignis in der Buchhandlung »Schutt&Asche« Mitte **August** freue ich mich ganz besonders toll: Paul Coelho kommt, liest meine Autobiographie »Auf dem Rücken der Patienten wachsen Haare«. Er lacht herzhaft auf, klappt das Buch zu, kauft ein anderes (»Schlafen Sie sich schwul«) und lächelt mich beim Rausgehen anerkennend an. Wird wohl nie passieren! Und trotzdem: ein schöner Traum, dem man gut nachhängen kann, wenn man mal allein in der Garage das Auto bügelt und im Radio der neueste Hit von Silbermond läuft (»Bavaria, du schöne Stadt«).

4 Was ich mir immer wieder gerne ansehe: das Fernsehen! Da kommen oft tolle Sachen – ich sage nur: Arte, 3sat, DVD! Und wenn's einem mal zuviel wird, einfach umschalten. Oder ganz aus! Draußen ist so schönes Wetter. Gerade im **August**!

5 Ein Ereignis der besonderen Superklasse erwartet uns im **August** auf Schloß Guttenberg. Mein Kumpel Gutti spielt Janis Chopins »Für Elise« auf dem Spinett – mit Händen, die ihm sein Vater Enoch vorher mit dem Kantholz gebrochen hat. Enoch klopft den Takt, und wenn Gutti sich verspielt, gießt ihm sein Vati heißen Kaffee in den Kragen. Gutti ist schon eine arme Sau, lustig anzusehen ist es trotzdem. Kartentelefon: Enoch Entertainment, Tel. 09225-95620 (22 Uhr bis 6 Uhr, langsam sprechen!).

6 Ende **August** ist wieder Amokschützenfest in Schondorf am Ammersee! Da ist immer ein großes Hallo, ein kleines Wiederschaun und ein herzliches Vergeltsgott. Für das leibliche Wohl ist gesorgt: Ein Paar Wiener kostet 18 Euro, das Bier fließt in Plastikbechern, und unsere Kleinsten kommen voll auf meine Kosten (Alimente). Ein Rundumvergnügen für Menschen zweiter Klasse, mit denen ich mich als Politiker natürlich immer wieder gerne abgeben muß.

Horst Seehofer, Jahrgang 1949, ist Politiker. In seiner Freizeit ißt der gelernte Quellenforscher ein Stück Speck mit Radi. Dazu paßt ein frisch gezapftes Hefeweizen oder ein Herzinfarkt.

Mein freund Stefan Mappus

Eine wahre Freundschaftsgeschichte von Oliver Maria Schmitt und Peter Uhnemann

Wie alle anderen war auch ich schockiert, als ich Stefan Mappus zum ersten Mal sah. Obwohl er nur im Fernseher war. Dem Schock folgte das Entsetzen, denn ich mußte erkennen, daß wir eine ganz besondere Beziehung haben, Stefan und ich. Er stammt nämlich aus meiner Heimat Baden-Württemberg und ist praktisch genauso alt wie ich. In ihm sah ich mich selbst, bzw. was aus mir hätte werden können, wenn ich im Süden geblieben, mit 17 in die Junge Union eingetreten und etwas rücksichtsloser beim Kalorienbunkern gewesen wäre.

Als sein Vorgänger im Amt des baden-württembergischen Ministerpräsidenten, der schwäbelnde Englischlehrer Günther Oettinger, nach Brüssel entsorgt wurde, schlug Stefans große Stunde. Der »Moschtkopf« (*Die Zeit*) rückte nach. Tauchte auf aus dem Dunkel der Hinterbank, stand plötzlich im Rampenlicht, groß, mächtig und unheilvoll wie ein Atompilz. Kaum im Amt, legte er los, gab den Rambo, das konservative Rhinozeros, seinem Vorbild Franz Josef Strauß wie aus dem Gesäß geschnitten.

Mit dieser seiner Unart, das war mir klar, würde es mein Gleichalter Ego nicht leicht haben. Nicht mal in der CDU. Wenn sogar die *FAZ* monierte, Mappus stehe unverhohlen für »das Breitbeinige, Kaltschnäuzige, Schwulenfeindliche. Den Christopher Street Day findet Mappus ›abstoßend‹, das Adoptionsrecht für homosexuelle Paare gefährlich« – und schlußfolgert, der Pfundskerl aus Pforzheim wirke »wie eine Inkarnation des verdrängten, bösen Unterbewußtseins dieser Partei«, dann stand es nicht gut um Stefan. Er tat mir irgendwie leid. Ich mußte ihm helfen.

Gut, natürlich finde auch ich den Christopher Street Day abstoßend, diesen nervtötenden Lärm- und Müllproduktionsauflauf mit aufgesetzter, spießiger Homofolklore. Ich bin ja auch nicht schwul. Aber noch mehr als den CSD hasse ich Schwulenhasser. Weil diese Haltung so dämlich, so überflüssig ist. Eigentlich sollte man nur noch Schwulenhasser zum CSD schicken, um sie mal so richtig zu ärgern.

Mit seiner Position hatte sich Stefan jedenfalls ins Abseits begeben. Bestimmt kannte er gar keine Homos. Das war sein Problem. Wenn er erst mal einen guten Homofreund hätte, würden sich seine Verkrampfungen bestimmt schnell lösen.

Ich schaute mir Stefans Facebook-Seite an und wollte was Tröstendes an seine Pinnwand schreiben. Ging aber nicht, weil ich gar keinen Facebook-Account hatte. Also

erfand ich einen netten, harmlosen Homofreund für Stefan Mappus. Ich wählte einen Namen, den es im Internet noch nicht gab – Peter Uhnemann – und meldete ihn bei Facebook an. Um Peter ein Face zu booken, gab ich bei der Google-Bildersuche den Begriff »nerd« ein und schnitt das erstbeste Gesicht aus. Peters Geburtsdatum war natürlich der 17. 5., und seine Maxime erschütternd langweilig: »Ich lerne gerne interessante Menschen kennen.« Um noch mehr Mitleid zu erregen, siedelte ich ihn im Osten an, in Gera, und machte ihn 23 Jahre alt.

Um glaubwürdig und echt zu sein, mußte Peter ein paar Freunde haben. Wo kriegte ich die jetzt her? Gut, mit irgendeinem muß man ja mal anfangen. Ich wählte Thorsten Schäfergümbel, die Hoffnung der Hessen-SPD. Klar, daß ein solcher Mann dringend Freunde braucht. Schon am nächsten Tag bestätigt Schäfergümbel meine Freundschaftsanfrage. Hurra, mein erster Facebook-Freund!

Das gefällt mir. Ich klicke ein wenig herum, und schon dreißig Minuten später habe ich drei weitere Freunde: Melanie Nelles, Fabian Löffler und »Schlagersängerin Jasmin«. Ich kenne diese Leute nicht. Obwohl man eine Frau mit einem derart betörenden Namen wie »Schlagersängerin Jasmin« durchaus kennen sollte. Ihr neuer Song »Herzen haben Flügel« ist »JETZT ENDLICH« online, teilt sie mir mit, und ihren Fotos entnehme ich, daß sie 2006 mal im Big Brother-Container eingeknastet war und sich danach die Brüste hat aufpumpen lassen. Mein nächster Freund heißt Steffen und stellt sich gleich vor: »Hallo mein Name ist Steffen Osten der seriöse Inkassokontakt im Internet. :-) Mein Ziel ist es, bei Außenständen zu helfen und vor dubiosen Unternehmen zu warnen!« Und da! Eine Nachricht von meinem Freund Schäfergümbel: »Feierabend! Allen einen schoenen Abend!« Wahnsinn! Dieser Mann ist echt, so was kann man nicht erfinden.

Anderntags wollen schon vier Menschen meine Freunde sein: Holger, Mechthild, Michael und Sabine. Wahrscheinlich, weil wir schon vier gemeinsame Freunde haben. Wir sind eine Superclique aus Schlagersängern, Finanzdienstleistern, Politikern und Inkassobeauftragten. Der Auswurf der Menschheit, und Peter mittenmang. Mechthild ist in der SPD und hat es geschafft, nicht weniger als 280 Fotos von sich selbst ins Netz zu stellen. Zum Glück ist sie auf allen angezogen. Sabine ist, wie auch meine Freundin Jasmin, Schlagersängerin, sie hat gerade das Lied »Ein bißchen Sonne fürs Herz« aufgenommen. Das finde ich super, und noch besser finde ich, daß man Sabine »anstupsen« kann. Ich drücke den Button »Sabine anstupsen«. Die Meldung »Du hast Sabine angestupst« erscheint, aber nichts passiert. Ich stupse noch mal nach. »Sabine hat deinen letzten Anstupser noch nicht erhalten. Sie bekommt ihn, sobald sie sich das nächste Mal anmeldet.«

So klicke ich mich durch die Freundeslisten von Leuten, die ich nicht kenne. Jetzt will ich raus aus dem deutschen Muff – Facebook ist doch das Freundschaftsfenster zur Welt! Ich denke mir einfach einen finnischen Namen aus: Mätti Hääkäänen – sofort werden mir Facebooker vorgeschlagen, die so ähnlich heißen. Ich haue sie an und schicke wahllose Freundschaftsanfragen hinaus, ich frage irgendwelche Vietnamesen, Finnen und Amis. Durch meine neue Freundin Marshay, eine korpulente Schwarze aus Chicago, gerate ich in einen Freundeskreis von weiteren dicken, schwarzen Frauen, der sofort lawinenhaft über mich hinwegwalzt. Nach wenigen Stunden bin ich schon mit elf dicken Negerinnen befreundet – am Vortag kannte ich noch keine einzige.

Einen weißen Jungen nehme ich auch noch mit: Brandon aus New York. Sekunden nachdem ich ihn um seine Freundschaft angehauen habe, bestätigt er diese, dann macht es »Klack« und ein Chat-Fenster geht auf. Man kann auch chatten! Wußte ich gar nicht. Brandon schreibt: »Who r u« – und eine Minute später: »Who the fuck r u?« Wenn ich das nur wüßte. Ich schreibe: »I'm Peter from Germany. I wanna be ur friend!« Ich habe nie wieder was von meinem Freund Brandon gehört.

Da man Wiglaf Droste keine Freundschaftsanfragen schicken kann, nehme ich den ähnlich lautenden Wiglaf Dose, der außerdem mit einem beeindruckenden Muskelprotzbild für sich wirbt (Geburtsdatum 11.11.1911). Er wird mein Freund und fragt im Gegenzug, wen ich ihm aus dem Reservoir der eigenen Freunde als Freund anbieten würde. Ich schlage ihm wahllos einige meiner Freunde vor, die ich überhaupt nicht kenne. Eine sehr gute Funktion!

Ich merke, wie ich allmählich facebooksüchtig werde. Mehr und mehr Stunden verbringe ich vor der Maske mit dem blauen F. Jeden Morgen beim Hochfahren des Rechners fiebere ich mit, ob es dieser dämlich grinsende Nerd wieder geschafft hat, neue Freunde zu finden. Ich muß Gas geben, Lady Gaga hat, nach einem tagelangen Kopf-an-Kopf-Rennen mit Barack Obama, als erste lebende Person mehr als zehn Millionen Freunde bei Facebook. Bis dahin ist es noch ein weiter Weg. Doch ich bin fest entschlossen.

Als ich gerade eine Anfrage an Paris Hilton schreibe, erscheint eine

Warnung!
Dein Verhalten könnte von anderen Nutzern als lästig oder beleidigend empfunden werden! Die Systeme von Facebook haben festgestellt, daß du beim Hinzufügen von Freunden zu schnell vorgegangen bist. Du mußt deutlich langsamer handeln. Weiterer Mißbrauch der Funktionen der Seite kann zu einer zeitweisen Blockierung oder dauerhaften Sperrung deines Kontos führen.

Pff, dann mach ich eben langsamer. Es sind sowieso nicht alle kontaktfreudig. Fast schon pampig teilt die Internet-Publizistin Kathrin Passig auf ihrer FB-Seite mit: »Ich befacebookfreunde mich nur mit Menschen, die ich a) kenne und b) wiedererkennen kann. Bitte nicht persönlich nehmen, wenn es bis dahin manchmal etwas länger dauert.« Meine erste Freundschaftsanfrage wird nicht beantwortet. Ein paar Wochen später riskiere ich's noch mal – und bin plötzlich ihr Freund. Sie hat mich wiedererkannt!

Als Peter Uhnemann frage ich auch etliche meiner echten Freunde. Viele, ja sehr viele akzeptieren die Freundschaftsanfrage sofort. Ich verliere ein wenig den Respekt vor ihnen. Soll ich meine echten Freundschaften jetzt aufkündigen? Offenbar ist denen ja jeder recht.

»Schreib etwas über dich!« bittet mich Facebook, damit meine neuen Freunde mehr über mich erfahren können. Kein Problem. Ich poste meine erste Mitteilung: »Jetzt ist es aber schon sehr spät, ich muß ins Bett.« Keine Reaktion, keiner drückt den »Gefällt mir«-Button. Na gut, ich kann auch anders: »Ich habe gerade ein sehr leckeres Glas Mineralwasser getrunken, um mich vor Austrocknung zu schützen.« Marshay aus Chicago reagiert sofort: »Say that again!« Na also. Es folgen weitere pikante News aus Peter Uhnemanns Leben, z. B. »Ich weiß noch nicht genau, was ich an Pfingsten mache!« Oder: »War heute mit meinen Eltern bei IKEA. Köttbullar sind echt voll lecker!« Und schließlich: »Habe gestern bei meinem Freund Detlef übernachtet. Zum ›Schlafen‹ sind wir gar nicht gekommen, hihi.«

Damit war die Basis für einen seriösen Account gelegt, jetzt kam Teil zwei meines Plans: Ich fing an, Ministerpräsidenten zu sammeln. Wenn ich im Kreise von befreundeten Länderchefs agierte, würde meine Freundschaftsanfrage an Stefan Mappus wie selbstverständlich, ja folgerichtig wirken.

Bei Horst Seehofer und Klaus Wowi konnte man nur »Gefällt mir« machen, doch Kurt Beck, der Bodenständige, antwortete schon am nächsten Tag und machte mich zu seinem Freund. Ebenso Hannelore Kraft. Dann machte ich Stefan Mappus ein Freundschaftsangebot, das er nicht ausschlagen konnte – und so geschah es: Stefan Mappus und der kleine Peter Uhnemann aus Gera waren Freunde.

Obwohl es mir schwerfiel, stupste ich Mappus erst mal freundschaftlich an.

»Du hast Stefan Mappus angestupst«, meldete Facebook. Klang eklig, aber auch irgendwie interessant. Wenn er jetzt zurückstupste und mein Profil anschaute, würde er staunen. Ich habe viele neue »Gefällt mir«-Einträge: »Peter Uhnemann gefällt Klaus Wowereit, Rosa von Praunheim, Volker Beck, Ole von Beust, Patrick Lindner, Guido Westerwelle, Jürgen Marcus, Rex Gildo, Jogi Löw, George Clooney.« Das war ja wohl eindeutig.

Am nächsten Tag ist der 17. Mai, Peters Geburtstag. Jede Menge dicke schwarze Damen gratulieren herzlich – ich bin beschämt. Und ein wenig enttäuscht, weil Stefan noch nicht zurückgestupst hat. Ich stupse ihn noch mal an.

»Stefan hat deinen letzten Anstupser noch nicht erhalten. Er bekommt ihn, sobald er sich das nächste Mal anmeldet.« Dann wird er auch lesen, was ich ihm an die Pinnwand geschrieben habe: »Hallo Stefan, hab in der Zeitung gelesen, daß du ein Schwulenhasser seist und den CSD ›abstoßend‹ findest – stimmt das? Kann ich ja gar nicht glauben…« Doch Stefan tut so, als habe er es nicht gelesen.

Als Ende Mai überraschend die Bundesnull Horst »Horschti« Köhler zurücktritt, schreibe ich an Stefans Pinnwand: »In dieser jetzigen Krisensituation, Stefan, solltest du die CDU auch für warme Wählerschichten öffnen und im Juli beim CSD in Stuttgart sprechen!« Ein anderer Mappusfreund namens Dominik Reual kommentiert meinen Eintrag: »Sonst hast du aber nichts zu tun? Geh arbeiten und schreib net son Schmarrn hier hin!« Weshalb ich am nächsten Tag an Stefans Wand pinne: »Jetzt soll der Wulff Bundespräser werden. Er ist ja ganz süß, aber ich steh mehr auf Dicke, so wie den Stefan.«

Der reagiert noch einigermaßen gelassen, ja gar nicht. Am nächsten Tag pinne ich weiter: »Huhu, Stefan, sag mal, bist du wirklich aus Pforzheim? Nee, also echt jetzt: Pforzheim, hihihi.« Das wird Dominik Reual zu viel, er poltert los: »Sag mal, hast net kapiert. Laß den Scheiß und geh endlich was arbeiten.«

Als ich am nächsten Tag wieder an Stefans Pinnwand schreiben will, habe ich keinen Zugriff mehr. Aus meinem Freunde-Portfolio ist er verschwunden. Mein Freund Stefan hat mich einfach gekickt!

Vielleicht ja nur aus Versehen, hoffe ich, und schicke ihm sofort eine Freundschaftsanfrage – dann geht plötzlich gar nichts mehr. Ich bin blockiert! Ein Fenster geht auf:

Blockiert!
Du wurdest vom Hinzufügen von Freunden blockiert, weil du diese Funktion wiederholt mißbraucht hast. Diese Blockierung kann von ein paar Stunden bis hin zu ein paar Tagen andauern. Bitte sei vorsichtig, wenn du diese Funktion wieder verwenden kannst. Der Versuch, diese Funktion während der Blockierung zu verwenden, kann zur Verlängerung der Blockierung führen.
Wir können diese Blockierung nicht aufheben. Sei daher bitte geduldig und verwende diese Funktion für ein paar Tage nicht, bis die Blockierung beseitigt wurde.
Wenn du diese Funktion wieder verwenden darfst, mußt du dieses Verhalten deutlich verringern oder es gänzlich einstellen. Fortwährender Mißbrauch der Funktionen der Seite kann zur zusätzlichen Blockierung oder dauerhaften Sperrung deines Kontos führen.
Leider kann dir Facebook keine genauen Informationen zu den geltenden Grenzwerten mitteilen. Der Grenzwert, bei dem du gewarnt wirst, ist keine konkrete Zahl, sondern wird von verschiedenen Faktoren bestimmt. Dazu zählen Geschwindigkeit, Zeit und Häufigkeit.

Was sollte ich jetzt tun? Den Account bei Ebay einstellen und verkaufen? 50 Freunde kosten bei Ebay 6,99 Euro mit der Sofort-kaufen-Funktion (»Natürlich handelt es sich um deutsche Freunde. Auf Wunsch sind auch andere Nationen möglich. Sie können auch gerne mehrere Angebote buchen, und so Ihre Freundeanzahl erhöhen. Stellen Sie sich vor, Sie haben über 1.000 Freunde!!!«).

Doch ohne meinen Freund Stefan verlor ich irgendwie das Interesse an Facebook. Und ohne seinen Freund Peter Uhnemann war der Abstieg des Stefan Mappus sicher.

So kam, was kam, was kommen mußte: Die Homos tanzten frech auf Stuttgarts frisch gekehrten Straßen, am Horizont zog das Langzeittief »Stuttgart 21« auf, die grünen Ritter des Todes machten sich bereit, Bagger schlugen, Bäume ächzten, Wasserwerfer wuschen Blut von den Straßen, die Erde bebte, Fukushima ging hoch, der Altmeiler Brüderle geriet außer Kontrolle, das Undenkbare geschah – und Stefan hatte weder Freunde noch Wähler. Schluß nach 58 Jahren CDU.

Einige Tage nach dem Wahldebakel – ich hatte ihn schon fast ein bißchen vergessen – kam, wie aus dem Nichts, ein Facebook-Hinweis. Aus der Heimat: »Stefan Mappus hat deine Freundesanfrage bestätigt.«

Nach all den Monaten! Und noch bevor ich mich fragen konnte, ob ich ihm das nach seinem Verrat noch verzeihen sollte, kam schon die nächste Botschaft: »Stefan Mappus hat dich zu der Gruppe ›Wir halten zu Karl-Theodor zu Guttenberg‹ hinzugefügt.«

Nein, das war zuviel, jetzt war das Ende der Freundesstange erreicht. Ich tat, was ich noch nie auf Facebook gemacht hatte: Ich kündigte die Freundschaft. Ich kickte meinen Freund Stefan Mappus. Ich mach doch nicht jeden Scheiß mit. ◻

ABSCHEU,

Michael und Lisa Marie.
Die Scheidung.
Das Interview.

Kaum jemand mag sich vorstellen, daß die spektakuläre Super-Scheidung Michael Jackson (37) gegen Lisa Marie Presley (27) einer ehrlichen, tiefempfundenen Abneigung entspringt. Der Verdacht liegt nah, daß es sich auch diesmal nur um eine PR-Aktion handelt, die Michael Jacksons Image als Ehemann aufbessern und seine Plattenverkäufe ankurbeln soll. Denn schließlich: Wer einmal vor dem Standesamt lügt, lügt auch zweimal. In einem Exklusiv-Interview versucht das frischzerstrittene Ehepaar nun, alle Zweifel an der Wahrhaftigkeit seiner »unüberbrückbaren Differenzen« *(Bunte)* auszuräumen.

Titanic: Michael, es ist uns eine große Ehre. Sie und Ihre wunderbare Frau beziehungsweise Noch-Frau Lisa Marie haben gerade die Scheidung eingereicht. Was ist passiert?
Jackson: Wir lieben uns nicht mehr!
Presley: Das stimmt; das tiefe Gefühl, das uns monatelang verbunden hat, ist mittlerweile Vergangenheit.
Jackson: Inzwischen hassen wir uns sogar!
Presley: Hassen ist gar kein Ausdruck, ich würde sogar so weit gehen und sagen: Wir verachten einander!
Titanic: In diesem Moment fragen sich Millionen Menschen auf der Welt, ob es sich dabei nicht um einen neuerlichen PR-Trick handelt.
Jackson: Nein, diesmal nicht. Glauben Sie uns! Es wird uns förmlich schlecht, wenn wir uns nur sehen!
Presley: Da hat er recht! Wo er recht hat, hat er recht. Hab' ich recht, Michael?
Jackson: Natürlich hast du recht, Lisa.
Titanic: Vollziehen Sie die Scheidung auch in der Praxis? Wir meinen...
Presley: Ja, wir werfen uns täglich Sachen an den Kopf, zum Teil richtig schwere Beleidigungen, total haltlose Vorwürfe...
Jackson: ...Aschenbecher und Geschirr...
Presley: ...natürlich Aschenbecher und Geschirr, danke Michael, und manchmal diese kleinen bordeauxfarbenen Keramikuntersetzer von Aigner, die kennen Sie wahrscheinlich.
Titanic: Das tun viele Ehepaare. Aber Sie als Popstars sind der Öffentlichkeit in besonderer Weise verpflichtet, müßte da nicht mehr kommen?
Jackson: Nun, das ist natürlich noch nicht alles. Wir machen uns zum Beispiel gegenseitig in der Nachbarschaft schlecht, da können Sie fragen, wen Sie wollen. Sie tut mir auch Gift ins Essen, all diese Sachen. Neulich nachts hat sie sogar versucht, mich im Schlaf zu ondulieren.
Presley: So süße kleine Löckchen. Das paßte total gut zu seinem schwarzen Teint.
Jackson: Paß auf, was du sagst!
Presley: Entschuldige vielmals, das war ein Versehen.
Titanic: Das war jetzt aber ein Mißverständnis, da sind wir

> »Kommen Sie in unsere Suite«, bat Michael Jacksons Noch-Ehefrau Lisa Marie unsere Reporter, »und dokumentieren Sie unsere Zerrüttung!«

sicher. Können wir weitermachen, ja? Michael, ist denn da überhaupt kein Gefühl mehr?
Jackson: Gefühl? Höchstens Abscheu vielleicht. Oder Ekel. Grauen würde auch ganz gut beschreiben, was ich ihr gegenüber empfinde. Und,

KEL, HASS

ja, genau: Haß, blanker Haß. Ich hasse sie – und sie haßt mich. Oder sehe ich einen Rest Liebe in deinen Augen, Lisa Marie?
Presley: Nein, Michael, da ist nichts mehr! Du bist der große Haß meines Lebens.
Jackson: Sie hören es.
Titanic: Wie konnte es überhaupt zu dieser Situation kommen?
Jackson: Das Ganze war ein furchtbares Mißverständnis. Wir passen einfach nicht zueinander. Nehmen Sie nur das Rassenproblem. In einigen Gegenden Südafrikas dürfte Lisa Marie nicht einmal neben mir auf der Parkbank sitzen, weil sie viel dunkler ist als ich. Und dann die Namen. Ich heiße Jackson, ihr Name ist Presley: Das sind sehr grundlegende Differenzen.
Presley: Ich bin eine Frau und Michael ist ein Mann.
Jackson: Das konnte nicht gut gehen.
Presley: Dazu kommt auch noch: Ich habe zwei Kinder, die zusammen 8 Jahre alt sind...

Jackson: ...und ich bin nur knapp 1,70 Meter groß.
Presley: Das geht doch hinten und vorne nicht zusammen!
Jackson: Nach ein paar Monaten bemerkten wir dann, daß wir ganz verschiedene Blutgruppen haben, unterschiedliche Schuhgrößen und zum Beispiel auch völlig auseinandergehende Ansichten über Hygiene: Lisa Marie etwa trägt grundsätzlich zigtausende Arten von Bakterien mit sich herum, im Mund, auf der Haut, ja, sogar im Dickdarm!
Titanic: Was sagen Sie dazu, Lisa Marie?
Presley: Im Gegensatz zu Michael war ich immer der Auffassung, daß man beim intensiven Küssen auch schon mal den Mundschutz abnehmen sollte.
Titanic: Nach außen hin schottete sich das Paar Jackson-Presley stets ab. Gab es gemeinsame Freunde?
Presley: Nein, unsere Freundeskreise waren einfach zu unterschiedlich. Michael konnte sich mit meinen Freunden nicht unterhalten,

weil ich keine habe – und ich weiß einfach nicht, worüber ich mit Elfjährigen reden soll... Wissen Sie, ich hasse Legosteine!
Titanic: Sie haben vorhin mehrfach davon gesprochen, daß Sie sich gegenseitig hassen. Wie muß man sich dieses Gefühl, diesen Haß zwischen Ihnen vorstellen?
Presley: Kennen Sie das: Sie stehen in der Küche, und plötzlich kommt eine Kellerassel unter dem Kühlschrank hervorgekrabbelt, und Sie wissen, Sie müssen jetzt einfach mit dem Schuh nach ihr schlagen. Verstehen Sie? Ungefähr so.
Jackson: Ja, oder, das ist wie wenn man bei etwas sehr Schönem gestört wird. Zum Beispiel wenn ich gerade an bzw. mit Lisa Maries Kindern spiele, und plötzlich kommt jemand herein...
Presley: Du Schwein! Du elender...
Titanic: Vorsicht! Nehmen Sie den Schuh weg! Lisa Marie, Michael, wir danken Ihnen für dieses Gespräch. □

Mit dem zerstrittenen Ehepaar sprachen Benjamin Schiffner und Martin Sonneborn

DUMMES DEUTSCHLAND

Bis ihr kotzt!

MAXIM BILLER über seinen riesigen Haß vor dem Tiefkühlregal

Meine Mutti ist keine Schlammvotze. Aber seit Mutti weiß, daß ich alles hasse, was kriecht und fliecht, hat sie immerhin einen Heidenrespekt vor mir. Wirklich wahr! Dabei müßte ich Mutti strenggenommen auch hassen (weil ich ja alles hasse), aber ich tu und tu es nicht. Warum auch? Es reicht mir doch schon, daß ich den kompletten Rest der Welt für eine immerwährende Vollversammlung von Arschgeigen, Deppen und saudoofen Totalversagern halte. Die hasse ich nämlich alle, wie sie kommen!

Ich hasse aufgeblasene, größenwahngepeinigte Schriftsteller-Darsteller à la Peter Handke, Thomas Hettche oder Günter Grass, ich hasse Intellektuelle, die nicht tanzen können (z.B. Uwe Kopf oder mein Sammeltaxifahrer), ich hasse Dichterlesungen, zu denen ich nicht eingeladen bin, obwohl ich doch schon mehrfach im Kulturfernsehen mit Dichterhütchen und grimmigem Blick durch vollgekackte Stadtparks gestromert bin, um ganz klar zu zeigen, was man von mir zu halten hat. Ich hasse Regenwetter, Kokossonnenöl und Armut, ich hasse den Spex-Chefredakteur und meinen Haarausfall.

»Ich habe schlechte Laune, weil meine Brille so scheiße aussieht!«

Dann hasse ich noch schlecht angezogene Politiker, die ganz besonders, die können mir gestohlen bleiben, diese Doofmänner, die machen da oben ja doch nur, was sie wollen. Die hasse ich mindestens so sehr wie rote Grütze, grüne Politiker, Judenhasser, den Schah von Persien, den Briefträger, der mir die Hamburger Morgenpost immer so fest in den Briefkastenschlitz reinpfriemelt, die BMW-3er-Serie und natürlich die Schauspielerin Corinna Harfouch. Die hasse ich, weil sie im Gegensatz zu mir aus der Zone stammt und weil sie mich nicht rangelassen hat, die Schlammvotze. Dabei wollte ich gar nichts von ihr; jedenfalls nicht mehr als alle andern auch.

Ölgemälde mit Pferden drauf hasse ich auch. Und ich will euch auch genau sagen, warum: darum! Weil ich nämlich auf solchen Bildern immer scheiße aussehe, weil ich einfach immer total verdeckt werde und unsichtbar bin, wenn so ein Scheiß-Klappergaul vor mir steht. Gebt ihm die Sporen, diesem Gaul, schickt ihn in die Wüste! Vielleicht ist er dort ein wenig sicherer vor meinem unbändigen Haß.

Manche von euch könnten jetzt vermuten, daß ich auch die Reichen hasse. Aber ich hasse sie nicht. Denn ich kenne die Reichen, und ich kenne sie besser als sie sich selbst. Sie tun mir fast leid. Sie sind Ficker. Sie züchten Pferde in der Camargue, eröffnen in Tel Aviv osteuropäische Restaurants und schlagen im HL-Markt Rabatz, wenn sie keine Bresse-Hühner im Geflügelfach finden. Wo doch jeder weiß, daß die immer im Tiefkühlregal liegen, ganz außen, neben den teuren Coppenrath-Apfelstrudeln. Die hasse ich übrigens auch, weil sie so scheißteuer sind.

Und wo ich nun schon mal schlechte Laune habe und eine Stinkwut, weil meine Brille so scheiße aussieht, kann ich euch noch was verraten, was euch das Wochenende vollends versauen wird. Weil ihr nicht damit gerechnet habt. Ihr werdet sicher nicht ahnen, was jetzt kommt, aber jetzt erzähle ich es euch, weil ich das noch noch nie jemand erzählt habe. Jetzt muß es raus: Ich bin Jude!

Tja, da seid ihr sprachlos.

Hab ich mir gedacht.

Ja, Jude. Und deswegen will ich hier jetzt auch mal so richtig die Judensau rauslassen, so richtig volle Kanne, bis ihr kotzt und Scheiße schreit, denn dafür werde ich schließlich bezahlt. Ich bin Jude, und damit müßt ihr euch einfach abfinden. Ich bin es deswegen, damit ich es euch immer und immer wieder erzählen kann, immer wieder und wieder und dann noch mal von vorne. Weil ich ein kontroverser Typ bin und angepaßte Arschlöcher hasse und verabscheue. Leute wie euch, die immer noch glauben, ich sei ein Jungschriftsteller, ein Jungscher, ein Talent, das es erst noch zu entdecken gilt, in ein paar Jahren vielleicht, wenn ich schon längst wieder aus der Bachmannbewerb-Jury rausgeflogen bin, weil da nämlich außer mir lauter Arschlöcher und Judenhasser drinsitzen. So sieht's doch aus, mein lieber Herr Gesangsverein!

Aber eigentlich wollte ich hier keine öde Solovorstellung geben, sondern von Mutti reden. Die alte Schlammvotze. Denn jetzt gerade, da ich mich regelrecht in eine wahnsinnige Rage hineingeschrieben habe, jetzt merke ich nämlich, daß ich Mutti eigentlich auch hasse. Aber scheißegal, ich hasse sowieso alles, Kruder & Dorfmeister auch. Dafür bin ich schließlich bekannt.

Und das soll mir erst mal einer nachmachen.

Maxim Biller gab die Abfassung dieses Textes ausnahmsweise bei Oliver Schmitt in Auftrag

Eine Information für unsere österreichischen Leser:

Friedrich Karl Waechter
Keine Witze über den Papst

UNNÜTZE MENSCHEN (II)
100 Knalltüten, die du komplett vergessen kannst

51

Lady Gaga trägt zu Hause heimlich Höschen.

52 Wladimir Putin zieht sich gern vor der Kamera aus. Noch lieber jedoch zieht er andere vor der Kamera aus, zum Beispiel hübsche Russinnen aus einem brennenden PKW.

53 Jack Nicholson gewann mal den vierten Preis bei einem Willy-Brandt-Ähnlichkeitswettbewerb.

54 Wenn Familienministerin Kristina Schröder ein Tier sein könnte, wäre sie gern ein Arschkrebs.

55 Italiener, Franzosen und die Scheißspanier. Können alle nicht Fußball spielen.

56 Die meisten deutschen Schriftsteller sind verhinderte Journalisten.

57 Helmut Schmidt läßt sich alle vier Wochen Botox spritzen, um seine Raucherhaut zu straffen.

58 Alfred Biolek ist blind, wird aber von seinen Betreuern durch Elektroschocks in die richtige Richtung gelenkt.

59 Die meisten deutschen Blogger sind verhinderte Liedermacher.

60 Hannelore Elsner stiehlt gerne glitzernde Gegenstände.

61 Angelina Jolie, Mutter von sechs mißratenen Sprößlingen, kennt sich bestens aus in der Filmbranche, wird daher häufig auch als »Branchelina« bezeichnet.

62 Der frühe Tod Hildegards von Bingen läßt heute viele gleichgültig zurück.

63 Babybrei-König Claus Hipp liebt Urinaufgüsse in der Sauna. Das läßt die Haut so schön altern!

64 Der Blogger Stefan Niggemeier verdient sein Geld damit, Schund zu verbreiten.

65 Robert Enke darf hier nicht mitmachen. Mal wieder!

66 Statt hungrige Fernsehzuschauer will Sternekoch Johann Lafer demnächst das komplette Universum in die Pfanne hauen. Als Beilage sind Kartoffeln im Gespräch.

67 Franziska van Almsick hat in ihrem eigenen Fußschweiß schwimmen gelernt.

68 Tote-Hosen-Bandleader Campino ist jetzt so dick geworden, er müßte eigentlich »Nimm zwei« heißen. Später dann »Storck-Riese«.

69 Die Vorstandsvorsitzenden der DAX-Konzerne haben unterdurchschnittlich kleine Penisse.

70 Dagegen haben Mini-Fahrer zu *große* Penisse.

71 Die Zähne des hessischen Ministerpräsidenten Volker Bouffier bestehen aus Nikotin, seine Haut aus Kondensat.

72 Die meisten deutschen Musiker sind verhinderte Tontechniker.

73 Air-Berlin-Chef Joachim Hunold hat ein großes Herz für Tiere, insbesondere Aasfresser.

74 Paulo Coelho hat seine erste Verlegerin während eines Versicherungsbetruges auf einem Behindertenparkplatz in Lourdes kennengelernt.

75 Justin Bieber zwittert, nimmt aber Medikamente dagegen.

76 Keith Richards ist der einzige Mensch auf der Welt, der nicht an Nashörner denken kann. Immer, wenn er es versucht, kommt ein Flußpferd heraus.

77 Bevor Heiner Geißler Angreifer mit Stinksekret besprüht, macht er als Drohgebärde einen Handstand.

78 Laurenz Meyer ist nun wirklich der allerletzte Hirni.

79 Bruno Ganz hat nur vier Fähigkeiten. Er kann ein Ei zubereiten, mit den nackten Zehen ein T-Shirt aufheben, einen Schatten werfen und mit einer Orange jonglieren. Früher konnte er mit zwei Orangen jonglieren.

80 Karl-Heinz Rummenigge war in einem früheren Leben eine Bettwanze.

81 Der Schauspieler Georg Uecker hat einen krankhaften Bitumen-Fetisch. Er versucht diese Neigung mit seiner aufdringlich zur Schau gestellten Homosexualität zu übertünchen.

83 Herta Müller? Kunstgewerbe (Quelle: Peter Handke).

82

Sarah Connors Nase wird jeden Morgen vom aufklappenden Schminkspiegel in Form geschlagen.

84 Die Werber von Jung von Matt ziehen sich die Kokain-Lines mit einer Payback-Karte.

85 Michael Moore löst sich auf, wenn er in Cola getaucht wird.

86 Künstler Markus Lüpertz hat kleine bunte Lampen im Knauf seines Spazierstocks, im Totenkopfring und im Medaillon seiner Halskette. Leider hat er noch nicht herausgefunden, wie man sie einschaltet.

87 Lena Meyer-Landrut ging der Welt anderthalb Jahre lang gehörig auf die Nerven und ist völlig zu Recht wieder in der Versenkung verschwunden.

88 Jonathan Meese hat bei einem Casting für ein Kindershampoo den zweiten Platz belegt.

89 Vor seiner Karriere als Penisfotograf erfand Wolfgang Tillmans die Diddl-Maus.

90 Gudrun Landgrebe, Iris Berben und Hannelore Hoger kaufen übertaufertes Kokain (von uns).

91 In seiner Jugend hat Moritz von Uslar gerne alten Omas den Müll wieder hochgebracht.

92 Passen Sie auf, Tim Mälzer kriegt hier auch gleich sein Fett weg, versprochen.

93 Im US-Bundesstaat Colorado gibt es ein Gesetz, das jedem Einwohner über 16 Jahren gestattet, Hans Zimmer für seine Filmmusik zwei Ohrfeigen zu verpassen.

94 Sie! Ja, Sie. Naja. Vielleicht auch nicht. Aber wir behalten Sie im Auge!

95 Ranga Yogeshwar wäre lieber Neger.

96 Und Sophie Rois? Die besten Theaterrollen, und wartet an der Fußgängerampel auf Gelb.

97 Adam – im Grunde der erste unnütze Mensch der Welt.

98 Der Schauspieler Ben Stiller hat weltweit in 17 811 Kinos Hausverbot.

99 Den ganzen Prenzelberg kann man eigentlich in einen Sack stecken und reinscheißen.

100 Der »Graf« der Band »Unheilig« will einfach nur Geld verdienen und sich in zehn Jahren zur Ruhe setzen. Wie wir alle, letztlich. Oder?

Autoren: Leo Fischer, Thomas Hintner, Stephan Rürup, Mark-Stefan Tietze, Martina Werner, Tim Wolff, Michael Ziegelwagner, Torsten Gaitzsch, Elias Hauck, Gregor Mothes, Daniel Sibbe, Nico Spoelder, Thomas Tonn.
Illustrationen: Stephan Rürup, Fotos: Tom Hintner.

TitaniC UNFALLANALYSE

So kam es zum Althaus-Sturz!

Althaus' erster Fehler:
Er schnallt auf der
Reisner-Alm seine Ski an

Kurze Pause an der
Schneekanone. Geladen?
Fehlanzeige

Althaus streift einen Fahrradfahrer und
zwei parkende Autos. Erster Blickkontakt
zum slowakischen Skihaserl. Althaus ist
übermütig, spielt lieber Schißhaserl

Die österreichische Bundespolizei
hofft vergeblich, daß Althaus an
dieser Stelle ins Netz geht

Wie jeden Täter zieht es ihn an den Ort
des Verbrechens zurück. Schwerer Fehler:
Althaus dreht mitten auf der Piste um, rast
bergauf zurück zum Tatort, bricht dabei
etliche Naturgesetze

Hilfe zur Selbsthilfe

"Das wird ein strenger Hummerwinter." Unruhig blickt *Gunilla von Bismarck* in den stahlblauen Himmel, während sie die Augen mit der behandschuhten Rechten vor der Sonne abschirmt. »Für Sie ist das wahrscheinlich gar nicht vorstellbar«, sagt die Adlige mit leiser Stimme, »aber ich habe heute über 20 Minuten nach irischem Wildwasserlachs angestanden, und als ich endlich an die Reihe kam, waren nur noch 30 Kilo vorrätig. Ich weiß nicht, wie ich meine Gäste heute abend durchbringen soll.« Verbittert schüttelt sie die blaublütige Löwenmähne. »Es kommt noch soweit, daß wir Silvester Karpfen essen müssen«, befürchtet auch *Ira von Fürstenberg*, während sie ihren beiden Yorkshire-Terriern ein Schälchen Fasanenragout mit Artischockenherzen hinstellt. »Schauen Sie sich unsere Chalets und Villen doch einmal an, wir können hier einfach nicht genügend Lebensmittel lagern, um die Feiertage zu überstehen!« Nackte Verzweiflung spricht aus diesen Worten. Ja, die Feiertage versetzen die Menschen von St. Moritz in Panik. Denn zwischen Weihnachten und Neujahr werden fast alle Geschäfte geschlossen bleiben. Bereits für den 26. Dezember wird mit Versorgungsstörungen bei Champagner, Kaviar und Kapaunen gerechnet. Am 29. wird die letzte Tonne Erdbeeren aus Kenia aufgebraucht, und das begehrte Perrier könnte ebenfalls endgültig zur Neige

Prinz Poldi von Bayern verzweifelt: In ganz St. Moritz gibt es kein stilles Kühlwasser mehr. »Soll ich vielleicht mit Fachinger fahren?«

gegangen sein. »Womit soll ich dann meinen Rolls Royce fahren, er ist doch nur Perrier oder Spa-Kühlwasser gewohnt?« schluchzt *Prinz Poldi von Bayern*. Der junge Aristokrat schämt sich seiner Tränen nicht, er weiß: »Wenn uns die **Titanic**-Leser nicht helfen, werde ich meinem Luxus-Leben ein vorzeitiges Ende setzen müssen.« Entschlossen, fast trotzig kommen die Worte aus dem schmalen Mund.

Für viele ist der Hunger noch nicht einmal das Schlimmste, denn sie nutzen den Aufenthalt in St. Moritz zum Abnehmen. Doch für Menschen, die es gewohnt sind, sich viermal am Tag völlig neu einzukleiden, bedeutet es quasi den Weltuntergang, wenn die führenden Pelz- und Sportmodegeschäfte der Engadiner Metropole geschlossen sind. Auch *Uschi Glas* kämpft mit den Tränen: »Ich mußte schon sechs Einladungen zum Brunch und vier Blaue Stunden absagen, ich habe bald jegliche Selbstachtung verloren.« Worte, die nur allzu verständlich werden, wenn man weiß, daß auch die Visagisten und Beauty-Farmer »zwischen den Feiertagen« nicht arbeiten wollen.

Frauen wie *Marlene Charell*, *Erika Berger* oder *Uschi Glas* müssen sich mindestens zweimal am Tag das Lächeln nachziehen und den Charme hochtoupieren lassen, um die Partyjahreszeit körperlich zu überstehen. »Caramba, es impertinente, sehän Sie dies Buffä, Señor? Es biegt sich überhaupt nicht mär!« Entsetzen spricht aus der Stimme von *Don Jaime de Mora y Aragon*, und *Prinz Alfonso von Hohenlohe* pflichtet ihm stumm nickend bei.

»Wissen Sie, es gibt bestimmt nicht wenige, die uns Menschen hier im Engadin nur für unnütze Esser halten, denen

Reichtum ist ein schweres Schicksal, doch Alfonso Prinz von Hohenlohe möchte trotzdem nicht tauschen: »Ich will niemanden in so eine unangenehme Sache reinziehen.«

Ihnen drohen die traurigsten Weihnachten seit letztem Jahr. (Gigi u. Frou Frou von Hohenlohe)

Ein Kiwiei und ein dürftig belegtes Lachsbrötchen, mehr wird selbst Tusnelda Sachs nicht zum 2. Frühstück zugeteilt.

»Sind wir denn Menschen zweiter Klasse, nur weil wir wohlhabender sind und nicht mehr arbeiten können?«

ist es doch egal, ob wir Veuve Cliquot oder Mumm trinken müssen, doch auch wir haben ein Recht zu leben, wie wir wollen.« Es ist bitterste, leidvolle Erfahrung, die aus den Worten von *Putzi von Opel* spricht, doch sie hat zweifelsohne Recht. Außerdem würde mit dieser Bevölkerung gleichzeitig eine uralte und bedeutende Kultur zugrunde gehen, die so bezaubernde Bauwerke wie das »Dracula« oder den »Milliardärs Club« hervorgebracht hat. Schon heute herrschen teilweise chaotische Zustände. Männer und Frauen drängen sich in Übergangschâteaus oder Behelfspalais – und das zur besten Partyzeit. *Miriam Sachs* stinkt wie ein Biber nach ›Tosca‹, weil die Chanel-Werke Weihnachtsferien machen, und *Eliette von Karajan, Ex-Kaiserin Soraya* und *Baronin von Thyssen* altern täglich um fünf Jahre, weil zu allem Unglück gestern ein Lastwagen mit Frischzellen auf der steilen Lieferantenzufahrtsstraße zum ›Palast-Hotel‹ abgestürzt ist. Die Menschen von St. Moritz sind dringend auf unsere Hilfe angewiesen. **Titanic**-Leser dürfen dem Elend nicht länger tatenlos zusehen. Natürlich wissen auch wir, daß es wahrscheinlich nicht für mehr als einen Care-Container reichen wird, den *Altbundespräsident Walter Scheel* persönlich an *Gunter* und *Rolf Sachs*, die beiden Bürgermeister von St. Moritz, übergeben wird. Aber auch damit können wir dort große Freude bereiten. Wer jemals das Leuchten in den Augen beim Auspacken eines Zobeljäckchens oder einer Nerzstola gesehen hat, wird verstehen, was *Willi Bogner* meint, wenn er sagt: »Wir einfachen Menschen hier oben brauchen nicht viel zum Glücklichsein – Hauptsache, es ist teuer.«

Was am dringendsten gebraucht wird:

Pelze, Cashmere-Taschentüchlein, Goldbarren, hauchdünne Dessous und Brokatunterwäsche, Kaviar, Champagner, Maine-Lobster, Hochrippe vom Angus-Rind, Lachs, Chateau Lafitte, HIV-negative Filmsternchen, Busenwunder, edelstahlverstärkte Hüfthalter, Kokain, blitzsaubere Dirndln und natürlich Coiffeure, Coiffeure, Coiffeure!

All diese dringend benötigten Hilfsgüter wird Walter Scheel von Ihren Spenden, liebe Leser, kaufen lassen. Spenden Sie umgehend auf das Konto 1 000 000 bei der Deutschen Bank, Stichwort »St. Moritz Soforthilfe«.

Notopfer St. Moritz

Die Titanic-Aktion »Notopfer St. Moritz« soll Menschen zugute kommen, denen in dem abgeschiedenen Schweizer Kurort ein Hungerwinter droht. Ex-Bundespräsident Walter Scheel hat die Schirmherrschaft übernommen.

Altbundespräsident Walter Scheel Schirmherr der TITANIC-Aktion

WALTER SCHEEL, ALTBUNDESPRÄSIDENT   Im Dezember 1990

Liebe Titanic-Leserin, lieber Titanic-Leser,

Was viele nicht wissen: In St. Moritz droht dieses Jahr zwischen den Feiertagen eine dramatische Verknappung an hochwertigen Lebensmitteln und Kleidungstücken. Der Grund? Fast alle Delikateßläden werden zwischen den Feiertagen geschlossen bleiben, Versorgungsengpässe sind unausweichlich. Das gleiche gilt für Pelzgeschäfte, den Aprés-Ski-Bedarf und den Gesichtsmaskenersatzteilhandel. Rasche Hilfe ist notwendig, wenn es nicht zu einer Katastrophe kommen soll. Denken Sie bitte daran: Mit Beträgen unter 10 000 DM ist diesen Menschen nicht gedient, genausowenig wie mit Sachspenden. Denn für den einfachen Spender dürfte es so gut wie unmöglich sein, den verfeinerten Geschmack hochgezüchteter Mägen und Körper zu treffen.

Deshalb werde ich persönlich darüber wachen, daß auch wirklich die am dringlichsten benötigten Hilfsgüter von Ihrem Geld gekauft und in das Krisengebiet transportiert werden.

Wenn Sie sich jetzt an dieser Aktion beteiligen, wollen Sie zu Recht sichergehen, daß Ihr Beitrag bei den wirklich Bedürftigen ankommt. Spenden dürfen nicht an einfache Emporkömmlinge oder gesellschaftlich minderwertige Personen verschwendet werden. Deshalb werde ich außerdem noch persönlich den Transport mit meinem Mercedes 500 durchführen. Da der Wagen ein ausgeklügeltes ABS-System und vergoldete Schneeketten besitzt, können Sie sicher sein, daß Ihre Spenden auch die Notleidenden in höher gelegenen Chalets und Nobelhotels erreicht.

St. Moritz braucht Ihre Hilfe jetzt so dringend wie nie. Helfen Sie – spenden Sie! Reichlich!

Ihr
W. Scheel
(Walter Scheel)

Hans Zippert

Lichter der Großstadt

BERND EILERT

Das Große Promi...

Eine Vorschau auf das neue Format von SATT 1

Das Fernseh'n kritisch zu betrachten
Und das Programm tief zu verachten,
Gilt heutzutage als todchic.
Aber verdient es die Kritik?
Ist unser Lieblingsmedium
Tatsächlich so entsetzlich dumm?
Das frage ich mich als Experte
Für nied're Unterhaltungswerte,
Für Promis und den ganzen Trash –
Gestatten: Walter G-Punkt-Wäsch.

Zur Klärung der Conditio
Zunächst einmal zum Status quo:
Im Fernseh'n tummeln sich Gestalten
Die sollt' man kaum für möglich halten.
Zur Hebung flacher Einschaltquoten
Sucht man sich nützliche Idioten:
Amateure, Dilettanten,
Pseudomodels, Flopgiganten,
Die senken täglich das Niveau
Noch tiefer als ein Griff ins Klo.
Die machen wirklich alles mit
Selbst Scheißlaufen bei Kati Witt.
Hinterseer, Silbereisen
Und wie die Volksstars alle heißen
Ja, selbst Karl Moik, der alte Tramp
Kommt lebenslang ins Schunkelcamp
Bei Ententanz und Gänsemarsch –
Ganz Deutschland sucht den Super-Arsch!

Doch wer nun glaubt, es geht nicht schlimmer,
Hat wirklich keinen blassen Schimmer.
Demnächst in Ihrem Apparat
Läuft dann ein tödliches Format.
Da geht's dann wirklich auf die Knochen
Beim Großen Prominentenkochen.
Der Titel hält, was er verspricht:
Die Prominenz kocht nämlich nicht –
Sie wird, wie unschwer zu erraten,
Selber gekocht oder gebraten.
Und dann, das woll'n wir nicht vergessen,
Von einer Jury aufgegessen.
Die ist vom Feinsten und vom Fach

Von Reiner Calmund bis Dirk Bach!
Das garantiert Geschmackskultur
Und gibt der Serie Struktur:
Zunächst einmal wird abgestimmt
Wen man für welche Gänge nimmt.
Ein Sternekoch macht aus den Promis
Zum Beispiel Currywurst mit Pommies.
Oder auf Wunsch auch Exquisites
Wie Toast Hawaii mit Prommies Frites.
Ja, es gibt Internationales:
Als Gyros grüßt Costa Cordalis.
Passend dazu als Schicki-Vicki
Noch die Leandros als Tsatsiki.
Eine echte Bouillabaisse
Kocht man aus Ramona Drews.
Dagegen macht Ofarims Abi
Sich gut als Hacksteak zum Kohlrabi.

...entenkochen

Von Günther Kaufmann krönt der Kopf
Noch jeden Pichelsteiner Topf.
Das Wadenbein von Norbert Schramm
Das macht den Max erst richtig stramm.
Wahlweise gibt es auf ein Sandwich
Die Schmalzlocke von Bata Ilic
Alternativ – auch das klingt lecker –
Dreitagebart von Boris Becker.
Von Schreinemakers Margarethe
Schmeckt nur die Leber als Pastete.

Daß längst nicht jeder Gang gelingt,
Ist durch die Zutaten bedingt.
Was strenger riecht als alter Harzer,
Ist die Frisur von Alice Schwarzer.
Das Gulasch alla Gotthilf Fischer
Roch auch schon mal bedeutend frischer.
Und was so stinkt wie alter Stilton,
Ist das Makeup von Paris Hilton.
Genau wie das von Nina Hagen
Schlägt's einfach jedem auf den Magen.
Und nicht der Selbstbräuner von Jürgen
Drews führt zum finalen Würgen.
Denn erst von olle Daniel Kübl-
Böck wird uns endgültig übel.

Nun hör' ich schon die Kritikaster:
Das wird geschmacklich ein Desaster!
Ich sage nur: Für dies Konzept
Gibt es ein einfaches Rezept.
Der ganze Reiz liegt in der Kürze
Und in der Auswahl der Gewürze.
Zu SAT-Spaghetti bolognese
Reibt man den Peter Bond zu Käse.
Zu einem halben Peter Hahne
Gehört ein ganzer Liter Sahne.
Wenn's noch nicht schmeckt, salzen wir schnell
Mit Tränensaft von Bruce Darnell.
Am besten macht sich in Aspik
Das Lästermaul Désirée Nick.
Dagegen haut man in die Pfanne
Ganz gern die Stahnkesche Susanne.
Und fehlt zum Ei dann noch der Spiegel
Greift man zur Brust von Giulia Siegel.
Und wenn es einmal wirklich eilt
Rat' ich zu der von Gina Wild.
Und für den Appetit als großen
Gibt es dann Dolly Busters Saucen.
Garniert mit einer dicken Schnitte
Von Madame Nielsen, der Brigitte.
Von Nico Schwanz und Eike Immel
Nimmt man am besten nur den Schimmel.
Serviert wird das dem Publikum
Gewohnt charmant von Heidi Klum.

Soviel für heut, als kleiner Teaser
Für Kannibalen und Genießer.
Und bei SATT 1 in ein paar Wochen:
»Das Große Prominentenkochen«!

I dream of GIGER

Im Alter von 11 Jahren sah ich im österreichischen Fernsehen einen interessanten Ausschnitt aus dem Film "ALIEN"...

Wie jeder weiss, wurde die ALIEN-Figur vom Schweizer Gruselmaler H.R. GIGER entworfen.

Hier ist mein persönlicher GIGER-Bezug auch schon wieder zu Ende.

35 Jahre später träumte ich, ich sei auf der Suche nach einem Hotelzimmer für die Nacht...

Der Herr an der Rezeption meint erst, das Hotel sei restlos ausgebucht, doch...

"Nein warten Sie! Ein Bett in einem Doppelzimmer wär noch frei. Aber schrecken Sie sich nicht, im anderen Bett liegt der Gruselmaler H.R. GIGER!"

"OK, nehm ich!"

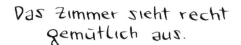

TITANIC-Biographistik

Dietmar Dath über

Dustin Hoffman

Der schlechteste Schauspieler aller Zeiten!

Dustin Hoffman, Sie wissen schon, der den jungen Mann in »Die Reifeprüfung« gespielt hat. Nicht? Na, Dustin Hoffman hat doch diesen Penner Ratso Rizzo gespielt, in »Asphalt Cowboy«! Dustin Hoffman, der Captain Hook aus »Hook«, der Peter-Pan-Fortsetzung von Steven Spielberg (das war dieser Film, wo vor mir ein etwa 10jähriges Mädchen saß und immer fragte: »Wann kommt Peter Pan?« und dann zu heulen anfing, als die Mutter erklärte, daß Robin Williams Peter Pan sein sollte; schließlich, im letzten Schluchzer: »Und wer ist dann der Käpt'n?« Da kann man mal sehen, wie scheiße Dustin Hoffman ist! Tausend Mark für dieses kleine Mädchen, und dann gleich nochmal tausend Mark und ein Eis!).

Ist doch klar, daß Dustin Hoffman, der in dem Film »Papillon« den Geldfälscher Dega spielt, so tut, als wäre er kurzsichtig, und so schrecklich nervt, daß nur Walter Matthau den Film davor rettet, völlig zum Kotzen zu sein. Nur daß Walter Matthau in diesem Film gar nicht mitspielt (kann man doch verstehen, oder? Hätte ich auch nicht gemacht), deshalb ist er dann halt völlig zum Kotzen.

Dustin Hoffman, kein Begriff? Na, als engagierter Journalist in der Watergate-Jauche »Die Unbestechlichen«, als Partner des großen Laurence Olivier (auch so eine Pflaume, die immer blöd daherschwätzt und dabei distinguiert aussieht) in »Der Marathon-Mann«, als Indianer bzw. Weißer bzw. Revolverheld bzw. sonstwas in »Little Big Man«, als der sehr komische obszöne Komiker Lenny Bruce mit Bart und komischer Komik in der Verfilmung des Lebens von Lenny Bruce: »Lenny«, als autistischer Autist mit Tom Cruise in »Rain Man«, neuerdings gar als »Held« in »Ein ganz normaler Held« bzw. »Hero«, als Otto Waalkes in »Schtonk«, als Adolf Hitler in »Charleys Tante« oder als AIDS in den »Tagesthemen« hat er Sie doch sicherlich überzeugt, hingerissen und doll begeistert? Nicht vielleicht doch wenigstens als »und« in »Harald **und** Eddy«?

Dustin Hoffman gibt es schon seit dem 8. August 1937, er wurde in Los Angeles hergestellt und will bald Konzertpianist werden, denn sein älterer Bruder wird Sportler. 1955 fängt er an mit Musikstudien am Santa Monica City College, das ist da, wo auch Bernard Ashbury studiert hat, der sich dann mit 24 erschossen hat, weil er kein Talent hatte, zu gar nichts. Sie kennen Bernard Ashbury nicht? Eben. Jedenfalls ist mir Ashbury bedeutend lieber als Hoffman, man wird gleich verstehen, warum.

Zur selben Zeit fängt Hoffman nämlich damit an, Frauen zu ficken. Das ist an sich nichts Schlechtes, nur gefällt es ihm so gut, daß er jetzt meint, Schauspieler werden zu sollen, weil dem Hörensagen nach da sehr viele Frauen herumliegen. Unter Varieté-Figuren scheitert er 1957, freundet sich allerdings mit Gene Hackman an, der ihn später, in New York, bei sich wohnen läßt. Sie können Gene Hackman von mir und dem kleinen Mädchen ausrichten, daß er die Wohnung exorzieren lassen soll, wenn er sie noch hat. Aber wahrscheinlich nicht. Da würde ich auch nicht wohnenbleiben wollen. Wer weiß, was Hoffman in der Wohnung alles gespielt hat! Grauenhafte Vorstellung. Also, er geht nach New York und hierhin und dorthin, hat sogenannte schwere Jahre. Vom österreichischen Philosophen Wittgenstein weiß man, daß der in seinen »schweren Jahren« unter anderem

Friedhofsgärtner, Volksschullehrer und Architekt war. Dustin Hoffmans schwere Jahre muß man sich so vorstellen, daß er wahrscheinlich Friedhofsgärtner, Volksschullehrer, Architekten und österreichische Philosophen gespielt hat. Gene Hackman wird da ganz schön was mitgemacht haben. Kein Wunder, daß aus dem dann auch nix geworden ist. (Schauspieler oder so, glaube ich.)

Auch das Fernsehen greift schon nach ihm, für die Rolle eines kleinen Gangsters kriegt er ein bißchen mehr, als die TITANIC pro Seite zahlt.

Es gelingt dem Fernsehen jedoch trotz verführerischer Gagen nicht, den schrecklichen Kerl dauerhaft aus dem Verkehr zu ziehen (wo es doch so schöne, jahrzehntelange Serien in Amerika gibt, von denen wir trotz deutschem Privatfernsehen bis jetzt verschont geblieben sind), und so folgt bald der erste Kinofilm, dessen Namen wir hier verschweigen wollen, denn bekannt wird Hoffman erst zwei Rollen später: mit der »Reifeprüfung«. Ungefähr drei Millionen Zeitungs-Schmierfinken haben aus diesem Umstand den geistreichen Gedankenfunken geschlagen, daß »für den jungen Dustin Hoffman der Film ›Die Reifeprüfung‹ so etwas wie eine Reifeprüfung war«. Da wollen wir nicht außen vor bleiben: Also, für den jungen Dustin Hoffman war der Film »Die Reifeprüfung« so etwas wie eine Reifeprüfung, denn ficken konnte er ja bereits. Wenn auch wahrscheinlich ganz schlecht.

In der »Reifeprüfung« geht es um einen jungen Mann, der die Mutter fickt von dem Mädchen, das er immer ficken will. Es endet damit, daß er dann wahrscheinlich das Mädchen fickt, obwohl es gerade einen anderen heiraten soll, der andere aber kriegt die Heirat nicht zu Ende. Na, muß er halt jetzt die Mutter ficken oder so, ist mir doch ziemlich scheißegal.

Es geht weiter mit »Asphalt Cowboy«, da hat er das erste Mal in einem Film eine Krankheit, nämlich Tuberkulose. Bertolt Brecht hat einmal geschrieben: »Man spottet nicht über ein Gebrechen«, also hätte er Dustin Hoffman bestimmt gehaßt, nicht nur weil jeder vernünftige Mensch im Universum Joe Cocker, Bono Vox von U2, das liebe Jesulein und Dustin Hoffman wenigstens zeitweise hassen sollte, sondern weil es doch absoluter Hohn ist, wenn jemand andauernd krank spielt, wo er aus jedem normalen Beruf rausfliegen würde, und stattdessen kriegt der Doofbolzen einen Oscar hinterhergeschmissen. Bei einer dieser Preisverleihungen war es auch, ich weiß nicht mehr, ob ein Oscar oder etwas noch Dümmeres, daß mir das erste Mal auffiel, daß man Dustin Hoffman ziemlich hassen kann, selbst wenn man es gar nicht drauf abgesehen hat.

Es handelte sich um den Film »Rain Man«, darin spielt Hoffman einen Autisten. Das ist strenggenommen eine Krankheit, die für einen Film mit Dustin Hoffman schon mal gar nicht geeignet ist, denn Autisten sind arme Typen, die mit dem, was wir so für die »Außenwelt« halten, nichts zu tun haben wollen. Dafür kann man schon Verständnis haben, aber Dustin Hoffman hat es bestimmt nicht. Sondern der guckt, den Preis in der Hand, in die Kamera und erzählt davon, wie er zur Vorbereitung des Films mit Autisten gearbeitet

und geredet und sie kennengelernt hat. Dabei guckt er manchmal komisch, stockt beim Reden, sieht zu Boden, ich weiß es noch wie heute. Erst fand ich es sehr traurig und bewegend, dann erinnerte ich mich an ein Interview, das wenige Tage vorher mit ihm geführt worden war, auch zu diesem Film, da war er ganz normal, entspannt, vielleicht ein bißchen zu aufgeblasen, im Sessel gesessen und hatte sich wichtig gemacht, was an und für sich auch genehmigt ist, er ist ja Star, ob mir das paßt oder nicht, nur der direkte Vergleich mit seinem Benehmen jetzt auf dem Bildschirm, bei der Preisverleihung, machte mir klar, was der für ein Schwein ist, der noch nach Abdrehen des Filmes nicht genug kriegen kann und für das Publikum im Festsaal ein paar »Guck mal, ich bin autistisch!«-Tricks vorführt. Klar, er muß nicht jeden Tag gleich sein, das gibt es sowieso nicht, Kontinuität oder Identität in so einem blöden Sinn. Aber Kranke aussaugen zum Dank dafür, daß er ihnen auch noch das Letzte geklaut hat, was sie haben, nämlich ihre Krankheit, das ist schon ziemlich scheußlich.

Fast jedes Jahr ist das Brechmittel im Kino am Humpeln oder Flennen oder vergreisten Stammeln oder jugendlichen Schwitzen oder Fuchteln oder Zittern. Was für ein Fluch der Bursche ist, kann nur ermessen, wer seine Rollen mal auf Namen reduziert, die Namen all der Typen, die er jetzt schon war, um uns damit immer wieder zu quälen. Bitteschön, die Aufzählung, ohne Nennung der Filme, hört sich doch an, als wäre man mit Dustin Hoffman auf einem Klo eingesperrt und er verrenkte sich zu Joe-Cocker-Musik, um zu zeigen, daß er auch Joe Cocker spielen kann:

Hoffman als Hap (1967), Hoffman als Jason Fister (1968), Hoffman als Benjamin Braddock (1967), Hoffman als Ratso Rizzo (1968), Hoffman als John (1969), Hoffman als Jack Crabb (1970), Hoffman als Georgie Solo(!!)way (1971), Hoffman als David (1971), Hoffman als Alfredo (1972), Hoffman als Dega (1973), Hoffman als Lenny (1974), Hoffman als Carl Bernstein (1976)...

Es gibt eine Rolle, in der ich Dustin Hoffman gerne sehen würde. So ca. 1989 hatte ich eine weiße Kappe, die trug ich oft und gern und merkte nicht, daß ich damit völlig bescheuert aussah. Da sagte eines Tages in der Umkleidekabine einer Trainingshalle ein weiser Mann zu mir: »Dath, nimm endlich die Scheiß-Kappe ab, du siehst aus wie Hans Arsch vom Speicher.«

Doch, das möchte ich gern noch erleben: Dustin Hoffman als Hans Arsch vom Speicher. Walter Matthau kann ja den weisen Mann machen.

Ich spende die Kappe.

Im Ernst, es wird jetzt nötig, rasch noch auf ein paar Sachen einzugehen, die Dustin Hoffman sonst noch so macht (also außer Flughafenwarte, schwangere Polinnen, Dosenbier und grüne Schatten zu spielen). Er hat beispielsweise eine zweite Ehefrau, die heißt Lisa Gottsegen. Lisa Gottsegen! GOTT-SEGEN! Anstatt Lisa Arsch vom Speicher. Eine solche Ehefrau haben ist eindeutig teuflisch, böse, verworfen und dreckig. Aber das reicht noch nicht.

Dustin Hoffman engagiert sich für die Gesellschaft. Dustin Hoffman spendet Geld für Leute, denen es nicht so gut geht. Dustin Hoffman läuft manchmal unrasiert herum, dann sieht man graue Haare, das sieht hübsch aus. Dustin Hoffman ist gegen Krieg. Dustin Hoffman sähe es lieber, wenn nicht soviel Hunger wäre und dafür mehr Rollenangebote als Mao, King Kong oder flaches Senkblei für Dustin Hoffman.

Dustin Hoffman steht für Freundlichkeit, schönes Wetter, Tragödie und Scheidungsrecht. Dustin Hoffman ist der schlechteste Schauspieler der Welt, mit Ausnahme von Robert de Niro und Theo Waigel.

Dustin Hoffman soll sich endlich selber ficken. Wann kommt Peter Pan? □

Als Sie, Tom Tykwer,

jüngst in Afrika weilten, genauer gesagt in der kenianischen Hauptstadt Nairobi, stießen Sie dort in den Straßen auf Raubkopien Ihres Films «Das Parfum», kauften sich sogleich ein paar davon und sahen sich, wie Sie der *Welt* berichteten, die Dinger zu Hause an – natürlich «nur um zu schauen, wie schlecht die Qualität ist. Sie war zumeist grauenhaft.»

Dieses harte Urteil, Herr Tykwer, ließ uns dann aber doch keine Ruhe. Zum Vergleich haben wir uns den Film deshalb hierzulande einmal auf Blu-ray in Dolby Surround angeschaut und fanden seine Machart ebenfalls zumeist grauenhaft. Aus unserer Sicht trifft dieses Prädikat sogar eigentlich alle Ihre Streifen recht gut. Sind das vielleicht alles kenianische Raubkopien?

Kleine Frage aus dem Bordkino der Titanic

Eckhard Henscheid ERLEDIGTE FÄLLE

Der Allerunausstehlichste

Am 6. 5. 85 wurde Hanns Dieter Hüsch 60. Nachdem mir Harald Wieser im ‚Spiegel' kürzlich die leidige Arbeit abgenommen hat, den vollends lästigen Kabarettisten Werner Schneyder erledigen zu müssen, fällt innerhalb der Branche die Wahl leicht, nämlich auf einen insgesamt Gleichwertigen, der aber noch den Hauch einer Idee unausstehlicher mahnt: auf Hüsch; und sein Geburtstag ist ja wohl der rechte Anlaß: Mit 60 hat einer das Recht, zu erfahren, wie widerlich er sei.

Ich weiß und sehe und lese nicht gar zu viel von Hüsch, Gott sei Dank, werweiß müßte ich sonst doch noch verzagen – aber an eine TV-Sendung von ca. 1980 erinnere ich mich doch noch zwar nebulös, indessen gerade wegen der Nebel- und Wahnhaftigkeit des Ganzen sehr gut: eine Sendung, in der Hüsch eine Stunde lang sich solo und exklusiv davon ernährte, immer neu zu behaupten, a) es gebe eine Aufklärerkette von Toller, Brecht, Tucholsky zu Hüsch, und b) die Arbeit dieser Aufklärer sei so beschaffen, daß eins praktisch ständig mit einem Bein unterm Galgen stehe – : wohlgemerkt, dies im Staatsfernsehen und für geschätzte 20 000 Mark Gage – und das alles (das ehrt ihn schon fast wieder) log unser Mann ganz bierernst zusammen, ohne den Unfug auch nur berufsethikhalber mit ein paar jener kabarettistischen Rohrkrepierer einzuölen, welche sonst seine Auftritte zur Plage reifen lassen – nein, ganz plan und platt lamentierte er vor sich hin – bis die Sendung plötzlich wieder aus war.

Sicher, die Methode ist alt und bewährt, von Zwerenz bis Schneyder: sich selber die Weihen zu erteilen, indem man atemraubende Verwandtschaften mit den Meistern und Märtyrern behauptet, ohne auch nur den Schatten eines Beweises anzutreten, und daß sie, die Satiriker, dauernd vom Landesverweis bedroht seien, suggerierte sogar mal Siebeck. Trotzdem: so frech log, so inhaltslos laberte, so schamlos lallte noch keiner rum wie Hüsch in jener Sendung; so ungut ich jedenfalls noch keinen sah.

Ihr selbstgeschaffenes „Umfeld" ist es, welches der Branche ihre Unverschämtheiten nicht nur gestattet, sondern bestdotiert noch abkauft. Die Lage ist wüst.

Es hat in diesem Lande Satiriker, die noch nicht einmal dann wissen, wovon sie annähernd reden, wenn sie von Satire reden. Sie meinen nicht Kraus, nicht Tucholsky, nicht Poth noch Polt – nein, ihnen schwallt irgendein beliebiger Stuß durch den meist bärtigen Kopf, Wortspiele, die keine Sau erträgt, Aphorismen, die nicht einmal sie selber ertrügen, wären ihre Köpfe je darauf trainiert worden, irgend etwas zu unterscheiden – sie sind's mitnichten, sondern noch jeder Dreck und Rotz und Schleim geht hier als Kabarett und Satire und gar Aufklärung durch – jenseits aller historischen Maßstäbe, das Publikum erträgt's nicht nur, sondern jubelt wahl- und besinnungslos auf – Wie? Was? Hüsch gehöre doch nicht in diese Umgebung? Dann hören Sie zur Strafe mal genauer hin:

„Ich möchte ein Clown sein / Und immer lachen / Ich möchte ein Clown sein / Und andere lachen machen." So oder so ähnlich klang's zu den Geburtstagsfeiern aus den Funkgeräten, „Ich möchte ein klitzekleiner Spaßmacher sein / Ich möchte, daß die Welt mal lächelt / Bevor es zu spät ist" usw. – jawohl, das sind ihre Reim- und Rhythmusstandards, das und nichts anderes ist Hüschs Botschaft und stellt sich neben Brecht und Tucholsky – man hält es nicht für möglich und muß gerade deshalb eine Tortur wie die Hüsch-Jubelsendung ‚Fast 'ne Solo-Oper', die im Mai von den Dritten Programmen ausgestrahlt wurde, ganz ruhig, versteinerten Herzens und später möglichst Video mit Nachprüf-Stops über sich hinwalken lassen, um so das Grausen und die Pestilenz zu erahnen, welche da als Spaß und Aufklärung vor sich hinmören; und, das ist das schlimmste, womöglich selber wirklich nicht erahnen, für welche Explosion von Gemeinheit sie stehen, für welche Epiphanie an Spruchbeutelei, Reimgewurstel und vokaler Ohrenpein.

Und Augenschmerz: Hüsch, versteckt hinter Intellektuellenbrille und Vollbart, angetan mit graubraunem Holzfällerhemd, wird eine Stunde lang wird müde, immer wieder als „Narr", „Schalk", „Außenseiter", „Utopist", gar als „intellektueller Eulenspiegel" sich selber anzupreisen – es ist schon unfaßbar, mit welchen Dumpfnickelsprüchen

sich ein „linker" deutscher Seelenfänger durchs Leben und sämtliche Kleinkunstbühnen ackert und „aufgrund meiner kleinen treuen Hüsch-Gemeinde" (auch das ist gelogen, die ist, wie sich's gehört, groß) und steinreich dabei wird.

Schon in der Schule, so Hüsch, habe er den „Spitznamen Spinner" gehabt. Die Schamferne ist eine äußerste: sowas trägt heute einer, wenn's denn nicht ein wieder gelogen ist, wie ein Bundesverdienstkreuz vor sich her. „Ich habe ein urkommunistisches Gemüt." Denn: „Ich bin für die Solidarität der Kreaturen." Unbegreiflich. „Ich war immer ein radikaler Pazifist – was Wunder, ich liebe halt dieses Leben." Es hat was Gebenedeites. „Ich empfinde mich immer als fortschrittlicher Humanist." Aufhören! „Ich will die Vorurteilslosigkeit der Flüsse und die Gelassenheit der Tiere erreichen." Gibt's keine Polizei, die nachweisliche Idioten dingfest macht? „Aber: es ist mir nicht gelungen."

Der Welt melden Weise nichts mehr; höchstens dies: „Ich kenne kein Klug und Dumm." Das ist nicht nur sein Fehler, den er gleichwohl anbiedernd zu seinem Vorteile nutzt – nein, diese SPD- und Grünen- und Gewerkschaftskultur rund um die Hüsche und Kittners und Kraut-und Rübenquatschis aller Couleur, sie ist nicht ein Deut klüger als die ohnehin fehlende Reaktion, sondern wenigstens noch infamer. Die ewig Ungetrösteten und deshalb schnell und leicht und ungescheut mit jedem letzten Dreck zu Tröstenden und noch mit den haltlosesten Eigenbelobhudelungen Abzuspeisenden: ihr dankbares Dauerkichern über alles und jedes hat selber etwas Höllisches – die Erbärmlichkeit des treuen Kabarett- und „Kleinkunst"-Publikums, das ist in Wahrheit das Thema.

Warum merken die Leute nichts? Wo den Mann doch schon sein Rollkragenpullover, seine wechselnden Barttrachten und seine allerdings geschickt kaschierten Aufkläreräuglein verraten? Als den zeitgeistlich hergemachten treuen Diener der ewigen Wiederkehr zeitlosen Abgreifens.

Man sollte nicht alles dem deutschen Oberstudienrat anlasten. Außerdem soll, laut ‚Spiegel', W. Schneyder dessen satirische Edition sein. Ist dem so, dann steht

Hüsch, seit der Bart tragen darf, wahlweise für den neudeutsch aufstiegswilligen Filialleiter gerade oder aber für den Gesangsvereinspräsidenten, dem, weil er gleichzeitig Ulknudel ist, die Erkenntnis gereift ist, daß es zwar schönere Länder gibt als unsere weit und breit, aber Spaß muß trotzdem sein – und dies unbarmherzig, nämlich so: „Ich möchte, daß sie alle lachen / Und ihren Nachbarn keine Schande machen." Klar? Das soll beißende Ironie sein. Ist aber nur von Hildegard Knef geklaut. „Ich sage dies nicht, um zu stören – ich liebe diese alte Welt – und hoffe, daß man uns wird hören."

Dochdoch, und wenn's noch so klappert und raunzt und grunzt: Hüsch wird schon gehört.

Hör- und sichtbar glaubt er selber, daß er ein großer Warner und Aufklärer sei. Wer aber nicht auf ihn hört, ihn evtl. sogar unerträglich findet, der wird vom „schwarzen Schaf vom Niederrhein" (nein, keine Selbstanpreisung ist ihm zu schleimig) überführt wegen Angriffs auf die Institution Satire in Deutschland, welche doch laut Hüsch, fraglos via Hüsch und Verwandtes, die Atombombe verhindert hat: nämlich mit dem tolldreisten Wortspiel „Carmina Urana", einem Gedicht gegen die Nato-Aufrüstung. Nein, sie lassen nichts, aber auch partout nichts aus, die deutschen Wortkunstvirtuosen.

Pack regt sich, Pack verträgt sich. Unsere Schalksaufklärer halten zusammen wie Dusel und Schwefel, ein Schwachkopf feiert den anderen und mithin stellvertretend sich selbst. Hüsch schreibt dem Stratmann-Buch Heidenreichs ein Vorwort – Heidenreich lobt ihn dafür als „sowas wie'n Vorbild". In der ‚Zeit' veröffentlicht sie ein Wader-Portrait – darin lobt wiederum Hüsch Wader als (nein, sie lassen nichts aus) „anarchistischen Romantiker", gottglob. Wenn Schneyder im ‚Spiegel' auf seine Nullität reduziert wird, springt leserbriefweise Hüsch bei. Im Fernsehen würdigt Süverkrüp den 60jährigen Hüsch als beinharten Genossen – indessen der unbedarfteste aller Blödmänner, Wecker, maßkrugscharf erkannt hat: „Für mich ist Hüsch nach Benn der größte Lyriker in Deutschland." Scheiße, Scheiße, große Scheiße.

In der ‚Deutschen Volkszei-

tung' gratuliert Helmut Ruge zum 60. mit exakt den Sprüchen, die der Jubilar seit 30 Jahren selber gezielt um sich streut: „Hanns Dieter, der Artist, der Clown, der Dichter, der Spieler, der Realist, der Sozialist, der Freund, er lebe hoch!" Es ist nicht zu singen, nicht zu sagen. Einfältiger nicht mal von Reich-Ranicki.

Ab und zu, teilte Hüsch mit, werde er von „Assoziationsekstasen" heimgesucht. Deren Standard so aussieht, daß der Ekstatiker „Marsch" auf „Arsch" reimt, daß er versucht, „Strukturfäden an den Mann bzw. an die Frau zu bringen" und „Stichworte" ankündigt. Publikum kapiert kichernd: Aha, er sticht zu! Bzw. stichelt! O mon Dieu ...

Hüsch: „Ich mache literarisches Kabarett."

In letzter Zeit weiß der, der vor 35 Jahren im Stile eines jazzkellerhaften Brechtianers irgendwie spätexistentialistischer Prägung angefangen hat, freilich nicht mehr recht, was er machen soll bzw. wohin mit sich. Hatte es noch um 1970 herum rigid geheißen: „Das Bild vom lachenden und weinenden Auge ist überholt. Die Formel, ‚Ernstes im leichten Gewand' zu servieren, entspricht den spätkapitalistischen Bedürfnissen einer aufgeschwemmten Bourgeoisie"; forderte Hüsch damals noch bedingungsloses Engagement aller Satiretätigen wider die Aufrüstung und weiß der Teufel – : so verkündete schon ein paar Jahre später ein Plattentitel „Ich mache Quatsch" – und dann wurde es immer menschlich-allzumenschlicher und pluraler: Mal synchronisierte der Sozialist aufs schmählichste ‚Dick und Doof', mal war er sich zugunsten des ZDF für eine namenlos abgeschmackte Denkmalveralberungssatire nicht zu schade – neuerdings hat er's mit der Minimal-Musik –

– der klassische Opportunist also? Ach was, nicht mal das. Vielmehr war der Mann allzeit sich selber treu. Nämlich ein brechtgestylter Utopist bzw. ein Hagenbuch von Thomas Bernhardschen Gnaden, genauer: ein auf- und abgeklärter Bauernfänger für die werktätige Kreise, kurz (und laut ‚Westermanns Monatshefte'): „Ein älterer Herr, der noch an Kinderträume glaubt."

Ach, wer gibt uns vor dem Hintergrund all des Unflats unseren Herbert Hiesel wieder! □

Zeichnung: Hans Traxler

Frühlingserwachen

du
stachst
MIR
ins Auge
ICH
stach
dich
AB

Wunschzettel

Kinder zwiebeln, Frauen hauen,
Männer schlagen, Lager bauen,
das sind alles solche Sachen,
die Serbenführern Freude machen.

Naturbeobachtung

Ratatatatatatatatatatatatatatat
Ratatatatatatatatatatatatatatat
Ratatatatatatatatatatatatatatat
Ratatatatatatatatatatatatatatat
Ratatatatatatatatatatatatatatat
Ratatatatatatatatatatatatatatat
Bum! Splitter! Krach!

Zur Erinnerung

Wem Du's heute kannst besorgen,
dem besorg es nicht erst morgen.

(Alle Gedichte von Radovan Karadzic,
Übersetzung v. Dr. Egbert Dekeling)

BERUFE MIT ZUKUNFT (23)
Heute: Serbenführer

Wer Dragoslav Brutalovic zum ersten Mal gegenübersteht, ist sofort fasziniert von seinen zusammengewachsenen Augenbrauen, seiner fliehenden Stirn und seiner üppigen Nasenbehaarung. Man spürt instinktiv: Dieser Mann ist wirklich stark behaart.

Im Frankfurter Stadtteil Rödelheim geht Brutalovic einer verantwortungsvollen und schwierigen Tätigkeit nach: Er arbeitet dort als Serbenführer. Er hat dieses Amt 1994 von seinem Vorgänger Rabaukian Verstümlovic übernommen, der wegen einer Schlagringallergie nicht mehr in seinem Beruf arbeiten konnte. Doch da hatte der damals 43jährige Dragoslav schon eine entbehrungsreiche Ausbildungszeit hinter sich.

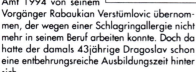

Auf Befehl von Karadzic müssen demnächst alle »Serbische Bohnensuppen« in »Großserbische Bohnensuppen« umbenannt werden.

Denn bevor man überhaupt zur Serbenführerprüfung zugelassen wird, muß man mindestens drei ethnische Säuberungen durchgeführt haben. Die konnte Brutalovic problemlos vorweisen. Schon ein Jahr zuvor war es ihm gelungen, alle Schwulen, Pastoren und Mantafahrer aus seinem Wohnblock zu vertreiben, wobei ihm allerdings entgegenkam, daß der homosexuelle Gemeindepfarrer bei seinem Umzug gerade den Führerschein verloren und deshalb seinen Opel Manta verkauft hatte.

»Serbenführer kann eigentlich jeder werden, das ist eine Sache der Einstellung«, erklärt Brutalovic bei einem kleinen Spaziergang durch »seine Enklave«, wie er es nennt. »Die Arbeit ist hart und verlangt neben höchstem körperlichem Einsatz auch ein großes Organisationstalent. Mitten im Gespräch dreht sich Brutalovic plötzlich um und kettet einen jungen Mann mit Handschellen an den nächsten Laternenpfahl. Der vollkommen überraschte Mann trägt eine Bomberjacke und eine blaue Schirmmütze. »Ich muß auf Nummer Sicher gehen«, rechtfertigt sich Brutalovic. »Zwei bis drei Blauhelme als Geiseln pro Tag, das muß schon drin sein, sonst kann ich mich gegen die Übergriffe der UNO hier einfach nicht wehren.«

Die fünf häufigsten serbischen Namen
Haudraufnikov Abhackic
Blutklumpian Grobianovic
Brutalodan Kaputtschlagovic
Ethnikov Säuberungovic
Massenmördrian Pogromovic

Und tatsächlich: Die massive UNO-Präsenz ist hier, in Rödelheim, kaum zu übersehen. Immer wieder begegnen wir Männern mit blauen Schirmmützen, denen Brutalovic giftige Blicke zuwirft. Aber er kann sie natürlich nicht alle als Geiseln nehmen, denn »das wäre gegen die Dings, äh, gegen die Menschenrechte, verstehen Sie?« Kein Zweifel, der Mann kennt sich in allen Fragen des Völkerrechts bestens aus.

Inzwischen ist es elf Uhr geworden und damit Zeit für ein kleines Massaker unter der Zivilbevölkerung. Eilig entschuldigt sich Brutalovic, entsichert seine Maschinenpistole und feuert wahllos in vorübergehende Passanten, wobei er sich bemüht, möglichst Unschuldige zu treffen. »Das gelingt natürlich nicht immer, manchmal ist es verhext«, beklagt sich der Rödelheimer Serbenführer. »Es gibt Tage, an denen sind einfach keine alten Menschen, Kinder oder schwangere Frauen auf der Straße. Da muß ich dann gezwungenermaßen gesunde, waffenfähige Männer beschießen.«

Frage:
Ihnen kommt auf einer Vorfahrtsstraße von links ein Lastwagen mit einer UNO-Blauhelmtruppe entgegen, die nur aus moslemischen Frauen besteht. Von rechts will gerade ein Kroate mit Handkarren die Straße überqueren. Was tun Sie zuerst?
a) Ich nehme Geiseln.
b) Ich führe an Ort und Stelle eine ethnische Säuberung durch.
c) Ich beschäftige mich mit den Frauen.
(Auszug aus der serbischen Führerscheinprüfungsordnung)

Auch sonst ist diese Arbeit nicht gerade ein reines Vergnügen. Das merke ich wenig später, als wir einen abgetrennten Bereich im städtischen Tierheim betreten. Hier unterhält Brutalovic ein kleines Todeslager, in dem sich zur Zeit etwa zwanzig Gefangene befinden. »Eigentlich nichts Großartiges«, entschuldigt sich der Wahl-Frankfurter Serbe, »aber für Rödelheim reicht es «. Zu den Inhaftierten zählen u.a. ein Makler, der Besitzer eines kroatischen Speiselokals, ein Finanzbeamter, zwei KFZ-Meister, ein Polizist und ein Arbeitsamtmitarbeiter, »alles Leute, die mir und den großserbischen Gebietsansprüchen sehr geschadet haben«, schnaubt Brutalovic verächtlich.

Zurück in seiner eigenen Wohnung studiert Brutalovic erst einmal die neuesten UNO-Resolutionen, die gerade mit der Post eingetroffen sind. »Vollkommen unannehmbar!« schreit er. »Wenn ich mich darauf einlasse, dann wird Serbien von der Landkarte verschwinden«. Zwei Drittel von Rödelheim kontrolliert er nach eigenen Worten, »den Rest können die Hessen meinetwegen behalten.«

Doch viel Zeit zum Räsonnieren bleibt ihm nicht, denn es ist schon kurz nach 15.00 Uhr – Zeit für Hausbesuche. Vergewaltigungen nimmt er nur dienstags und freitags vor, heute stehen brutale Verhöre mit Elektroschocks auf dem Programm. Brutalovic ist, wie er selbst sagt, einer der wenigen Serbenführer, die ihre Opfer noch selbst heimsuchen. »Die meisten meiner Kollegen bestellen die Delinquenten zu sich in die Wohnung oder beauftragen irgendein Unternehmen mit der Durchführung der Grausamkeiten.« Brutalovic liegt allerdings viel am persönlichen Kontakt zu den Menschen, die in der serbisch kontrollierten Zone von Rödelheim wohnen.

Von Serben kaputtgemacht
1. Vukovar
2. Meine Armbanduhr
3. Witwe Schlotterbecks Kaffeekanne
4. Der MSV Duisburg
5. Dresden
6. 6 Millionen Frühstückseier
7. Die Zeitschrift Tango
8. Die Beatles
9. Lothar Matthäus' Knie
10. Die Ehe von Charles und Di
(Quelle: Focus u. Rech. d. Autors)

In den nächsten zwei Stunden hallt der zehnstöckige Wohnblock wider von Säge- und Schleifgeräuschen, vermischt mit spitzen Schreien und heiserem Gebrüll. Danach sind wir zurück auf der Straße, wo ein sichtlich erschöpfter Brutalovic noch einen letzten Kontrollgang im örtlichen Tengelmann-Supermarkt durchführen muß. Mit sicherem Griff angelt er sich zehn Dosen serbischer Bohnensuppe aus dem Feinschmeckerregal und überklebt die Etiketten mit einem neuen Schriftzug. »Großserbische Bohnensuppe« steht nun auf den Dosen, und Brutalovic blickt befriedigt auf sein Werk.

Die Umklebeaktion erfolgt übrigens auf Anweisung von Serbenführer Radovan Karadzic, der damit den endgültigen Sieg der bosnischen Serben propagandistisch vorbereiten will. Karadzic, der in seiner knapp bemessenen Freizeit bereits fünf Lyrikbände veröffentlicht hat, ist natürlich das große Vorbild von Dragoslav Brutalovic. »Charakterlich ist er, glaube ich, noch etwas verdorbener als ich«, gibt Brutalovic seufzend zu, »aber dafür sind meine Gedichte noch viel schlechter als seine.«

Große Serbenführer
1. Dschumblatt
2. Arafat
3. Sheik Mujibur Rahman
4. Stalin (eigentl. Stalinovic)
5. Hitler (eigentl. Hitler)
6. Potemkin
7. Pavlov
8. Schirinowski
9. Mike Tyson
10. George Orwell
(Quelle: Munzinger Archivovic)

Hans Zippert

Titanic Interview

„... ein paar Weiber an den Bühnenrand locken."

Titanic-Mitarbeiter Richard Kähler im Gespräch
mit Dieter Bohlen, 31, und Thomas Anders, 22, Deutschlands Superduo Nr. 1

TITANIC: Meine Herren, ich muß gestehen, bevor ich den Auftrag zu diesem Interview mit Ihnen beiden bekam, hatte ich von „Modern Talking" wenig gehört. Darauf und auf Titel wie „You're My Heart, You're My Soul" und „Cheri, Cheri Lady" angesprochen, erinnerte ich mich an zwei ziemlich schmierige Discomukkerstückchen, die mir aus der Radiobe-

Thomas Anders: „Kann ich auch mal was sagen...?"

rieselung in Erinnerung geblieben waren – in Erinnerung allerdings nur, weil sie so auffallend schmierig wirkten. Weiterhin erinnere ich mich blaß an einen sehr euphorisch angekündigten Fernseh-Auftritt irgendwelcher neuer Superstars, bei dem ich nur schemenhaft zwei junge Männer wahrnahm: einen Jogging-Popper-Yuppie, der im Hintergrund mit einer nichtangeschlossenen Gitarre herumtigert, und einen aufdringlichen Schönling, der mehr auf dem vorderen Teil der Bühne herumschäumt. Jetzt, wo ich Sie beide vor mir sehe, muß ich sagen, daß mein erster Eindruck völlig richtig war. – Was also, Herr Bohlen, was also könnte Ihrer Meinung nach darüber hinaus das Geheimnis Ihres Erfolges von über 10 Millionen verkaufter Schallplatten in aller Welt sein?

Die kursiv gesetztes Passagen sind Original-Zitate von Dieter Bohlen und Thomas Anders bzw. wörtlich aus Berichten über „Modern Talking" übernommene Informationen der Nachrichtenmagazine ‚Spiegel' und ‚Bravo'.

BOHLEN: Ich schreibe *geile Melodien! Gefühlsmäßige Sachen! Was für's Herz,* weißt du!

TITANIC: Nun, was mir eher auffiel, sind Ihre Texte, Herr Bohlen. In Ihrer Komposition „Cheri, Cheri Lady" zum Beispiel schreiben Sie in der letzten Strophe: *„I'll get up – I'll get down – All my world turns around – Who is right – Who is wrong – I don't know – I've got pain in my heart, got a love in my soul – Easy come but I think easy go – I need you so – All the times – I've moved so slow."*

Was ich ungefähr so übersetzen möchte: „Ich werde aufstehen – Ich werde runtergehen – Alle meine Welt dreht sich herum – Wer hat richtig – Wer hat falsch – Ich nicht wissen – Ich habe Schmerz in meinem Herz, hab' eine Liebe in meiner Seele – Leicht kommt, aber ich denke, leicht geht – Ich benötige Dich so – all die Zeiten – Ich habe mich so langsam bewegt."

Können Sie mir ungefähr sagen, was Sie sich beim Schreiben dieser Zeilen gedacht haben?

BOHLEN: Wie würdest du denn den Titel „Cheri, Cheri Lady" übersetzen?

TITANIC: Cheri, Cheri Lady? Tja – „Kirsche, Kirsche Dame?"

BOHLEN: Und was soll das bedeuten?

TITANIC: Keine Ahnung.

BOHLEN: Siehst du!...

TITANIC: Ach, Sie meinen also, das ist eh wurschtegal, Hauptsache irgendwelche englisch klingenden Worte, so: Heart – apart, long – strong, motion – devotion...

BOHLEN: Na, logisch! Logisch! Glaubst du etwa, die Leute hören sich den ganzen Text an? Die picken sich doch eh' das raus, was ihnen gerade emotionsmäßig in den Kram paßt.

TITANIC: Stimmt! Ich achte wirklich nur auf deutsche Texte – da achte ich allerdings aber auch gnadenlos auf jedes Wort.

BOHLEN: Siehst du! Deshalb texte ich auch in Englisch! *Hab' ich ja in der Schule gelernt. Und dann die ganzen Beatles-Lieder – übrigens meine Lieblingsgruppe!*

TITANIC: Beatles! Da kenn ich einen Text sogar ganz auswendig! Norwegian Wood!

BOHLEN: Aufsagen!

TITANIC: „I once had a girl, or should I say, she once had me..."

ANDERS: Kann ich auch mal was sagen?

BOHLEN: Nein.

TITANIC: Na, nun lassen Sie ihn doch! Warum soll denn der junge Mann nicht auch mal was sagen?

BOHLEN: Ach, der erzählt doch immer nur dasselbe...

TITANIC: Was denn?

ANDERS: *Auf dem Flug von Nizza nach London ist Nora und mir eine Reisetasche mit den ganzen teuren Kosmetiksachen und mit Stiefeln abhanden gekommen!...*

TITANIC: Nora?

BOHLEN: Ja – Nora! Das ist seine Frau. Oder besser: sein Mann.

ANDERS: *...Mindestens 10 Paar Stiefel waren drin und Hunderte von Lidschatten. Knapp 10.000 Mark war das Ganze wert...*

TITANIC: Lidschatten? Die Lidschatten Ihrer Frau, nicht wahr?

ANDERS: *...ja, ja, Nora nimmt manchmal auch Lidschatten...*

BOHLEN: Ach ja, als er sich von *Bernd Weidung* in Thomas Anders umbenannt

Dieter Bohlen: „Nein."

hat, hätte er sich man gleich Thomas Andersrum nennen sollen...

ANDERSRUM: Ja, die Leute denken alle, ich bin andersrum, weil ich so tierisch schwul ausseh'. Stimmt aber gar nicht – ich bin doch verheiratet. Mit Nora. Sie ist der Mann, ich die Frau.

TITANIC: Herr Andersrum – so jung und schon verheiratet?

ANDERSRUM: Ja – mit Nora. *Seit dem 28.12.84! Aber wir haben am 27. Juli 1985*

→

noch einmal kirchlich in der Herz-Jesu-Kirche in Koblenz geheiratet. Die Herz-Jesu-Kirche hat tausend Sitzplätze. Halb Koblenz ist gekommen. Ach, wenn ich da noch dran zurückdenke: *Nora hat sich in San Remo ein tolles Brautkleid gekauft, und unsere Eheringe in Gelb- und Rotgold haben wir auch schon. Ich werde einen weiten Anzug in Weiß mit Türkis tragen –*

TITANIC: Herr Bohlen – Sie haben *Betriebswirtschaft studiert*, sind *Dipl.-Kaufmann*, Sie sind schon seit mehreren Jahren in der Plattenbranche tätig, haben bereits *1000 Songs geschrieben und 130 Platten produziert, darunter Schlagerkompositionen für Roland Kaiser, Bernhard Brink, Bernd Clüver oder Ricky King.* Warum bleibt einer wie Sie nicht gemütlich mit dem Arsch im Studio sitzen, anstatt noch einmal mit so einem jungen Hüpfer auf die Bühne zu klettern – wo haben Sie den eigentlich kennengelernt?

BOHLEN: Den Thomas? Den hab' ich in einem Massage-Salon kennengelernt, wo er gerade mal wieder unter der Höhensonne eingeschlafen war. Wenn ich ihn damals nicht rechtzeitig geweckt hätte, wär' er wahrscheinlich endgültig verkohlt . . . Nein, Scherz beiseite –

TITANIC: Genau: Scherz beiseite!

BOHLEN: . . . Nein, *wir lernten uns im Plattenstudio kennen, haben uns auf Anhieb supergut verstanden und zogen uns zum gegenseitigen Beschnuppern erst mal in die Bar zurück. Ich merkte gleich, der Thomas, das ist ein braver Bub, ein Schlagerfuzzy, der hat keine anderen Probleme als gut auszusehen. Und da hab' ich mir gedacht, Dieter, hab' ich mir gedacht, mit dem zusammen kannst du dir auch mal ein paar Weiber an den Bühnenrand locken* – wissen Sie eigentlich, *was Dieter tut, wenn ihm ein Girl gefällt?*

TITANIC: Nein – was tut Dieter?

BOHLEN: Ganz einfach. Dieter geht auf das Mädchen zu und sagt: *„Du, ich find' Dich echt wahnsinnig."*

TITANIC: Wer ist denn überhaupt Dieter?

BOHLEN: Na, das bin ich!

TITANIC: Ach so! Ah ja! Und . . . äh . . . das klappt? Da gehn Sie einfach so auf das Girl zu und sagen: . . .

DIETER: Ein bißchen kämpfen muß man schon. Besonders, wenn das Mädchen dunkle Haare, braune Augen, tolle Lippen, eine kleine Nase, braune Haut hat und einen Minirock trägt.

TITANIC: Und was sagt *Frau Erika* und *Sohn Marc, der am 9. 7. 85 zur Welt kam,* zu diesen kleinen Kämpfen?

DIETER: Och, E-ri-ka! Die ist doch blond, hat rote Augen, olle Lippen, einen Riesenzinken, weiß wie ein Käse ist die und kommt den ganzen Tag nicht aus dem Morgenmantel raus – da könnt' ich dir Sachen erzählen, Mann, eines Morgens, ich komm' gerade nachhause –

TITANIC: Und Sie, Thomas, was macht denn unser Thomas, *wenn ihm mal eine zuzwinkert?*

THOMAS: Dann reagiere ich nicht, weil ich so etwas nicht ausstehen kann. Das soll nicht heißen, daß ich so konservativ bin,

daß immer nur der Mann die Initiative ergreifen muß. Im Gegenteil. Die kann auch von der Frau ausgehen. Was ich nicht mag, ist die totale Anmache, mit Gewalt.

TITANIC: Mit Gewalt?

THOMAS: Wenn ich von einem Mädchen nichts wissen will, dann will ich eben nicht – und fertig!

DIETER: In Oslo holten uns 3000 vom Flughafen ab! Und alle für mich! . . . Wie viele Weiber holen dich denn so in der Regel vom Flughafen ab?

TITANIC: Mich? Überhaupt keine! Ich fahr' mit der Bahn.

DIETER: Siehst du? Du mußt dir eben auch einen gutaussehenden Partner zulegen, der mit Frauen nix zu tun haben will!

THOMAS: Nora ist die einzige Frau in Thomas' Leben!

DIETER: Ja, ja – sag' ich doch! Nur die Ruhe! . . . Weißt du, manchmal wünsch' ich mir doch, der Thomas hätte wenigstens in seiner Ehe in Hosen an. Weißt du, was ich mal zu Désirée Nosbusch sagen

---

Exklusiv in TITANIC: Die kommende Hitsingle, ausgekoppelt aus dem Sommer-Album „Geile Texte".

My Party

It's my party
on my flokati
cause I'm a smartie
on my flokati.
It's your party
on your flokati
cause you're a smartie
on your flokati.
So I take my flokati
in my maserati
and you take your flokati
in your maserati
and we meet for a party
with our maserati.
Eating smarties
on our flokatis
colourful smarties
on white flokatis
as white as christmas
just can be!

---

mußte, *als Thomas zu einem Fernsehauftritt nicht erschien?* Ich hab' zu Désirée gesagt: *„Seine Frau Nora hat gesehen, daß du die Sendung moderierst, und da hat sie Thomas nicht erlaubt, in der Sendung aufzutreten."*

TITANIC: Is nich' wahr!

DIETER: Was ich dir sage: *Nora hat Thomas mitgenommen und im Hotelzimmer eingeschlossen! Einen Tag davor mußte in Oslo eine 45jährige Moderatorin gegen einen Mann ausgewechselt werden, weil sich Thomas nicht von ihr interviewen lassen durfte . . .*

THOMAS: Ich kann diese totale Anmache von den Weibern eben nicht leiden – besonders nicht die mit Gewalt!

DIETER: Tja, wenn das so weitergeht, wird es ‚Modern Talking' nicht mehr lange geben.

TITANIC: Was ja nicht weiter schade wäre.

DIETER: Nö, nö – absolut nicht. Ich hab' letztes Jahr reichlich eingesackt, die anderen sitzen uns schon schwer im Nakken und nun soll erst mal wieder die Konkurrenz ihre Sülze an die Frau bringen –

THOMAS: Ja – du! du! Du hast das ganze Geld eingesackt! Das viele schöne Geld! Aber mir haben sie die wertvolle Reisetasche mit den ganzen teuren Kosmetiksachen weggenommen Und *in Cannes haben sie mir vor der Discothek „StudioCircus" meinen schwarzen Audi aufgebrochen* und –

DIETER: Ja, wer schreibt denn hier die *geilen* Melodien? Wer schreibt denn hier diese *echt starken* Texte? Wer macht denn immer diese *tierisch guten* Arrangements? Wer hat sich denn jahrelang mit den Plattenbossen abgesabbelt??? Wer reißt sich denn den Arsch auf für's Geschäft?! Für's Geschäft, mein Lieber, nicht für –

THOMAS: Nora! No-ra! Er schimpft mit mir! Er schimpft schon wieder mit mir! Sag' ihm, er soll nicht immer mit mir schimpfen! Sag' ihm, er soll nie wie-der –

NORA: (kommt aus der Kulisse gerannt) Thomas! Hab' ich Dich endlich! Bist du schon wieder aus deinem Hotelzimmer ausgebrochen?? Hab' ich dir nicht verboten, zu diesem Titanic-Interview zu gehen??? . . . Hier sind doch sicherlich irgendwo Frauen! (Beginnt, die Redaktionsräume nach Frauen abzusuchen)

DIETER: Hau' ab! Nora, hau' ab! Ich sag's dir zum letzten Mal: Ich hab's satt, daß du und deine Schwuchtel mir langsam alle Termine versauen! Ich hab's sowas von satt, daß ich mich hier abrakker', um unseren Lebensabend zusammenzukratzen und ihr –

TITANIC: Aber Nora, nicht doch! Sie können doch Thomas nicht hauen! Man schlägt doch keinen Mann! Seien sie doch glücklich miteinander! Ich meine, sie haben doch alles! *Den Porsche 944! Die Zweitwohnung in Berlin! Den Yorkshire ‚Micki'! Die Dogge ‚Asscan'! Die Perserkatze ‚Sascha'! Die Herz-Jesu-Kirche! Die Koblenzer Eigentumswohnung! Den Kamin! Das moderne Schlafzimmer mit der poppigen Einrichtung! Das 16-Spur-Studio mit dem weißen Klavier . . .* – weg sind sie!

DIETER: Tja, dann will ich wohl auch mal langsam – Das 16-Spur-Studio mit dem weißen Klavier gehört übrigens mir! Hat John Lennon auch gehabt, ein weißes Klavier. Gute Texte gemacht, der Mann . . .

TITANIC: Ja, Gott, der ist ja auch noch mit einer Klobrille um den Hals auf die Bühne gekommen.

DIETER: Komisch – so was würd' mir nie einfallen. (Geht leise singend ab) „I once had a girl, or should I say, she once had me . . ." □

Titanic
DAS ENDGÜLTIGE SATIRE

Wer wird Leberwurst '94?

Die Ergebnisse der großen TITANIC-Beleidigungsumfrage

1992 und '93 waren für die Satire und TITANIC insbesondere äußerst erfreuliche Jahre: Nie zuvor fühlten sich so viele Menschen und Vereinigungen von unseren Texten und Bildern angesprochen. Und nie zuvor bekamen wir derartig viele und mutmachende Reaktionen auf unsere Arbeit.

So hatten wir das Begräbnis von Marlene Dietrich zum Anlaß genommen, der Schlagersängerin **Evelyn Künneke** einige Grundbegriffe des guten Tons nahezubringen. Kein halbes Jahr später schrieben uns ihre Anwälte: „... berechtigt Sie dies nicht zu einer Schmähkritik ... mit Anleihen aus der Fäkalsprache und klaren Verbalbeleidigungen." Auf gut deutsch: 6.000,– DM plus Anwaltskosten.

Auch die Schweizer Uhrenfabrik „**Longines**", die ihre Zwiebeln gerne von Südpolentdecker Amundsen oder Atlantiküberquerer Lindbergh bewerben läßt, war begeistert. In einer doppelseitigen Hommage hatten wir Reichskanzler **Adolf Hitler**, der auch gerne fremde Länder entdeckte, erfoschte und überquerte, das Lob der Präzisionsuhrwerke singen lassen. Ergebnis: 7.000,– DM, incl. Anwaltskosten und eine doppelseitige Richtigstellung!

Frau **Gertrud Höhler** wiederum wollte nie wieder so etwas lesen müssen wie den Artikel „Die schnelle Gertrud" (6/92), beließ es aber beim rechtsanwaltlichen Androhen.

Björn Engholm schließlich befaßte sich letztes Jahr eingehend mit den April- und Mai-Heften. Ergebnis: 40.000,– DM Schmerzensgeld, plus plus plus!

Macht zusammen: Jedenfalls viel zuviel. Denn Satire darf zwar alles, nur nichts kosten! Grund genug, uns einmal näher mit unseren Opfern zu beschäftigen. Was lassen sie sich noch gefallen, wo hört der Spaß bei ihnen auf, und was müssen wir dann dafür bezahlen? Die Antworten auf diese Fragen sollte auf das empirischste die TITANIC-Leberwurstumfrage zutage fördern. Tausend Politiker, Schauspieler, Schriftsteller, Musiker, Journalisten und **René Böll** öffneten Anfang des Jahres einen Brief, in dem ihnen mitgeteilt wurde, die Zeitschrift TITANIC habe die Absicht, sie demnächst massiv zu beleidigen. Weiter hieß es: „Um das finanzielle Risiko so gering wie möglich zu halten und um unsere Beleidigungen besser planen zu können, bitten wir Sie, beiliegenden Fragebogen ausgefüllt und unterschrieben zurückzuschicken."

Dieser Bitte haben inzwischen die meisten entsprochen und wir können nun die Ergebnisse einer größeren Öffentlichkeit zugänglich machen.

Soviel steht fest: Um diese Informationen hätte uns die Stasi beneidet, denn niemals zuvor in der Geschichte der Satire gab es derartig viele und abgesicherte Daten zur Beleidungsbereitschaft und -fähigkeit der sogenannten „Personen des öffentlichen Lebens". Man muß eben nur die richtigen Fragen stellen:

Frage 1: Welche Form der Beleidigung bevorzugen Sie?

Der eindeutige Sieger: **Die infame Unterstellung** (29%), gefolgt von der **gezielten Rufmordkampagne** (17%) und der **menschenverachtenden Herabwürdigung** (14%). Durchaus beliebt war auch noch die **persönliche Verunglimpfung** (12,5%), während die **unvorstellbare Demütigung** für die meisten wohl doch etwas zuviel gewesen sein dürfte (8%).

Überhaupt nicht genug konnten 19,5% der Befragten bekommen, die gleich alles ankreuzten. Dagegen verwahrten sich 2% ausdrücklich gegen alle zur Wahl gestellten Beleidigungen. Auffällig die Vorliebe der Politiker für die infame Unterstellung, was **Renate Schmidt** (SPD) sogar begründen kann: „Das entspricht am ehesten Ihrem fragwürdigen Niveau". 46% ihrer Kollegen bevorzugen diese subtile Praktik, während es bei den Künstlern nur 12% sind. Dort muß es schon die **menschenverachtende Herabwürdigung** (23%) sein, am liebsten jedoch alles gleichzeitig (25%).

„Wie kommen Sie darauf, daß Sie mich beleidigen können? Das können nur vernünftige Menschen, da ich außer mir keine kenne, tue ich das selbst", teilt uns der SPD-Abgeordnete und Aphoristiker **Ernst Waltemathe** mit, den wir in Zukunft wohl etwas genauer beobachten müssen. Das „Lob, über den grünen Klee", würde **Bruno Ganz** bevorzugen, während **Reinhold Messner** die angebotenen Beleidigungen schon gar nicht akzeptiert, „außer sie kommen von Faschisten!" **Helmut Griem** glaubt, er sei „nicht zu beleidigen", während **Peter Härtling** seinerseits austeilt: „Vorsätzliche Beleidigung halte ich für den Ausdruck von Neid, intellektueller Enge, Mißgunst und einem Machismo, der im Grunde die Kalaschnikow den Wörtern vorzieht. Ich habe dafür nur Verachtung." Auch **Tomi Ungerer** ist unzufrieden: „Blöd formuliert! Eine Beleidigung muß klinisch, wie eine Autopsie geführt werden. Bin ich vom Doktor operiert, hab' ich nix zu sagen, die Betäubung hilft."

Frage 2: Wie würden Sie auf die Beleidigung reagieren?

Die finanziell entscheidende Frage! 45% würden, so behaupten sie jedenfalls, **mit einem Lächeln** antworten, 21% **mit einer Retourkutsche** und erschreckenderweise immerhin 15,5% **mit körperlicher Gewalt**. Völlig aus der Mode gekommen sind anscheinend **die Bücherverbrennung** (6,5%), **die einstweillige Verfügung** (3,5%), **die Anzeige** (3%) und **die Abmahnung** (2%).

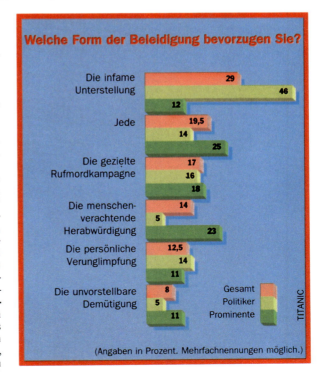

(Angaben in Prozent. Mehrfachnennungen möglich.)

Zonen-Dödel   **Kaschmir-König**   **IM Titanic**   **Ist dick geworden**

Auffälligerweise konnte sich kein Politiker zu einer einstweiligen Verfügung durchringen, womit bewiesen ist, daß wir mit Engholm einen geradezu unwahrscheinlichen Glückstreffer gelandet haben. Zu einer Anzeige würde sich auch nur einer hinreißen lassen, nämlich: **Dr. Diether Dehm!** Renate Schmidt neigt ebenfalls zum Amtsweg, allerdings gekoppelt mit Retourkutschen und Lächeln: „weil ich mich so auf das viele (Schmerzens-) Geld freue".

Lächeln scheint bei Politikern und Prominenten gleichermaßen beliebt zu sein, während die Prominenten die Gewalt der Retourkutsche vorziehen. Unter anderem: **Katja Ebstein**, RTL-Unterhaltungschef **Marc Conrad, Johannes Gross, Helmut Newton** und **Ulrich Wickert**. „*Direkt eins in die Fresse*" verspricht **Wolfgang Niedecken**, und auf einem „*Duell*" besteht **Hans Christoph Buch**.

Bei **Dr. Burkhard Hirsch** (FDP) ist alles möglich „*vom Amtsgericht bis zum Schlag auf die Mütze*". MdB **Elke Ferner** (SPD) erklärt, „*wenn genug Schmerzensgeld 'rausspringt, mit einem Freudentanz*" zu antworten, während **Lilo Blunck** (SPD) TITANIC-Chefredakteur Hans Zippert androht: „*Ich würde Sie knutschen, bis Ihnen die Luft wegbleibt.*"

Lächelnd will Tomi Ungerer die Beleidigung wegstecken, „*wenn fair und gut gezielt, das können Sie nicht, weil Sie mich nicht kennen.*"

Nadine Spruß alias **Valerie (Walze) Zenker** aus der Lindenstraße liebt es bizarr: „*Mit einem Barschelbad*", während es ihr Fernsehvater (**Jo Bolling**) bei einem „*Lächeln*" bewenden lassen würde.

Nur zwei, so will uns scheinen, reagieren halbwegs realistisch, der eine „*unklug*" (**Loriot**), der andere „*mit vornehmem Schweigen*" (**Jens Reich**).

> **Frage 3: Empfinden Sie es als Auszeichnung, von der TITANIC beleidigt zu werden?**

Nicht ganz frei von einer gewissen Selbstgefälligkeit, diese Frage, aber wenn wir sie nicht gestellt hätten, wüßten wir auch nicht, woran wir sind.

Nämlich daran: 34% **fühlen sich ge-**

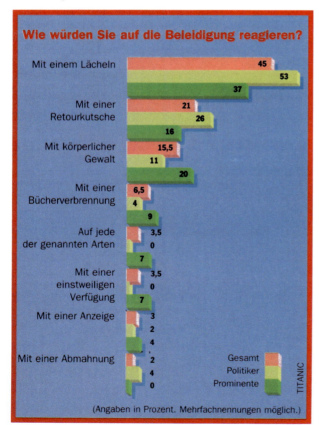

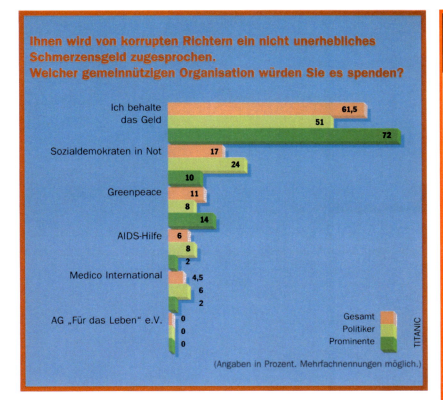

ehrt und beweisen damit ein unfehlbares Qualitätsbewußtsein. 28,5% **stellen den Wert** unserer fast 15jährigen Erziehungsarbeit brüsk **in Frage**, und 33% sind noch **unentschieden**.

Wie zu erwarten, wissen Politiker unsere Ratschläge weniger (35%) zu schätzen als die Prominenten, während die Zahl der Unentschiedenen auf beiden Seiten gleich ist. Wenden wir uns nun dem Eingemachten zu:

Frage 4: Welche Beleidigung würde Sie am stärksten treffen?

Erfreulich das hohe Maß an Kooperation, über die Hälfte aller Einsender konnte uns mit konkreten Vorschlägen behilflich sein, die wir hier in Auszügen wiedergeben:

„Du Rönsch!" (Bela B.), „Du Sau" (Campino), „SPD-Stammwähler" (Michael Rutschky), „Wenn man meinen Namen falsch schreibt" (Helmut Newton), „Luxus-Schneider oder Kaschmir-König" (Wolfgang Joop), „Wenn man mich rechts liegen läßt" (Karl Dall), „Dieses karrieregeile Arschloch macht für Kohle wirklich alles" (Harald Schmidt), „Die Bezeichnung Querdenker" (Diedrich Diederichsen), „Die Rijkard-Methode" (Werner Kilz), „Wolfgang Lippert" (Ingolf Lück), „Daß ich mich für ein Genie halte" (Herbert Achternbusch), „Ein Fußtritt" (Loriot), „Zu den allerstärksten Beleidigungen gehören zahlreiche Produkte des gegenwärtigen Rotweinanbaus" (Ror Wolf), „Ein TITANIC-Geschenkabo" (Wolfgang Niedecken), „Körperliche Anspielungen" (Ulli Potofski), „Sie sind aber dick geworden" (Eva Demski), „Die Unterstellung, ich sei ‚Inoffizieller Mitarbeiter' des Redaktionsstabs der TITANIC" (Jens Reich), „Die Unterstellung des Haarausfalls" (Bruno Ganz).

Ähnlich offenherzig, aber eine Idee pampiger reagierten die Volksvertreter: „Ich bin doch nicht blöd, dies zu verraten. Ihnen fällt ja doch nix ein" (Renate Schmidt, SPD), „TITANIC-Fetischistin zu sein" (Ulla Schmidt, SPD), „Die Behauptung, ich sei regelmäßiger TITANIC-Leser" (Peter Conradi und Albrecht Müller, SPD), „In der TITANIC lobend erwähnt zu werden" (Horst Eylmann, CDU), „Als Saumagen-Experte zu gelten" (Gerd Weisskirchen, SPD), „Oberhalb der Gürtellinie" (Ottmar Schreiner, SPD), „Politiker!" (Dieter Schloten, SPD), „Zu brav zu sein" (Petra Bläss, PDS), „Ich sei das Volk" (Horst Gottfried Benrath, SPD), „Zonen-Dödel oder Kowalski-Leser" (Klaus Dieter Feige, B90/Die Grünen), „Die Behauptung, ich hätte ein Verhältnis mit Herrn Briefs" (Hans-Dirk Bierling, CDU), „Ein Gespräch bei der TITANIC-Redaktion" (Claus-Peter Grotz, CDU). Und

Das große Lexikon der Bild-Sprache (4)

H

Handgranaten-Frau, die: zündete am Heiligabend 1996 in einer Frankfurter Kirche zwei Handgranaten und tötete damit sich selbst und zwei weitere Kirchgängerinnen. Manche Damen können von Handarbeiten einfach nicht genug kriegen.

Handy-Wahnsinn, der: eigentlich wohl: seltsame Seuche, die Infizierte dazu zwingt, ohne Unterlaß in zigarettenschachtelgroße Klötzchen zu sprechen. Speziell: »Handy-Wahnsinn im Flugzeug.« Allergische Reaktionen von ausgewachsenen Flugmaschinen, die bei Klötzchen-Gebrauch einfach abstürzen.

Haß-Demo, die: eine »schlimme Haß-Demo« fand im Februar 1997 in Magdeburg statt. »500 Menschen demonstrierten gegen rechtsextreme Gewalt.« Rechtsextreme demonstrieren dagegen meist für Frieden und Völkerverständigung. Vgl. auch Love-Parade, NSDAP, Courtney (»Hole«) und Adolf Love (»Caust«).

Hickhack-hickhack, das: Stellt sich offenbar dann ein, wenn eine → Zick-Zack-Ehe geschieden werden soll. Z.B. die zwischen Michael Douglas (53, »Wall Street«) und Ehefrau Diandra (40). Solange nicht das Hickhackbeil zum Einsatz kommt...

Hick-hack-Paar, das: wird von Verona Feldbusch (26) und Dieter Bohlen (42) gebildet. Besondere Kennzeichen: Blitz-Ehe, Blitz-Trennung, → Blitz-Zurück. Danach wurde Verona ziemlich peepplär.

Himmelsklops, der: ein Asteroid von 10–20 Kilometern Durchmesser, der exakt »die Kraft von 62 Millionen Wasserstoffbomben« besaß. Rottete vor 65 Millionen Jahren bei Königsberg (heute: Kaliningrad) endlich die lästigen Dinosaurier aus (vgl. auch »Kessel von Kaliningrad«) → Mega-Einschlag

Himmelsvagabund, der: der »Asteroid 1997 AC 11«, der Anfang 1997 »mit 20 Kilometern pro Sekunde« auf die Erde zuschoß. Mit dem → Himmelsklops verwandt, enthält aber weniger alte Brötchen.

Hollywood-Zwerg, der: i.e. Dudley Moore (62). Nicht verwandt und nicht verschwägert mit → Pop-Zwerg Prince. Auch nicht mit Zwerg Nase, sondern eher mit Zwerg Penis → Sex-Fingerhut

Horr-Ohr, das: haben »Männer, denen die Haare aus den Ohren wachsen«. War früher mal mächtig in, aber ist seit dem 3.9.1996 auch schon wieder »out«, und zwar volles Horrohr! Pech für August Everding (105).

Horror-Weib, das: = Courtney Love (32). Ist »wüst, blond, schön« und die »wilde Witwe des toten Nirvana-Sängers Curt Cobain (erschoß sich 1994)«. Smells like Bundesprüfstelle für jugendgefährdende Brüste... (N.B.: Letzter erlaubter »Smells-like-Satz« in diesem Jahrtausend.)

Hundy, das: früher: Hundchen; seit der Regentschaft von Münchens Mode-Zar Rudolf Mooshammer ein Hund namens »Daisy«, der, passend zum Haarteil (»Hairy«), in einer Tasche getragen wird.

I

Igitt-Cordanzug, der: ein brauner Anzug aus Manchesterstoff, den → Comedy-Chaot Helge Schneider (40) zu seiner Hochzeit trug. Hat er ihn selbst gehelgt, äh, geschneidert?

igitti: »Graffiti oder igitti?« fragt BILD die Leser. Wir fragen zurück: Noch ganz fitti?

Italo-Finger, die: gehören zu einer → italienische Zauber- oder → Schmusehand. Hat z.B. → Dauerbegleiter und Filmproduzent Gianni Nunnari (36). Sind Italo-Finger a) besonders lang, b) ziemlich stiefelförmig oder eher so c) lollobrigida? Richtige Antwort bitte auf einer Postkarte an die Redaktion. Preise winken (Einsendeschluß: 10.4.2012).

Christian Y. Schmidt

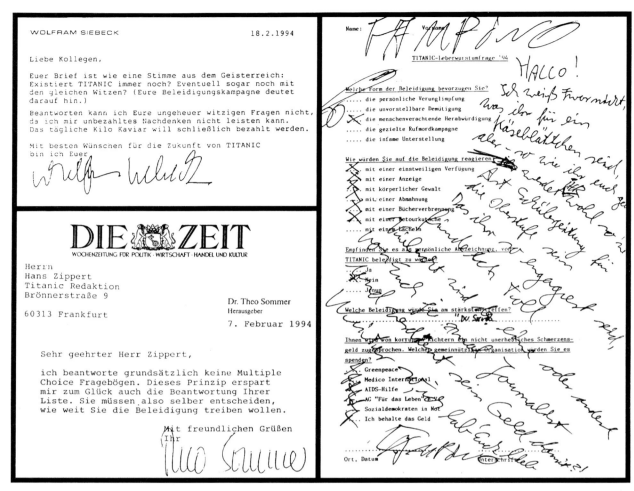

was würde Dr. Diether Dehm am stärksten treffen? *„Gegen TITANIC keine rechtlichen Schritte zu unternehmen."*

Helmut Fischer, Geert Müller-Gerbes, Daniel Cohn-Bendit, Ulrich Wikkert, Jo Leinen, Hugo Egon Balder, Michael Jürgs, Horst Tappert, Gerhard Schröder u.v.a. wären beleidigt, wenn sie nicht beleidigt würden, während **Jean Christophe Amman** sich für besonders schlau hält: *„Fehlte noch, daß ich Ihnen die Munition liefere."*

„Das einzige, wodurch Sie sich wirklich mit mir verkrachen könnten, wäre, daß Sie in der Chronologie Ihrer massiven Beleidigungen Henryk Broder mir vorgezogen haben könnten", klärt uns **Ralph Giordano** auf.

Am besten hat uns natürlich die Antwort des MdB **Friedhelm Julius Beucher** (SPD) gefallen, den es ziemlich hart treffen würde, *„nicht zu den roten Strolchen gezählt zu werden."*

Was aber geschieht, wenn trotz aller gegenteiligen Beteuerungen der Richter das letzte Wort hat und TITANIC mal wieder zahlen muß? Für diesen gar nicht so unwahrscheinlichen Fall wollten wir vorsorgen mit...

Frage 5: Ihnen wird von korrupten Richtern ein nicht unerhebliches Schmerzensgeld zugesprochen. Welcher gemeinnützigen Organisation würden Sie es spenden?

Da gab es nun aber überhaupt kein Vertun: Satte 61,5% wollen das Geld **einfach behalten**, weit abgeschlagen folgen die **Sozialdemokraten in Not**, denen aber immerhin noch 17% das Geld geben würden. Erst dann kommen **Greenpeace** (11%), **AIDS-Hilfe** (6%), **Medico International** (4,5%) und die **AG „Für das Leben" e.V.**, der nur eine verwirrte CDU-Politikerin Unterstützung zukommen lassen will.

Doch auch hier wurden einige Sonderwünsche laut: *„Tante Auguste in Hamburg"* bekommt den Judaslohn, ebenso nach **Bruno Ganz** geht. **Jens Reich** dagegen gründet *„eine Stiftung, die TITANIC aufkauft, die Redaktion auf Tagelohn umsetzt und diese Einkünfte jeweils morgens um 5.37 Uhr gegen persönliche Unterschrift auszahlt (der endgültige Sadismus!)".*

Bei **Michael Sontheimer** geht alles an den *„taz-Fond für Betriebsvergnügen"*, bei **Ulli Potofski** an die *„Aktion SFP e.V."* (Satiriker für peace???). Eine *„Stiftung zur Ausbildung besserer Journalisten"* möchte **August Everding** ins Leben rufen, **Hans Peter Wodarz** spendet dem *„Verein für gefallene Köche e.V.",* **Marc Conrad** behält das Geld und bestellt seinem Kindermädchen zu *„Weihnachten ein TITANIC-Abo"*, Stimmennachmacher **Stephan Wald** behält's ebenfalls und leistet sich davon *„eine knackige Satirikerin mit dicken Titanics"* (der Mann hätte Kabarettist werden sollen).

Viele Politiker möchten am liebsten einen noch zu gründenden Verein der *„TITANIC-Geschädigten"* bedenken, doch einige, wie **Horst Sielaff** und **Gerhard Schröder** (SPD) werden das Geld wirklich Bedürftigen zukommen lassen, nämlich: *„der TITANIC-Redaktion"*. Am vernünftigsten erscheint uns allerdings **Dr. Jürgen Schneider** (FDP), der alles dem *„Auflösungskomitee der FDP"* spendiert. **Dr. Cornelie Sonntag** (SPD) gibt's natürlich den „*Sozialdemokraten in Not*", schließlich war sie in der Zeit, da Engholm diese Badewannenphobie bekam, Sprecherin der SPD. Ein wenig verwundert nur, daß Frau Sonntag die persönliche Verunglimpfung, die gezielte Rufmordkampagne und die infame Unterstellung bevorzugt. Im März '93 klang das aus ihrem Mund noch ganz anders als sie erklärte, das Recht der Satire auf Zuspitzung und Verzerrung sei „*kein Freibrief für persönliche Verunglimpfung*". Weibliche Logik oder ein Fall von satireverachtender Dialektik?

Noch vor einem Jahr erklärte sie das Engholm-Titelbild für „*widerwärtig*" und „*die Menschenwürde*" für „*beschmutzt*". Heute empfindet sie es sogar als Auszeichnung, von uns beleidigt zu werden. Aber so sind sie wohl, die Frauen, vor allem die sozialdemokratischen.

```
LIEBE TITANIC REDAKTION
ICH HABE NICHT EINMAL MEHR ZEIT FUER DIE EINE
ODER ANDERE ENTGLEISUNG. DAS BURGTHEATER FRISST
MICH AUF. ICH BIN SICHER, SIE VERSTEHEN.
ALLES LIEBE
    IHR CLAUS PEYMANN
```

Saboteure

Nicht jede und keineswegs jeder gab sich mit Ausfüllen und Ankreuzen zufrieden; viele schickten uns ihre ganz persönlichen Ansichten zu unserem Thema und erschwerten damit eine ordnungsgemäße Auswertung.

Gernot Erler (natürlich SPD) warf uns diesen Fehdehandschuh hin: „*Leute, gebt Eure titanischen Satireversuche auf, die Realität hat Euch längst abgehängt!*" und schließt seinen Schmähbrief triumphierend: „*So, das hat gesessen! Müßt Euch ganz schön anstrengen, wenn Ihr diesen Niederschlag mit einer angemessenen Gegenbeleidigung... ausgleichen wollt! Zur Antörnung lege ich ein speziell für TITANIC signiertes Abbild von mir bei.*"

Nicht unbedingt abgeneigt, aber keineswegs bereit, ins Detail zu gehen, ist **Professor Dr. Carl Friedrich von Weizsäcker**; er schreibt: „*Liebe Titanen, probieren Sie es eben einmal.*" Friedenspreisträger **Schorlemmer** resigniert dagegen vollkommen: „*Für solcherart Zynismus fehlt mir das, was das Leben sonst ertragen läßt: Humor!*" Unsere Finanzkraft in Zweifel zieht dagegen auf geradezu ehrabschneidende Weise **Elfriede Hammerl**: „*Ich äußere mich in, zu, für und gegen Zeitschriften nur gegen Honorare, die Sie sich hoffentlich nicht leisten können.*"

Mit dem Druck auf die Tränendrüsen versucht es **Walter Kempowski**: „*Bitte laßt mich aus, liebe Freunde!*" In diesem Sinne äußert sich auch der folgende Briefschreiber: „*Ich bitte Sie hiermit, Ihre Absicht, mich öffentlich zu ,beleidigen', nicht zu realisieren. Ich weiß nicht, warum Sie so etwas tun, aber ich habe es schwer genug, meine Werke als Komponist zu verwirklichen.
Entsetzt über Ihre Art*
Stockhausen".

Zum Schluß noch einer, der bei jeder Unterschriftenliste am Schluß stehen muß und auch hier nicht fehlen darf: „*Ihre Firma ,TITANIC' schickte mir einen Fragebogen, den ich wie andere auch grundsätzlich unbeantwortet lasse. Was Ihre freundliche Absicht, mich zu beleidigen, angeht, so darf ich Ihnen mitteilen, daß mich Nazis, Gangster und Halunken nicht beleidigen können. Den Rest erledigt mein Anwalt unter Berücksichtigung des Strafgesetzbuches.
Mit entsprechenden Grüßen*
Gerhard Zwerenz".

Fazit

Einmal **Dr. Diether Dehm** als das bezeichnet, was er ist, schon haben wir die Anzeige am Hals, und der Kerl behält das Geld auch noch für sich. Das wissen wir jetzt also. Darüber hinaus hat diese Umfrage noch sehr viel mehr statistisches Material hervorgebracht. So haben beispielsweise SPD-Politiker ein überdurchschnittliches Interesse, sich zum Thema Beleidigung zu äußern. Das gleiche gilt für Politikerinnen allgemein, die prozentual bei dieser Umfrage viel zahlreicher vertreten waren als beispielsweise im Parlament oder in unserer Leserschaft. Ebenso scheinen sado-masochistische Neigungen im Bundestag weit verbreitet zu sein, denn viele Politiker reagierten mit Selbstbezichtigungen ihrer Person oder ihres Berufsstandes. Andere begannen stattdessen, sofort die TITANIC zu beschimpfen.

Lange, weitschweifige und belehrende

| Dieses karrieregeile Arschloch macht für Geld alles. | Hans-Dirk Bierling (CDU) hat ein Verhältnis mit ... | ... Herrn Briefs (PDS) | **Wolfgang Lippert** |

Original Erler (wertlos) | **Original Penck (wertvoll)**

Briefe, die uns unverlangt zugesandt wurden, deuten darauf hin, daß unsere Politiker nicht sehr viel Post bekommen und sich über jeden Kontakt mit der Außenwelt freuen. Schreiben Sie ihnen doch einfach mal!

Nicht wenige Politiker weigerten sich allerdings schlichtweg, mit uns zusammenzuarbeiten: Das reichte von anonymen Kommentaren wie „*Was soll der Blödsinn*" oder „*L.m.a.A.!*" bis zur kommentarlosen Rücksendung des Fragebogens im von uns beigelegten Freiumschlag.

Warum man sich überhaupt noch dieser Anstrengung unterzog, erklärt der Vorsitzende des Ausschusses für Post und Telekommunikation, **Peter Paterna** (SPD): „*Da in Darmstadt gerade ein Prozeß läuft gegen einen Beamten, der ein frankiertes Rückantwort-Kuvert unterschlagen haben soll, füge ich Ihnen selbiges wieder bei.*"

Nur zwei Tage später teilt uns die Presseabteilung des Bundesministeriums für Finanzen mit, „*daß Dr. Theo Waigel grundsätzlich an Umfragen nicht teilnimmt.*"

Diese Information erreichte uns per Fax, auf den frankierten Rückumschlag warten wir noch heute – es muß wirklich schlimm um die Staatsfinanzen stehen, wenn der Chef persönlich die Unterschlagungen vornehmen muß. Hier wird wohl ein Rücktritt nicht mehr zu vermeiden sein.

Fassen wir also zusammen: Satire ist, um mit Engholm zu sprechen, ein Stück weit berechenbarer geworden, aber ein Rest von Risiko bleibt. Und dieser Rest könnte ganz schön gefährlich werden. Erst vor drei Wochen forderte die Staatsanwaltschaft Frankfurt ein Exemplar unserer Novemberausgabe an, um zu ermitteln, ob ein Strafbestand gegeben ist. Worum wird es diesmal gehen? Um die Brüste von Frau Hamm-Brücher? Oder um Wolfgang Lippert? Oder gar um Peter Glotz? Wir sind gespannt, wer denn jetzt wieder beleidigt ist. Und was uns das kosten wird.

Zum Geleit:

Warum beleidigst Du mich?

Daß Du mich beleidigst, muß einen Grund haben. Und die Art der Beleidigung sagt mir viel über Dich, Du bist aggressiv. Warum?
Wozu?
Frag Dich mal, ob Dich nicht Neid (Lebensneid) treibt?
Armer Freund, alles Böse, das man einem anderen antut, fällt auf einen (Dich) selbst zurück. Also laß das Beleidigen sein. Viel zu ernst, ich weiß, aber alles andere liegt mir nicht.

Ihre **Luise Rinser**
(In Eile vor einer Reise)
Am ehesten geneigt mich zu beleidigen, sind jene, denen ich geholfen habe (Kollegen meist).

Natürlich können wir nicht alle Antworten wiedergeben. Die interessantesten Äußerungen erhalten Sie gerne gegen Einsendung von 8,– DM in Briefmarken von der TITANIC-Redaktion, Stichwort ‚Leberwurst', Brönnerstraße 9, 60313 Frankfurt/Main. Außerdem möchten wir alle Personen, die unseren Bogen noch nicht ausgefüllt haben, dringend darum bitten. Vor allem René Böll, Gertrud Höhler und Rudolf Scharping.

Hans Zippert

Ihnen, Heino Ferch,

möchten wir stellvertretend für alle ambitionierten deutschen Schauspieler mal einen sog. Denkanstoß geben. Wenn man in einem Interview nach seinen Hollywood-Plänen gefragt wird, wie z. B. Sie in der letzten *GQ*, dann muß man nicht unbedingt antworten: «Ich bin zwar ein paarmal im Jahr drüben, habe dort eine Agentur, die mich vertritt, aber ich bin kein Klinkenputzer, der fiebert, daß etwas passiert.» Und nicht fortfahren mit: «Ich warte, bis die adäquate Rolle an mich herangetragen wird. Entweder sie kommen irgendwann auf mich zu oder auch nicht.» Und nicht noch anfügen: «Außerdem wäre ich todunglücklich, immer in L. A. zu hocken. Hätte Sehnsucht nach Europa, nach alten Mauern, Theater und Berlin. Beach und Busineß finde ich nur eine Zeitlang witzig.»

Warum, lieber Herr Ferch, nicht einfach mal sagen: «Ich spiele doch in einer ganz anderen Liga. Ich bin wahrscheinlich gar nicht gut genug für die» oder «Hollywood? Ich glaube, Sie scherzen!»?

Wär doch mal was.   Titanic

KAPITEL 7

DIE ARSCHGRANATEN

Am Ende des Lebens wird ein jeder Rechenschaft ablegen müssen vor dem großen Weltgericht: Warum hast du dem nichtigen Treiben der Prominenten soviel Lebenszeit geopfert? Weshalb hast du am Schicksal dieser **ARSCHGRANATEN** mehr Anteil genommen als an dem deiner Liebsten, deiner Nachbarn, Bandmitglieder und Groupies? Ja, mehr als an deinem eigenen? Da wird anheben ein großes Heulen und Drittezähneklappern, denn eine gute Antwort auf diese Fragen wird schwer zu finden sein.

Und ein jeder von uns wird augenblicklich in sich gehen und grübeln und nach Stunden der Selbstzerfleischung vielleicht sagen: «Herr, mir war einfach langweilig, ich wußte nichts mit mir anzufangen. Und so schaute ich hinein in den Fernsehkasten und empfing von dort bunte Visionen, die mich ablenkten von meinem Überdruß und meinen Sorgen. Und es waren eigentlich ja nur ein paar lehrreiche Kochsendungen, die ich mir regelmäßig anguckte, also eigentlich nichts Schlimmes.»

Und der Zorn des Herrn wird niederfahren wie kochend Pech und Schwefel auf einen jeden,

der sich solcherart von Schuld freizusprechen versucht! Denn gerade die vielen Kochsendungen sind dem Herrn ein Greuel und ein Graus, und jene, die sie mit geschwungener Saucenkelle moderieren, ekeln ihn zutiefst. Er hält sie nämlich allesamt für totale **ARSCHGRANATEN**, auch wenn er zum Beispiel **ALFRED BIOLEK** als amüsanten Gastgeber und großen Weinkenner durchaus kennen- und schätzengelernt hat. Was an diesem unbestechlichen Gottesurteil tatsächlich dran ist, möge jeder selber entscheiden, nachdem er sich die Sternstunde des Gastro-TV «Tekkno-Cooking: **DJ WESTBAM** bei Alfred Biolek» (→ S. 338) einverleibt hat.

Wenn der Entschlafende jedoch nicht mehr soviel Zeit hat, weil das Totenglöcklein schon allzulaut bimmelt, wird er womöglich weiter in sich forschen, sich sehr schämen und schließlich bekennen: «Herr, ich habe gelegentlich auch in bunten Blättern geschwelgt, weil ich wissen wollte, was die Damen und Herren Zelebritäten den lieben langen Tag so anstellen. Aber es war nur bei Freunden auf dem Klo oder im Wartezimmer meines Arztes, und immerhin erfuhr ich auf diese Weise, daß es der **CAROLINE VON MONACO** auch nicht bessergeht als mir, und das besänftigte mich und gab mir Mut und Kraft für den nächsten Arbeitstag.»

Und der Herr wird werden supersupersauer, und er wird ein großes Scherbengericht abhalten an eines jeden Menschen Sterbebett, der ihm mit einer derart dummen Ausrede kommt. Zu Recht: Um nämlich alles Wesentliche über Caroline von Monaco, ihren Gatten **ERNST AUGUST VON HANNOVER** und artverwandte **ARSCHGRANATEN** zu erfahren, hätte man nur einen flüchtigen Blick auf Seite 314 dieses Buches werfen müssen. Dann würde einen auch nicht wundern, was in diesen Tagen alles an Scheidungsgerüchten um die Monegassenbrut herumschwirrt wie die Fliegen um das Aas.

Und ein jeder wird heftig um Fassung ringen und sich um bessere Ausreden bemühen und dem Herrn eventuell gestehen: «Herr, ich

war natürlich auch auf der Suche nach Halt und Orientierung, allerdings in leichtverdaulicher Form, nicht so schwer und endgültig wie in deiner Bibel oder den Schriften von **RICHARD DAVID PRECHT**, und da habe ich mir hin und wieder die Gedanken von ZDF-Onkel **PETER HAHNE** in einer großen bunten Sonntagszeitung anzueignen versucht.» Und der Herr wird toben und schreien vor Wut und einen jeden einen Dummkopf schelten, der Gleiches tut, denn eine Kolumne von **PETER HAHNE** (→ S. 318) kann tatsächlich das Leben eines Menschen verändern. Eben noch glaubte er an das Gute, jetzt ist er von Haß zerfressen – von Haß auf den Leibhaftigen **PETER HAHNE**!

Und einem jeden wird augenblicklich das Herz in die Schlafanzughose rutschen, und er wird kleinlaut darauf verweisen, daß er sich mit den meisten prominenten **ARSCHGRANATEN** lediglich beschäftigt hat, weil sie in Kultur, Wirtschaft und Politik eine so vollfett große Rolle spielen. Und er wird winselnd vorzubringen versuchen, daß ihm ohne genauere Kenntnis der **ARSCHGESICHTER** und **ARSCHHERVORBRINGUNGEN** dieser **ARSCHGRANATEN** jede Bildung des Geistes und jedes Gran an Herzenstakt, jede Teilnahme am ökonomischen Leben sowie jede Teilhabe an unserer Demokratie praktisch von vornherein verunmöglicht gewesen wäre.

Und der Herr wird schrecklich zürnen sieben mal sieben Minuten lang, er wird Ungeziefer und Feuersbrünste vom Himmel regnen lassen und selber die meisten Qualen leiden wegen dieses traurigen **ARSCHGEREDES**, doch er wird auch nicht zögern, von diesen Qualen reichlich weiterzugeben an den armen Tropf, der ihm solcherlei lahme Entschuldigungen anbietet.

Und um ein für allemal klarzumachen, wie unvorstellbar erbost er ist, wird er sinngemäß etwa folgendes donnern: Unsere **ARSCHGRANATIGE** Kultur sei bewohnt von Sündern wie **JULI ZEH** (→ S. 315) und **DAVID GARRETT** (→ S. 330), **BOTHO STRAUSS** und **PETER HANDKE** (→ S. 334), **ROBERTO BLANCO** (→ S. 340) und **HARALD GLÖÖCKLER** (→ S. 337) und bereite ihm deshalb schon lange kein Vergnügen mehr. Mit Mißfallen betrachte er seit Ewigkeiten auch das **ARSCHGRANATENHAFTE** Wirtschaftsgeschehen, für das nicht zufällig solche Namen des Bösen wie die der ehemaligen DaimerChrysler-Chefs **JÜRGEN E. SCHREMPP** (→ S. 316) und **ROBERT J. EATON** (→ S. 317) oder des

Regierungsbestechers **FRIEDRICH K. FLICK** (→ S. 332) stünden. Von der **ARSCHGRANATOIDEN** oder sogar **ARSCHGRANATESKEN** Politik wolle er aber am liebsten gar nicht erst anfangen, sonst laufe ihm nachgerade die Galle vielhunderttausendfach über, und es drohe somit wieder einmal mehr eine nicht enden wollende Sintflut wie auch eine äußerst schmerzhafte Apokalypse – daher also lieber kein Wort zu **MERKEL** (→ S. 312), **SCHRÖDER** (→ S. 320), **GUTTENBERG** (→ S. 324), **STOIBER** (→ S. 328), **KOHL** (→ S. 351) oder **OBAMA BIN LADEN** (→ S. 342), so groß die Versuchung auch sei.

So daß es also, im Lichte des langsam verlöschenden Lebens betrachtet, wahrscheinlich besser ist, man tue fortan tunlichst Buße und bereue von ganzem heißem Herzen, daß man sich je mit Prominenten in Wort, Bild oder gar Flash-Animation eingelassen hat. Auf daß man nicht bis ans Ende aller Tage zusammen mit diesen ganz außerordentlichen **ARSCHGRANATEN** in der lodernden Hölle schmore.

Amen.

UND DER HERR WIRD TOBEN UND SCHREIEN VOR WUT UND PETER HAHNE HÖCHSTPERSÖNLICH UND LIVE ON TAPE KASTRIEREN.

Eigentlich, Erika Steinbach (CDU),

hatten wir ja gehofft, mal eine Weile nichts mehr von Ihnen zu hören. Doch unlängst ließen Sie alte Dauervertriebene durch die *Süddeutsche Zeitung* mitteilen, wie wichtig es Ihnen doch sei, daß der Massenmord an den Armeniern in den Jahren 1915/16, «diese traurige Erblast», vom türkischen Staat endlich aufgearbeitet und auch «im weltweiten kollektiven Gedächtnis als erster Genozid des 20. Jahrhunderts» gewürdigt werde. Daß ausgerechnet Sie dieses Thema so berührt, leuchtet uns vollständig ein – tragen Sie doch selber so einiges an «trauriger Erblast» mit sich herum. Gut nur, daß Sie bereits vorgemacht haben, wie eine umfassende und schonungslose Aufarbeitung der Geschichte und ihrer Genozide auszusehen hat, wenn sie selbst die eigene Person und Familie nicht ausspart: «Der Aggressor war Hitler und nicht Frauen und Kinder, und Gott sei Dank, daß mein Vater bei der Luftwaffe war, so kommt es zumindest nicht allen in den Sinn, daß er Aufseher in einem Konzentrationslager gewesen sein könnte», sagten Sie letztes Jahr in einem Interview der polnischen Tageszeitung *Gazeta Wyborcza*. Und wissen Sie was, Frau Steinbach: Bei der geistigen Tiefe, auf die Sie die Aufarbeitungsmeßlatte damit gehängt haben, dürften sich potentielle türkische Aufarbeiter schon jetzt vor Freude die Hände reiben.

Gott sei Dank also, daß es Töchter wie Sie gibt, denen niemals in den Sinn kommt, wie Luftwaffe und Lager zusammenhängen – aber jetzt ist erst mal wieder Ruhe, bitte!

Ihre Frauen und Kinder auf der Titanic

NIC SCHULZ

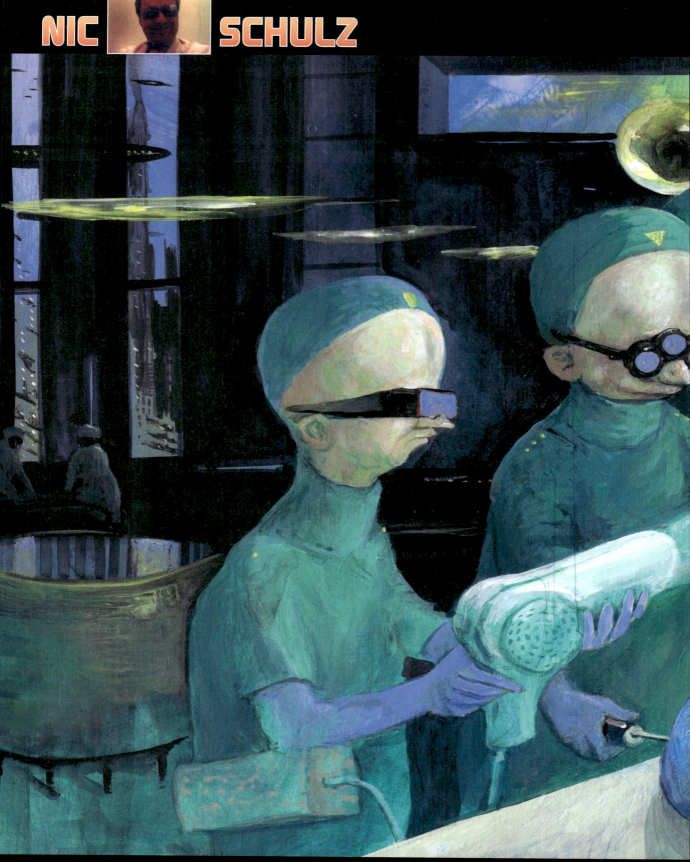

Erstmals gelingt es Experten, ein hochwertiges Tieffros
Leider verendet das Individuum kurz

ZUKUNFTSMUSIC

- Exemplar aus dem letzten Jahrhundert lebend aufzutauen.
danach an einer scheußlichen Erkältung.

Die Hochzeit des Jahres
Caroline Monaco vs. Ernst A. Hannover

Die Allerunausstehlichste

Ein unerledigter Fall in gebotener Kürze

1999 erhält die Juristin und Studentin am Leipziger Literaturinstitut Juli Zeh (*1974) den Preis für Essayistik der Humboldt-Universität Berlin, ein Jahr später den Förderpreis zum Caroline-Schlegel-Preis für Essayistik, und zwar für einen Aufsatz titels »Justitia in Schlaghosen«, der Esprit und Eleganz ganz vorbildlich vereint: »Ein solches Procedere ist einerseits in hohem Maße durchlässig für gesellschaftliche Entwicklungen und die sich daraus ergebenden Interessen. Andererseits ist es behäbig in seiner Arbeitsweise und hat retardierenden Effekt. Damit ist das zentrale Paradoxon benannt, das die Rechtserschaffung im modernen demokratischen Staat beherrscht. Eine komplexe, von ansteigendem Wandlungstempo bestimmte Gesellschaft verlangt nach einem Recht, das einerseits dynamische Impulse in sich aufnimmt und in entwicklungsfördernder Geschwindigkeit umsetzt, andererseits aber die demokratische Interessenabwägung abbildet.«

2002 erhält Juli Zeh, nach einer Gastdozentur am Leipziger Literaturinstitut, den Bremer Literaturpreis (Förderpreis), den Rauriser Literaturpreis sowie den Deutschen Bücherpreis, 2003 den Hölderlin-Förderpreis und den Ernst-Toller-Preis für ihren in 27 Sprachen übersetzten Roman »Adler und Engel«, der sich durch seine subtil-gewagte, in jedem Fall nahezu perfekte und mitunter hölderlinsche Sprache auszeichnet: »Mir wurde schlagartig klar, daß ich mich auf fatale Weise geirrt hatte … Manchmal, wenn ich in die Luft starrte, anstatt zu arbeiten, stellte ich mir zum Spaß vor, ihr perfekt rosafarbener Mund würde sich plötzlich verspannen und durch die aufeinandergepreßten Lippen würde sich aus ihrem Gesicht heraus eine dicke braune Wurst Scheiße schieben.«

Im Jahr 2005 nimmt Juli Zeh (Schöffling-Verlag), »eine der erfolgreichsten Schriftstellerinnen ihrer Generation« (Schöffling-Verlag), den Literaturpreis der Bonner LESE entgegen, nachdem sie im Jahr zuvor mit dem Roman »Spieltrieb« eine apart artistische Mischung aus Nabokov und Musil abgeliefert hat: »Sie sah aus wie eine weißhäutige Carmen und führte heißes Blut in den Adern … Plötzlich klatschten seine Hände hart gegen ihre Stirn, er schob sie von sich und zog sich zurück, und als er seinen Schwanz gerade aus ihrem Gesicht herausgebracht hatte, spritzte er ab und traf sie mitten ins Gesicht.«

Im selben Jahr bekommt die auch in Kritikerkreisen hochgeschätzte Juli Zeh (die renommierte *Zeit* rühmt die »durchtrainierte Sprache« und den »hochgebildeten Scharfsinn«) den Per-Olov-Enquist-Preis für ihren erstklassig betitelten Essayband »Alles auf dem Rasen. Kein Roman«, in dem die »Schriftstellerin und Querdenkerin« (Klappentext) u.a. den Beweis führt, daß sie bitter nötige Kulturkritik auch mit dem Florett der Ironie anzubringen in der Lage ist: »Wer will schon Zeitungen lesen? Heutzutage kann man über alles reden und hört dabei auch die orthographischen Fehler nicht. Zeitungen kosten, wie der Name schon sagt, eine Menge Zeit, die wir nicht haben: Inaff ist inaff, wie der Engländer sagt. Irgendwann gilt es, Konsequenzen zu ziehen. Warum soll ich zwanzig Minuten in das Lesen eines Artikels investieren, wenn ich zum gleichen Thema eine zweistündige Talg-Schau mit Christiane Sabinsen sehen kann? Warum soll ich zum Briefkasten gehen, wenn der Fernseher neben dem Bett steht? Warum soll ich die Augen öffnen, wenn ich Radio hören kann? Hat eine Zeitung eine Fernbedienung?« Auch die politische Großwetterlage wird mit wohlabgewogenen, frischen Worten einer bedenkenswerten Betrachtung unterzogen: »Das Beklagenswerteste am zurückliegenden Wahlkampf ist, daß er hochbeinig über wichtige Themen hinweggestiegen ist, deren Behandlung vielleicht eine klare Entscheidung ermöglicht hätte. Außenpolitische Grundsatzentscheidungen, innere Sicherheit und Atomausstieg werfen nach wie vor Fragen mit viel Streitpotential und gesellschaftlicher Bedeutung auf. Es bleibt zu hoffen, daß wenigstens die Koalitionsgespräche nicht an hochstilisierten Unvereinbarkeiten in einem Bereich scheitern, in dem die Spielräume für Kooperation in Wahrheit am größten sind. Das wäre nicht nur paradox. Es wäre fatal.«

Ja.

Daß aber eine, die als begabte Juristin plötzlich Schreibdrang entwickelt und, weil ihr's niemand verbietet, ungebremst und ungefiltert alles rausleiert, was ihr wie Gedanke bzw. Literatur vorkommt, und das durchweg in einem Stil, der sich allenfalls im Fehlen jeglichen stilistischen Empfindens ausdrückt, in einem eminent evidenten Nicht-Stil also, der absichtslos bald nach Rammelkolportage, bald nach Schülerzeitung, bald nach Fernsehkommentar und Hausaufsatz klingt, daß also eine mit einer so unbeseelten wie präpotenten Nullsprache, daß eine so furchtbare und annähernd apokalyptisch altkluge Angeberin und Schwallmadame, die den Zweifel als Vater des Gedankens nicht nur nie kennengelernt hat, sondern von ihm nicht mal weiß, daß also so eine unablässig mitquakende und sich einmischende und querdenkende Dauerpowerfrau und Quatschnuß als Schriftstellerin nicht nur problemlos durchgeht, sondern auch noch ästimiert wird, Preise abgreift und das alles, ich wette, für vollkommen in der Ordnung und einwandfrei berechtigt hält und einer derart blöden Gans und Trine aber auch nie mal jemand sagt, wie für ihr Alter bereits berückend widerlich sie sei:

das ist fatal.

Dies dazu. □

Stefan Gärtner

KEINE ANZEIGE

Jürgen E. Schrempp
Vorstandsvorsitzender Daimler-Benz

Bei seinen auf Firmenkosten geführten Reisen
in viele Billiglohnländer hat er sich vor Ort über
neue Profitmöglichkeiten informiert. Er entwickelte
eine Strategie und griff zum Telefon.

Arsch be

Wenn zwei Topmanager zeitgleich dieselbe Idee haben, kann man sich auf was gefaßt machen. Plötzlich sind die, die seit Jahren in den Bereichen Diktatorenautos, Raumfahrt und Rüstungsforschung führend sind, ein Team mit denen, die immer wieder mit überdimensionierten und veralteten Benzinschluckern auf sich aufmerksam machten. Unterschiedliche Kulturen werden zusammengeführt, und sie eint vor allem eines: die Gier nach Geld. Der Name:

Robert J. Eaton
Vorstandsvorsitzender Chrysler Corporation

Lungerte untätig in seinem Büro in Auburn Hills, Michigan, herum, 4.200 Meilen weit entfernt. Er dachte an nichts, kratzte sich am Geldsack. Plötzlich klingelte das Telefon. Ein Wunder.

gnet Geige

ChryslerDaimler. Das Unternehmen mit 428.000 begeisterungsfähigen Menschen, die sehr genau wissen: Wer so klare Vorstellungen über Outsourcing und Lean Production hat, schreckt auch vor spontanen Massenentlassungen nicht zurück.

CHRYSLERDAIMLER
Expect the ordinary

Peter Hahne
Gedanken am Samstag

Sie werden nicht glauben, wen ich vorgestern morgen zufällig in der S-Bahn gesehen habe. Wie jeden Tag war ich auf dem Weg ins Studio, um die »heute«-Sendung für den Abend aufzuzeichnen; dabei machte ich mir einige meiner für mich so typischen Gedanken. Die Nachrichten hatte ich schon alle beisammen, sogar eine gute Idee für den »opener«.

So nennen wir vom Fernsehen traditionell den Öffner, z.B. von einer Flasche. Ich wollte ihn mit einem Stück Paketschnur, die ich sowieso immer in meiner rechten Hosentasche bei mir trage, an den Telefonhörer binden. Dann müßte die leidige Suche nach dem verflixten Ding endlich ein Ende haben. Immer wenn es dann anruft und ich gleichzeitig starken Durst und eine verschlossene Bierflasche zum Anwärmen zwischen die Beine geklemmt habe, werde ich durch den gegen mein Brustbein baumelnden Öffner daran erinnert zu trinken. So kann ich innerlich nicht vertrocknen.

Für jemanden wie mich, der nicht nur beruflich viel reden muß, kann das unter Umständen lebenswichtig sein. Die Amerikaner haben dieses Problem längst erkannt und die passende Krankheit dazu erfunden, sie heißt »dehydration« und ist weit verbreitet. Daran kann praktisch jeder leiden, der ein bißchen geschwitzt und eine halbe Stunde lang nichts getrunken hat. Ich schwitze ja öfters mal ein bißchen, bin dann hinterher entsprechend dehydriert, aber dann – schwupp, schütt, gulp, gulp! – trinke ich hurtig ein halbes Glas lauwarmes Wasser und bin schon wieder tüchtig erfrischt. Herrlich! Wie delikat doch echtes Leitungswasser schmecken kann, wenn es nur gut abgestanden ist. Blumen und ich mögen es!

Aber ich wollte Ihnen ja von meiner so unverhofften S-Bahn-Begegnung berichten. Nun, ich saß in der S-Bahn und war wie jeden Morgen unterwegs zum Studio, um die »heute«-Sendung für den Abend aufzuzeichnen. Dabei dachte ich, wie es so meine Art ist, nach. Ich dachte, wenn dir jetzt nicht gleich was Vernünftiges einfällt, dann ist's vielleicht bald schon Essig mit deiner gutbezahlten Kolumne. Wäre doch schade um das schöne Geld.

Reiß dich am Riemen, Peterle, dachte ich. Streng deine grauen Zellen an! Mit

Über Oberarme und leichte Blutspuren

einem kräftigen Ruck schlug ich meinen Brägen gegen die Fensterscheibe, damit sich bei mir im Oberstübchen endlich mal was tat. Aber nichts tat sich. Nichts passierte! Es war wie verhext. Wieder und wieder und wieder drosch ich meinen Schädel gegen das harte Glas, bumm, bumm, bumm – so lange, bis ich vor Schmerzen schrie. Auf dem Fenster waren schon leichte Blutspuren zu sehen. Richtig unangenehm war mir das. Nicht nur wegen der heulenden Kinder, die diese unschöne Szene mitansehen mußten, sondern auch wegen des Mannes, der mich so unentwegt anstarrte. Immer wenn ich ihn aus den Augenwinkeln beobachtete, beobachtete er mich auch. Einige Male nahm er sogar Blickkontakt auf! Und das Merkwürdigste war, daß ich genau wußte: Ich kenne diesen Mann! Ich hatte ihn dort schon einmal gesehen.

Dann wurde mir wieder schwindelig vor Schmerzen. Doch die Plackerei hatte sich gelohnt. Plötzlich fiel mir nämlich ein, daß ich ja an der nächsten Station aussteigen mußte. Das war's doch! Aussteiger – ein brandheißes Thema, über das sich bestimmt irgendwas total Wichtiges sagen ließ. Daß die meisten von denen Ingo heißen zum Beispiel, daß sie ungewaschen sind und auch nicht immer ihr Glück finden, bloß weil sie arbeitsscheu sind und kein Fernsehen schauen. Irgendsowas würde mir bestimmt einfallen, so schwer ist das Thema ja nicht.

Ich stand auf, zwickte in einem unbeobachteten Moment das heiser heulende Kind von der Nebenbank kräftig in den Oberarm, ging zur Wagentür und wollte gerade aussteigen. Da sah ich diesen Mann wieder. Von links oben in der Wagenecke blickte er mich stechend an. Wer mochte er wohl sein? Ein Spion oder ein Fan, ein geheimer Bewunderer? Gar ein Kontrolleur?

Seltsamerweise war sein Kopf verwundet. Der Haarwuchs ließ auch schon zu wünschen übrig. Außerdem hatte er eine Zahnlücke. In diesem Moment bekam ich einen regelrechten Geistesblitz. Das war ja Peter Hahne, der mich da aus einem Spiegel heraus anstarrte! Ja natürlich, ich selbst war es! Daß ich Dummerchen da nicht gleich drauf gekommen bin! So kann es eben gehen, wenn man mit den Gedanken mal woanders ist.

*

Peter Hahne läßt seine andere Kolumne, »Gedanken am Sonntag«, jede Woche in BamS abdrucken

HANNELORES
ABSCHIEDSBRIEF

EXKLUSIV IN TITANIC

(im Dunkeln geschrieben)

Stephan Rürup

Nach 16 Jahren Stillstand im Kanzlerbau haben deutsche Chef-Designer endlich wieder die Nase vorn. Mit **Schröder** ™ konnte erstmals ein voll funktionsfähiger Kanzler der neuen S-Klasse in Betrieb genommen werden. Ausstattung, Verbrauch, Komfort - alles vom Feinsten und etliche Extras serienmäßig. Das Kürzel »TM« steht übrigens für »tolles Modell«, und »Schröder« steht übrigens praktisch alles.

Bis dahin war es freilich ein weiter Weg. Das Traditionsmodell **First Bismarck** fiel noch durch deutliche Mängel in der Sozialverträglichkeit auf, und die 1000-Jahres-Garantie für das österreichische Leasingmodell **Hitler Blitz** erwies sich als teuerster Flop der deutschen Kanzlerproduktion. Gegen das Nachfolgemodell **Adenauer** sprach allein schon das Designerkonzept »Keine Experimente«, und der schon fast vergessene **Kohl Truck** zeigte, daß man den deutschen Kanzlermarkt auf Dauer nicht mit bloßer Masse statt Klasse beeindrucken kann.

Jetzt wird neu durchgestartet: **Schröder** ™ ist der Prototyp einer völlig neuen Kanzlergeneration. Ein Kanzler vom Reißbrett. Er vereinigt die beliebtesten Extras aller derzeit käuflichen Erfolgsmodelle aus Politik, Sport und Unterhaltung, ein radikaler Kompromiß aus Bodenhaftung und Schlüpfrigkeit, auffälliger Eleganz und unauffälliger Effizienz, beeindruckender Flexibilität und total toller Torsionssteifigkeit.

Der Schröder steckt wie immer im Detail – darüber informiert Sie unser bereits von Ihnen aufgeklappter Farbprospekt »Der Cyborg-Sozi«.

Hairstyle

Schröder™ bei seiner ersten Testfahrt in den USA. Der noch unfrisierte »Erlkönig« (li.) war zunächst als beige Hardtop-Version unterwegs und nur für Fachleute identifizierbar. Problem: deutsche Haarteil-Zulieferer konnten nicht termingerecht liefern. Erst der Stufenheckschnitt von Oscar-Preisträger Mel Gibson (re.) verleiht der deutschen Kanzlerkreation den weltweit einmaligen c_w-Wert von 0,0.

Test im Windkanal: nur wenn das Verdeck oben festgetackert (li.), seitlich vernietet und vernoppt wird (mi.) und hinten ordnungsgemäß einrastet (re.), kann kein Wind ins Kanzlerinnere rein. Dann kommt er hinten auch nicht raus. (Entschuldigen Sie bitte das Fachchinesisch.)

Der CYB

Eyeline

Für die augenfällige Optik kam nur ein Zulieferer in Frage: das Leimener Auslaufmodell Boris Becker, es stand zum Ausschlachten zur Verfügung. Die reflektierenden Rallyestreifen über den Blaulichtern garantieren passive Sicherheit auch bei stärkster Benebelung (bis 3,5 ‰).

Sehelemente

  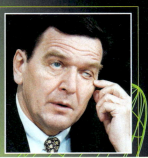

Sehen und gesehen werden: Ohne strahlende Sehelemente wirkt der Kanzlerrohling noch merkwürdig leblos (li.). Mit wirkt er jedoch vergleichsweise lebendig. Kleiner Wermutstropfen: Die Blickrichtung läßt sich nur manuell regulieren (mi.), und die Tränensäcke müssen ständig von Hand geleert werden (re.). Hier hätte eine einfache Pupillenwaschanlage Wunder gewirkt, aber Wunder dauern auch bei **Schröder**™ etwas länger.

Frontspoiler

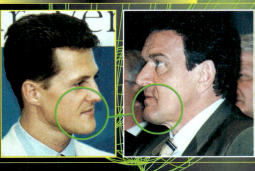

Unzählige Crashtests waren nötig, um die anfällige Frontpartie zur Schröderreife zu entwickeln. Erst Crashtest-Dummy »Schumi I« fand Gnade vor den Augen der Kanzlerdesigner. Sein aggressiver Frontspoiler verschafft **Schröder**™ eine sensationelle Bremsspurtreue – so kommt er selbst bei Bundestagsregen nie ins Schleudern.

RG-Sozi

Winkelemente

Auch wenn die Aerodynamik leidet: ein gut sichtbares Winkelement ist unverzichtbar. So können Verkehrsteilnehmer sofort erkennen, wo der neue **Schröder™** »geparkt« ist. Als Lieferant kam als einziger Harald Juhnke in Frage, der mit einer einzigen Handbewegung sogar gleich zwei »sicherstellen« kann.

In Ausnahmefällen (»Happy hour«) wird das Führerfahrzeug mit einem zweiten Antrieb synchron geschaltet – eine doppelte Staatsführerschaft, die schon die Erbauer der Autobahnen zu schätzen wußten: »Gib Gas, wir woll'n Spaß«.

Ansaugstutzen

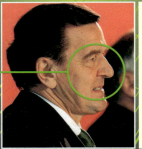

Optisch gefällt der **Schröder™** auf Anhieb: den Kühler ziert ein gewaltiger Ansaugstutzen aus der vielgelobten Glamour-Baureihe »Gottschalk XXL«. Mit dieser außenliegenden Doppellufthutze kommt immer ausreichend Luft in den Turbolader.

Großer Wermutstropfen: Die Abgassonderuntersuchung (li.) muß von Hand durchgeführt werden, denn nur Handarbeit garantiert, daß beim Ausfall einer Hutze (re.) wenigstens noch die andere Nothutze zischen tut. Ein Sauerstoffmangel im Getriebe könnte Totalausfall bedeuten. Das wäre ein Super-GAU, denn als Ersatz steht nur ein Ökomodell auf Mineralwasserbasis bereit: das Josh-Car Fischer.

Hörwerk

Das tiefhängende Hörwerk des **Schröder™** stammt direkt vom Cockpit des legendären »Genschman«-Modells. Mit diesen schnittig designten Sportohren kann man sogar das Gras welken hören. Der fleischige Spritzlappen unterhalb der markanten Öffnung sorgt für saubere Akustik.

Übergroßer Wermutstropfen für Genschman: die Kassenprothese kostet ihn keinen Pfennig, und er kann sogar Englisch hören. Allerdings versteht er nach wie vor kein »word« (engl.) – leider ganz schön ermüdend für den Alten.

Finish

Irgendwas fehlt beim ersten Probelauf. Der **Schröder™** ist technisch zwar okay und springt schon nach kurzem Orgeln an – die Laufleistung jedoch ist enttäuschend. Grund: die teergelbe Grundausstattung in der unbeleuchteten Mundhöhle ist kaum erkennbar.

Abhilfe schafft hier der berüchtigte Schrotthändler Dieter Bohlen (li.). Für nur »zehn Lappen« stellt der seine Designer-Kauleiste »Modern Smiling« in Metallicperlweiß zur Verfügung, wofür sich eine strahlende Kanzlerlimousine (re.) per Fanpost bedankt.

Letzte Hand

Damit überzeugt der in moderner Modulbauweise gefertigte **Schröder™**: der Kunstkopf mit Cyber-Face ist jederzeit von Hand selbst montierbar: »Sitzt, paßt, wackelt und hat Luft!« Besser als wenn man sich jeden Morgen von seiner Frau den Kopf waschen lassen muß!

Start

Glanzvolle Premiere des **Schröder™** auf der Internationalen Kanzlerausstellung: Chefkonstrukteur Dr. Frankenstein tauft ihn auf den Namen »Gerhard« und gratuliert seinem Produkt zur sofortigen Auslieferung an die SPD. Der angeschlagene Kanzlerwahlverein hat auf den robusten Boliden gerade noch gewartet – an der Spitze ist noch eine Parklücke frei.

Karl-Theodor zu Guttenberg

Trauerrede für jeden Anlaß

Verehrte Trauergemeinde, liebe Angehörige, werte Zaungäste von der Presse,

wir stehen hier voller **Schmerz Wut Bier** vor den Särgen der **vier fünf _** gefallenen Soldaten, die am vergangenen **Mittwoch _____tag** einem **heimtückischen Hinterhalt**
feigen Selbstmordattentat freundlichen Feuer zum Opfer fielen.

Gerade erst, vor **_ Wochen Tagen Stunden**, haben wir erschüttert Abschied genommen
von **_ treuen tapferen etwas zu langsamen** Kameraden; nun müssen wir es schon wieder –
so **schrecklich langweilig lästig** das für mich als **privaten Menschen**
Minister auf dem falschen Posten Funktionsträger mit vollgestopftem Terminkalender auch ist.

Und doch darf unser Gedenken niemals, auch beim **___sten** Male nicht, zur **lieblosen Routine**
propagandistischen Pflichtübung makabren Betroffenheitsshow werden. Denn der Tod ist
für jene, die er ereilt, stets eine **furchtbare Angelegenheit einmalige Erfahrung**
langwierige Prozedur – und für die Hinterbliebenen eine dauerhafte Quelle **tiefen Leids**
seltsamer Erinnerungen hartnäckiger Fragen.

So fragen Sie, liebe Angehörige, sich vielleicht: Hatte das Sterben der **_** jungen Männer, die fern
von der Heimat ihre **Heimat verteidigten Pflicht erfüllten Dienstzeit abrissen**, irgendeinen
höheren tieferen strategischen Sinn? Hätten wir die Kameraden **gründlicher ausbilden**
besser ausrüsten lieber etwas Ordentliches lernen lassen sollen? Wir sollten uns die Antwort
auf diese Fragen **nicht zu leicht machen nicht zu schwer machen besser verkneifen**.

Denn es ist Ihnen womöglich kein Trost, wenn ich sage: Ein **Krieg**
bewaffneter internationaler Konflikt organisiertes Massaker, oder was Sie umgangs-
sprachlich gerade dafür halten, ist kein **Selbstzweck Job wie jeder andere Kindergeburtstag**,
sondern **Prüfstein der Demokratie die Hölle als Jungbrunnen**
eine verteufelt gefährliche Sache. Trösten mag Sie hier und heute jedoch folgendes: Sie sind mit
Ihrer Trauer nicht allein – **wir alle sind bei Ihnen weitere werden folgen**
beim Feind ist das Geheule noch viel größer.

Zu einem solchen sogenannten Krieg gehören nämlich nicht nur Tod und Verwundung, sondern
auch, was wir **viel zu lange nicht wahrhaben wollten erfolgreich verdrängt haben**

bis neulich verschweigen mußten, eine überaus grausame Logik: Wir müssen **anderen helfen, um uns selbst zu helfen** **sterben lassen, um das Sterben zu verhindern** **Terror ausüben, um den Terror ein für alle Mal zu ersticken**.

Dabei spielt seit jeher auch das Schicksal eine große Rolle. Manchmal entscheiden **wenige** **einige** **neun** Millimeter über Leben und Tod, manchmal fehlt einfach ein Quentchen Glück, und manchmal kommt auch noch **Pech** **talibantypische Arglist** **der unverdiente Haß einer undankbaren Zivilbevölkerung** hinzu.

Aber ich kann Ihnen allen, auch im Namen **der Kanzlerin** **von Rot-Grün** **unseren Partnern in der Rüstungsindustrie**, versichern: Ohne den heldenhaften Einsatz unserer Truppe wäre Afghanistan **arm an Brunnen, Kindergärten und Gleichstellungsbeauftragten** **ein wahrer Tummelplatz für Terroristen** **völlig überbevölkert**. Die **_** Soldaten, um die wir hier heute trauern, starben daher auch **für eine Hoffnung** **unser Image in der Welt** **diese eine Pipeline, wie heißt sie noch mal?**

Als Verteidigungsminister trage ich **für den Tod dieser Männer** **für Ihre Trauer** **für diese ganzen verzwickten Dinge** selbstverständlich **die** **eine** **irgendeine** Verantwortung, weshalb ich Sie herzlichst um **Verzeihung** **eine kleine Spende** **zwei zugedrückte Augen** bitten möchte. Und glauben Sie mir eines: Als Mensch mit **einem schlagenden Herzen** **einer empfindsamen Seele** **einem frischen Fleck im Lebenslauf** geht mir das ebenfalls alles **sehr nahe** **voll auf die Nerven** **am Arsch vorbei**.

Daher nun noch etwas **angemessen** **unangemessen** **extrem peinlich** Persönliches: Meine **kleine Tochter** **gutaussehende Gattin** **wöchentliche Skatrunde** fragte mich angesichts meiner Niedergeschlagenheit gestern, ob unser **mutiger** **teurer** **erfolgloser** Afghanistan-Einsatz nicht letztlich **verschwendete Liebesmüh** **haarsträubender Unfug** **sofortiger Rücktrittsgrund** sei.

Ich habe die Frage nicht politisch, sondern einfach mit **Nein, Quatsch** **Wieso denn?** **Jetzt erst recht!** beantwortet. Ruht also in Frieden, Soldaten, und seid in Gottes Segen. Wir werden euch **nicht** **nicht so bald** **erst kurz nach unserem übereilten Abzug** in **_** **Tagen** **Monaten** **Jahren** vergessen.

ZUR ORIENTIERUNG **VORSICHT, Leichenbitterminen!**

Noch nicht tote Kameraden

Toter Kamerad

Auf keinen Fall lachen!

Kränze **Blumen** **Mon Chéri**

TITANIC präsentiert: Weihnachtsgeschenke, die nicht jeder hat!

FICKDACKEL

Der beste Freund
des Mannes
(und auch der Frau)!
Immer bereit!
Der Bettgefährte,
der nie »nein« sagt!

*Die ultimative
aufblasbare Liebes-Puppe:*

- alle wichtigen Bereiche sind voll zugänglich
- abwaschbar
- weicher, anschmiegsamer Body
- willige rauhe Leckzunge
- Endlosbeine (vier)
- herrlich enger Dackelarsch
- Doppel-Luftkammern mit Sicherheitsventil (für alle Fälle…)

Martin Sonneborn / Thomas Hintner

Echtes Steif-Tier™

STOIBERL

Stark, heiß und ständig bereit für Sex!
Sein Appetit ist unstillbar!
Je mehr Sie geben,
desto mehr will er!
Er ist sex-verrückt!

WEIHNACHTSANGEBOT:
DM **229,90**
Im Fachhandel erhältlich,
solange der Vorrat reicht!

6 **2** Körperöffnungen!
herrliche junge Brüste!
Lebensecht!

DER LETZTE MENSCH

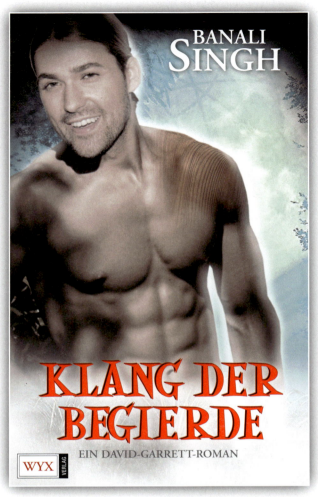

Erotisch fuhr sich David mit der Hand durch sein braunfritiertes Kartoffelgesicht und schwitzte aufregend. Kaum vermochte er sich auf die Partitur zu konzentrieren. Zum einen konnte er keine Noten lesen, zum anderen war da immer noch die Drohung der Shadowbiber – hätte Ryley es ihnen nicht verboten, hätten sie die Dark-Geige komplett aufgenagt. David öffnete den einzigen Knopf seines Jäckchens, um etwas Luft an die knallharten Nippel zu lassen. Sein kleines Herz pochte wie verrückt in seinem schönen Brustkorb. Um sich Mut zu machen, dachte er an sein letztes großes Konzert. Er hatte »Smooth Operator« und die Filmmusik von »Bernard und Bianca im Känguruhland« gegeben, und zehntausend Schwiegermutterbrüste hatten im Takt gewippt. »Hans Zimmer trifft auf Vittorio Monti, Brahms auf die Beatles, und zwischendurch darf es sogar ›Nothing Else Matters‹ sein«, hatte das ZDF berichtet; Scheiße vermischt mit Scheiße, das komme halt immer gut an, hatte sich seine Managerin gefreut. Und er schämte sich auch nicht dafür. Wenn er immer genügend von dem Zaubertrank nahm, den sie ihm gab, wurde die Scham ganz klein, und er konnte sich vollkommen auf die Musik konzentrieren. Die Musik des Geldes, klingelingdong.

Sein Auftritt war zwar schon in einer halben Stunde, aber er konnte sich einfach nicht losreißen von diesem knackigen Boykörper da im Spiegel. Und ein bißchen Zeit für etwas Solotraining mußte einfach sein. Das war er dem Publikum, das war er sich selbst schuldig. Er nahm das mächtige Instrument in beide Hände. Studierte die feinen Adern, das edle Material und die leider noch etwas schlaffen Saiten. Er begann mit einer einfachen Übung. Pfeifende Geräusche entwichen dem Fiedelbogen. Schnell war die Geige vollständig erigiert, und so fiedelte und fiedelte er, fiedelte sich die Last eines vergeigten Lebens von der Seele.

Doch da: rumms! Kurz bevor die Musik zum Höhepunkt kam, passierte etwas. Ein Knall am Fenster. Eine riesige Wer-Fledermaus mit Wildschweinhauern und langem seidigen Haar saß auf dem Sims. Sie hatte sich in ihren eigenen schönen dunklen Haaren verfangen! Und auch sie hatte natürlich einem ordentlichen Schwell-Bizeps zum Verlieben, und einen schnuffigen Waschbrettbauch gab's obendrauf. Hm, das war ja wie Schlagsahne auf dem heißen Kirschkompott, dachte David natürlich nicht, denn er war ja ultrahetero und natürlich sehr stark in Ryley, die Ravenbraut, verliebt. Auch wenn sie sich noch nie geküßt hatten! »O Gott, es ist der Dark-Geiger, es ist Nigel!« schrie David jedenfalls und riß das Dark-Medaillon aus der Schublade, das ihm der gefährliche Negerdämon Humbah gegeben hatte, damals, bei der großen Verarsche-Tournee in Sachsen. »Du wirst die Harmonie nicht zerstören«, schrie er Nigel mutig entgegen, der mittlerweile seine Menschengestalt angenommen hatte. Sein Krawattenknoten war nur schlecht gebunden, sein Hemd hing ihm über die natürlich sehr, sehr männliche und prachtvoll rasierte Brust, aber er war schon ganz klar evil. Nigel lachte fies und holte die Geigenpistole hervor. Peng! Peng! klang es wunderschön, und David blieben nur ein paar Sekunden, um die Power-Ohropax aus dem Medaillon zu klauben.

Doch da passierte wieder etwas anderes, noch Spannenderes! Durch das andere Fenster sprang Ryley! Sie war fünfzehn Jahre alt, aber abgebrüht wie eine schwäbische Hochzeitssuppe, und David war sofort wieder verliebt. Er freute sich, daß er nur drei Jahre warten mußte, bis er sie endlich an seinen Aachener Sexualkörper lassen durfte. Aber erst mal mußte dieses Dark-Problem gelöst werden! »Ryley, hast du eine Idee, wie wir Nigel besiegen können?« schrie David in die Stille der seit zwölf Zeilen herrschenden Ereignislosigkeit.

Wortlos holte Ryley ihren Notenständer hervor und rammte ihn Nigel in den Traumhintern. »Aua«, sang Nigel und verwandelte sich wie der Blitz in einen Geisteradler, der gackernd durch das dritte Fenster flog und die beiden Liebenden in Ruhe verschnaufen ließ. »David, so kannst du doch nicht auf die Bühne«, schrie Ryley lachend, »du mußt dich doch erst schminken.« – »Willst du das übernehmen?« flirtete David gekonnt und blickte sie gleichzeitig romantisch an. Seine müden Hundeaugen bellten vor Liebe. »Du treibst ein gefährliches Spiel, Zuckertüte«, maunzte Ryley katzenzungenhaft und ergänzte: »Du weißt doch, wie Anne-Sophie Mutter zur Großmutter wurde!« Lachend tänzelten sie erleichtert aus dem Zimmer und legten sich im Konzert aufs Parkett, von dem das Publikum noch in der Pause begeistert sprechen sollte. Nicht ahnend, daß der Wer-Mops in der Tuba auf seinen Moment wartete… ∎

Fortsetzung folgt!
Das nächste Mal trifft
David den Musikkritiker
von den Ghostritterwölfen!

Was bisher geschah:

David Garrett, der 22jährige Stargeiger, hat den Rat der Shadowbiber befolgt und kämpft jetzt an der Seite der Wolfsvampirin Ryley Ravenbird. Viel Zeit für Auftritte bleibt nicht, also wird das Geld knapp. Deshalb beschließt David, noch eine scheußliche David-Garrett-CD auf den Markt zu werfen. Die Verwirrung nimmt zu, als Davids böser Zwillingsbruder Nigel Kennedy die geheimnisvolle Dark-Geige in seine Gewalt bringt und damit das Playback ruiniert. David bleiben nur vierundzwanzig Stunden, um das Geigespielen neu zu erlernen. Doch da beißt ihn ein Wer-Mops vom Clan der Starbarker…

Der kleine Witz für zwischendurch (9)

FOTO DES MONATS

FRIEDRICH KARL FLICK †

Friedrich Karl Flick, eine der schillerndsten Unternehmerpersönlichkeiten Nachkriegsdeutschlands, ist tot. Vater Friedrich Flick hatte im Krieg als Stahlmagnat mit der Beschäftigung von Zwangsarbeitern ein Vermögen gemacht. 1972 übernahm Friedrich Karl Flick das väterliche Firmenimperium, dem bis zu 330 Unternehmen angehörten. Flick geriet in die Schlagzeilen, als es ihm mit Hilfe des damaligen Wirtschaftsministers Lambsdorff gelang, zwei Milliarden Mark aus einem Aktienverkauf an der Steuer vorbeizuschleusen, und ihm illegale Parteispenden nachgewiesen wurden. Flick – hier auf der einzigen Aufnahme, die ihn privat in seiner Villa am Wörthersee zeigt – verkaufte seinen Konzern 1985 für fünf Milliarden Mark an die Deutsche Bank. Flick wurde 79 Jahre alt.

Gärtner / Leuschner

Die Zeitschrift ‚Tip' hat sie zwar manchmal auch nicht mehr alle; aber wo sie recht hat, recht:

„Botho Strauß, Windmacher, verdichtet in seinem Buch ‚Diese Erinnerung an einen, der nur einen Tag zu Gast war' den bösen Zeitgeist wieder einmal unnachahmlich. In den Sand möchte er stecken seinen Kopf. Klagt Strauß: ‚Ah, nicht wissen möcht' ich, sondern/erklingen. Versaitet bis unter die Milz", und das im Zeitalter des Kabel. Seine Prosa- und Theaterstücke waren ja schon immer kalauerverdächtig. Das elegische Gedicht (bei Hanser) vom Leben, Lieben und Sterben in unheiliger Zeit zeigt jetzt den Meister des unfreiwilligen Humors. In der Tip-Redaktion macht vor allem der unsterbliche Epitaph: ‚Wir überflogen uns nur/wie einen viel zu langen Zeitungsbericht' die fröhliche Runde" (14/85).

Die Rede ist im genannten Strauß-Poem auch von der „Verscheinung", vom „Gezänge", vom „Geleucht", von der „aufsteigenden Schar der Entgrenzungen", andererseits auch vom „hochkantigen Pfefferminzweiß überlaufender Wogen" und überhaupt von „unserem menschlichen Zugetansein" nebst der „zyklamfarbenen Haut des Ertrunkenen". Zwar wurde der ziemlich entgeisternde Wortstiefel, ein wahres Wunder, von der Majorität der deutschen Literaturzensoren für absonderlich, kitschig, ja bescheuert befunden; allein, gerade deswegen, das zweite, größere Wunder, lockte er in der ‚Zeit' gleich drei Kontrovers-Rezensionen hervor: P. Hamm (pro), R. Michaelis (contra), L. Bondy (pro) füllten, so wichtig war die Sache, volle 1½ ‚Zeit'-Seiten – mehr als die 80 Seiten des Buchs an Text auf die Beine bringen.

Je augenscheinlich mißratener, ja kempnermäßiger die letzten Opera Straußens aus der Maschine quollen, desto inständiger rätseln seit drei Jahren alle irgend Berufenen über sie herum; über die neue Wende des Geists oder, je nachdem, übergeschnappten Zeitgeists; und zanken sich über den von Strauß nachhaltigst in die Feuilletonhirne gesetzten Appell: das große erhabene (Rilke- oder aber George-)Wort müsse wieder her; sonst gehe die Welt zuschanden.

Über eben diesen „neuerdings in der deutschen Literatur erhobenen vornehmen Ton" mokierte sich Ende 1984 J. Drews im ‚Merkur' – speziell vor dem Hintergrund neuer Texte von Peter Handke und Strauß. Das wiederum gebar einen Rattenschwanz von Kommentaren und Subkommentaren, ein Spektakelchen von Literaturgroßraumdebatte, das damals viele von uns prächtig und über Wochen hin unterhielt und an dem sich von Drews über M. Krüger und M. Reich-Ranicki bis zu W. Schütte und G. Schäble, von der ‚Neuen Zürcher' über FAZ und FR bis hin zum ‚Spiegel' ungefähr alles beteiligte, was sich dazu gefordert fühlte. Jadoch, viele sonderbarlich nachzulesende Riemen setzte es da vor Jahresfrist, mit dem Höhepunkt dergestalt, daß sich der Strauß-Lektor Krüger, ein bis dahin eher als zurechnungsfähig geltender Mitorganisator des Kulturbetriebs, gekränkt gegen Kritik an Strauß verwahrte – sie sei unstatthaft, frevlerisch, nämlich, verstieg sich Krüger vollends, aus ihr spräche nur mehr „Verachtung, Haß und Hohn".

Eigentlich war es zwar eher so, daß noch kein Kitschier bis dahin mit soviel kontrovers-debattenwütiger Aufmerksamkeit hatte rechnen können; einer zudem, der schon seit geraumer Zeit zumindest anfällig für Kitsch, ja Schwachsinn sich zeigte. Indessen, schon 1983 hatte der Ruhm Straußens eine Klimax erklommen, an die scheint's keine mahnenden Stimmen mehr heranreichten. Lauterer, so hatte J. Kaiser anläßlich von ‚Paare, Passanten' (1981) die Parole ausgegeben, lauterer, reiner, „dringlich-aufrichtiger" sei schon lange keine deutsche Prosa mehr geflossen – und nun kann man sicher auch bei diesem Buch schon geteilter Meinung sein: Man kann's für

Zwei Albatrosse

eine vielfach feinsinnige Beschreibung des aktuellen Schrumpflebens erachten; man kann's aber auch eher schal und flach und blasiert finden; als einen Stichwortgeber lesen für die jetzt strukturalistisch daherpalavernde Generation derer, die noch beim Meister Adorno gelernt haben. Immerhin, beknackt ist das schmale Werk, seines wahnsinnigen Namedropping ungeachtet, noch beileibe nicht ganz und sein Autor schon jenseits – auch wenn das weltgeistlich Dünkelhafte, schlecht Elitäre sich bereits machtvoll ankündigt und breit macht, bis hin zu einer vollends aufgesetzt-verlogenen Adorno-Epiphanie als Finale; ein widerwärtiges Stück Prosa. Wer Augen hatte zu fühlen, der war auch vorher schon in dem als Meisterwerk gefeierten Romänchen ‚Die Widmung‘ über Sätze geflüchtet wie diesen: „Zwanzig Jahre könnten wir, Hannah und ich, in dieser halben Stadt vor uns hingehen, ohne uns je zu treffen" –

– ja freilich, ein Arno Schmidt z. B. hätte bei derlei traniger Edelschickeriaprosa noch laut aufgeheult – indessen, die Zeiten sind nicht mehr danach – 1983 soll dann in jedem ambitionierteren Buchregal Strauß' Dickroman ‚Der junge Mann‘ herumgestanden haben – der leuchtete endlich (verriet er dem ‚Buchreport‘) auch dem Wohnungsbauminister Dr. O. Schneider als Paradigma moderner Schwerliteratur sehr ein – und ab da war's dann um unsere Meinungsbildner voll geschehen:

Ab und zu ist ein Fernseher doch zu was gut. Ohne ihn hätte nämlich die astronomische, ja unsterbliche Peinlichkeit sich gar nicht offenbaren können, für die anläßlich des ‚Jungen Mann‘ der Publizist Klaus Podak gerade stand; dergestalt, daß dieser als Philosoph geführte Medienvertreter nicht sich entdackelte, zehn Minuten lang eine mannshohe Pappattrappe von Strauß zu interviewen – weil nämlich der Dichter, splendid-isolation-bedacht wie vor ihm keiner, verschmäht hatte, der Anbetung eigenontisch die Ehre zu geben: Podak stellte die Fragen – und antwortete sich, in vollem Ernst, mit Strauß-Zita-

ten. So geht's auch. Eine Sternstunde des deutschen Fernsehens.

Nun könnte man zwar wähnen, nur die Jünger seien über ihren Gottsöhnen allgemach ausgeflippt; indessen, alles spricht dafür, daß diese gleichfalls ihre sieben Zwetschgen immer weniger auseinanderzuklauben vermochten und vermögen. Maßstabslos ins nachgerade Mythische hochmystifiziert, haben die beiden, um die das halbe Kulturgeschwätz sich seit Jahren dreht, haben Strauß und der vielfach verwandte Handke offenbar immer beschleunigter der Übersicht eingebüßt, die Realität; fachlich scheinbar konkurrierend, anscheinend insgeheim kollaborierend zu beider Vorteil. Wie anders wären Sätze und Attitüden zu verstehen, wie sie frappant koinzidierend z. B. in der Tageszeitung ‚Libération‘ nachzulesen sind. Es ging einmal mehr um die tolle Frage „Warum schreiben Sie?":

Handke: „Ich weiß es nicht. Vielleicht morgen." Strauß: „Ich weiß es nicht. Hätte ich nur die geringste Ahnung, wäre das die letzte Zeile, die ich schreibe."

Mallarmé, ick hör dir trumpfen: Sie wissen's nicht, und alle Welt verharrt vor dem bauernfängerisch-erlauchten Schmalz in Schauder. Ich aber sage euch, denn es ist an der Zeit, es auszusprechen: Es ist der pure Größenwahn, der hier sein Unheil unkt. Aus zwei einst achtbaren Autoren reiften zwei aufgeblasene Kaspern. Zwei Hochangereizte im Grandhotel Größenwahn, selbander einsam wandelnd in der Beletage.

Sie sind nicht die einzigen, die sich verstiegen haben. Ich könnte aus der hohlen Hand heraus zwei Dutzend poetischer Kollegen nennen, deren Fruchtbarkeit gewißlich in keiner Relation (mehr) steht zu ihrer Anmaßung, Selbststilisierung, „Denkmalspflege zu Lebzeiten" (Michaelis); und zu ihrer substantiellen Windigkeit. Möglich, es ist die flehentliche Angst, der Schwindel könnte bald auffliegen, der sie zu solcher Mystifikation treibt – auf eine fast perfide Art möchte aber auch so etwas wie Auto-

suggestion walten, derlei sei man seinem Auftrag schuldig. Es ist der des Seher-Künders. Rilke und George – scheint's sind sie ein ewig Laster. Und in ohnehinnigen Literaturschamott und -schamanentum das derzeit wieder attraktivste. Zuweilen wird man freilich auch den Verdacht nicht los, In-bildern der Zunft wie Strauß und Handke sei es nur noch ums schiere Verarschen zu tun: „Denn nur Geschöpfe der Fahrt sind wir/und unsere Gestalt ist Fluktuation./Zerrauschende Wolke" (Strauß).

Nah ist, aber schwer zu fassen der Gott i. A. seiner Priester Strauß und Handke. Immerhin, wie der Herr, so's G'scherr. Wie Strauß seinen Apologeten Krüger, so hat Handke seinen Hamm, den demütigsten der Vasallen. Auch der schilt miesepetrig, ja verbittert Kritiker, ihr Zynismus sei neuerdings angetreten, Handke nebst Strauß nur noch hinzurichten. Der Realitätsverlust muß inzwischen auch im Gesinde ein schon vernagelter sein.

Viel Trübsal, Bitternis schwärt durch das Land, verhüllt zwei Meteore. Das Rettende doch ist immer nah. Jedenfalls im Falle Handke und als immerhin tröstlicher Einblick in jene Kraft, die nicht nur die Welt, sondern auch ihr Dichtertum katexochen im Innersten zusammenhält:

Im ‚Zeit-Magazin‘ erschien kürzlich ein verblüffend poetisch fotografierter Bericht über Handkes neue und komplizierte Liebe zur Salzburger Schauspielerin Marie Colbin; jener, die einst Annas Mutter Bachmeier so unvergessen auf Zelluloid heimgefahren hatte. Damit war der Dichter endlich auch für ‚Bild‘ akut – und diesen Bericht vom 7. 1. 86 aus der Feder von (in Vertretung von Michael Graeter „im Urlaub") Deutschlands wuchtigster Reporterin Ingrid Gallmeister („Tel. 0 89/ 28 28 28") wollen wir doch für eine kleine Ewigkeit festhalten und alle miteinander zum löblichen Abschluß gemeinsam lesen:

„Marie Colbin/Peter Handke: Liebe der besonderen Art. Auf der Staatsbrücke in Salzburg haben sich ihre Wege vor

2½ Jahren zufällig gekreuzt, seitdem sind sie ein Paar: *Marie Colbin* (27) und *Peter Handke* (43) – die Schöne und der Dichter. Die aparte Schauspielerin war gerade aus einer Dauerbeziehung mit *André Heller* aus Wien geflüchtet. Für Handke („Die Angst des Tormanns beim Elfmeter") gab es nur Tochter *Anima* (16), mit der er in seinem 200jährigen Hexenhaus am Mönchsberg lebt. Es wurde eine Liebe besonderer Art. Sie zogen nicht unter ein Dach, sind immer nur für ein paar Stunden zusammen. In ihrem kleinen Appartement unten in Alt-Salzburg schreibt Marie Briefe an ihren Peter hinauf auf den Berg. Im November, als die ersten Flocken fielen, z. B.: ‚Gestern nacht, als es zu schneien begann, habe ich mir, Peter, so sehr gewünscht, daß Du da bist. Ich wollte den ersten Schnee mit Dir erleben ...‘. ‚Wie mögen Sie Frau Colbin?‘, habe ich Handke gestern am Telefon gefragt, und er antwortete: ‚Ich sage nicht, daß ich sie mag. Wenn man es ausspricht, fängt es schon an, vorbei zu sein.‘ Jetzt hat Handke mit Marie seinen ersten Film gemacht. Aus dem Buch ‚La maladie de la Mort‘ (Die Krankheit des Todes) von *Marguerite Duras*. Ein Dialog über Erotik, Leben und Sterben. Eine Stunde lang zeigt Handke die Colbin, ihren Körper, ihr Gesicht. ‚Dieser Film‘, sagt Marie Colbin, ‚ist etwas Heiliges‘."

Man sehe die Ausschweifung nach, aber hier läßt sich nur noch, in voller Länge, zitieren. Gegen diesen auch noch mit einem Foto („Wir lieben die gleichen Filme") versehenen PR-Filmpromotion-Scheißdreck aus Handke-Gallmeister-Anima-Maladie-Duras streckt man die Waffen. Gebenedeiter Augenblick, da sie sich über der Salzach kreuzten.

Und doch schwelt Hoffnung: Hat die Erde den Mönchsbergischen leidlich wieder? Besteht Aussicht, daß Strauß bald folge? Dann freilich drohte andererseits Gefahr, die Baudelairesche Metapher möchte nur um so rechter behalten: Wenn Albatrosse dem Boden zu nah kommen, wird's schauerlich: „Lui, naguère si beau, qu'il est comique et laid!"

Zeichnung: Hans Traxler

Wenn _alle_ Busse halb auf dem Bürgersteig fahren würden.

Wir haben von der vielen Schweigsamkeit ganz schmale Lippen.

Lippen, so drahtig wie Büroklammern.

Schmallippige Frauen gelten _zu Unrecht_ als bitter, prinzipiensteif oder gar pietistisch.

In der sehr guten Irm Hermann hat Rainer Werner Faßbinder die Idealbesetzung der vermeintlich freudlosen Drahtlippe gefunden.

Schmallippige Männer dagegen sind meist hochsexualisiert und dies interessanterweise gerne insgeheim.

Wo stand das noch mit den hochsexualisierten schmallippigen Männern? Bei Hubert Fichte, glaube ich.

Arm an Geheimnissen wirken Menschen mit aufgespritzten Lippen.

Oder der Modeschöpfer Harald Glööckler. Geheimnislos und entzündet.

Geheimnislos wie ein Bus. Man weiß genau, wo er abfährt und wo er hinfährt.

Biolek: Westbam, meine Damen und Herren! Ein ungewöhnlicher Name für einen ungewöhnlichen Menschen. Ein Künstlername, wie ich vermute, Herr Westbam?
Westbam: Künstlername, genau. Wie Biolek. Westlek, Biobam, Bambi, Lekbam, Bambissimo, Westfred Biobam: alles Künstlernamen.
B: Ich heiße wirklich Biolek!
W: Ah. Sorry. Cool. Cooler Name, Biolek. Echt cool. Kickt x-trem! Kommt so, ja, cool einfach. Ehrlich. Und der Alfred ist auch echt?
B: Ja, ja, auch echt. *(feierlich)* Mein Name ist Biolek, Alfred Biolek.
W: With a licence to cook! Cool: Alfred. Nee, is' echt geil. Alfred Biolek. DJ Alf!
B: Ja, gut. DJ Alf. Das können wir vielleicht erst mal so stehen lassen. – Herr Westbam, gestern Islamabad, morgen Beirut: Sie sind ein Mann, der Freude verbreitet, gute Stimmung und Partylaune überall. Beschreiben Sie doch mal kurz Ihre Arbeit.
W: Ich lege Schallplatten auf und manipuliere sie.
B: Sehr schön. Dann lassen Sie uns mal gleich rüber zu den Töpfen gehen. Westbam, lassen Sie uns heute Abend Töpfe manipulieren.
W: Ja, gehen wir an die Kochpulte! Woaahh, das Teil! Die 5-Inch-Pfanne mit Sandwichboden und Silverstonebeschichtung. Endstufengeil!
B: Was haben Sie denn da in dem Alukoffer?
W: Ich bringe immer meine Messer mit!
B: Das hätte ich nie gedacht. Sie sind der erste, der in meiner Sendung seine eigenen Messer mitbringt. Zeigen Sie mal. Da sind ja lauter Platten drin!
W: Scheiße, das ist mein Platten- und nicht mein Messerkoffer! Kacke, voll die Verpeilung. Naja, immer noch besser, als morgen in Banja Luka einen Satz Messer auflegen zu müssen.
B: Westbam, sagen Sie uns, was Sie heute kochen wollen.

W: Ja, ich habe beschlossen, euch einen Track aus dem Sunshine-Menü zu mixen. Es wird der Haupttrack, aber ich geb' euch eine Condensed Version. Ich nenne das mal provisorisch »Lammkeule Tamagotchi«. Heute abend haue ich euch die Tamagotchi-Keule raus!
B: Die Tamagotchi-Keule?
W: Ja, es ist ein Rezept meiner Großmutter, das sie oft auf unseren Weihnachtsraves sozusagen kochte. Nein, nicht sozusagen, sondern im wahrsten Sinne kochte. Denn Oma war ganz unkompliziert und anspruchslos. Nix hier so Bio-Müll-Loch und Backofen in Sichthöhe.
B: (mahnend) Westbaaaaam!
W: Nein, Bibo, nein. Oma kochte nur straighte Sachen mit straighten Zutaten und straighten Geräten. Du bist cyber mit deinem Mega-Koch-Gig hier vor ein paar hunderttausend Zuschauern.
B: Haben Sie etwa was gegen Großveranstaltungen?!
W: Nein, nein, natürlich nicht. Aber das hat dann nichts mehr mit Underground zu tun, mit echter Kitchen-credibility. Oma war Underground, Oma war real, Oma war unsere Homebase und unser Resident Cook. Feuer an, Pötte drauf, Fette rein, so richtig Öl, Butter, Schmalz und so. Nix Silverstone und Induktionsfuck. Dann: Zwiebeln rein, Oma heulte ein bißchen, schnuffel, schnuffel. Von wegen Abzugshaube. Die Kinder schreien, toben, fallen aufs Maul. Die hatten noch alle diese Kinder früher. Das verbinde ich mit meiner Oma. Kochen in Reinkultur, oberastral. Real-time-cooking, nix aus der Konserve. Und

ich weiß, daß zum Beispiel Großvater da damals sehr stark drauf abgefahren ist, auf diese klassische Art des Kochens. Und auf Oma natürlich. Leider hat sie von meinem Großvater dafür nie den Credit bekommen. Den möchte ich ihr heute geben. Ich habe allerdings ihr Rezept etwas abgewandelt. Cybermäßig halt. Es wird ein Remix.
B: Spannend. Und jetzt schneiden Sie Möhren?
W: Ja. Möhren.
B: Genau. Möhren.
W: Genau. Zum Beispiel Möhren. Hier diese Möhren zum Beispiel: Du mußt diese Möhren schneiden. Cutten. Der Schnitt ist das Wichtige. Den Cut richtig setzen. Nach drei, vier Möhren kommst du in eine echte Cut-Wut. Hat dich die Cut-Wut erst mal gepackt, dann gute Nacht, Möhre! Schau sie dir doch einmal an: diese Möhre ist unfertig! Sie muß weiterprozessiert werden. Die Möhre ist minimal, aber sobald du sie in einen anderen Aggregatzustand überführst, gibst du ihr eine völlig neue Dimension.
B: Ja, Westfalica Bambaataa, dann gib der Möhre jetzt ihre neue Dimension!
W: Ja, ich werde sie jetzt in einen anderen Aggregatzustand überführen. Schnall dich an, Alf, wir starten die Möhrenauflösung.
B: (tastend) Ah. Und das hier ist ein Lamm.
W: (freudig) Ja, aber hallo! Da ist ja die Keule.
B: (feierlich) Das Lamm war schwer, dick ist die Keule.
W: Ja, ein phattes Teil. Special thanks

kno-cooking
DJ Westbam bei Alfred Biolek

an MC The Butcher. Die Keule ist herrlich. Wird sofort mit einer Beize aus Waldmeisterbrause, Afri Cola, Red Bull und Caipirinha abgeflavourt. Also featuring: die Zwiebel! Und Frische dank meiner Kollegin Marusha. Die hat ein Petersilien-Basilikum-Label auf ihrem Balkon hochgezogen. Als Dessert empfehle ich übrigens immer 'ne Pille mit etwas ausgelassenem Mäusespeck. Dazu kannst du sehr geil Dr. Mottes Sprudelwasser »Licht und Liebe« ablitern. Am besten die Mayday-Abfüllung von '95. '95 war ein verdammt guter Jahrgang. Schau nur, wieviel Licht durch Mottes Wasser strömt! Das Wasser zieht das Licht an wie das Licht die Motte!

B: Ja, es strahlt förmlich. Und sieht auch sehr lieb aus.

W: Ja, es ist lieb. Diese Flasche hat das Licht im Innern. Oh Freddy, hörst du jetzt den Zwiebelsound? Höst du ihn? Voll die Zwiebelparty! Die Zwiebel probt den Kitchen-Riot! Der Zwiebelsound ist einmalig, Alfredo! Niemand kriegt dieses Zischeln so hin wie DJ Onion. Hör dir diese Brutzelloops an! Und das Zeug kommt aus der Erde. Das ist die Musik der Tiefe, Bioboy! Die knackigen Beats der Scholle. Und wenn ich der nur ein bißchen mehr Feuer unter'n Arsch gebe, springt die Zwiebel, die hottet da voll cool ab. Die ravende Pfanne! Checkit out!

B: Paß auf mit der Hitze, gib ihnen nicht zu viel Hitze, Westbam!

W: Doch, Fredo! Hör doch, die Zwiebel schreit förmlich nach Hitze. Hörst du denn nicht ihren Schrei nach Hitze. Heat, heat! Das ist die Techno-Heritage beim Braten. Die Hitze hochfahren! Du läßt die Zwiebel förmlich tanzen, der geb' ich jetzt 'ne krasse Abfahrt, aber issimo, Alfredo. Jump, Zwiebel, jump! Und immer wieder dieser Mördersound: Da pellt sich ein Sound aus dem andern, eine irre

Vielschichtigkeit ist das, da häutet sich der Klang zu immer neuen Klängen. Ich hab's, meinen nächsten Release nenne ich »Soundpeeling«. Zu scheiße, daß man Musik nicht riechen kann. Da ist uns die Zwiebel um einiges voraus.

B: (lacht) Der Mann hat Ideen! Es ist geradezu erstaunlich, daß sich ein so hochautomatisierter Mensch wie Sie überhaupt noch mit dem Kochen abgibt. Das ist wirklich erstaunlich!

W: Irgendwann kommt auch die Stunde der Wahrheit, Biobaataa. Du kannst nicht alles programmieren. Ich glaube, bei Nietzsche heißt es irgendwo: »Du mußt auch mal 'ne Kiste live droppen!« Nee, nicht bei Nietzsche, Unsinn, bei Kierkegaard. Alf, das Kochen, das Handwerk ist meine B-Seite. Wir haben alle unsere B-Seite, Alf!

B: Das stimmt. Sehen Sie, liebe Zuschauer, so ist das Kochen: keine einfache Dienstleistung, sondern ein – ja, Westbam, wie würdest du eigentlich das Kochen definieren?

W: Kochen? Kochen ist... Scheiße, da legst du die Nadel in eine wunde Rille, Alf... Kochen ist Anarchie! Ich glaube, das hat mal der Siebeck irgendwo gesagt. Aber der Siebeck pusht den Ingwer viel zu hoch. Du mußt dir mal bewußt angucken, wie der den Ingwer hochgepitcht hat. Der featuret nur noch Ingwer und grünen Pfeffer. Siebeck ist der Ingwer-Faker!

B: Sie haben recht, Westbam, Sie haben völlig recht, der Siebeck macht nur noch Ingwer-Acts. Der reizt voll den Ingwer aus. Ich seh das schon kommen: wenn der Ingwer ausgelutscht ist, kommt die Tamarinde dran. Ich sehe das kommen.

W: Ja, wie sagte noch Ludwig XIV über Voltaire: Man muß ihn wie eine Orange auspressen und dann wegwerfen.

B: Genau. Siebeck, der absolutistische Sonnenkoch. Le wok, c'est moi. Preßt den Ingwer aus und wirft ihn wok, äh, weg. Gefühlloser Kerl. Andererseits: Ich könnte ihn einladen und mit ihm um die Wette kochen.

W: Cool, Kampf der Giganten! Der Alf gegen den Wolf. Cook contest. Mach das! Und verbiet dem einfach seinen Ingwer, dann kocht der Siebeck sich nämlich 'nen Wolf. (Westbam bläst in eine Trillerpfeife)

B: Warum pfeifen Sie jetzt, Westbam?

W: Weil ich den Bratensatz ablösche. Das gibt sofort einen neuen, viel weicheren Beat. Mellow halt. Und wenn der neue Beat reinkommt, wird gepfiffen. (Westbam rasselt)

B: Und warum rasseln Sie jetzt, Westbam?

W: Ich hatte dich für etwas gelehriger gehalten, Alf. Ich gieße den Bratensatz ab. Wieder ein neuer Beat. Und bei wieder neuem Beat wird gerasselt.

B: Ach so...

(Westbam betätigt ein Nebelhorn)

B: (sehr gelehrig): Ah, Westbam, noch ein neuer Beat! Und bei noch einem neuen Beat kommt das Nebelhorn, stimmt's?

W: (streng) Falsch! Das Kartoffelwasser kocht, deswegen das Nebelhorn! Die klassische Kartoffel-Prozedur eben. Ist das Wasser bei 100 bpm, läßt du die Knollen 20 Minuten da drin pulsieren, dann samplest du einfach das Wasser ab und fertig das Kartoffel! Geistesgestörte Knolle!

B: Das Wasser absamplen?

W: Ja, du samplest das Wasser hier ab, okay.

B: Du meinst, man gießt das Wasser ab?

W: Ja, absamplen, abgießen, neu aufgießen, alles eins. Kommt cool!

B: Abgießen, neu aufgießen, alles eins. Hmmm. Kommt cool. Hmmm. (begeistert) Eigentlich aber mal sowieso völligstens coolio, dein Act hier! Irgendwie krassest, Sucker! Trockener Boost! Du bis' locker gaumensexmäßig unterwegs! Shitcom, Westbämbel, unser Set is' over, Time out. Fratze ey, dein Teil kam schleudertrauma-

rough! Richtig motörheadblowing, die Tamagotchi-Haxe! (Scratching) ¡exaH-ihctogamaT! Fffllllssswww! ¡exaH-ihctogamaT! Fffllllssswww! ¡exaH-ihctogamaT! But now, ihr Pattexgehirne da draußen, downtown and everywhere in the Sendereinzugsgebiet, checken wir in ein anderes Event, ihr Knödelstreamer: »Sendung mit der Maus«, »Musikantenstadl«, »Elektrischer Stuhl Live«, whatever. Irgend so ein fraktaler Hirnfick wird's schon sein, no fuckin' check, Babes, hihihi, is' mir auch Weißwurscht im Natursaitling, aber bißfest, Ihr Freestylelutscher! Und du, BAMBAATAA, oller Kehlkopfkrebs, kopier' mir noch 'ne Pille in die RAM! Aber ACID jetzt! Keep the fire burnin'... Pump up the volume... (Fade out)

Weiterführende Literatur:

Alfred Biolek:
Meine Rezepte

Alfred Biolek:
Die Rezepte meiner Gäste

Westbam mit Rainald Goetz:
Mix, Cuts & Scratches,
Merve Verlag, Berlin

Rainald Goetz:
Rave, Suhrkamp Verlag

Stephan Maus

ROBERTO BLANCO IN UNVOLLENDETEN BILDERN   Folge 9

ER SITZT HIER

TITANIC hat d

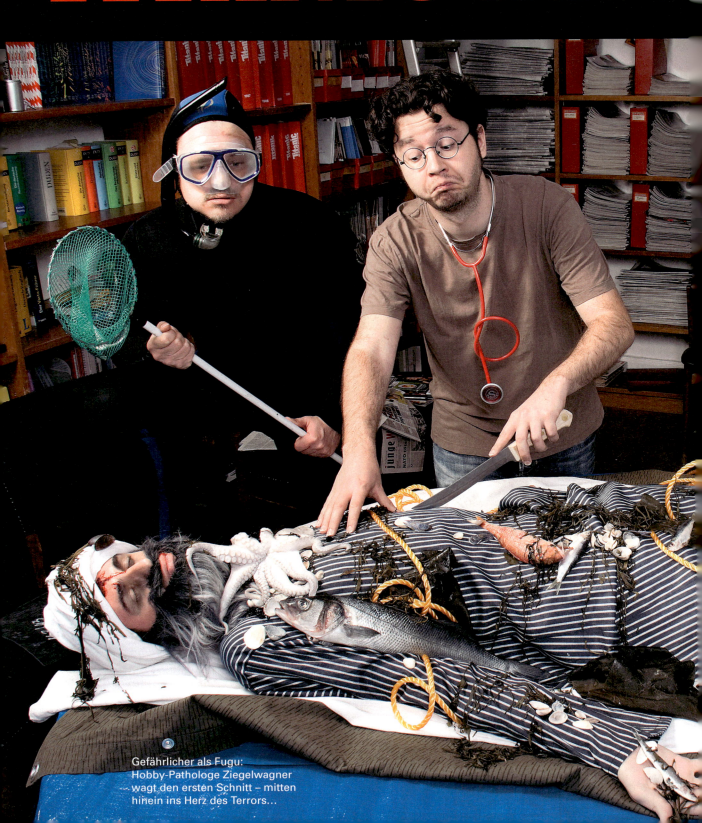

Gefährlicher als Fugu: Hobby-Pathologe Ziegelwagner wagt den ersten Schnitt – mitten hinein ins Herz des Terrors...

e Leiche

Wie tief kann man sinken?

m Fall **Osama bin Laden** (+2011) steht die ntwort jetzt fest: fast hundert Meter, dann verhedderte r sich in einem Delphinfangnetz. Der Leichnam des mstrittenen Religionslehrers galt als verschollen – bis n ein beherzter Kampftaucher im Dienste des Qualitätsjournalismus zurückholte

Sein Erbe wiegt schwer: Allein der Transport der aufgedunsenen Wasserleiche (80 kg Abtropfgewicht) ist ein Kraftakt

TITANIC

Kein Wallfahrtsort, keine Jugendbegegnungsstätte sollte entstehen: die US-Einsatzkräfte übergaben die Leiche Osama bin Ladens dem Ozean. Die wenigen Bilder des Terroristen sind in Obamas Fotoalbum und werden nur bei festlichen Gelegenheiten rausgeholt. Wie aber soll man den Tod eines Mannes beweisen, der tausend Meter unter dem Meer mit dem Wolfsbarsch tanzt? Hat die Öffentlichkeit nicht ein Recht auf Information und ein bißchen Grusel?

TITANIC-Redakteur Tim Wolff ist ausgebildeter Haubentaucher und Fachmann für Naßphotographie. Als er von der Seebestattung hört, ist ihm eines klar: Der Körper muß schnell geborgen werden, wenn man noch geschmackvolle Porträtfotos machen will. Wolff zu TITANIC: »Sie müssen sich das so vorstellen, daß nach dem Tod die Körpergase relativ konstant aus dem Hinterteil des Leichnams entweichen. So entsteht eine Art U-Boot mit Biogasantrieb. Osama ernährte sich in den letzten Jahren hauptsächlich vom Bringdienst. Achthundert Pizzas pro Jahr à 200 Kilopond Darmdruck ergeben eine mittlere Geschwindigkeit von zwei Knoten. Der Rest war einfach Mathematik.«

Zwei Wochen nach der Beisetzung klingelt ein tropfnasser Wolff an der Redaktionstür. Er hat es tatsächlich geschafft! Die gefährlichste Leiche der Welt ist ihm vor Madagaskar am Surfbrett hängengeblieben. Unglaublich: Der Körper ist noch warm, durch die lange Lagerung im wolffschen Heizungskeller.

Wie geht man mit so einem Fund um? Soll man ihn photographieren, um den Leser selbst entscheiden zu lassen, ob man diese Bilder zeigen darf? Soll man ihn aufschneiden, um sich eine Innenansicht des Verbrechens zu verschaffen? Darf man ihn kurz anbraten und mit den übrigen Fischen zu einer herrlichen Bouillabaisse verkochen? TITANIC entscheidet sich für einen Kompromiß: Schockfotos ja – aber bitte unter Achtung der Menschenwürde des prominenten Märtyrers mit der riesengroßen Fanbasis.

Er starb als Katholik

Osama bin Ladens Stunde: Sie dauerte genau sechzig Minuten. Und doch sollte es die längste in der Geschichte unappetitlicher Attentate werden. **Abschied vom enfant terrible** des internationalen Terrorismus

Er scheint nur zu schlafen, doch der Friede täuscht: im Innern arbeitet eine ganze Familie von Aalen weiter im Sinne des Gastgebers (Aal-Qaida)

Er fühlte sich noch sicher, als die US-UFOs längst um sein Haus kreisten, als immer häufiger schwarze Limousinen mit Washingtoner Kennzeichen die Einfahrt blockierten und diskrete Herren mit großen Lupen durch sein Wohnzimmer schlichen. **Nach fast zehn Jahren friedlichen Ruhestands** hatten ihn Amerikas Schergen am 2. Mai endlich im Telefonbuch gefunden, klingelten Sturm. Osama bin Laden, Gentleman-Terrorist, Vegetarier, Tierfreund und Karawanen-

„Ich habe Angst!"

mann des Jahres 2001, lag zu dieser Zeit mit einem Riesenrausch und acht Dutzend Bartlockenwicklern im Bett. Am Vorabend hatte er noch im Lotto gewonnen, wollte das Geld für wohltätige Zwecke und Babyrobben ausgeben. **Osama, der größte Pechvogel der Welt!**

August 2010. CIA-Agenten verfolgen seit Monaten einen Mann, der nur »der Postbote« genannt wird. Sündhaft teure Satellitenbilder zeigen: Der Mann aus Islamabad nimmt täglich die gleiche Route, vom Atta-Platz über den Tod-den-Ungläubigen-Boulevard bis zu dem Haus in der Terrorstraße. Hinter sich her zieht er ein seltsames Wägelchen, auf dem die codierte Mitteilung »DHL« zu lesen ist. **Darin: Sprengstoff pur. Ein Exemplar der Zeit, mit den knallharten Analysen von Josef Joffe und den Schmunzelglossen von Harald Martenstein. Adressiert an einen gewissen Herrn bin Laden!** Die Agenten zögern. Der Einsatz darf nicht zu früh abgebrochen werden,

Sie küßten und sie schlugen ihn

denn sie haben noch drei Wochen Urlaub angespart. Pakistanische Regierungsbeamte versuchen, sie mit Zaubertricks und nackten Frauen abzulenken, doch die Agenten sind **zu allem entschlossen**: Schon ein knappes Jahr später schicken sie **eine erste Drohne** über das Anwesen. Die kleine Brummbiene endet als ekliger Fleck auf Osamas Fliegenklatsche.

Wie lebte der geheimnisvolle Araberfürst, der durch ein einziges verwackeltes CNN-Video zu Weltruhm gelangte? »Er war ein Playboy, ein Hasardeur«, sagen die, die gern etwas mehr Aufmerksamkeit hätten. Osama bin Laden: eine Dynamitstange, die an beiden Enden brannte. Mit seinem treuen Esel Simyo tourt er durch die Wüsten Muslimistans, **immer auf Achse, immer unter Dampf**. Benefiz-Konzerte zugunsten notbringender Tiere, Suren rund um die Uhren. Der zweimalige Gewinner des OpenMike-Hatery-Slams bringt die Massen mit seiner lässigen, selbstironischen Art **zum Toben**. Unvergeßlich seine berühmten »Osama-Briefe«: »Osama schrieb an die Milizen: Im Paradies gibt's tausend Miezen.« »Osama schrieb an die Iraker: Habt Ihr noch Bock auf ein Massaker?« »Osama schrieb an Sarkozy: So fies wie Du werd' ich wohl nie.«

Mai 2011. US-Präsident Obama (nicht verwandt) unterzeichnet das Tötungsformular TT-216, setzt seinen Namen vor lauter Aufregung in das Feld »Hinzurichtender«. CIA-Chef Panetta sieht den Fehler, erleichtertes Gelächter bei den Todesschwadronen. Dann geht es auch schon los: **Waffen werden poliert**, grimmige Gesichter eingeübt. Pakistanische Militärs verteilen Infomaterial an Osamas Nachbarn: »Achtung, Umlegarbeiten! In der Nacht zum dritten kann es in der Terrorstraße zu Feuergefechten und Leichenbildungen kommen. In dieser Zeit

Ein Prediger der Zärtlichkeit in einer Welt aus Gewalt

steht kein Warmwasser zur Verfügung!!!! Wir bitten um Verständnis und wünschen ein gesegnetes Osterfest.« **Die Logistik ist überwältigend.** Ein LKW liefert zwei Hubschrauber an, die vor dem Haus leise zusammengebaut werden. Eine Baracke für zweihundert Mann, von Fertighaus Schwörer fristgerecht geliefert. Ein Damm wird gebaut, Pflugscharen eingeschmolzen, **Schwerter gegossen**. Fans lagern in einer Zeltstadt um das Anwesen, warten sehnsüchtig darauf, daß ER sich auf dem Balkon zeigt. Insgesamt sind es über fünftausend in- und ausländische Einsatzkräfte, freiwillige Helfer und Schaulustige, die die Osama-Tötung zu einem Mitmach- und Gänsehaut-Erlebnis ersten Ranges machen.

Der Riesenkrach draußen vor seinem Haus: ein scharfer Kontrast zur stillen, freundlichen Natur Osamas. Sein Terror war nie verletzend, sondern immer mit Augenzwinkern – immer bekam das Publikum ein bißchen mehr als ein bloßes

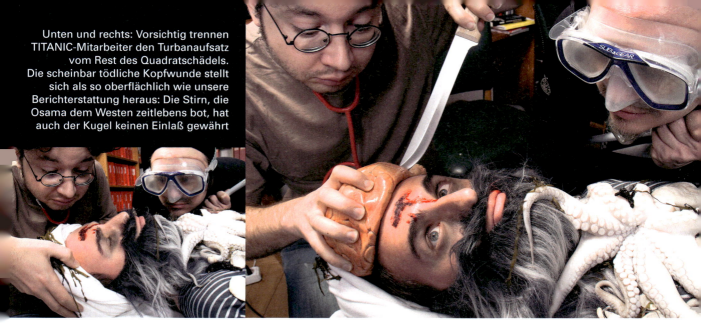

Unten und rechts: Vorsichtig trennen TITANIC-Mitarbeiter den Turbanaufsatz vom Rest des Quadratschädels. Die scheinbar tödliche Kopfwunde stellt sich als so oberflächlich wie unsere Berichterstattung heraus: Die Stirn, die Osama dem Westen zeitlebens bot, hat auch der Kugel keinen Einlaß gewährt

Holzhammer-Blutbad. **Sein Trumpf: Mitgefühl.** Jedem Anschlag gab er eine persönliche Note, indem er z.B. nur Intimfeinde oder nur westliche Teufel auslöschte. Um so trauriger müssen die letzten Lebensjahre für den alternden Politclown gewesen sein. Hausarrest, fünf irre Schwiegermütter, Sky-Rechnung ohne Ende. Er geht nicht mehr ans Wegwerfhandy, die Autogrammkarten unterschreibt die Sekretärin.

Mit wem kann man ihn vergleichen? Ein muslimischer Dalai Lama, aber ohne die verrückten politischen Ideen. Ein Papst in nichtschwul, fünfmal verheiratet, aber zu gutmütig, um sich scheiden zu lassen. Ein behende die Berge hochkraxelnder Stephen Hawking mit der einfachsten Weltformel der Welt (Steinzeitislam + moderner Bumm = Lebensfreude pur). Ein John Lennon mit besseren Liedern und ohne Paul McCartney.

In dieser Mainacht treffen seine Lebensprinzipien aufeinander: Blei und Blut, Gott und Granaten, Streckschuß und Stirnhöhle. Es war, als hätten ihm die Navy-SEALs mit ihrem grausamen Hinrichtungsritual einen letzten Herzenswunsch erfüllt. **Er starb, wie er es immer gewollt hatte**: in einem Schlafanzug, schreiend durch die Villa humpelnd, live gefilmt für einen perversen bleichen Negerpräsidenten, der sich gerne Snuff-Movies reinzieht.

Die Spezialeinheiten beendeten nicht nur sein Leben, auch sein Leiden. Osama hatte Angst vor einer Krankheit, der schlimmsten Krankheit, die es gibt: der Altersmeise Alzheimer. **Osama mußte befürchten, all seinen Haß zu vergessen!** Was sind die größten Taten wert, wenn man sich nicht daran erinnern kann? Was die US-Millionen aus dem Antiterrorkampf, wenn man die Konto-PIN vergessen hat? **In seinem Muslim-Kaftan wurden zwei Telephonnummern gefunden.** Die eine war für seine zweite Hand Al-Zarqawi, der ihn an alles erinnern mußte. Ans Töten, Verstümmeln, Müllaufessen. Die andere vom Schweizer Selbstmordservice Dignitas. Konnte der unverwüstliche Wüstensohn, dem schon zwei Steine und ein Tropfen Wasser am Tag zum Überleben reichten, es nicht ertragen, **im Alter auf die Hilfe anderer angewiesen zu sein**? Haben die Schweizer in Osamas Auftrag im Weißen Haus angerufen? War es am Ende also doch – Selbstmord?

Fakt ist, daß ein sterbender Osama gegen zwei Uhr nach dem Pfarrer rufen läßt. An die westliche Medizin glaubt er nicht mehr. Statt dessen: homöopathische Globuli in die Einschußlöcher, Sektkorken in die Wunden. Pfarrer Mohammed al-Kohol schwingt sich auf sein Nasenfahrrad, radelt die 800 Kilometer aus dem afghanischen Ogottobad in Windeseile. **Bebend hört er Osamas letzten Wunsch.** Bin Laden möchte ganz zum Schluß alle seine Sünden reinwaschen, dem falschen Teufelsdämon Allah entsagen und vollrohr Buße tun. Der Pfarrer stutzt. Dann: Nottaufe mit einer Flasche Flüssigsprengstoff! Der Gottesmann prügelt Osama den Leibhaftigen mit einem Teppichklopfer aus dem verlöschenden Körper, salbt seinen Leib mit Chrysam, Griebenschmalz und Weizenkeim, streut ihm Salz auf den

Osama hätte Geschäftsmann werden können – und entschied sich für den Tod

Schwanz – **alles streng nach römischem Ritus**. »Danke, Jesusmensch, danke für deine unermeßliche Rachsucht«, wimmert ein letztes Halleluja aus dem Terror-Body, dann löst er sich auf – in nichts. Pfarrer al-Kohol will in diesem Moment am Himmel einen neuen Stern aufgehen sehen.

CDU-Experte Siegfried Kauder prüft derzeit, ob Osama seliggesprochen werden kann. »Er starb für seinen Glauben, und Katholik war er auch noch, das ist doch prima«, meint der enthirnte Konservative gegenüber TITANIC. Dafür nötig: zwei Wunder, ein Mirakel und ein verrückter Zufall. »Und ein bißchen Glück gehört natürlich auch dazu«, sagt Vatikansprecher Monsignore Sinistro geheimnisvoll. Problem: **Im Himmel ist dieses Jahr nur noch ein Platz frei.** Johannes Paul sel. ist Osama schon vorausgekrochen. Ob ihn der liebenswerte Patenonkel des Terrors noch einholen kann? Man möchte es ihm gönnen.

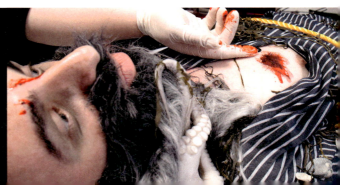

Kaum zu glauben: Osamas Herz für die Schwachen und Hilfesuchenden war so groß, daß dieser Streifschuß reichte, die Aorta zu zerfetzen. Sein Mitgefühl wurde ihm zum Verhängnis

Fischer/Ziegelwagner, Hintner/Werner

Bewegungsmelder

Alarm bei den Apple-Fans: Das I-Phone speichert heimlich die Aufenthaltsorte seiner Nutzer und kann so brisante Bewegungsprofile liefern. Nach weltweiten Protesten ist der Computergigant zwar zurückgerudert und hält die Positionsdaten nur noch eine Woche lang vor. Doch auch eine Woche ist viel; vielleicht zu viel, meinen die IT-Sicherheitsexperten Rürup und Tietze, die Mitte Mai einige prominente I-Phones gehackt und ausgelesen haben.

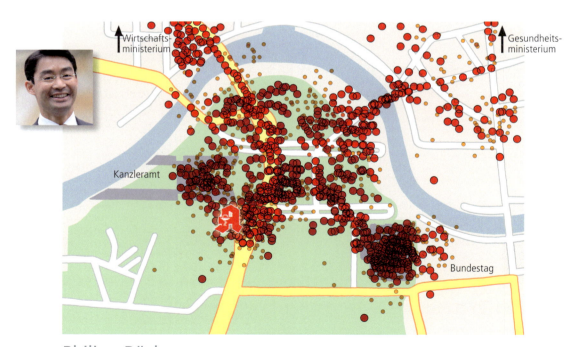

Philipp Rösler Die Ortungsspuren zeigen: Der FDP-Chef hat eine kräftezehrende Woche hinter sich, ein Laufpensum von 314 km absolviert. Auffällig häufig hielt er sich im Wirtschaftsministerium auf. Nach einem ausgedehnten Mittagstermin im Büro Rainer Brüderles werden Röslers Spuren unklar und verwaschen, verlieren sich schließlich in einer Kabine der Herrentoilette. Pikant: In seinem Gesundheitsministerium hat er sich lediglich zweimal blicken lassen, in einer nahegelegenen Apotheke dagegen täglich. Wir können nur spekulieren, was er sich da besorgt hat: Aufputschmittel? Psychopharmaka? Oder Fersenpflaster?

Sebastian Vettel Das bekannte Werbegesicht für Energyshampoo und Anti-Schuppen-Drinks macht in jener Woche Urlaub in der Türkei, weiß dort aber offenbar nicht viel mit sich anzufangen. Die Daten entlarven ihn als jungen Neureichen, der ein Leben auf der Überholspur führt – fast schon zwanghaft, wie er ständig auf die Piste muß und dort kein Ende findet. Wir vermuten mal: Außer um den Block zu cruisen und steile Weiber abzugreifen hat der Kerl nichts drauf.

Sigmar Gabriel Im wirklichen Leben ist er imstande, größere Säle und ganze Hallen zu füllen, und zwar alleine. In seinem I-Phone dagegen hinterläßt der raumgreifende SPD-Vorsitzende keine Spuren. Rätselhaft: Wir registrieren nicht eine einzige Bewegung! Man könnte fast meinen, den Typen gibt's nicht.

I-Phonebesitzer Aus Neugier und wissenschaftlichem Interesse haben wir einmal sämtliche I-Phones dieser Welt ausgelesen – das Ergebnis ist ein Schock! Eine solch massive Ansammlung von Bewegungsdaten birgt erhebliche Gefahren in sich, nicht nur für den Datenschutz. Sie könnte außerirdischen Hackern Hinweise darauf geben, wo genau in der Galaxie wir Erdlinge uns befinden. Wenn das so Wesen sind, die die Menschheit vernichten wollen – Gnade uns Gott!

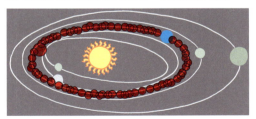

SIE WUSSTEN VON NICHTS: DIE AUTOREN UND ZEICHNER

Uwe Becker: 34, 100, 128, 173

F. W. Bernstein: 123, 234, 239

Björn Boch: 181

Simon Borowiak: 123, 155, 239

Hardy Burmeier: 30

Dietmar Dath: 77, 93, 288

Wiglaf Droste: 91

Andreas Flamme: 311

Thomas Fuchs: 55, 101

Torsten Gaitzsch: 46, 85, 148, 276

Stefan Gärtner: 18, 20, 42, 59, 113, 149, 190, 315, 332

Wilhelm Genazino: 136

Robert Gernhardt: 209, 231, 250

Anna Glockenhell: 223

Max Goldt: 166, 282, 336

Achim Greser: 95, 124, 139, 152, 215, 237, 242, 349

Thomas Gsella: 40, 44, 82, 140, 153, 214

Bernd Eilert: 15, 37, 86, 136, 137, 139, 209, 231, 250, 284, 296, 320

Frank Fabel: 273

Leo Fischer: 10, 23, 30, 41, 46, 48, 92, 182, 235, 255, 262, 276, 330, 341, 342

Lukas Haberland: 60, 198, 199

Elias Hauck: 46, 276

Markus Hamm: 191

Markus Hennig: 187

Eckhard Henscheid: 87, 110, 136, 192, 217, 228, 292, 334

Gerhard Henschel: 54, 159, 172

Wolfgang Herrndorf: 206, 351

Tom Hintner: 10, 30, 46, 92, 95, 140, 207, 276, 328, 341, 342

Gunnar Homann: 50, 125

Moritz Hürtgen: 331

Rudi Hurzlmeier: 62, 96, 162, 312

Jürgen Jonas: 188

Nikolaus Jungwirth: 204

Ernst Kahl: 29, 108, 135, 240, 340

Richard Christian Kähler: 176, 296

Stephan Katz: 282, 336

Ruud Klein: 261

Pit Knorr: 155, 209, 231, 250

Heribert Lenz: 21, 95, 152, 215, 237, 326, 349

Anna Leuschner: 332

Moritz Machtmit: 74

Nicolas Mahler: 286

Elsemarie Maletzke: 134

Jürgen Marschal: 63

Stephan Maus: 338

Jörg Metes: 68, 226, 238

Walter Moers: 11, 75

Gregor Mothes: 46, 243, 276

Fanny Müller: 206

Oliver Nagel: 16, 18, 65, 149, 161

Bernd Pfarr: 179

Ari Plikat: 352

Chlodwig Poth: 129, 212

Hilke Raddatz: 15, 55, 59, 101, 105, 132, 147, 154, 199, 203, 228, 251, 255, 307, 311

Rattelschneck: 21, 35, 166, 183, 270, 326

Stephan Rürup: 38, 46, 62, 70, 118, 140, 161, 267, 276, 278, 319, 346

Hans-Werner Saalfeld: 296

Benjamin Schiffner: 126, 131, 218, 224, 251, 268

Christian Y. Schmidt: 65, 170, 211, 244, 303

Oliver Maria Schmitt: 26, 36, 37, 80, 86, 132, 188, 220, 236, 260, 264, 272, 314, 316, 318, 320

Daniel Sibbe: 46, 49, 208, 276, 291

Adolf Sömmerring: 139

Martin Sonneborn: 92, 130, 131, 168, 218, 224, 256, 268, 328

Nico Spoelder: 46, 276

Corinna Stegemann: 120

Carsten Stockter: 143

Paul Taussig: 204, 241

Mark-Stefan Tietze: 38, 46, 70, 147, 154, 184, 210, 223, 267, 276, 307, 324, 341, 346

Thomas Tonn: 46, 276

Hans Traxler: 110, 192, 292, 334

F. K. Waechter: 274, 299

Marcus Wagner: 290

Martina Werner: 2, 46, 276, 342

Heiko Werning: 90

Rayk Wieland: 258

Tim Wolff: 46, 181, 187, 235, 249, 276

Bernd Zeller: 2

Michael Ziegelwagner: 41, 46, 48, 50, 94, 105, 106, 182, 198, 262, 276, 278, 330, 342

Hans Zippert: 98, 116, 119, 142, 163, 232, 263, 280, 294, 300

BILDNACHWEIS

ddp images: 1, 4, 6 o.; **Ullstein:** 5 o., 5 u. l., 5 u. r., 7 o., 7 m., 7 u. , 9 o., 9 u., 25 r.u. (Lukaschenko, Igel), 51 u.l.; **dpa:** 10, 18, 19, 20, 23, 26 o., 27, 34, 39, 40, 41, 42, 43, 44, 47, 49, 50 o., 60, 61, 92, 94, 97, 106, 107, 112, 114, 115, 122, 126, 134, 148, 149 u., 150, 151, 153, 156, 157, 158, 159, 160, 161, 173, 182, 190, 191, 209, 210, 211, 216, 226/27, 234, 256/57, 259, 260, 263, 294, 314, 315, 325, 332, 346/47; **Imago:** 16, 17, 63, 70, 71, 72, 73, 100, 249, 262, 284/85, 330; **Reuters:** 26 u., 82; **Peter Bischoff:** 36; **Kapfenberger / Terzer:** 52/53; **AP:** 84; **Langerfoto:** 125; **Streuf:** 130; **Tom Hintner:** 30, 32, 33, 47, 79, 95, 140, 141, 198, 207, 258, 272, 278, 319, 328, 329, 342, 343, 344, 345; alle anderen Fotos: TITANIC

DANK

Der ausdrückliche und hervorragende Dank der Herausgeber geht an alle TITANIC-Redaktionen von 1979 bis 2011. Und natürlich an die Layouter und Gestalter, die der TITANIC ihr unverwechselbares Aussehen verliehen haben: Hanno Rink, Nikolaus Jungwirth, Hans-Werner Saalfeld, Susanne Koch, Gabriele Imhof, Dorothea Behnke, Achim Greser, Heribert Lenz, Hardy Burmeier, Martina Werner und Tom Hintner.

1. Auflage September 2011 | Copyright © 2011 by Rowohlt · Berlin Verlag GmbH, Berlin | Für sämtliche hier nachgedruckten TITANIC-Beiträge © TITANIC Verlag, Berlin | Alle deutschen Rechte vorbehalten | Umschlaggestaltung Hardy Burmeier | Repro Cleeves Reprotechnik, Hamburg | Druck und Bindung Mohn Media GmbH, Gütersloh | Printed in Germany | ISBN 978 3 87134 724 5

Edward Hopper

Staatsgalerie Stuttgart, 16. August – 23. November 2012

10-17 Uhr, Dienstag und Donnerstag 10-20 Uhr, Montag geschlossen
Konrad-Adenauer-Straße 30-32 • 70173 Stuttgart

Mit freundlicher Unterstützung der Daimler-Benz AG und der Stiftung Schneller Wohnen e.V.

Demnächst bei Günther Jauch oder Maybrit Illner oder Frank Plasberg:

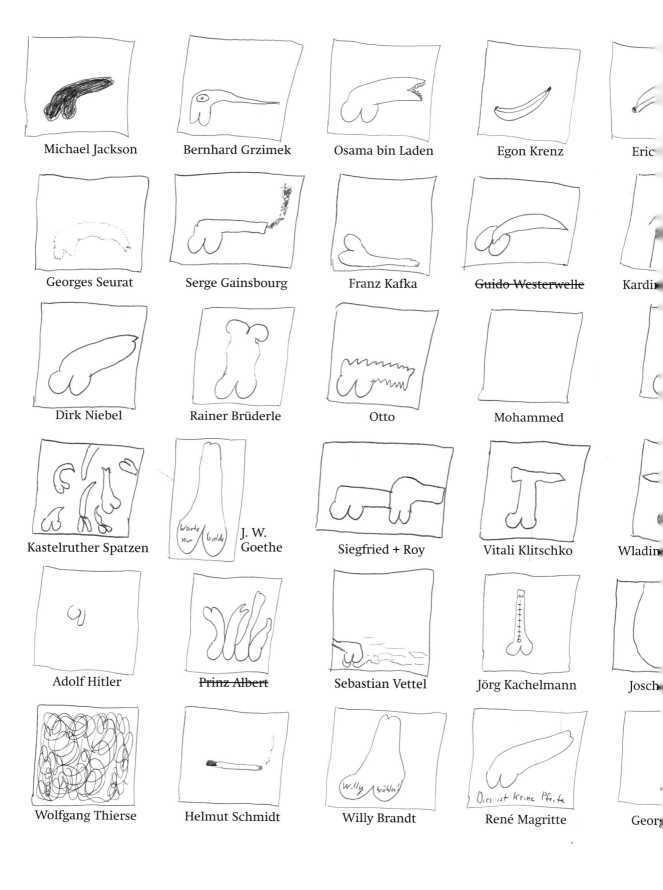